シリーズ

●監修● 瀬崎圭二

百貨店宣伝資料 3

白木屋 ③ 『家庭の志る遍』第9号〜第13号

ゆまに書房

女夫波

眞砂座に於て、藤澤淺次郎の扮せる時子が觀櫻會の場に用ゐたる江戸裙文様。

鴇色地に地落し染め色入り、寫生の鴛鴦。

第９号より

等壹

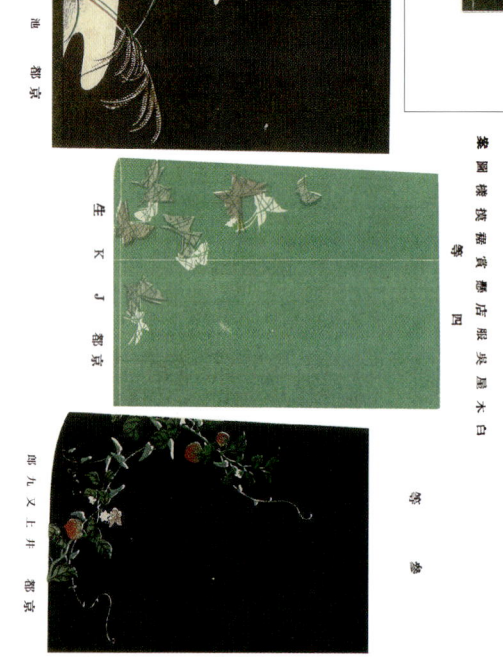

大坂内山蓉潮

等弐

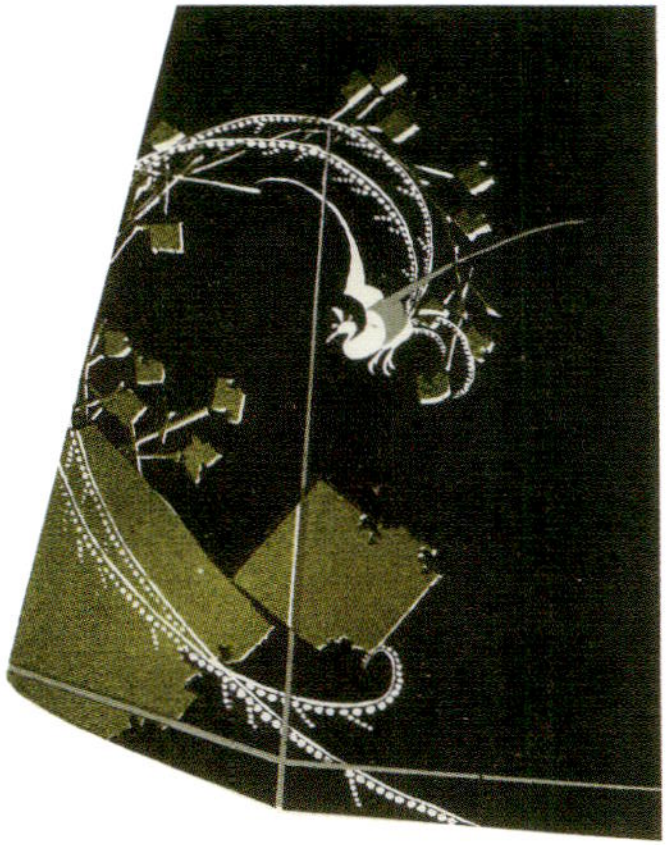

京都落合利一

案圖様摸裾賞懸店服呉屋木白

等參

京都井上又九郎

等四

京都JK生

京都池専助

第12号より

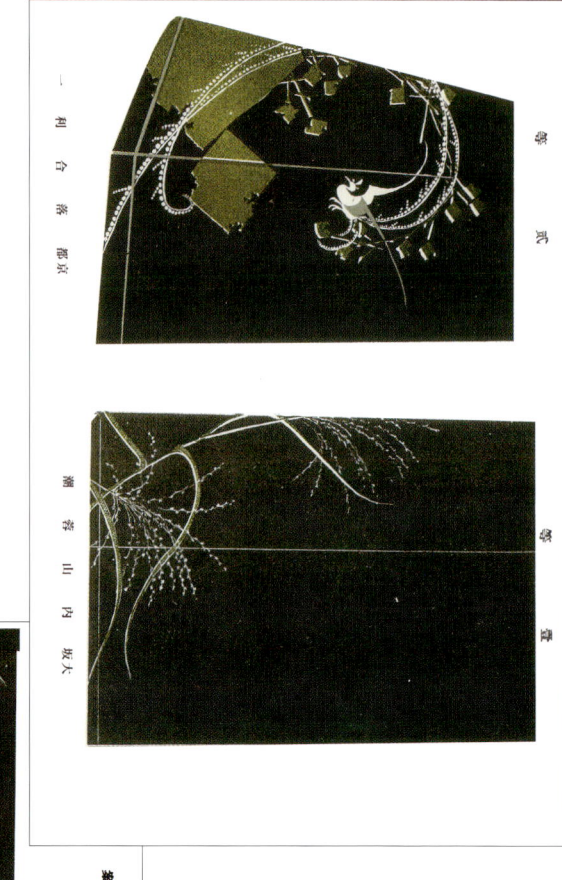

刊行にあたって

瀬崎圭二

かつて白木屋という百貨店が存在したことを知る人が現在どれほどいるのだろうか。それを、現在でも東京都内を中心に営業を続けている東急百貨店の前身であると説明することはもちろん可能である。しかし、白木屋の象徴であった日本橋本店の後身東急百貨店日本橋店も平成一一（一九九九）年に閉店してしまっており、その名残すら追うことは出来ない。そのような意味で、もはや白木屋は歴史となってしまっているし、それどころか、「百貨店」や「デパート」という語がもたらす質感、あるいは、その場が喚起するイメージ、物語ももはや失われつつある。

現在では知る人も少なくなっているのであろうが、江戸から昭和の時代において白木屋は日本を代表する呉服店であり、百貨店であった。それは単なる一商店ではなく、文化的な記号でもあった。白木屋の社史『白木屋三百年史』（株式会社白木屋　一九五七年三月）によると、その発端は、寛文二（一六六二）年に大村彦太郎が江戸の日本橋に開店した小さな小間物店にあるという。その後発展し、江戸有数の大店となった白木屋は、明治を迎え、近代的な百貨店の様式を取り入れていく。明治三六（一九〇三）年の店舗改築はその最たるもので、これを機に、巨大なショーウインドーや遊戯室、食堂の設置、陳列販売方式の導入が行われた。むろん、こうした改革は同時期の他の呉服店にも見られるものだ。

多くの呉服店が自社の宣伝のために月刊誌を刊行していくようになるのもちょうどこの頃のことである。白木屋では、明治三七（一九〇四）年七月に創刊された『家庭の志る遍（しるべ）』とその後継誌『流行』がそれにあたる。こうした雑誌の大きな特徴は、その店で扱っている布地や帯などの商品を、写真や価格と共に誌面で紹介している点にある。そして、読者／消費者は、雑誌に添えられている注文書でそれらを実際に購入することもできた。月刊誌という速度の中で更新された商品が、流行として意味づけられていくという意味では後年のファッション誌と同じであり、雑誌を通じてそれらを購入することもできるという意味では通信販売のカタログ誌と同じであると言うことも出来る。ここには日々刻々と変化する当時の流行の一端が刻まれていると言って良い。

　この度、その『家庭の志る遍』が復刻されることとなった。全十八冊を数えるこの月刊誌の奥付に編輯者として名が記されている山口笑昨は、前掲の社史によると、新潟で裁判所の判事を務めたのち白木屋に関係するようになったという。発行所として記されているのは冨山房で、雑誌の価格は「一冊十二銭」とある。こうした雑誌の発行はその呉服店が担うケースが多いのだが、冨山房に発行を委託している点で『家庭の志る遍』はやや特異だ。

　この雑誌が刊行されていた当時は、日露戦争の最中にあった。第一号に掲載された「本誌発刊の必要」という序文にも、「一は此良心警発の機を利用して、戦捷国民の新家庭を準備し、一は戦捷後の道徳界を予想して、其弊害を未雨に彫繆す」という二つの目的が掲げられている。つまり、戦時下、あるいは来るべき戦勝後の家庭や道徳を形作るための雑誌であるというわけだ。したがって、口絵も戦場の様子を伝えるものが多く、誌面も戦争色が濃い内容となっている。明治二〇年代から家庭（ホーム）という概念が広まり、「家庭」の名を冠した雑誌が刊行されるようになることはよく知られているが、こうした系譜の中にこの『家庭の志る遍』を置くことも出来よう。それらの多くが女性を家庭に囲い込もうとする力に満ちていたように、この雑誌の誌面にも家事、育児や礼法に関する記事が毎号並んでいる。

　よって、この雑誌に毎号掲載されている読み物や小説も、家庭の女性を読者として想定していると考えて良いだろう。例えば、第一号、第二号に連載された青濤の小説「夏蜜柑」には日露戦に出征した兵士とその帰還を待つ女性たちの生活が描かれており、この雑誌の特徴が表れた物語内容となっている。当時の呉服店が刊行していた雑誌には文学作品が掲載されている場合も多く、白木屋のライバル、三越が刊行していた『時好』（明治三六〈一九〇三〉年八月創刊）や『三越』（明治四四〈一九一一〉年三月創刊）は文芸誌的な側面が強い。『家庭の志る遍』には文芸誌と呼べるほどの要素は認められないが、第十一号（明治三八〈一九〇五〉年五月刊行）に、紀行文や山岳文学の書き手として知られる遅塚麗水の小説「簸当」が掲載されていることには注意すべきだ。この雑誌に掲載された小説や読み物に注目してこの雑誌を捉え直すと、日露戦の戦時下において、白木屋の想定する読者／消費者にどのような物語が発信され、また受容されていたのかを知る手掛かりも得られよう。

（せざき・けいじ　同志社大学准教授）

凡例

・本シリーズ「百貨店宣伝資料」は、明治・大正期において、流行の商品を消費者に宣伝し販売するために、各百貨店から発行された宣伝資料（ＰＲ誌）を復刻するものである。

・第Ⅰ期第一回として、一九〇四（明治三七）年七月〜一九〇五（明治三八）年一二月に発行された、白木屋のＰＲ誌『家庭の志る遍』（全十八冊）を復刻する。第二回以降では、後続誌である『流行』（一九〇六〈明治三九〉年一月〜一九一八〈大正七〉年二月）を復刻する。

・なお『家庭の志る遍』の「遍」には、実際には変体仮名である「遍」が使われているが（第一八号のみ『家庭の志るべ』の表記）、本復刻では「遍」で代用する。

・原書の判形は、210ミリ×152ミリ（Ａ五判に相当）、もしくは220ミリ×152ミリ（菊判に相当）である。収録に際しては、現行のＡ五判（210ミリ×148ミリ）に収まるよう適宜縮小した。

目次

『家庭の志る遍』

シリーズ 百貨店宣伝資料 3

白木屋 ③

『家庭の志る遍』

第九号（一九〇五〈明治三八〉年三月）

家庭乃志るべ
第九号

目次

本誌定價表

一冊	金十二錢	郵税一錢
六冊	金六十五錢	郵税六錢
十二冊	金一圓二十五錢	郵税十二錢

本誌廣告料

一頁	金二十圓
半頁	金十二圓
四半頁	金七圓

〇郵券を以て購讀料の代用を希望せらるゝ向は其料金に一割を加へて申受べし（但郵券代用は一錢切手に限る）

〇本誌廣告扱所　京橋區南佐柄木町二番地　日本廣告株式會社

明治三十八年二月廿八日印刷
明治三十八年三月一日發行

編輯兼發行者　東京市下谷區西黒門町四番地　山口笑昨
印刷者　東京市京橋區西紺屋町廿六七番地　太田音次郎
印刷所　東京市京橋區西紺屋町廿六七番地　株式會社秀英舍
大賣捌所　東京市神田區表神保町　東京堂
大賣捌所　京都市上京區寺町通御池北入上本能寺前町廿七番戸　本田雲錦堂

露國將校が西伯利亞鐵道輸送中の歡樂

祇園精舍の鐘の聲諸行無常の響あり沙羅桑樹の花の色盛者必衰の理を現ず、驕れる者久しからず、只春の夜の夢の如しとかや嗟彼れが振舞ひ偏に平家の武運の末に髣髴たるよ。

陣中の乃木將軍

昔後漢の賈宗は冀州の刺史となり、任に赴くに及んで車の帷裳を褰ぐ、則遠く視廣く聽き美惡を糾察するに便ならざるを以てなり、而して末代に至るまでこれを美とす。看よ將軍が陣中の光景を、百城風を聞て竦震するも亦宜なる哉

出征參謀官大本營へ戰況報告

居常質素なる我が陣中の状、言外の餘情畫面に溢る

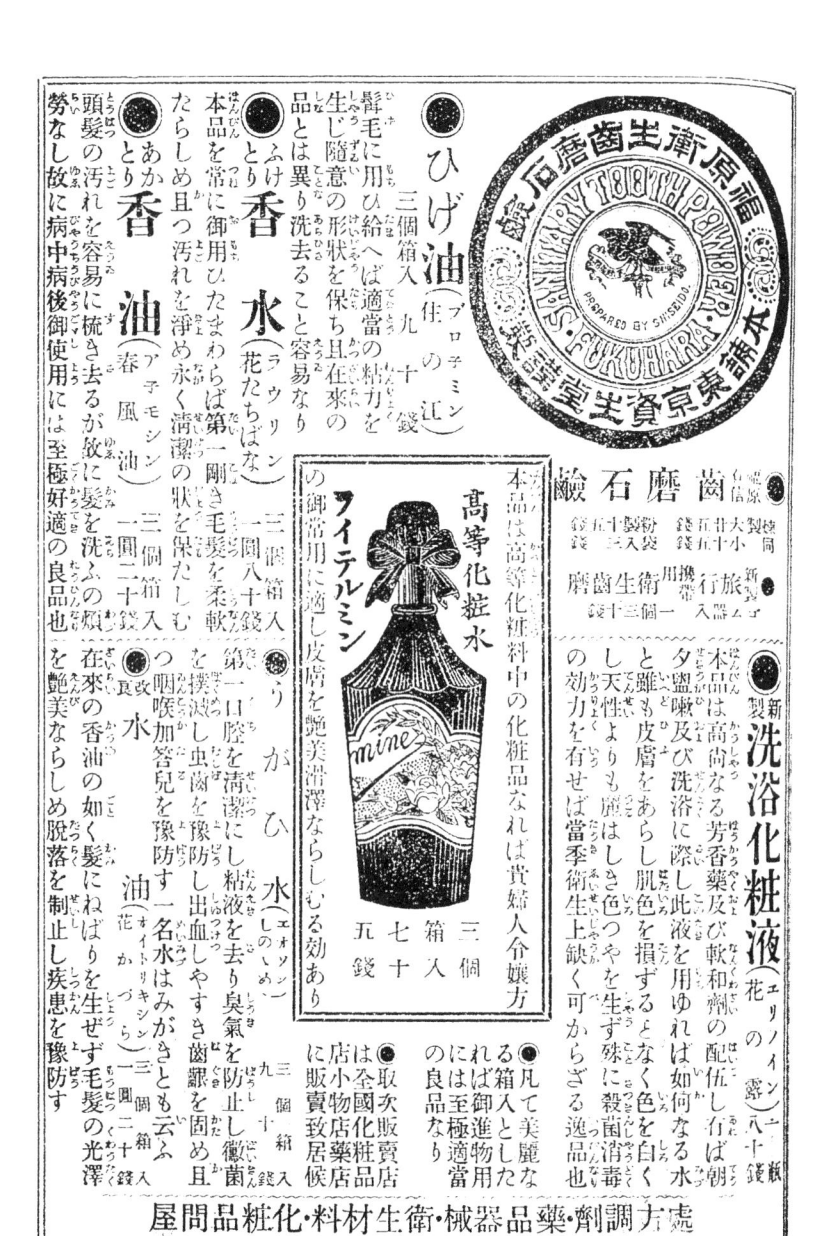

時計眼鏡指輪類廣告

一 銀側無双拾六、七形石入向爪アンクル 正價金八圓五拾錢也

一 仝總石卷上髯巴緩急附向爪アンクル 正價金九圓五拾錢也

一 仝中蓋附流金米利堅形向爪アンクル 正價金拾壹圓八拾錢也

一 黑革張拾七形六枚玉負革附双眼鏡 正價金六圓五拾錢也

一 仝ニッケルメッキ附拾七形八枚玉負革附双眼鏡 正價金七圓貳拾錢也

一 仝拾七形六枚玉日除附最上等双眼鏡 正價金拾四圓八拾錢也

一 九金製蔓掛半掛挿込、眼鏡サック附 正價金六圓五拾錢也

一 拾八金製蔓掛、半掛、挿込、眼鏡仝上 正價金拾參圓五拾錢也

一 貳拾金製蔓掛、半掛、挿込、眼鏡仝上 正價金拾五圓廿錢也

一 拾八金製三匁附小判形、角形印面指輪 正價金拾五圓八拾錢也

一 貳拾金製三匁五分附仝上印面指輪 正價金拾九圓六拾錢也

一 純金製四匁附仝上印面指輪 正價金貳拾五圓四拾錢也

其他各種時計寶玉入金指輪双眼鏡類種々

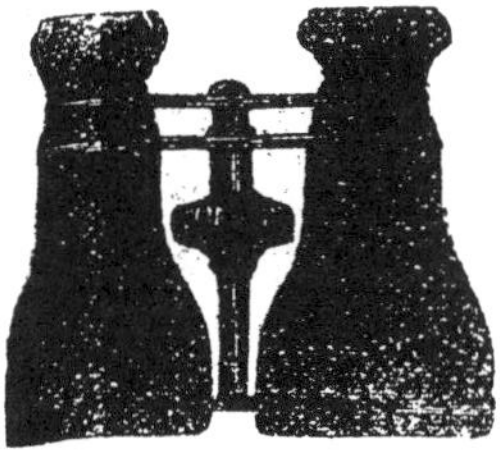

各種時計同附屬品
双眼鏡金縁眼鏡
寶玉入金製指輪
金銀美術品類一式

柳商古堂

日本橋區通壹丁目拾壹角

岡野時計店

電話本局貳八壹番

商品案内御入用の方は郵券四錢御送附の事

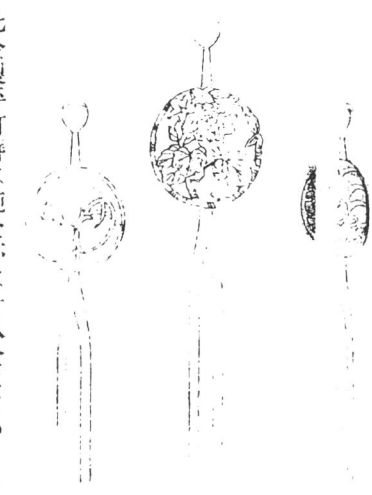

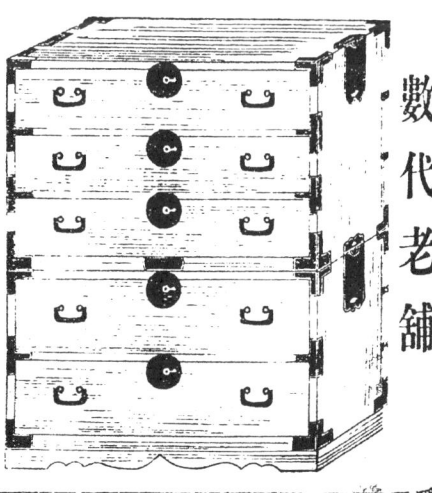

眞正無毒

皮膚艶美

クイーン白粉（おしろい）

クイーン水

本品は我同盟國より輸入せる最新最優の原料に貴重なる芳香を加へ精製したる他に比類なき化粧料なり

取次販賣は到る處の化粧品小間物店にあり品切れなれば直接に

本舗　東京日本橋新和泉町　**三井花陽堂**

美術　**傘はきもの商**

市内は御一報次第早速持參可仕候

尚地方御注文は御手紙にて御申越被下候はゞ即日小包郵便にて御發送可申上候

登錄商標

東京日本橋區　てりふり町

專賣元祖　**宮田忠藏**

（電話浪花千〇廿四）

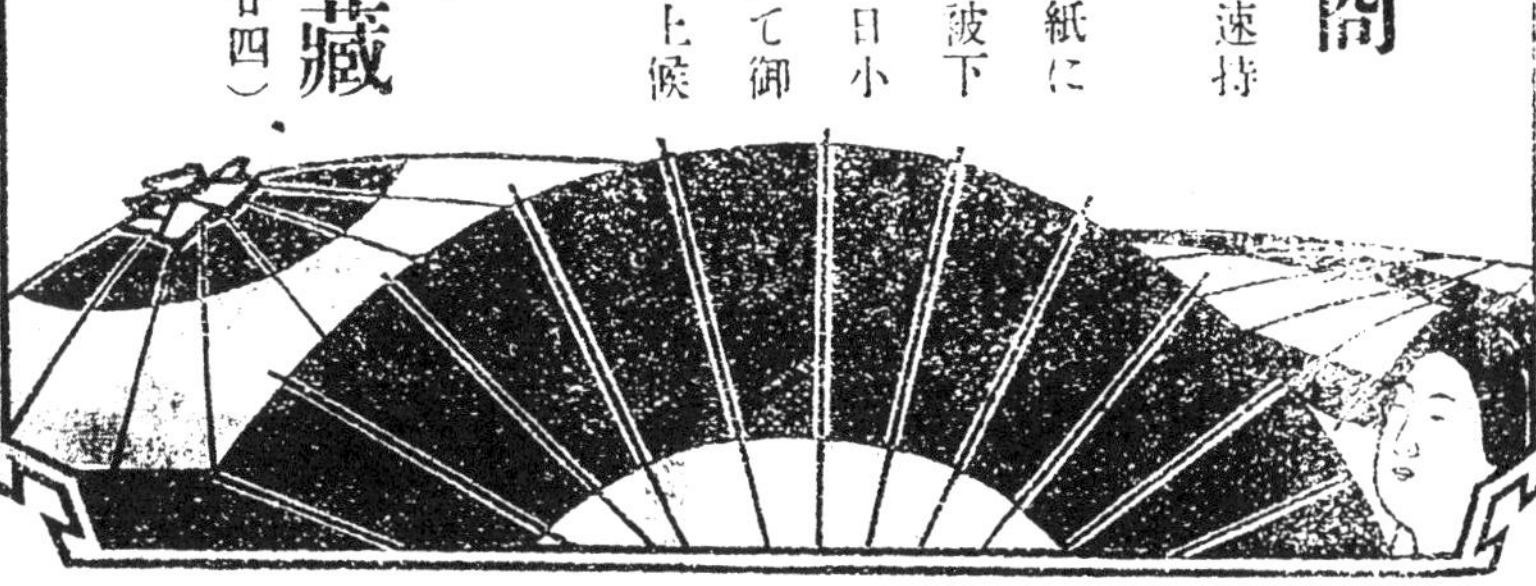

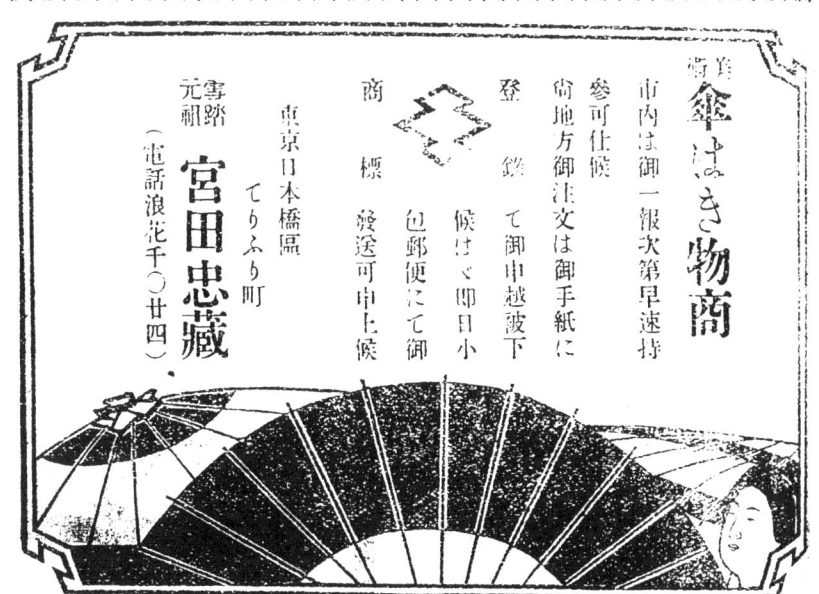

簞笥長持御婚禮道具一式

清

第五回博覧會
二等賞銀牌受領

精製確實
不誤時期

調製品概目

御婚禮用
簞笥　長持　用簞笥
鏡台　針箱
洋服たんす　夫婦簞笥
杉縦簞笥　本箱机類
外各種箱類

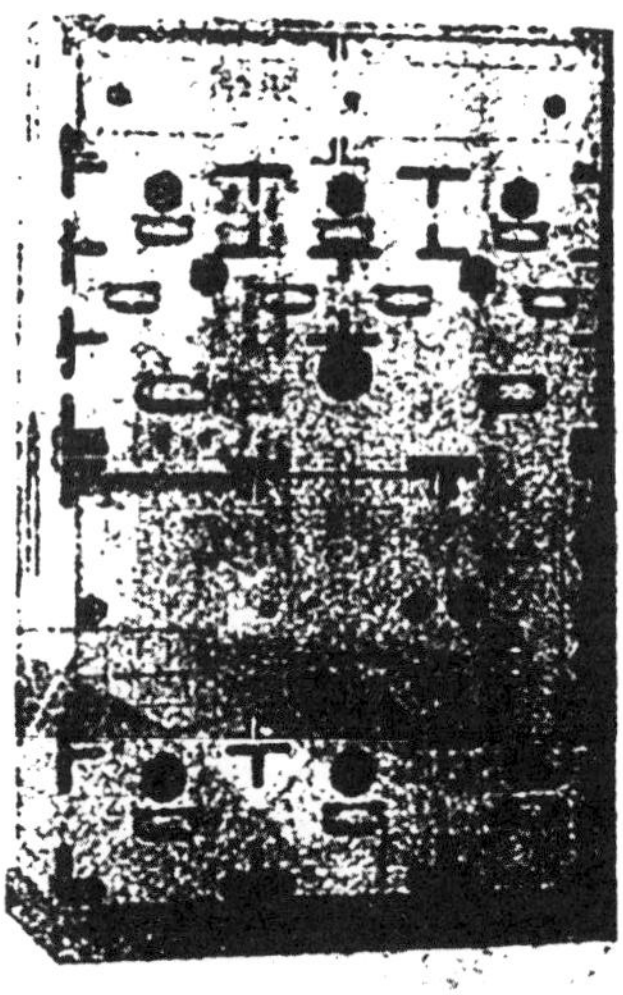

◎本店は御客様の御便利を計り簞笥陳列場の設置有之候に付御随意御来観被成下度候（たんす目録御申越次第進呈す（送費二錢））

越中屋本店
東京市京橋水谷町角
鷲塚簞笥店
電話新橋五百七拾壹番

大阪代理店
大阪市東區南本町井池角
中原簞笥店

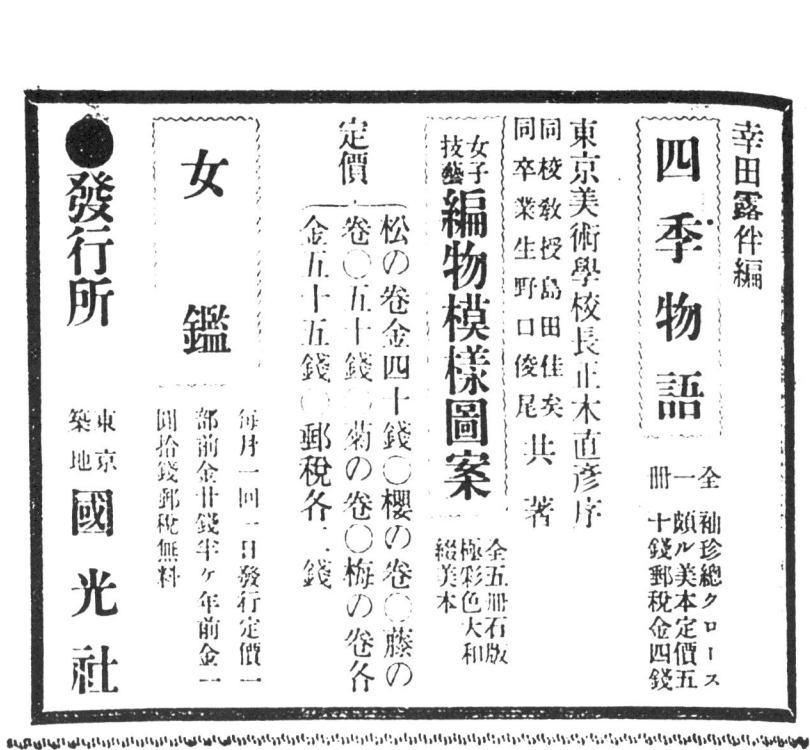

多川たあらひ粉

東京市神田區岩本町二十二番地

立田洗粉製造販賣所

貫々舍　小川商店

電話本局百十六番

旅行乗船携帯良薬

登録　本家　八　商標

東京銀座三丁目

神仙萬金丹

八　松澤八右衛門

定價

●金五錢　●金十錢　●金二十錢　●金三十錢　●金五十錢

能効

●汽車汽船のゑい●腹痛●水害下痢●頭痛●引風●寒さあたり●（中暑）

氣のふさぎたるときは二十粒より三十粒を嚙み砕き用ゆれば必ず妙効あり

◎常に此神仙萬金丹を服して水害あるひは悪き疾にかゝる患なし

◉賣捌所全國有名藥舖賣藥店に販賣す

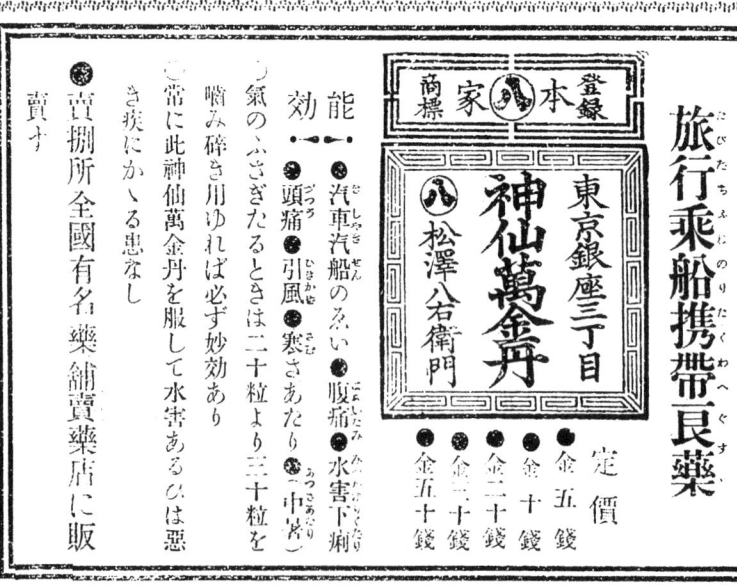

商品略目
鼈甲櫛笄簪
蒔繪附櫛笄
珊瑚珠根掛
鼈甲生地類
弊店販賣の諸品は品質の精良と製作の巧妙なるを特色と致し二百餘年來の御愛顧を蒙り居り候所にて猶一層精選仕候間倍舊多少共御用命之程奉希上候
すゞみや號
川尻彦兵衛
東京日本橋區通油町
電話浪花二三六一番

恐るべき風潮

男女生の品行に就て、近來忌はしき風説の流布するとは、前號に詳説せり。火のなき處、煙揚らずとは眞か、何ぞ吾輩をして又更に甚だしき怪聞に喫驚し、殆んど呆然たらしむるの斯くの如きや。

曰く男生の苦學者が、早曉の牛乳若くは新聞配達に服するが如く、貧女學生は夜陰の柔軟私語を以て、學資を得るの道となす者あり、曰く山手邊には男女生專門の待合開けぬ、曰く某女學校は、其生徒の品行を調査し、方正の者には特に徽章を授くるの制を設けたり、曰く何、曰く何、一々收錄すべからず。

恐らくば皆流言造語なるべし、然らずんば多少教育ある者にして、斯く迄に無分別なる行爲あるべしと信ずるは、啻に女學生其人に對する侮蔑なるのみならず、亦た教育の效果、及び人間の思慮なるものに對する全然の無視なればなり。吾輩は斷じて是等の風説を非認せんと欲す。或はいふ、彼の所謂醜業婦なる者、巧みに女學生の姿に扮して、其筋の目を晦まし、兼ねて男生の歡を誘ふと、之れある哉、果して之れあり、夜陰の潜行は、女學生其人に非ずして、女學生の姿せる醜業婦なりけり。さらば學校の品行徽章は如何、是れも亦た信とするに足らず、徽章を襟にかけて、吾品行の保證となす程までに、今の女學生は滑稽に非ざるべし、侮辱に甘んぜざるべし、自信なき者にはあらざるべし。

然れども女學生たる者、亦た大に反省を要す。彼等は既に戀愛を以て其理想となすが故に昔風のお孃樣ならば、死すとも且つ口にするを肯ぜざるべき大膽不敵の大口をば、少しの遠慮會釋もなく、人前に喋々するなり。否彼等は婦人の天職を履き違へ、歐米の大惡弊を直輸入せんとしつゝあるなり。其志望に曰く、婦人の武器は愛嬌なり、愛嬌の前には敵なく、鬚眉男子も降を乞ふべし、故に交際の秘訣は愛嬌を以て綾なすに在り、男子を手の裡に圓め込み、毬の如くに弄び得るの術に達してこそ、始めて交際場裡の女王ともなり、婦人の權利を恢復するの方策ともなるべけれと。啻に彼等が爾く志望するのみならず、某女學校の如きは、實に爾すべきことを敎へつゝありといふ。

夫れ男子を手の裡に圓め込み、而して毬の如くに弄ぶは藝妓の術なり。彼等にして果して之を學ばんとせば、必らずしも其模範を遠く歐米に取るに及ばず、お手近かなる御神燈の下、良師あり、盍ぞ去つて之に就かざる。曰く藝妓は男子の罪惡の製造者なり、一般婦人の讎敵なりと、洵に讎敵なるが故に、其術を奪ひ、己れ藝妓に取つて代らんとするものならば、吾輩また何をかいはんや。否々吾輩は過てり、今の女學生の志望が斯く迄に下劣なるものならば、よし假想にもせよ無禮なりき。志望は或は高潔ならん、然れども其結果は、遂に藝妓と科を同しうするに至るべきは、女學生たるものゝ大に考慮すべき所ならずや。要するに今は女學社會の過渡時代なり、一方に昂れば一方に低く、非難依て生じ、流言依て行はる。學生之を愼まずんば、其身及び其父兄に累ひせん、教育者之を愼まずんば、向上の風潮一轉して、再び沈淪の不幸に逢はん、一言を要する所以。

道也者、不レ可ニ須臾離一也。可レ離非レ道也。
其故君子戒ニ愼乎其所一レ不レ睹。恐ニ懼乎
其所一レ不レ聞

裁縫指南（承前）

物外

謙退辭讓は流石に女子が天禀の性であるから、師の命令によつて各持參の仕立物を玄關側へ取りに起つにも自から謙讓の道が行はれて、終に當日出席の順によつて出すやうになつたこれが女子自然の習はしと見える。

茲に滿江が持ち出したのは大島紬男小袖の二枚重ねで有つた、貞子は豫て仕立物撿查の爲に設けて有る黑板前の衣裳掛けへ兩袖を通して佳き程に吊り下げ、仔細に縫ひ方の巧拙を撿め更に袖裙など上下の揃ひ方を調べた、

『滿江さん此の御召は掛た所では揃つて居るやうですが着ると多少下着が出るだらうと思はれます、先此の地合ひの品では下着の約め方は丈で二分か二分五厘、幅で後一分五厘前二分、行を一分は詰めなければなりません、又下着の方が上着より比較的軟かな品

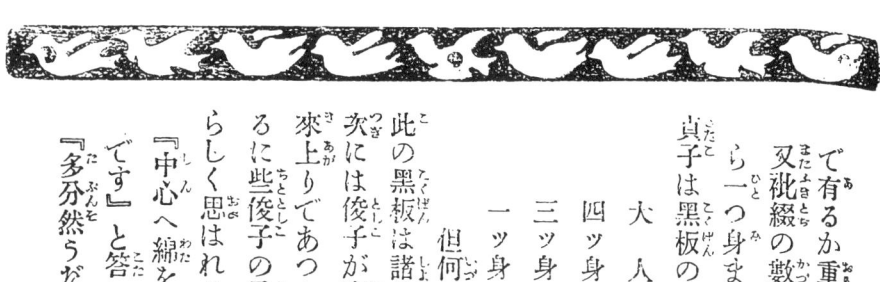

で有るか重ひものでありますときには最う五厘づゝも多く約めなければ不可ません。又袵綴の數が不規則になつて居りますが、これはそれ〴〵規則の有るもので、大人物から一つ身までの段階が有ります、今此所へ書きますから御存じない方は筆記なさい』

眞子は黒板の前に立てチョークを取て書き現はした、

大人	後	一幅ノ中へ四ツ	前	同三ツ
四ツ身	後	一幅ノ中へ四ツ	前	同三ツ
三ツ身	後	一幅ノ中へ三ツ	前	同二ツ
一ツ身	後	全部に・・・五ツ	前	各二ツ

但何レモ裏へ出タル針數ヲ云フ故ニ表ハ此ノ倍數ニナルト知ルベシ

此の黒板は諸生のノートに書き載せられた。

次には俊子が腹合帶であつた、其の片側は緋の大紋緞子片方が友禪染の鹽瀬で幅七寸の出來上りであつた。で仔細に撿べて見ると縫目に凹凸が有つて帶眞に多少塊りが有る、要するに些俊子の分には過たので有らう。夫れのみならず縫ひ方に於て規則に外れた所が有るらしく思はれるので其の方法を試問されたら俊子は

『中心へ綿を敷て緞子の方へ眞を含んで、鹽瀬を合せて置いて、夫から躾を掛けて縮たのです』と答へた。

『多分然うだらうと思つた、夫れでは全で方法が違ふから序に皆さんへ其の順序を敎えま

せうが、急に要るのでなければ此所で縫ひ直しては那裡だへ？』
『義兄さんの御法事のときに締る心算で……』
『それなら充分間に合ふからお縫ひ直しなさい。で、先縫方順序を書いて見せませう』
と前の黒板の白墨を拭ひ去つて更に此の帯の縫方が書かれた、
（一）先切れ地の伸縮を檢し兩方の耳を鏝にて少し伸し
（二）表と表を合せ二枚平にして裁ち板の上に置き
（三）幅の兩端へ假綴を爲し、丈及び幅の標を五寸程宛間を措きて付け細かく縫ひ

但織目剛き品は返し針若くは一針ぬきに爲す

(四)片端の眞中の所を帶の幅だけ縫ひ殘し置き鏝にて折をつけ

(五)兩端を直線に定木をあて標をつけ

(六)半返しに縫ひ四方の角を折り鏝をかけこれを綴つけ

(七)眞を帶の幅より一分狹く切り眞綿を引き

但二枚眞なれば一枚を縫代だけ狹くなし二枚揃へ綴置くなり

(八)眞を帶の上に乘せ縫代に綴付け

(九)前に縫殘し置きたる所より手を入れ引返して表を出し

(十)縫ひ目に五厘程「キセ」を被ぶせ躾をかけ

(十一)縫ひ殘したる所を細く絎け

(十二)火熨斗を掛け八つに疊みて壓を置き

(十三)壓の利きたる上にて躾糸を取り飾り糸を掛るなり

但飾り糸の掛け方圖の如し

諸生はこの筆記を畢つて猶仕立物の撿査を請ふもの、或は學解に道の遠きを厭ふて歸るもの有り、俊子は此所に泊ると定めて彼の帶の仕立直しに着手し、明石の家へは滿江が傳言することゝなつてその日の教授は了つた。　(以下次號)

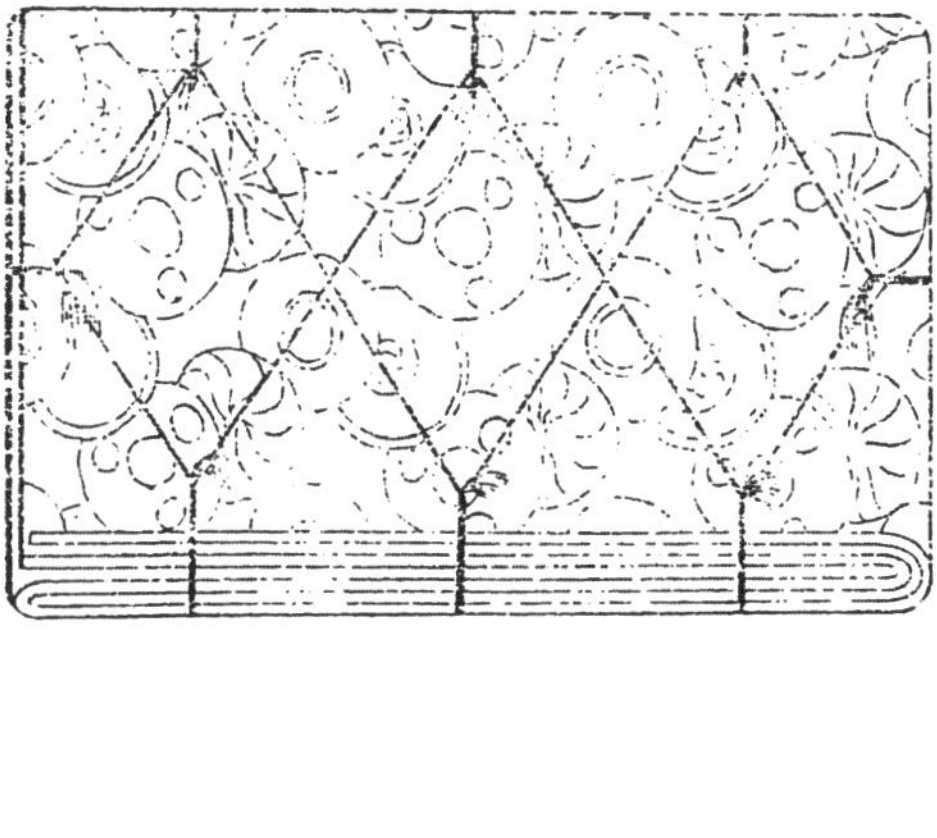

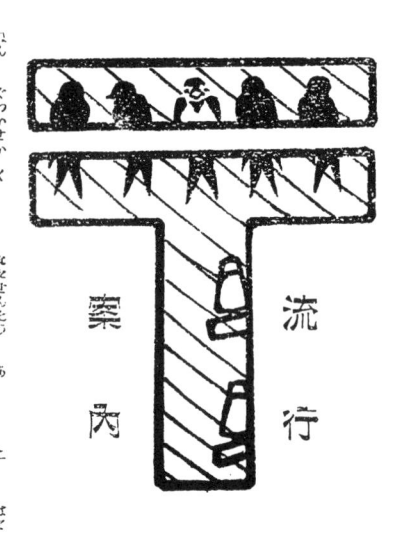

流行案内

一年を外征に暮れて又戰爭に明けた此の春世の中には甚麼なる風が吹き廻すやらとは去年の今ごろ誰の胸にも浮みたるところなりしが、豫想は往々事實と違ふものとの言ひ慣はしに反かざりしは嬉しともまたうれしき限りにてこそあれ。

係る目出度き春を迎へて五風十雨の時候もよく、魁の梅餘薫未だ芳しきに、敷島の大和心と世にもて囃さるゝ櫻の花も指折りて待つ頃とはなれり。

然らぬだに春は浮き立つ人心、況て此花なからむには春の心も長閑けからましと、昔人の賞美されし、一年のうちに得がたき七日の景物を賞翫せむと、おさ／＼準備に餘念なきも宜なりかし

花見小袖の名は元祿の昔偲ばるゝ思ひぞする、年々歳々花相似たるもなどか歳々年々流行の同じかるべき、されば此のごろの都ぶり、花見姿はいかにと流行の粹を蒐めて、心に浮ぶ花見姿をそのまゝ假に描き出せば

○

春霄一刻價千金との詩を口號んで僣上にも欄干に足踏みかけ土間棧敷を睨み下して大向ふを唸らせたる彼の石川五右衛門が住みたるは、西の京の南禪寺、此處は東に名も高き東叡山の有りし昔、戊辰の役の兵燹に

七堂伽藍は烟りと消えても、流石に名高き櫻の名所、咲きも殘らず散りもはじめぬ、見頃の花を遠近から、貴賤老若集ひ來て、花の本なる遊びのさま〴〵、『酒なくて何のおれのが櫻かな』と、下戸を見腐す醉客あれば、花より團子と嘯いて上戸を蔑視む下戸もあり、思ひ〳〵の扮裝は何れ花やら櫻やら。

抑閉月羞花とはいかなる人を評せし詞なるか、こゝに櫻の中の櫻とも謂ふべき花を見出したり、髮は脹らかに前髮の絶頂に、幅廣のリボンを膝結びにそよ吹く東風に翻つかせ、上衣は薄葡萄地の友禪縮緬、霞暈しに四季の草花を色よく配りたるさへあるに下着は同じく鼠色地に丸紋ちらしの光琳の草花、裾廻しの櫻鼠は駒下駄の繻珍鼻緒に照りそふて心憎く、帶は魚々子錦の薄牡丹地、扇散らしのいろ〳〵、親骨の煮染めの赤と松葉色の配合よく、山水花鳥に美術の粹を蒐めたるもの。此の愛らしき十一二の小女の手を引きたるは

二十四五の美人、當世の束髮を避けて文金にはあらぬも品よき島田髷は、萬緑叢中の紅一點、澁い拵へは自からその人の氣品を表はすべく、上衣は利休鼠の無地御召に、江戸褄もやう刺繡の松に蔦、下衣も同じ二枚重ねに裾廻しは御召鼠の織り色、微かに見ゆる長繻絆は紋羽二重の地文に光琳の水が織り出してあるのを利用して寫生の蝶を友禪に飛ばせたる奧床し、帶は綾織の厚板、錆茶地共色の牡丹唐草を織り出した上へ古代更紗を色糸で粒縫ひに縫ひ取つたなどは何たる優美な意匠で有らうか。

花日和の麗かな天氣にも東京に有りがちの

東風ふくかぜ、市中は多少砂埃りもたつであらうが、此所は木の下の濕りあれば風塵の煩ひもなく、一ひら二ひら稀におつる花びらを造花の簪に妍を爭はせて花月卷きのふさ〳〵と十五六の令孃姿、上衣には寶珠御召の河骨に觀世崩しの水を御召納戸地へ織出したる。下衣は紋御召の葡萄地組子絣、裾廻しは紅掛鼠縮緬。帶は厚板の薄柿色地に有職もやう、これを古代の武者ならば筈高に矢を負た形ちの挾み帶に結んだるも品格高く、繻絆は紅地絞りの繪羽縫ひ。伴れの紳士はおくれがちの足弱を見返く前にたつ。上衣は富國御召の二枚重ね、薄茶色の二崩し縞、裏は中花色の羽二重、紋御召生壁地千筋の羽織にヲリーブ撚り返し總付きの紐を懷豐にしめて、帶は綴の革鐵無地、言はずと掛けには面白き織り出し文樣のあるならん、長繻絆は薫り茶地へ白ぬきに松花堂の筆意に福神遊びを染めたるもの、かゝる扮裝にて此の美くしく愛らしき妻子を作ふて水入らずの觀櫻とは怎生に樂しく何たる好き月日の下に生れたる人ならんとは、本誌諸行受持記者が夢に見たやうな話しを其のまゝ。

京橋鎗屋町　萬久製

○流行の帶留め

組み紐にて打ちたる帶留めの金物は、十八金を土臺にして白金をあしらひたる錨形、中央の櫻花はダイヤモン

ドを爪留めにしたれば夜目にもしろき寶石の光りまばゆし　價貳拾四圓

是も組紐にて打ちたる帯留にて金物は、征矢一すぢ、十八金に白金を鏤めて、中央の花のなかには眞珠を爪留めにしたればおく床しき光彩あり。　價拾圓五拾錢

縮珍等の高尚なる織物を袋縫ひにしたる帯留にて、金物は二十二金、肉彫の水仙を精巧にものしたる　價貳拾六圓

MOTHER: "What makes you say that way?"
Johnnie: "Our poor teacher has been ill so long, and—and——."
"What! Did he die?"
"No—no—he is getting well—boo—hoo."

母親「ナゼ御前はそんなに御泣きだへ?」
太郎「デモ學校の先生がアノー永あく病氣で居たのがねアノ……アノ……」
母親「ナニ！そんならトーと御死くなりになつたのかへ?」
太郎「ウヽンだん／＼全快てくるんだからさあーワアー……ワアー……」

育兒法

前號の續き

叢軒

乳の事

哺乳兒を育つべき母の勤めとしては最も規則正しく身を持つべきこと肝要にて、先一日二十四時間の內十六時間は家內の用事並びに運動を爲し、又八時間は必ず安眠して休養することを心懸く可し。

適宜の散歩は倦怠を慰するものなれば運動の効實に大なり、且精神を安靜にし努めて喜悅、爽快の事を尋ね求むるやう爲し居れば、自から身躰健康となり、從て哺乳兒も亦强壯に成育すべきこと自然の結果なり。

若しこれに反し、憤怒、悲哀等の忌はしきことに遭へば忽にして乳の性質、分量に非常の變化を來し、終に哺乳兒の生命を支配すべき乳汁は毒に變じ、却て小兒を害するに至る實に恐るべきものたり。

故に母親たるものは啍くも述ぶる如く都て精神に障るべき事柄を避け、愼重を主守し、苟にも激怒、嫉惡、驚愕、立腹、悲哀等乳汁の性質を變じ、恐るべき害を惹き起す原因となることは勉めて避ること、子に對するの勤めといふべく。

又夫たるものは此の旨を守り、妻をして心神を勞すべき事柄を見聞せしめず、安心せしめて産後の恢復を幇助することを專らとし、夫婦間の睦まじき狀況を保つことを勤むるの義務あるものとす。又母親が疾に罹り、腹藥する場合に於ては無論藥物は乳汁に混じて出るものなれば、可及的哺乳せしめざること育兒衛生上緊要のことたり。殊に母が疾病に罹るときは良醫に諮り、其の治療を受くべきことを怠るべからず、往々習慣上疾病を輕視するの弊あり、彼の產婦に水腫あるもの等、產後には多少水氣のあるべきものと俗間の說を信じ、脚氣の乳を知らず識らず哺ませたる結果、一夜にして乳兒を脚氣衝心に陷らしめ、醫を迎ふるに遑なく死に至らしむるなど往々耳にする所にして、此の育兒法を講じつゝある叢軒が遺憾やるかたなき所なりとす。實に家庭の不注意よりして、迷信の結果よりして、我が愛兒に毒を進むる其罪惡や假令無意識に出るといへども、彼の睡眠中の添乳に兒の鼻口を壓迫窒息せしめ、死に至らしむるの不注意に勝ること數等にして、斯る家庭に生れ、此の如き母の育養を受くる兒の不幸これより甚しきは無かるべし。實に余は大聲疾呼して斯る愚人は兒を產み子女を育つべき權利なき無能者といふに憚らざる所なりとす。

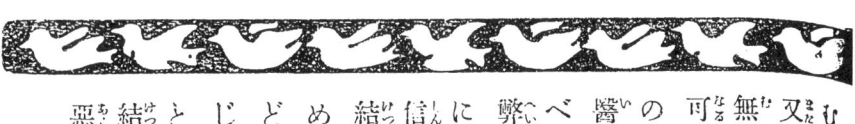

却說己を謹み身神を強健に保持し、衛生を主り赤子に對して須臾の間も注意を怠らざる如きは當然の勤にして猶乳汁分泌の分量に鑑みて食餌を適宜にし、赤子の躰重の毎日增加すべき量（後日小兒の體重のことを詳說すべし）に注意し（生後二月の終迄は毎日四匁七分宛增量せざれば健康に且正規の發育を爲すものと謂ひ難し）母たるもの都て愼重に身を處すべきこと敢て言ふを俟たざるべく尚次回より專ら母體の衛生法を詳說すべし

笑門

丈八

老面皮　笑林廣記

世の中に口の減らない人間も有れば有るもので、或る惡口はかり叩いて得意がつて居る人物に『貴公ほど口の達者なものは無からう、口から前に生れたといふのは眞に貴公のことを言ふのだ』と言いましたら、奴さん少し考えて『イヤ其の癖口と同年だ』と答へたといふ話しが有ります、實に手も付けられない口達者で……』

或時二人の朋友が對座で、

『トキニ甲藏さん、世の中に硬い物と言つたら何が一番硬からう？』

『先、石か鋼鐵かな、乙吉君は何と思ふ？』

『然さね、僕の考へでは石は碎けもするし、鐵は鑿る事も出來るから一番硬い物とは思はれない。先第一番には君の髭鬚を※

※算へるね、奮麼なれば世の中に第一等といふ君の鐵面皮を破つて出て來る其の硬さといふものは、石や鋼鐵の比では無いと思ふよ』

『イヤ夫なれば君の面の皮は更に硬いこと數等だ、奮麼なれば、其れほどの髭鬚でも君の面の皮は破れないと見ゑて頓と生て居ない』

原文

或問世間何物最硬、曰石頭與鋼鉄、其人曰、石可レ碎、鉄可レ鎔、安得レ爲レ硬、以レ弟看來惟兄面上髭鬚最硬、鉄石摠是不レ如也、問二其故一答曰、看老兄這副厚臉皮竟被二他鑚了出來一、有レ鬚者回嘲曰、足下面皮更老、這等硬鬚還鑚不レ透。

○天眞爛熳

小兒の無邪氣には實に感心することが多うムいます、何事にも罪のない所が大人には怎生しても出來ない、これが天眞爛熳の貴い所でムりませう、其の小兒に就ての可笑いお噺を二ッ三ッ拾ひ集めて御機嫌を伺ひます、但このお噺は現在に見聞しました事實談でムいますから左樣に御覧を願ひ升。

其一　滊車

或る時滊車の中で小兒伴の人と一緒になりました、その滊車が川崎停車塲へ差し懸りました頃に、多分滊車に乘る人で行りませう、田甫道を一生懸命全速力で駈て行く*

*のが見えます、すると窓から外を見て居た小兒が振り返つて、「お爺さん〳〵彼の人は一生懸命に駈て後へ行くねー」

其二　顔

消火夫とも見える五分刈頭髮の眞黑な、色の淺黑い勇みな哥兒が、弟を伴れて錢湯へ來まして頻に背中を洗つてやつて居ります前面のほうに禿頭の老爺が居るのをその兒*

*が熟々見て居りましたが突然に大きな聲で、兄イ彼の爺さんは何處から顔で何處から頭だへ？」

其三　若蠅兒

蒼蠅兒だねー夕方この忙殺しいのに側にばかり居ては邪魔になつて不可ませんよ、何處かへ往つて遊んでおいでなさい。』『母ちやん最う夕餉になるのだらう？』『だからサ、今夕餉の準備をして居る其の妨害になるから外へ往つて遊んでおいでといふことさ』

斯ういふ按排に毎日小言を言はれて居りま※

※す、或る夕方例の通り母親が夕餉の準備に取りかゝる何處の家でも忙がしい時刻。

『阿母さんお隣家へ往つて遊んで來るよ』

『不可ませんよ夕刻お忙しい時分に遊びに往つては……、隣婦さんが蒼蠅とお言ひだよ』

『だからサ、孃が蒼蠅から遊びに往くのだ

其四　西郷

上野の山王臺へ小兒を伴れて來まして下町を遠望しましたり、彰義隊の墓前から彼の老西郷の銅像前へ來て見せて居りますと、※

※『お爺ちやん西郷さんは今何處に居るへ？』

『西郷さんは疾うに死んでるわ子、だから此の通り銅像が出來たのだアね。』

『然う、それでは西郷さんは犬を引つ張つて立てゝ死だのかへ？』

其五　辨慶

學校で先生が一年生の頭を撫でながら、＊

＊『君は勉强だねー』

『先生達つてらア、僕は强いから辨慶だ』

（イ）
金糸入オレンジ色地友禪縮緬菊文様、白ぬきと黒及び鼠の葉を配合よくあしらひたるもの　價拾六圓五拾錢

（ロ）
金糸入チリープ色地友禪縮緬文様は蔦の葉を赤に黒の線、黄に黒と紅の線に、蔓は赤　價拾八圓八拾錢

（イ）

（ロ）

（ハ）

（ハ）
友禪縮緬地色は薫り茶、葵の葉をチリープへ白の角通し紅、黒、葡萄色等配合よく太夫鹿の子を取り交ぜたる精巧品
價拾六圓五拾錢

木綿縮友禪

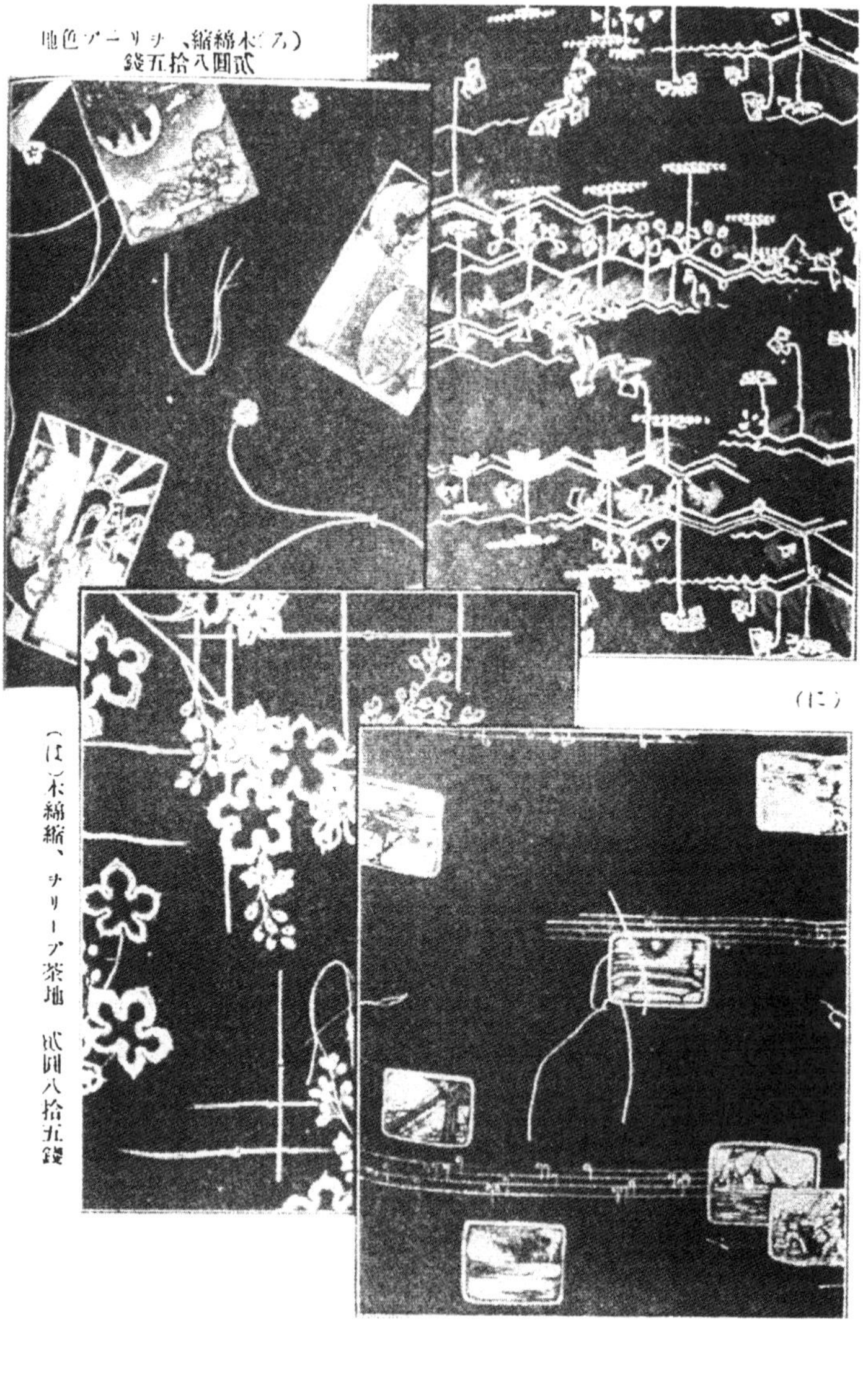

（い）綿八ツ橋、オリーブ色地　貳圓貳拾八錢

（ろ）木綿縮、オリーブ色地　貳圓八拾五錢

（は）木綿縮、オリーブ茶地　貳圓八拾五錢

（に）木綿縮、オリーブ色　貳圓八拾錢

（一）厚板織丸帯
黒み勝たる路考茶地に吉野廣東の格子、
金入色糸の古代牡丹唐草の裂れ錦
價貳拾七圓

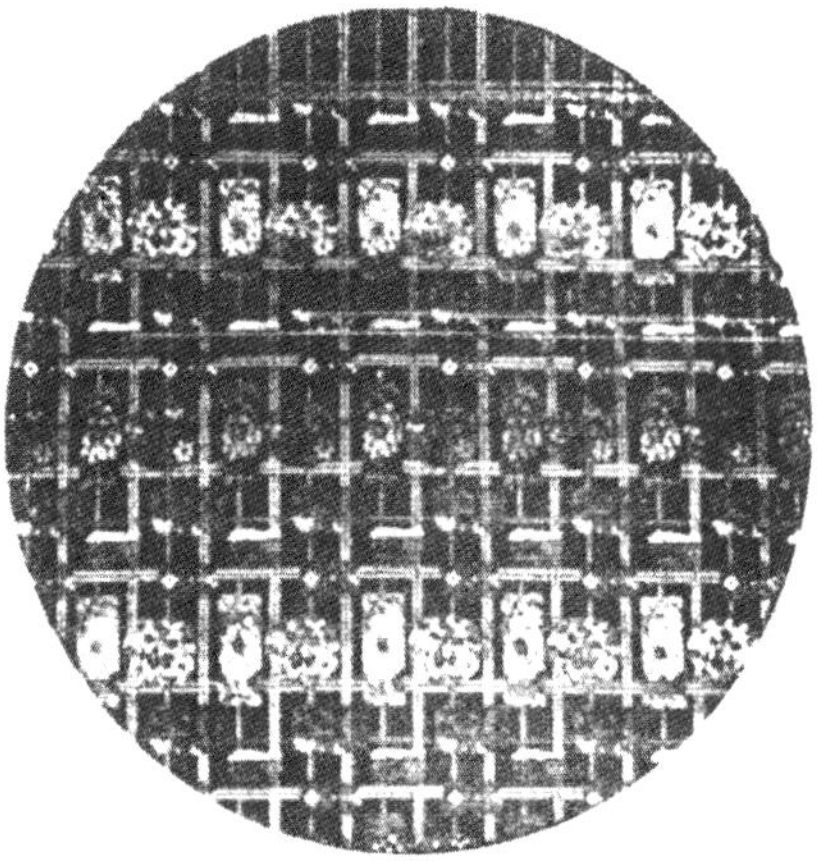

（二）

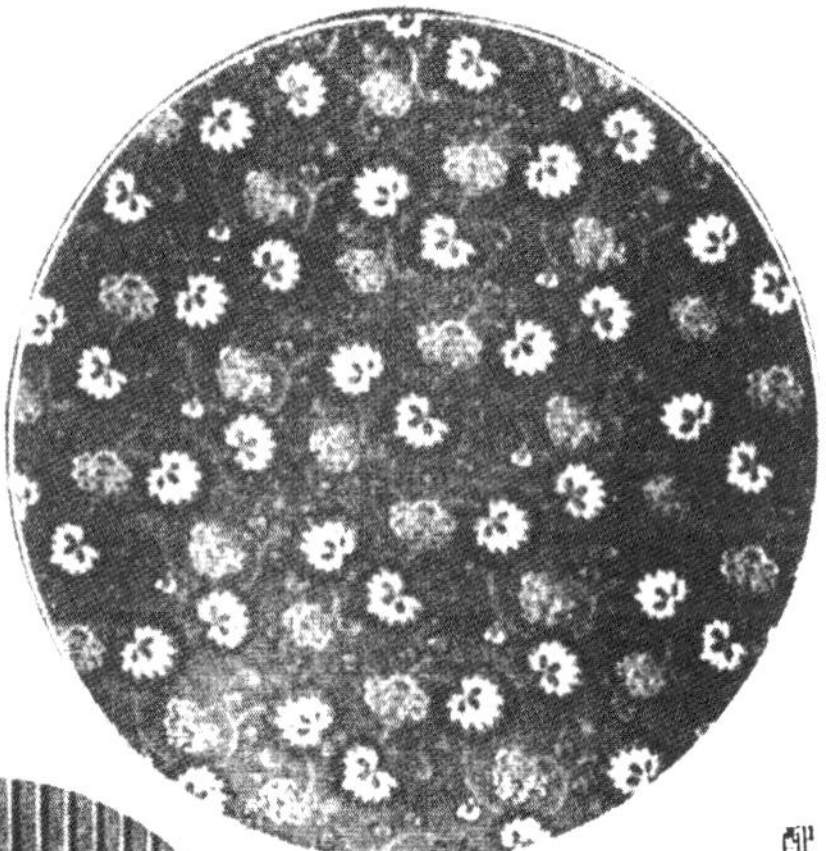

（三）

（二）厚板織丸帯
茶地蔦唐艸、御召納戸、栗皮茶、白茶等
配合よき作品　價拾五圓五拾錢

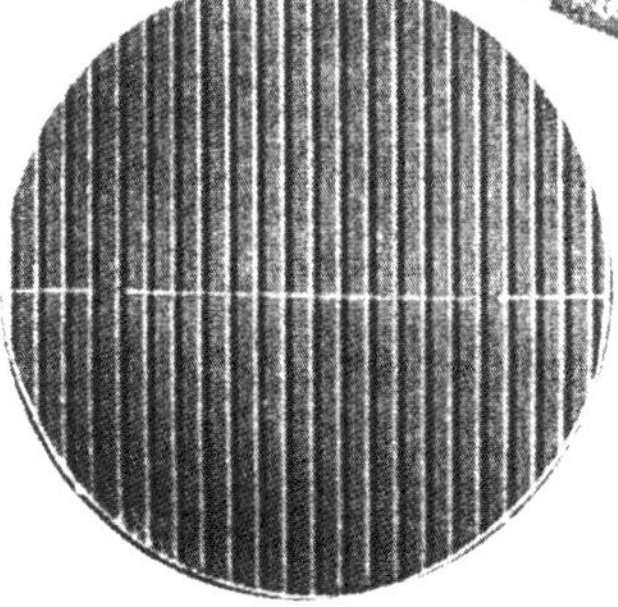

（三）厚板織片側帯
地色薄柿茶、サリトンと海老茶と白茶の
鰹縞に濃納戸の細筋入たる粋なるもの
價六圓三拾五錢

伊織紬

絹紡績糸にて織たるものにて染色地
合等大島紬に少しもかわらず
價三圓貳三拾錢

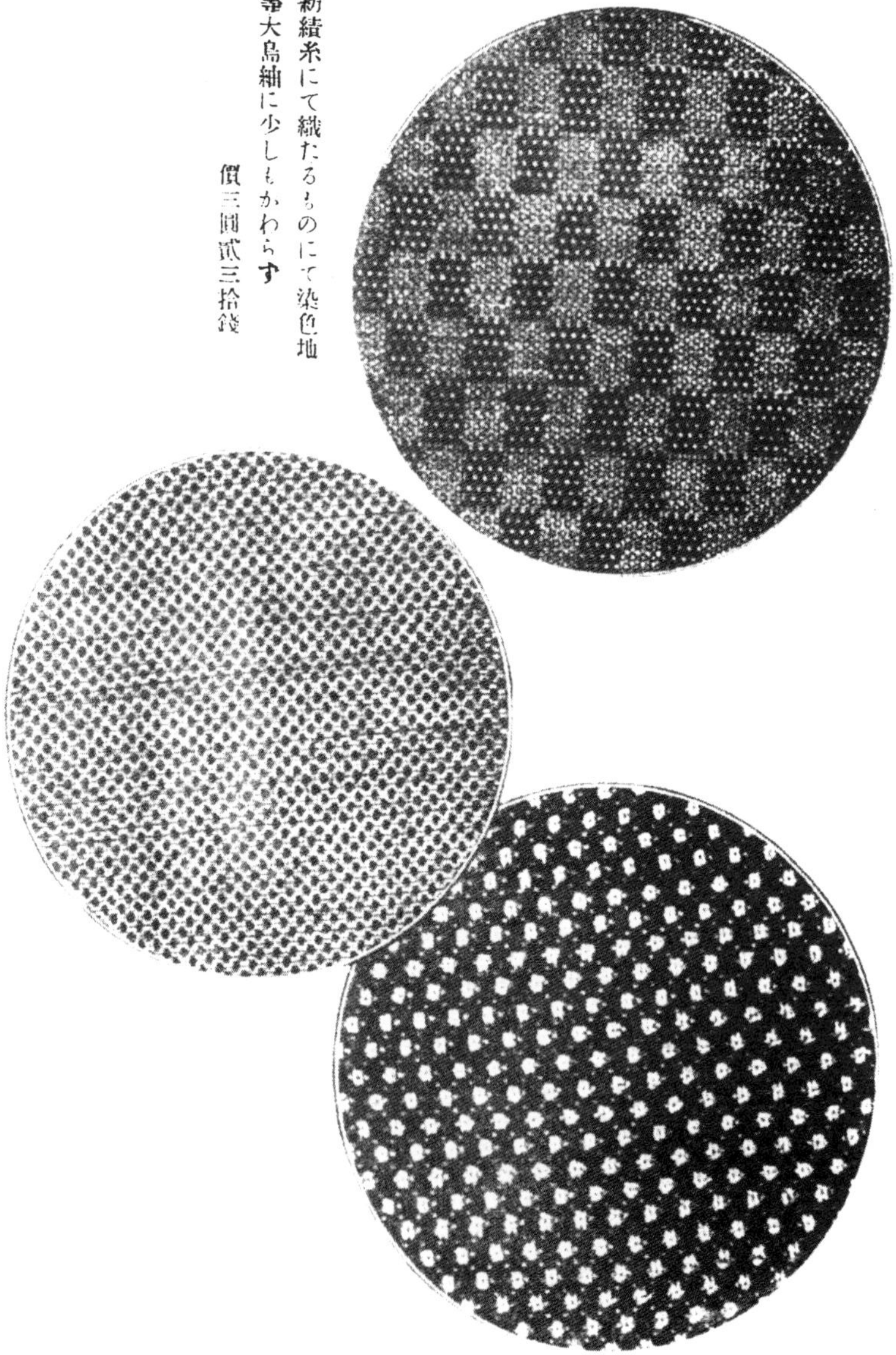

豆腐料理（承前）

佳品廿種の内

なじみ豆腐

上々の白味噌をよくすりて酒にて中稀にのべ、豆腐を能きほどに切り、二時間あまり浸おき其の儘強からず弱からぬ程よき加減の火にて烹たつるなり

葱白のざく〳〵、青蕃椒、おろし大根おくなり。

苞どうふ

豆腐の水をよく搾り、醴をすり交ぜて棒の如く取りて竹簀に巻き蒸して小口切にす。

今出川豆腐

昆布を敷き、鰹脯のだし汁と酒にて烹ぬくなり、此の烹ぬきの中ほどより醬油をさし調理し、隠し葛をひき碗へ盛りて胡桃の砕きを振りかくるなり。

黄檗どうふの一種

稀醬油と酒しほと合せてよく沸せ、別の鍋に油をたつぷりと沸せ置き、豆腐を平たく大骰子ほどに切りて金の網籠に入れ、沸せたる油へ入れて二三遍その金網を振り動かし、直に烹醬油の鍋へ入れ能き程に烹るなり、

青海どうふ

絹漉しのすくひ豆腐を葛湯にて烹調よくし別に生の煮かへし醬油をこしらへ置き、膳に上せるときに先碗に前の豆腐を盛り、さし醬油にして上へ青海苔を焙にかけいかにもよく細末にし篩ひにかけたるをパッと振りかけるなり。

淺茅田樂

稀醬油のつけ炙にして梅醬をぬりてこれに炒りたる罌粟をパラリとかける

海膽田樂

雲丹を酒にてよき加減にとき用ゆ、常の田樂の如し。

雲丹は對馬と肥前の平戸より產するを最上品とし、越前の藍川產はこれに亞ぐものとす。

式法　婚禮の部　前號の續

漱石

前號には合盃式に於ける合卺の禮を掲げり本號にはこれが拾遺を述べ、次に色直しの式を詳說すべし。

既に盃事了りたるときは酌人その盃を元の如く組み直し、長熨斗三方の据えある所の（本誌六號式場の圖參看）少し前に運び置き、銚子を持て立つ、同時に加へ役も立ち、兩人元の座（則ち加へたる場所）へ直り、介添と共に一揖して玆に盃事終るなり。此時緣女は介添と共に聟に一揖して先座を開き、尋で聟座を

開き介添これに從ひ、次に酌人兩人銚子を持ち一齊に起ち列びて角のたゝざるやう左へ一結びして入る是後々までも結ぶの意味なりといふ依てこれを後結びと稱す 合盃式了

色直しの式

床飾其他前の如く 六號參看 なれども、蓬萊の島臺を高砂臺に、富貴臺を稻穗臺に換え、又土器類一切赤燒に改め、及び銚子飾も前に銀紙を用ゐたるときは茲には金紙を用ゐ、若し前に白紙を用ゐたるときは、白紙の下に紅紙を少し緣に紅紙の食み出すやうに重ねて疊みたるを付け、膳部は盛物を換え赤土器に改むる等なり。而して式場に臨むに此度は聟を先にし次に緣女進む（手續き介添等前の如し）。酌人も前の如く進み、神酒を加へ、上の盃は聟より始め聟に納め、中の盃は緣女より始め緣女に納め、下の大盃は聟より始めて聟に納め都て合盃式と反對にするなり。

是にて色直しの式畢り、酌人前の如く盃を座に直し而して兩人元の席に就きて一揖す同時に双方の介添幾久敷と挨拶し、聟方より席を開き次に緣女開き、酌人前の如く後の結びして席を辷り式了るなり

因に云、合盃式を陰とし色直しを陽とするが故に、盃事式具等皆前者と異なるなり蓋し前者は陰を粧ひ後者は陽を粧ふをもて色直しと號けしならん

又云、合盃式畢りて幾久敷と挨拶すること今通例の如しと雖も、是は色直しを略したる場合に爲すべきにて、式正に於ては各盃式は都て無言に、色直しの終りに於て始めて此の挨拶あるべきなり。

又舊諸侯に於ては色直しの式に愛敬の守を取り換すことあり、其の守袋聟は懐中し緣女は頸より胸に掛く、而して大盃を聟より緣女に進むるとき懐中の守を我が介添に渡す、介添これを扇子に請け靜に起て緣女の介添へ渡す、介添これを我が扇子に移し緣女に參らす、緣女これを懐中に納めて後大盃を一獻酌み、我が掛けたる守袋を介添に渡す、是に於て酌人は盃を聟に進め介添は前の如く聟方の介添に守袋を渡し聟はこれを受取りて懐中し、而して納めの盃を酌みて式全く結了するなり。

一説 膳部の盛物は式の輕重に依り次第ありと雖も合盃式には前に鰭吸物、向右に短冊熨斗、同左に勝栗五ッ盛るを佳とす、但鰭吸物は鯛の鰭に少し肉を付けて切り乾し堅めて土器に盛りたるを吸物と唱ふるなり

短冊熨斗は長二寸五分幅五分に裁ちたるものを中所一寸糊にて五枚づゝ貼けたるを五つ盛るなり、勝栗は龜甲丸といふ極めて大

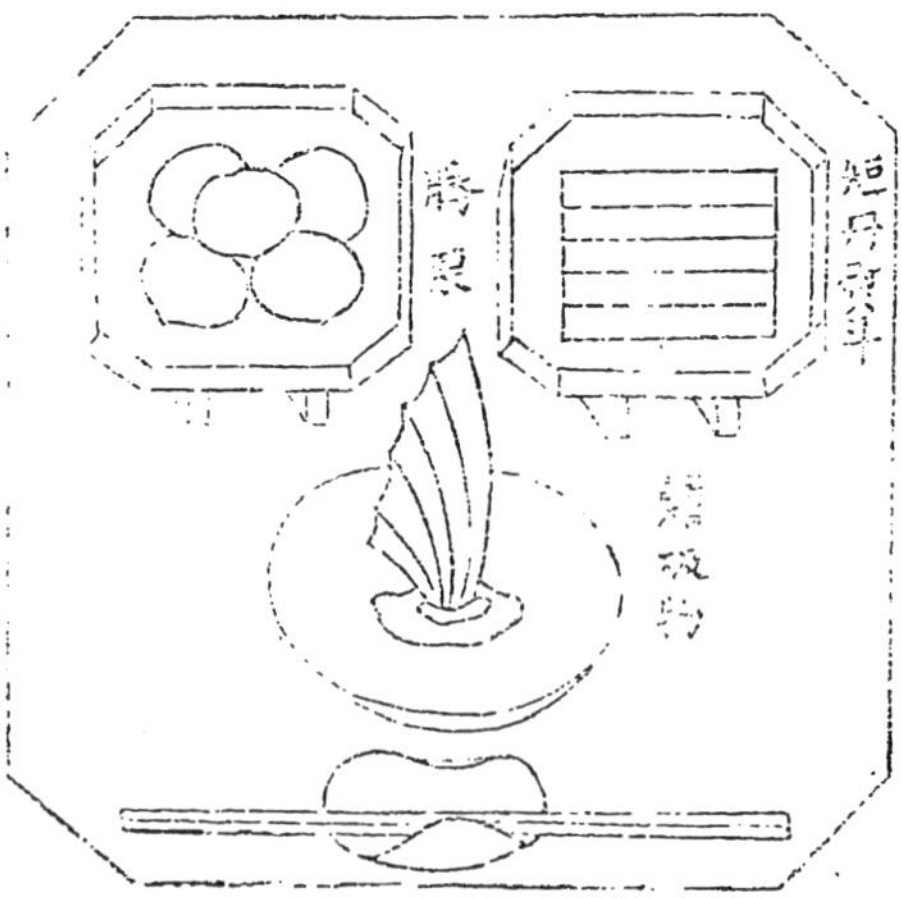

きなる物を使ふ、又右の熨斗と栗は小角といふ檜木製の脚付き折敷の形したる小さき器に盛るなり。

色直しの膳部は前に雜煮、向右に數の子、

向左に黒豆なり、雑煮は紅白（紅は小豆色）の丸餅を重ねて上に大根を銀杏形に庖丁し青菜を添えて盛るなり、数の子は五つ

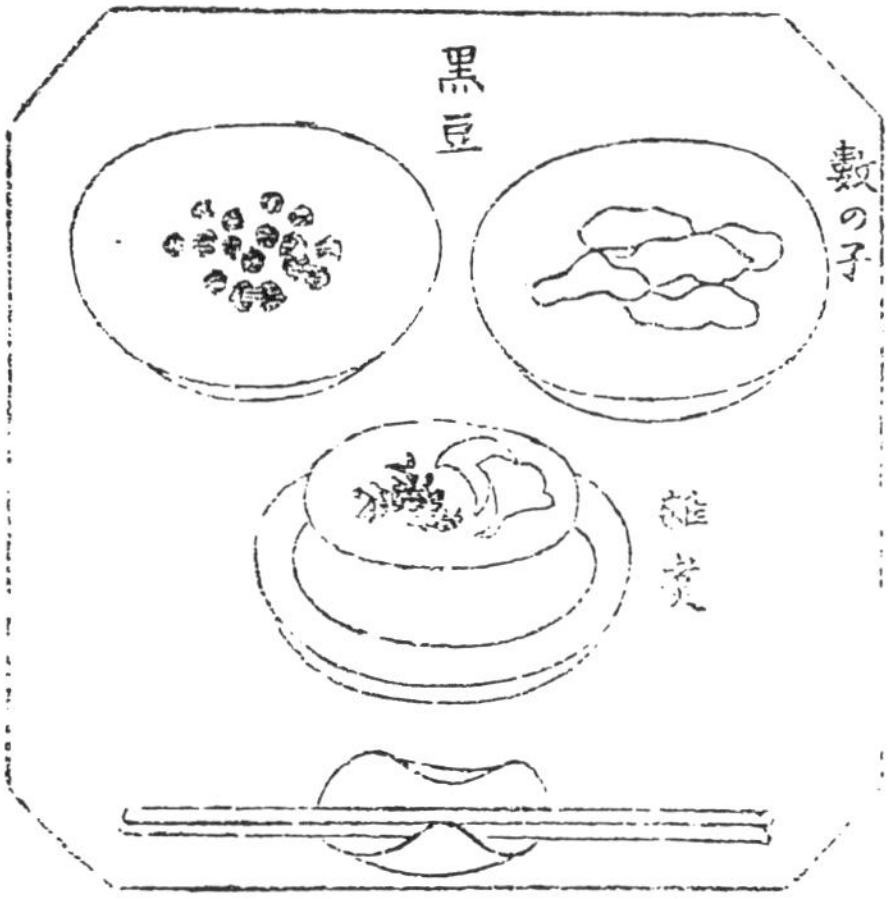

黒豆は能き程に盛り太き柳箸を用ゆ。
其他盛物用又は干肴として用ゆる品は昆布鯣、鰡脯、水母、干蛤、若鷺、梅干、榮螺、干鰕等を種々に作り盛るなり。（以下次號）

○流行品の買物取次の件

本誌愛讀諸彦の御便利を謀り、左の方法を以て當地流行品買物取次の依頼に應ず。

一 本誌六箇月以上前金を以て購讀せらるゝ讀者に限り當地流行品購買方の依頼に應じ可申事

一 購買に付ては一切手數料謝金等は申し受けず。

一 購買品の選擇は都て當方に一任せらるべき事

一 購買品の價額幷びに送料は豫じめ御通知致すべきに付き其節前金に申受候上にて、購買發送可致候

一 本件に係り御照會の節は必ず返信用郵税御封入有之度候事

以上

家庭のしるべ發行所

文苑

笑阿彌

小品三則

其一　祉祢

南北兩朝の御爭ひ御和睦となり尋で北條氏亡び、足利公方の武威未だ海內に恰からず、世間も未だ落居せず群雄諸所に割據して砦を築き關を搆へ、領知爭奪の戰ひに鬪諍の聲斷る間なし、

恬るなかにも春は來りて洛の巷は元日の祝ぎに餘念なく、犬うつ童も毬打ぶり〳〵の遊びに現なく、在京の大小名は家々の格式に從ひ、騎馬に乘輿に各前をはらはせて謦蹕の聲嚴

しく鹿苑将軍義満公の御所へと打たせける。内には散樂田樂の御催しありて皷笛の聲賑はしく太平樂をぞ謳ひける有斯る所に御駕籠臺の方遽に騒がしく、未だ旗の手は見分け難きも、混甲數百騎がほど鎧ひによろふで此方をさして寄する光景必定叛逆の者ありと覺えたり、人々出會ひ候へとぞ呼はりける。

詰所〳〵に控えたる殿原は太刀片薙おつとりて上を下なる尾籠のありさま、事に馴れたる細川賴之斯るなかにも些とも騒がず諸人きたなし愼まり給へ、素肌の軍は恁くするものぞと、素襖の袖を搔投り捨て、袴の裾を引※

※き振斷り、遠侍に突と入りて、班籐の弓の握り太なるを承塵にあて、掛けたる弦に藥煉をひき、鷲の羽の尖り矢一手、矢屏風よりぬき出し、大床の板踏しめて、鏃に鼻脂塗つていざや來れと突立たるありさま勇ましなんどいふも愚なり。

並居る人々これに倣ひ、素襖の袖を引き振斷り牆壁の上に攀ぢ登りて、拳下りに射しらませて此の日の軍は捷たりける。

これよりして素襖の袖と裾とを斷りたるを𧘕𧘔と名付けて今猶これを用ゆるなりと或時古老の昔語りをそのまゝ書き記し侍る。

其　二　活動電話

本郷は盲長屋と謳はれた百萬石の長屋趾、いろはの二階鷹匠鍋に舌鼓うつて微醺機嫌に立ち顯はれた伊賀物造りの書生二人、軒並びの書籍店扨は繪はがき肆の數々を撫で斬りに素見して、今しも湯島の切通し岩崎の石牆に沿ふてだら／＼降りに池の端へと足を向ける途端、一人の書生が頓狂聲に。

『オイ井上來たぞ／＼彼れを見ィ』

『何だ近藤、何が來たんだ？』

『十一度の近眼に七三二升（並酒二合の陰語）の頓腹ときては成程見えまいな、ソレ眼の前へ蝦茶式部約一小隊』

『イヤ豪い／＼何校の學生だらう、君、視給へ、端から三番目の白モ*

*ジャ襟卷ナ、ソレ忘年會第二次會の敵娼に酷似して居るではないか』

『野郎……、惡戯るナ、佳、六錢均一の立食屋でスチウ飯は貴樣の負擔だゾ』

『馬鹿を言へ、トキニ渠等が那裡へ往くか偵察の任務を盡さうではないか……、ソレ行き過ぎた、可か……、右向廻れ――オイ』

彼の書生連れが女學生と見た一行は平行線を作つて彼れ一句是れ一句喋々喃々繡目鳥の啼合せのやうに饒舌り散らして往く向ふから、風を切つて自轉車の疾走、嗟乎と思ふ間に警鈴の音を響かせて行き過ぎる其の警鈴の音が遽しくチリン／＼／＼。彼の女軍の一人が思はず知らず、

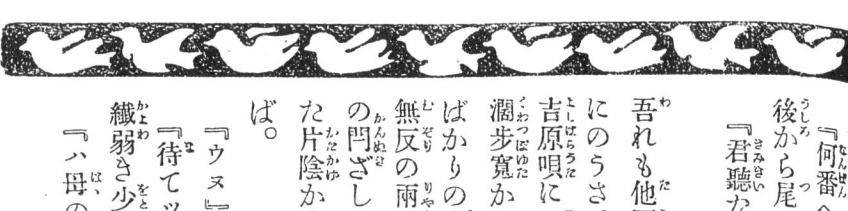

『何番へ』
後から尾いて來た近藤が振り返つて、
『君聽たか?、渠等は下谷局の交換手だ』

其　三　ぬくめ鳥

吾れも他國よ貴所樣もまた他國よ、たがいちがいにお眼をかけらアりよ、おしやれば誠にのうさてお眼をかけらアりよ（二）
吉原唄に一節切の音も澄みわたりて、流石に不夜城も大引け過ぎの人足途斷えた堤八町を濶歩寛かに、雲突くばかりの大男、角鍔無反の兩刀を一文字の閂ざし、扇拍子に※

※小唄ものして來掛る途端、髮洗ひ橋の誰ぞや行燈が眠りそうになつた片陰から髮も蓬に跣足姿の裾もほら〳〵、息喘き驅けあがる土手にばつたり衝きあたれば。
『ウヌ』と猿臂を伸して彼の小娘の領髮摑んで
『待てツ』
纖弱き少女の何として、鷹に取られし溫め鳥の曉を待つばかり、自ら脫るゝ術はなし。
『ハ母の急病に醫士の許へ急ぎの道、お情にお免されて……』

『イヤならん、口悧利き小女郎メ、此の大男が眼に見えぬか、此の棕櫚柄が解らぬか、緩怠な奴……兎すこと罷成らん』

金剛力に抱き竦めしが何思ひけん泣き面田甫の方へ直下りに韋駄天走り。

『アレー……』

田中の庚申塚、枳殻の邊を折り曲りの出會ひがしらに
『エイッ』腕は冴えたり得物は覺えの根太の尺八、武士の肩先健に撃ち据れば、痿痺ながらも我慢の武士、立ち向ふを横に薙らして鐺返しに動かせず。

『侍は乃公が預つた、此處搆はずに早く退け』

心ならずも見返りがちに、少女は姿を烏羽玉の闇に埋めて、空に五位鷺の二聲三聲。

（をはり）

室内装飾法

（棚飾）

松浦伯直傳

本誌第一號發刊の登時より斯道に鍛錬に在ます松浦伯爵の君に請ひまつりて、我が室内装飾法の年を經るに從ひて、亂れゆくことの嘆

かはしければ、正確なる法式を廣く世に傳へんことを企圖し號を重ね編を繼ぎて第五號までに床飾の部を畢り、爾後引續き掲載すべきを、記事の都合によりて思はずも打ち絶えしに、此頃讀者より頻に催促の狀を寄せられ、編者もまた紙頁のゆるす限り

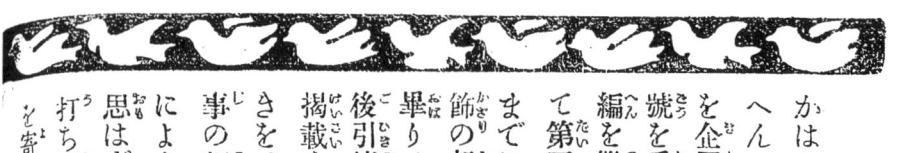

掲載すべき心搆へなれば本號より引續き掲ぐべければ、看官幸に諒せられよ。又本號よりは棚飾りのことを記すべきも是

は文字の能く盡すべきにあらねば、悉く圖に顯はして示すべく、これに由りて會得せらるれば幸ひ甚しといふべし

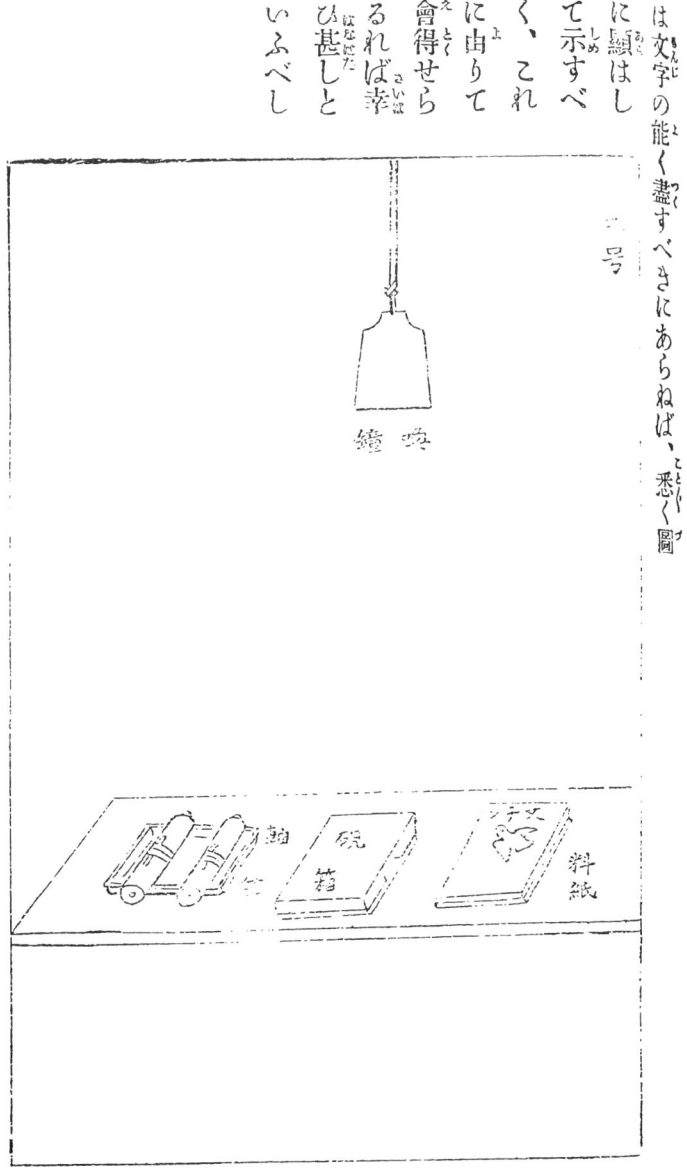

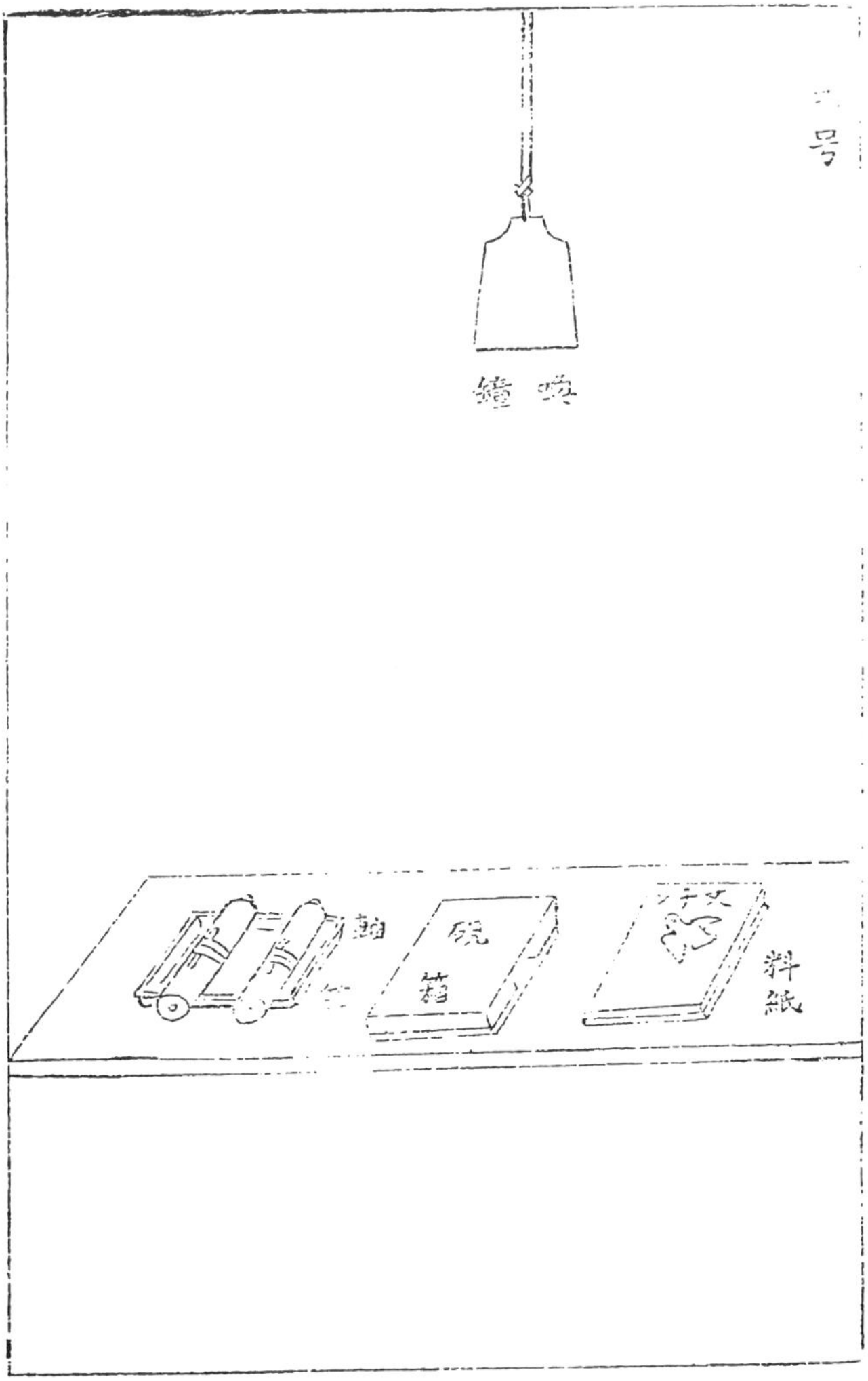

茶道

勇猛精進菴

主方床の事（承前）

床に葉茶壺を置きますときは軸前に据えるので、床の四方から眞中へ置くのであります、壺は網を懸けますか、口覆をしますか兩種の內を選んで宜しい、網の色も口緒の色も紫、紅、紺天鵞絨の內を用ゐまして此外の色は用ゐません、

網は龜甲或は輪違等に組みまして、兩方の手縄を持ち出しに作りて唐糸で打つので有ります、口緒は片糸で八ツ打ちにします。網の懸やうは、手縄の輪を取り、上で眞むすびにするのであります。

葉茶壺は口切りに出すので其他常に出しましても可しく、而して床の軸前ばかりには限りません袋棚にも飾ります。又沉壺薰壺は堂庫にも飾ります。で、沉壺薰壺の口緒の色は緋、紫のうちを用ゐまして緒の先に總を付けてひき付に結び下るのであります口覆は角を前に緒は輪を左に打ちどめを右に持つて向から懸けて前で眞結びにして輪の方を少し高く、打ち留めを低く、少し筋違に見ゆるやうにします。

口覆の切れは何でも用ゐて可しう厶りまして茶入れの袋のやうに和物唐物の差別は有りません、先は錦類が相應て有りませう。仕立かたは四角にして隅を丸く、又上に丸紋など有ります切れは其の紋を眞中より少し脇へよせる加減に仕立たが可しう厶ります、是は堅く見えぬ爲であります（茶入の底に丸紋など出る時も此心得あるべし）客より見物の所望ありたるときは網にても口覆にても取り外して壺のみを出します、若しこれも所望されましたならば出して見せます。其の手順は口緒を取りまして二重の儘四つに折て脇へ置きまして、夫から口覆を外して其の中へ口緒を入れて置くのであります。

床に茶入を飾る、即盆點のときは、勿論茶入を盆に載せまして、軸先の前から四五寸向ふへ寄せ壁の方からも其寸法程直角の所へ置きます、尤も盆及び茶入の大小に依りまして遠近の見合せが肝要で有ります。

聞香爐は名物か拝領の物でなければ床には飾りません、飾るときには必ず盆に載せまして軸前の眞中へ置きます、香盆は堆朱青貝何品を用ゐても可しく、香敷は雲母の厚きものを覆輪なしに九分四方に切りまして一分の面を取つて前から筋違に置くので有ります、灰は何となく搔き上げて置くのがよく、伽羅は四分四方にしまして木目を横に置くのが定法であります。

香爐の三ツ脚は、脚一ツを前にします、香爐の文樣藥立ちなどよく〱見合せて定むるが可しう厶ります、

空炷の香爐は軸先を定坐と致しますが、手向等の時は眞中に置きます、又本尊其の他尊むべき掛物のときは丸香臺へ載せても飾ります、

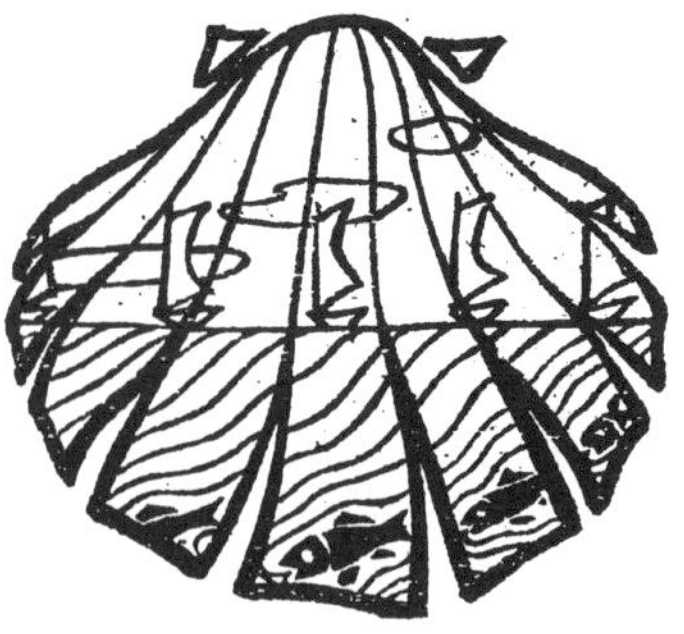

雑録

我が海陸軍人の勇敢なる戰ふて勝たざるなく責て陥さゞるなし、征露のはじめ捷報頻く々として達するや、或る國の醫學博士は、我が國人の事に當つて勇猛精進、常に快活の氣象に富むの原因は、國人擧つて入浴を好むの美風ある結果なりとの斷案を下したりき。

我が邦人の勇敢なる原因が此の潔僻なる習慣に據るや否の斷定には輕々しく首肯し能はずと言ふと雖も、吾人が四時を問はず入浴に據つて無上の快を買ふこと實に遺るべからざるの習慣にして、此の習慣の最も甚だしき地球上他に比類なしといふも過言に非ざるべし

看よ、世界の文明に誇り、世界の富を蒐め、愉々快々なる生活に誇りつゝある英國人士が身躰の清潔法は什麽に。

近く英都倫敦に於て入浴の度數を統計したる表を見るに、

人口毎千人に就て

日々冷水浴をなす者	、二〇
日々温湯浴をなす者	、一五
朝夕二回浴をなす者	、一〇
隔日に浴湯又は浴水する者	一、五〇
一週二回浴する者	一二、〇〇
一週一回浴する者	三〇、〇〇
二週一回浴する者	五、〇〇
一ケ月に一回浴する者	七、〇〇
二ケ月に一回浴する者	三、〇〇

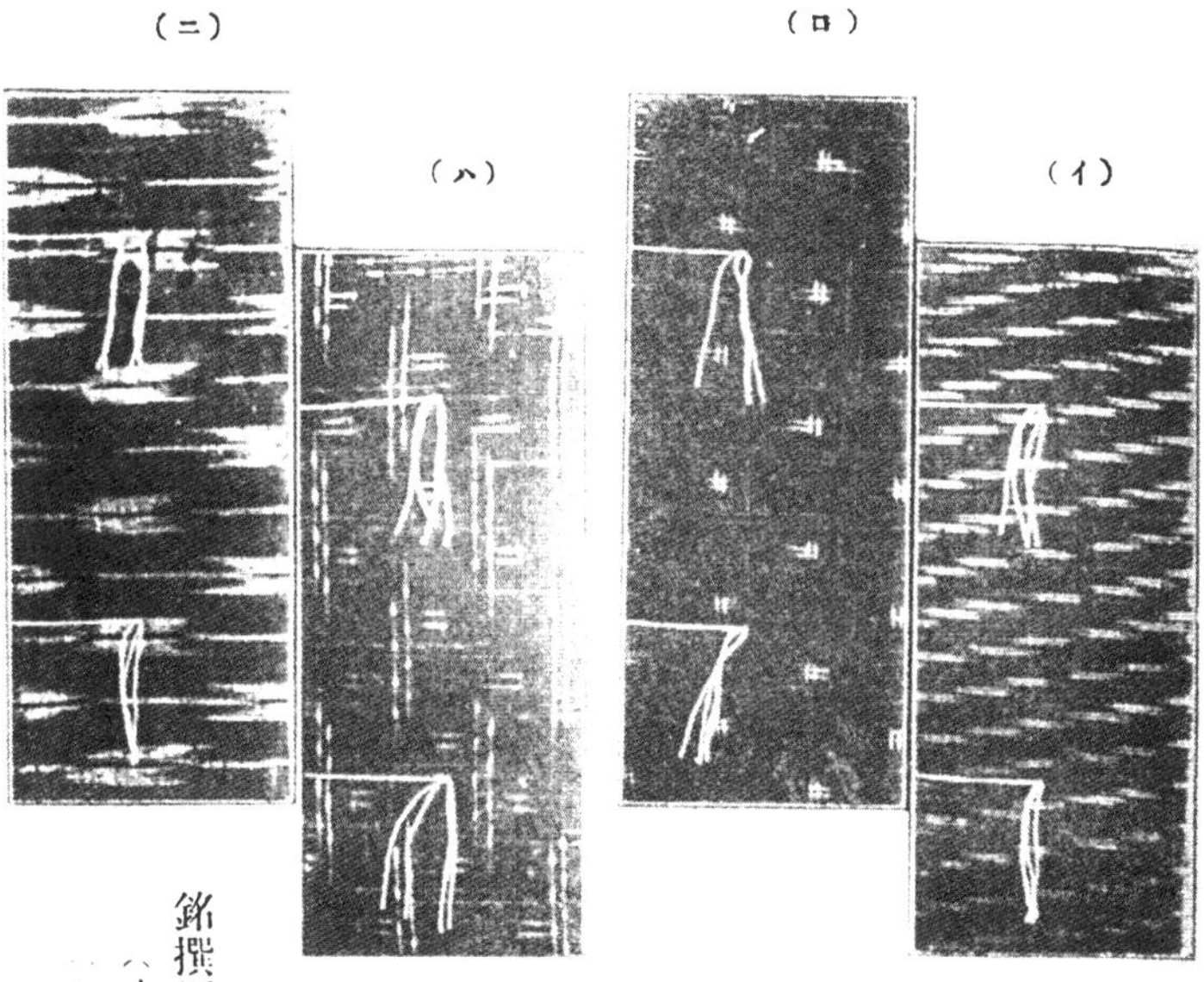

銘撰絣四種

（イ）濃花地　價四圓三拾五錢

（ロ）栗皮茶地　價五圓四十五錢

（ハ）紺　地　價五圓七拾五錢

（ニ）濃　花　地　價四圓五十錢

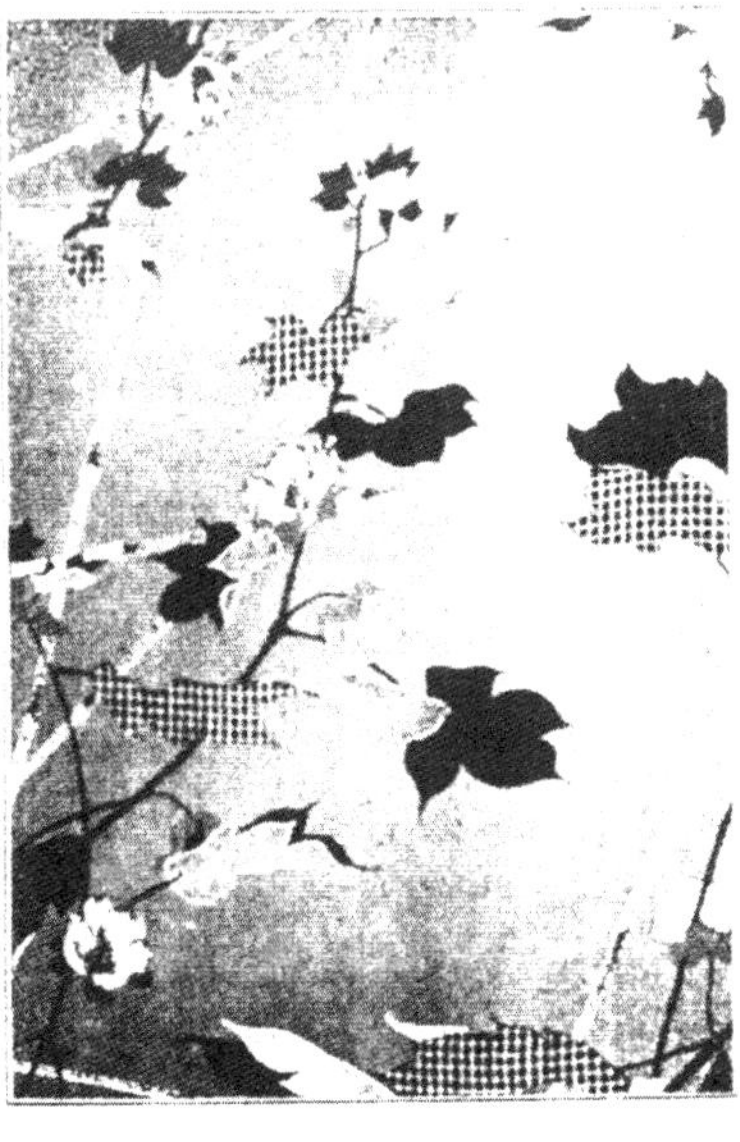

綸一二重友禪

（ホ）鶸鶯色地、破れ竹垣に綿花を色彩面白く黄の花、白の實・緑の葉との配合最も佳し　價一尺付五十一錢

羽二重友禪

（イ）

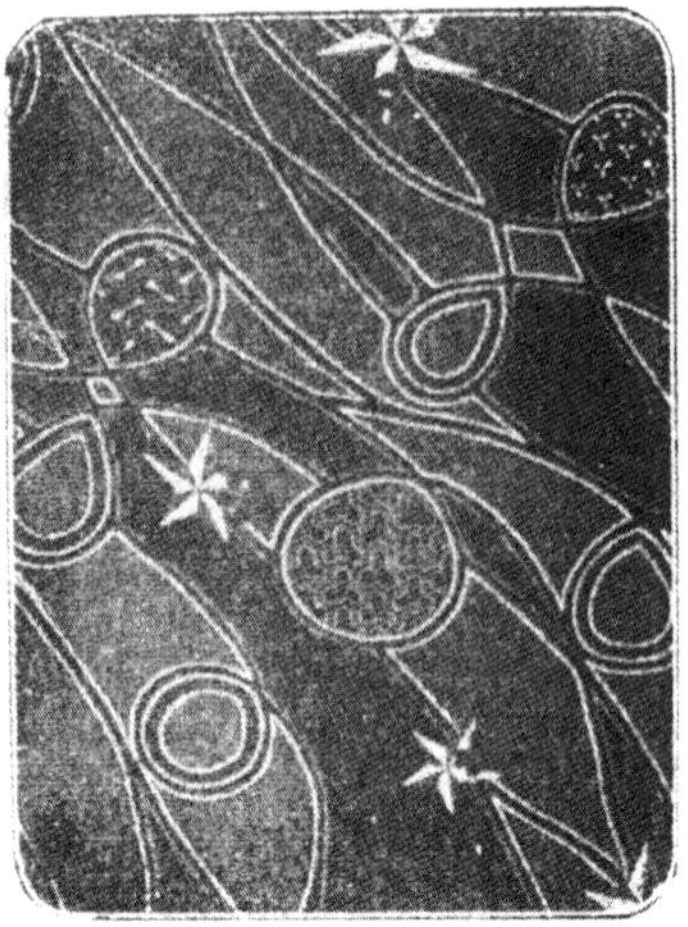

（イ）濃きは栗皮茶、薄きは利休金茶、軍帽の前章と軍服の徽章に櫻の花をあしらひて古代織文を取合せたる新意匠　價一尺に付四拾壹錢

（ロ）

（ロ）カーキー色地、美くしき色の配合にて金鵄勳賞と古代丸紋の取り合せ　價一尺に付五拾五錢

（ハ）

（ハ）栗皮茶地、光琳硯箱の文樣、色彩の配合落付きて最もよし　價一尺に付四拾貳錢

（ニ）

（ニ）樺蒲菊地、濃きチリーンと黒を地色にしたる古代蝶の中へ更紗形　價一尺に付五拾錢

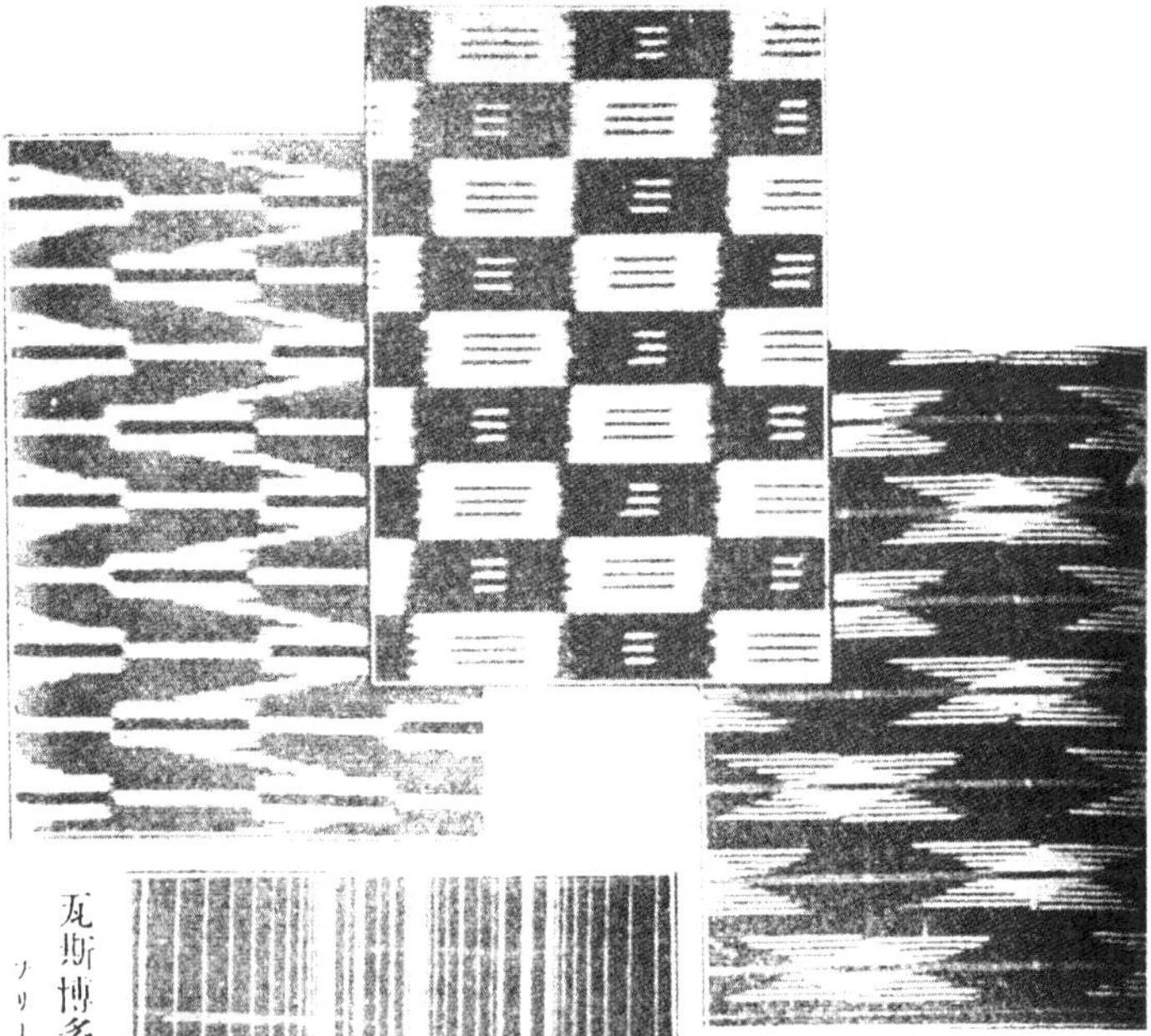

二子絣

價壹反　壹圓四拾八錢方　壹圓六拾五錢迄

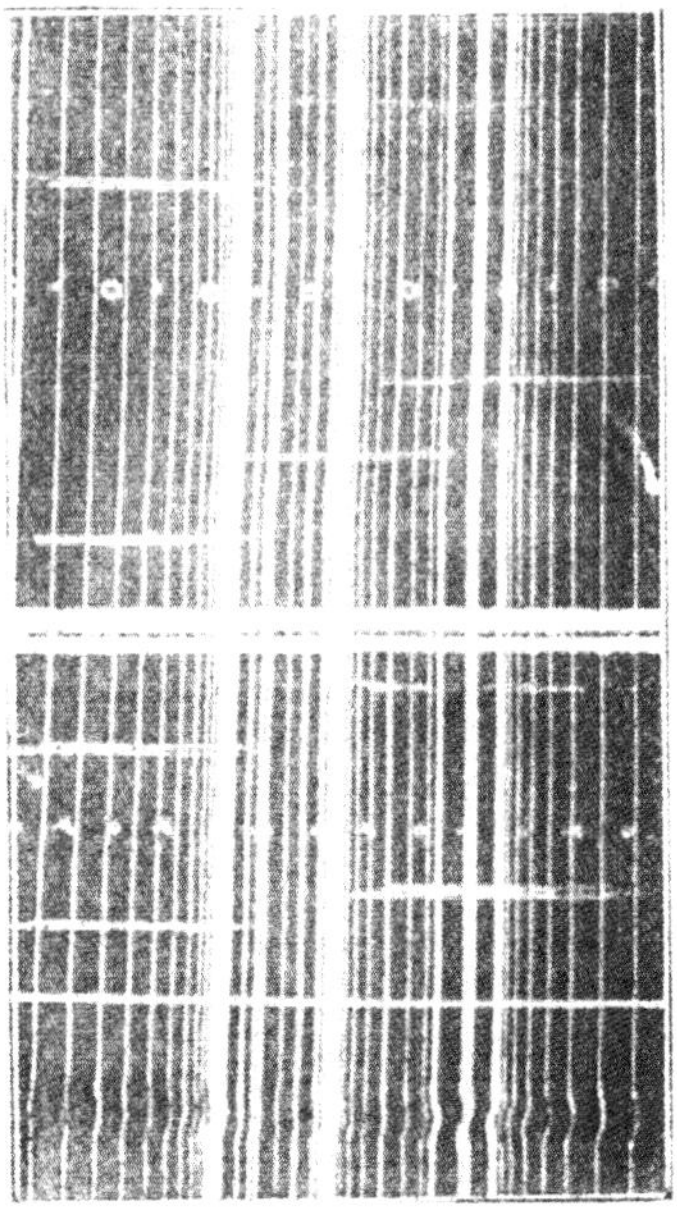

瓦斯博多片側帯

オリーブ色地白やたら縞、横に金の霞と古代文様

價壹圓參拾五錢

女夫波

眞砂座に於て、藤澤淺次郎の扮せる時子が觀櫻會の場に用ゐたる
江戸褄文様
搗色地に地落し染め色入り、寫生の鴛鴦。

三ヶ月に一回浴する者　二、〇〇
一年二回浴する者　六九、〇〇
一年一回浴する者　一五〇、〇〇
一年中浴せず只身體を拭ふ者　七二〇、〇〇

以上の統計表を見るときは、我が邦人の入浴の度數は夐に英國に優ること數等なるを知るべし、

◎戰捷國の商工業者

滿一年有餘を外征てふ灘に漾ふて今猶前途遼遠、何れの日か平和の湊に着く可く、此の波瀾の中に彷徨ひつゝ有る我が商工界は抑甚麽なる針路を進み來れるか？

看よ！、戰ひは捷てり、此の戰捷國の商工者たるもの爭か獨り逡巡すべき

然も織物界の如き其の販賣額に於て多少の減殺を被ふるは理の當に然るべき所なりと雖も、幵は市場の販額に於てのみ言ふべく、其の染織の業の如き寧ろ大進せざるも小退することなく、圖案に機織に染色に各々歩調を共にして、淳々として進みつゝ有り。

然り而して斯の如く染織業者をして進捗せしむるには更に助勢の効なくんば有るべからず、何を以て助勢者と謂ふ？、曰く販賣の額減殺せられ、商取引の沈淪せんとするにも拘らず、勉めて貨物を流暢ならしめ、以て資金の運用を平準にし、一面には染織業者を奬勵し安心立命のうちに本業の發達に盡さしむる、販賣業者の効大なるを言ふなり。

茲に白木屋呉服店は例の如く來る四月一日より店舖陳列場の一部を割いて全國より產出する所の染織品競技會を開催し、傍ら寄せされ見切り反物の大賣出しを擧行するとのこと、

嗚呼我が戰捷國の商工業者が怎生に活動し

如何に進みつゝ有るか？、刮目して待つものなり、請ふ讀者諸彦我が誌上の詳報を看よ。

THE following story is told of a certain artist.

His indulgent friends had praised his attempts at painting and drawing to such an extent that the youth really imagined himself to be a genius. His wealthy relations even bought his pictures—"to encourage him," as they said.

Recently, in walking along the Strand he was much delighted at seeing one of his pictures finely framed in a dealer's window, especially as he was walking with a pretty lady, before whom he wished to appear in the best possible light.

Calling the attention of the lady to the picture, he said:—

"Pardon me, but I have some curiosity to know how my pictures stand commercially."

And the two entered the shop.

"My good man," said he to the keeper of it, "what is the price of that picture in the window here?"

"Three shillings."

"Great heavens!" cried the artist, recoiling.

The shopman, thinking the exclamation to be one of surprise at the high price, added:

"Well, it includes the frame!"

此れは或る青年畫家に實際あつた事だそうだが、兎角無責任の朋友共が調戯ひ半分頻りに上手だとか何んとか褒めそやすので御本人グツト乗り氣になり自分程の天才は恐らく此世に又と二人あるまじと只管思ひ詰めて居る傍から又金持の親類たちが所謂「奨勵」の爲めとか云つて其作品を買て吳れるので當人の得意さ加減甚しそれは非常なものである日小川町邊を散歩して居るとフトある店に自分の畫いた繪が美しく額に仕立てゝ出してあるので先生ゾクゾクとして喜び禁ずる能はずで殊に此日は自分の意中の佳人が同伴して居るのでコヽゾ自家の價値と名譽を十二分に美人に示すの好機會と其儘を合點によく示しながら

畫家「イヤ實は僕の作品が今どの位ひの聲價を持つて居るかを知つて置くのも一興と存じて」

かく云ひながら二人ズツト店へ這入りこみ番頭に向つてすました聲で

畫家「一寸御免、コヽにある此の繪はこれで幾何ぐらゐするものかね？」

「七十五錢」

「エッ！ナニ！……」

とばかり當代の大家は喫驚仰天して跳び上つた

番頭は價が高いんで喫驚したものと思つて

「イイエナニ、額縁も付いての直段で御座います、」

女記者

（上）

秋　人

もう編輯の締切に間もないので、芹澤田鶴子は側目も觸らず、一心に原稿の筆を走らして居ると、不意に耳元近く、

『芹澤さん。』と呼びかけた者のあるので、振向くと、何時の間にか社長が自分の側に立つて居た。肥滿とした五十格好の、今日はフロックコートの改まつた姿である。目禮して椅子を離れやうとすると、

『イヤそのまゝで、お邪魔でしたね。』と莞爾に、『明日清輝館で翠岸文學士の演說のあるのを、貴孃も御存知でせうな、演題は「男女交際論」だといふことです。豫て女子問題には最も注意して居る本社の事でもあり、洋行歸りの文學士が、特に男女の交際を論ずるとい

ふのだから、屹度何にか直輸入の新說があらうと思ひます。御苦勞ですが、貴孃傍聽に出掛けて見て下さい、そして第二版の紙上で、成るべく詳しく紹介して戴きませう、大分世間でも注目して居る樣子ですから。』

『ハイ。』と田鶴子は謹んでお受けをしたが、何處にか氣乘りのせぬ風が見えたので、

『行つて下さるでせうね？』と念を推すやうに社長は訊ねた。

『ハ、參ります。』と始めて判然、寧ろ機械的に田鶴子は答へた。美しくて溫和しやかな、さればとて內氣に過ぎた方ではなく、訪問先きで一度や二度面會を謝絕された位の事で、早くも氣を腐らすやうな女ではない。面長の品の勝つた、佛蘭西卷の能く似合ふ顏立ちの、愛嬌にこそ乏しいが、物腰の閑雅な中に、凜とした犯し難い氣性が見えて、物事に耐忍もあり、綿密な推理力もあり、それで探訪の目的を達せずには止まぬ勇氣があるので、男記者といへどもこの技倆の前には、往々三舍を避くるのであつた。

『では一つ願ひませう。』と今や社長の立去らうとする處へ、社會部の一記者が通りかゝつた。

『峯岸文學士のお話しのやうですが、文學士は今晩帝國ホテルで結婚披露の宴を催すさうですつて、通例ならば蜜月の旅行とあるべき處を、夫婦揃つて演說會へ御出馬の、新夫人を前へ廻して置いて、男振の好い處で男女交際論などは、隨分ハイカラ式ぢやありませんか。交際論の趣意は聞かないでも大抵解つて居ますよ、男女は互に相信じ相敬すべきもの

であつて、既に愛の成立した以上、終生渝るべきものではない、又渝り得られるものでない、と先づいつた奴ですがね。即ち是れ公開の席に於て、公衆を枷に使つて、新夫人に二世の誓を立てやうといふのです。凡そ天下に是程の新奇な行き方があるでせうか、聽衆こそ好い面の皮ですな。ハヽヽハヽヽ、芹澤さんも、その好い面の皮を御持參の役に當つたですね。』

頓興の輕い語調で、無邪氣な事を無遠慮にやつて退けるのが、中々面白くも聽かれたので社長も思はず噴出した

『ハツハツハ、イヤ中々奇警な觀察です、しかし當否の保證は出來んね。……實は吾輩の處へも今夜の招待狀が來て居るので、折角行かうと思つて居るのだ、新夫人は桐生子爵の令孃だといふ事だが、此エンゲージに就て、君何にか聞いたとでもありますかね？』

『是れといつて取止めたこともありませんが、世間では文學士を爵位崇拜家だと評して居る

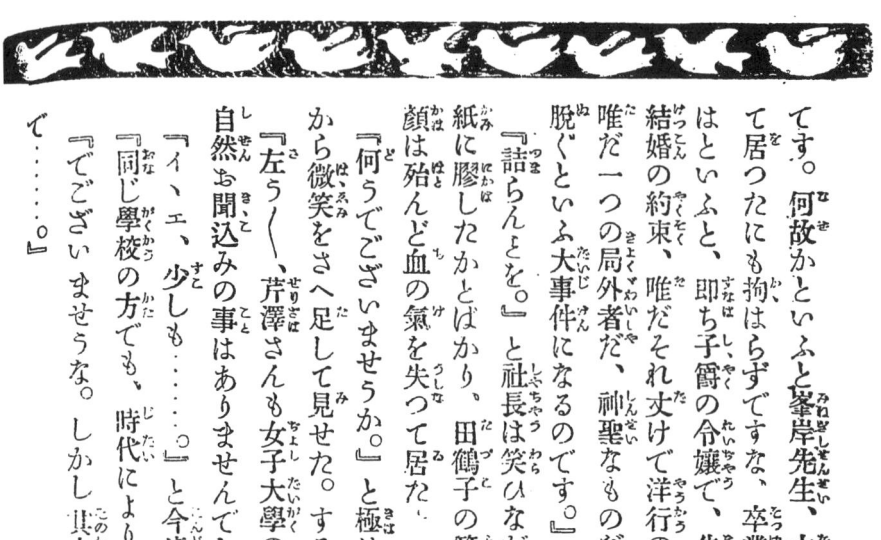

てす。何故かといふと峯岸先生、大學を出る前までは、女子大學の或學生とエンゲージして居つたにも拘はらずですな。卒業間際から、俄かの御模様變へとなつたです。新候補者はといふと、即ち子爵の令孃で、先づ見込まれたといふお易くない處です。で、いよ〳〵結婚の約束、唯だそれ丈けで洋行の費用が出たとして見るですね、凡そこの金の世の中で、唯だ一つの局外者だ、神聖なものだと敬め奉る戀愛その物すら、矢張り金の軍門には兜を脱ぐといふ大事件になるのです。』

『詰らんことを。』と社長は笑ひながら、『芹澤さん、何うです、貴孃も左うお考へですか。』

紙に膠したかとばかり、田鶴子の筆は動かずなつた。俯向いて文をや案ずる。不圖擧げた顏は殆んど血の氣を失つて居た。

『何うでございませうか。』と極めて平氣を裝つては居たが、猶ほ心が咎めるかして、後から微笑をさへ足して見せた。すると又頓興聲が、

『左う〳〵、芹澤さんも女子大學の御出身でしたね。峰岸とエンゲージした學生に就て、自然お聞込みの事はありませんでしたか。』

『イ、エ、少しも……。』と今度は無愛想に刎付けると、社長も傍から喙を容れて、

『同じ學校の方でも、時代により、又階級によつて、一々知る譯には行かんよ。』

『でございませうな。しかし其方は氣の毒なものです。今度の結婚を聞いたら、嘸殘念で……。』

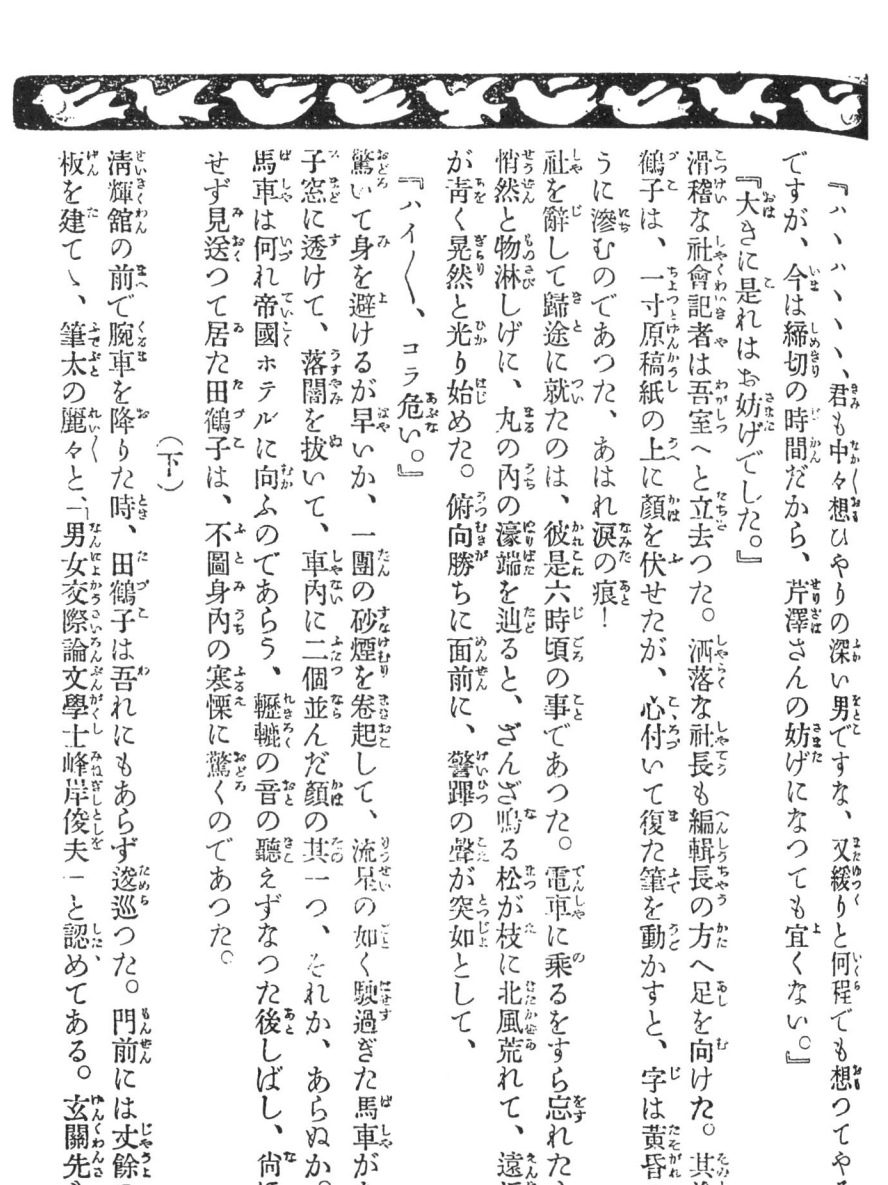

『ハヽヽヽヽヽ、君も中々想ひやりの深い男ですな、又緩りと何程でも想つてやるが可いですが、今は締切の時間だから、芹澤さんの妨げになつても宜くない。』

『大きに是れはお妨げでした。』

滑稽な社會記者は吾室へと立去つた。洒落な社長も編輯長の方へ足を向けた。其途端に田鶴子は、一寸原稿紙の上に顔を伏せたが、心付いて復た筆を動かすと、字は黄昏の鴉のやうに滲むのであつた、あはれ涙の痕!

社を辭して歸途に就たのは、彼是六時頃の事であつた。電車に乗るをすら忘れたらしく、悄然と物淋しげに、丸の內の濠端を辿ると、ざんざ鳴る松が枝に北風荒れて、遠近の電燈が靑く晃然と光り始めた。俯向勝ちに面前に、警蹕の聲が突如として、

『ハイ〳〵、コラ危い。』

驚いて身を避けるが早いか、一團の砂烟を巻起して、流星の如く駛過ぎた馬車がある。硝子窓に透けて、落闇を拔いて、車內に二個並んだ顔の其一つ、それか、あらぬか。馬車は何れ帝國ホテルに向ふのであらう、轣轆の音の聽えずなつた後しばし、尙ほ瞬きもせず見送つて居た田鶴子は、不圖身內の寒慄に驚くのであつた。


（下）

淸輝館の前で腕車を降りた時、田鶴子は吾れにもあらず逡巡つた。門前には丈餘の障子看板を建てゝ、筆太の麗々と、「男女交際論文學士峰岸俊夫」と認めてある。玄關先きには早

や聽衆が犇々と押寄せて、吾勝ちに下足の合札を爭つて居る。舘外の人の影、舘内の人の氣配、やがては滿塲の札がかゝるであらう。その景況の凄まじさは、演題の人氣に投じた爲めもあらう、辯士が子爵家の新婿たるが爲めもあらう、將た此文學士に戀すてふ優しい浮名を謳はれた華族の姫樣、それが目出度く結婚して、忽ち新夫人となり濟され、改めて傍聽席から、わが戀婿の男振をばしげ〴〵御覽あるべきよしの取沙汰が、好氣半分、岡燒半分の人心を妙に挑撥た爲めもあらう。

漸う玄關まで紛れ込んだ田鶴子は、急に引返へして門際まで出た。入らうか、入るまいか。入らば頓て其人の顏を見ねばならぬ、其聲を聽かねばならぬ、さては其舌の根に、怖ろしい心の蛇の潛むを知りながら、尚ほ花のやうな脣の、輕く美しく飜るのを見ねばならぬ。アヽ是れをしも自分は忍び得らるゝであらうか。

殊には男女交際論!、そも是れが彼の人の口にし得べき演題であらうか。人を欺き、世を欺き、その良心までも欺かうとする輕薄才子、思へばこの人の爲めに、可惜一生を誤つた此身の愚かさ。今更ながら腹の立つ。

萬に一つ心が狂つて、吾れにもない擧動を見せ、大勢の前に耻を晒さうよりは、寧そ見ぬ前、聽かぬ前に歸るのが增しであらう。

田鶴子は遂に門を出た。

『けれど此儘、歸つて行つて可いのか知ら。』と有繫に又も躊躇ふのであつた。田鶴子は

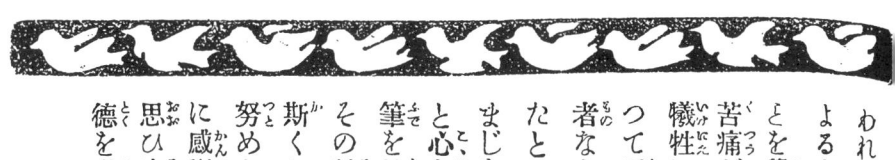

われと吾胸に尋ねて、自分の新聞記者なる事、殊に今日の派遣を假初めならぬ社長の命による事を考へ、峰岸に對する私の感情を以て、職務に對する公の責任を曠うしてはならぬとを覺つたので、再び歩むともなく玄關の方に近寄つたが、その一歩々々には、如何なる苦痛が運ばれたであらう。あはれ田鶴子は一切の怨恨、一切の悲愁を擧げて、敢て職務の犧牲にすべく決心したのである。彼女は峰岸の洋行少し前から、全く精神上の不具者となつて了つたので、自重心のない者ならば、或は彼の懦弱男のしたといふ巖頭の感をも賦し兼ねまじき境遇に立つたのを、吾れと心を取直して、今の新聞社に筆を執り、知名の人を訪れては、その説を聽き、その人を仰ぎ、斯くして窄く深く闇い方へとのみ辿り勝ちな心を制めて、廣く大きく明るい方へ導かうと努めた結果は、味氣なき世に復たも一縷の光明を認め得たので、心底から新聞記者の職務に感謝し、生命の親と敬めると共に、此職務の爲めとならば、生命も更に惜からずとまで思ひ定めたのである。けれど、〳〵、其職務の爲めに、今や生涯相見じと誓ひたる仇讐の徳を讚美せよ、其戀人を金で買つた牝豚の笑顔を頌へよと命ぜらるゝに至らうとは思はな

かつた。蛇よりも醜むべき僞善者の前に伏して、噴出すまゝの毒聲を寫し取れよと命ぜられやうとは思はなかつた。

『厭だ〳〵、死んでも厭だ。』

蒼褪めた顔を擧げて、思はず玄關の方を見込んだ時、拍手の音は急霰の如く鳴り響いた。

『貴孃も傍聽ですか、もう始まりますぞ。』と受附の男は横柄に注意する。

『ハイ。』と田鶴子は誘かれるやうに進み寄り、一葉の名刺を差出すと、

『アヽ、新聞社の方ですか、席が別に設つてあります、何うぞ其處へ。』と俄かに物言を改めた。

大廣間に入つた途端に、滿場の拍手に迎へられつゝ、徐々正面の演壇に現はれたのは、八字髭高襟の美丈夫、峰岸文學士その人である。

『美男子、花嫁が見て居るぞ。』

二階の一隅から黄な聲が疳走ると、之に應じて笑聲が吶とばかり。

如何樣特別婦人席の第一位に當つて、數人の侍婦らしいのに護られながら、洋裝美々しく控ゑたのは新夫人であらう。田鶴子は進み兼ねて、傍聽席の片隅に身を竦縮めた。

『諸君。』と文學士は早や口を切つた。同時に新聞記者席から突と身を起し、廣間の眞中を割つた板敷道に飛出すなり、田鶴子目がけて一直線に進んだ者がある、それは他ならぬ社會記者であつた。聽衆は演説の妨害を咎めるとよりは、寧ろ何事かとの好奇心に驅られ

たらしく、鳴を靜めて一様に視線を放つた。

『芹澤さん、そんな處に居ては可けません、新聞記者席は彼方です。』と例の頓興な聲で無遠慮に。

『ハイ、……イエ、こゝで澤山です。』と田鶴子は顔を眞赤にした。

『可けません、第一此様處で筆記が出來るものですか。』

『その美人を引張り出せ。』と彼處やらで又一聲。

『僕が手を假しても可いぞ。』

場内が騒立つたので、辯士は餘儀なく口を噤み、右手は照れ隱しに水呑を把上げ、左手には金縁の眼鏡を搖据ゑながら、苦り切つて田鶴子の方を屹と視た。田鶴子は愈々身を縮めるのであつたが、對手は容易に許しさうもなく、遂には緊と手を把つて、

『早くでないと妨害になります、サア、彼方へ。』

穴あらば消えも入りたいと田鶴子は思つた。けれど此上猶豫すればする程、ますく恥を輝やかすのであるから、とうく思ひ切つて男に從ひ、その蔭に隱れながら、滿場喝釆の眞中を夢中の如く記者席に着いた。

『道行きが濟んだ、サア始め給へ。』と眞面目な聲が辯士を促す。

この時迄も田鶴子の方を打目成つて居た文學士は、忽ち色を失ふまでに驚いたのである。

演説の理趣は無殘に亂れて、氣燄の揚らざると夥しく、未だ幾分とは經たぬ中に、早くも

漫罵冷評の裡に葬り去られた彼が演べやうとした交際論は、眼前の活きた反證に打擊せられて、根帯から打崩されて了つたのである。

『何うです彼の躰裁は、序に新夫人失望の幕を拜見したかつたですな。』と頓興聲が冷笑した時、

『でも、何んだかお氣の毒でなりませんわ。』と田鶴子は深い溜息を漏すのであつた。（終）

梅徒家父祐甫老人の像を書せて孫なりける
善七郎へ
月花も錢の入る事きらひなり
と讃しけるに隣書して
孫を愛し子を教ふる道家業怠らす大將自ら働けば士卒手の如く足の如し名を擧げ功を立る事長生無病を第一の術とす是を樂めば衣服調ひ栄の好もなく其心やすらかなるべし
養生は歩んで麁菜山櫻　野坡

白木屋呉服店御注文の栞り

△白木屋呉服店は　寛文二年江戸日本橋通一丁目え開店以來連綿たる老舗にして呉服太物一切を營業とし傍ら洋服部を設け歐米各國にまで手廣く御得意樣の御愛顧を蒙り居り候

△白木屋呉服店は　呉服太物各産地に仕入店又は出張所を設け精良の品新意匠の柄等澤山仕入有之又價格の低廉なるは他に比類なき事と常に御賞讃を蒙る所に御座候故に益勉強販賣仕居候且洋服部は海外各織物産地へ注文し新柄織立させ輸入致候間嶄新なる物品不斷仕入有之是等は本店の特色に御座候

△白木屋呉服店は　數百年間正札附にて營業致居候間遠隔地方より御書面にて御注文被下候とも値段に高下は無之候

△白木屋呉服店は　店内に意匠部を設け圖案家畫工等執務致居候に付御模樣物等は御好に從ひ嶄新の圖案調進の御需めに應じ可申候

△白木屋呉服店は　御紋付用御着尺物御羽織地御裾模樣物等急場の御用に差支無之樣石持にて染上置候に付何時にても御紋章書入れ迅速御間に合せ調進可仕候

△白木屋呉服店へ　染物仕立物等御注文の節は御注文書に見積代金の凡半金を添へ御申越可被下候

△白木屋呉服店は　前金御送り被下候御注文品の外は御注文品を代金引換小包郵便にて御

送附可仕候

但し郵便規則外の重量品は通常運送便にて御屆け可申候

白木屋呉服店は當分の内絹物の運賃は負擔仕候 但清國韓國臺灣は半額申受候

白木屋呉服店へ爲換にて御送金の節は日本橋區萬町第百銀行又は東京中央郵便局へ御振込み可被下候

白木屋呉服店へ電信爲換にて御送金の節は同時に電信にて御通知被下候樣奉願上候

白木屋呉服店へ御通信の節は御宿所御姓名等可成明瞭に御認め被下度 奉願上候

東京日本橋通一丁目

白木屋 呉服 洋服 **店**

電話本局 八十一 八十二 八十三 特四七五

大阪心齋橋筋一丁目

白木屋出張店

電話特東五四四

京都堺町通二條上

白木屋仕入店

電話特六六四

白木屋呉服店販賣
呉服物代價表

●白地類

一白大幅縮緬	自二十圓	至三十圓
一白中幅縮緬	自十三圓	至十九圓
一白小幅縮緬	自九圓	至二十圓
一白山繭縮緬	自十二圓	至十七圓
一白紋縮緬	自十圓	至十五圓
一白鹽瀬	自十五圓	至二十圓
一白羽二重	自七圓	至十五圓
一白壁羽二重	自八圓	至十二圓
一白紋羽二重	自八圓	至十二圓
一白八ツ橋織	自七圓	至九圓
一白絹縮	自十圓	至十五圓
一金紗縮緬	自十五圓	至二十圓
一白市樂織	自十圓	至十七圓
一白本斜子	自十圓	至十五圓
一白京斜子	自十四圓	至二十圓
一白川越斜子	自七圓	至十三圓
一白信州斜子	自八圓	至十三圓
一白浮織	自五圓	至六圓半
一白綸子	自八圓	至十圓
一白本綸子	自十三圓	至十八圓
一白絹	自三圓	至四圓
一白紬	自三圓	至四圓半
一白奉書紬	自五圓	至七圓

●御袴地類

一茶苧袴地	自十六圓	至十八圓
一兩面織袴地	自二十圓	至二十七圓
一博多平	自十四圓	至二十圓
一八千代平	自十四圓	至十八圓
一仙臺平	自十圓	至十八圓
一五泉平	自九圓	至十圓
一色琥珀平	自十圓	至十三圓
一節糸織平	自五圓	至七圓
一カシミヤ	自三圓	至四圓

●男帯地類

一綴織	自十七圓	至二十圓
一繻珍織	自八圓	至十三圓
一博多織	自四圓	至十圓
一紋織博多	自六圓	至十圓
一厚板織	自六圓	至八圓
一博多兒帯	自二圓	至六圓
一繻珍兒帯	自三圓	至四圓

●御婦人帯地類

一繻珍丸帯	自十五圓	至百圓
一綴錦丸帯	自百圓	至二百圓
一厚板丸帯	自十六圓	至六十圓
一博多丸帯	自十四圓	至三十五圓
一支那純子丸帯	自九圓	至十圓
一黒唐繻子丸帯	自十一圓	至十四圓
一色繻子丸帯	自十圓	至十六圓
一繻珍中帯	自八圓	至廿五圓
一博多中帯	自七圓	至十圓

●縞着尺地及御羽織地類

一風通御召	自十四圓	至十九圓
一同 四丈五尺物	自廿二圓	至廿五圓
一縞御召	自十圓	至十三圓
一同 四丈五尺物	自十五圓	至二十圓

一吉野入紋御召　自十七圓　至十八圓
一吉野御召　自十二圓　至十四圓
一無地御召　自十三圓　至十四圓
一扶桑御召　自十二圓　至十四圓
一風通糸織　自十二圓　至十五圓
一繻珍織　自十四圓　至十六圓
一桑都織　自十三圓　至二十圓
一縞市樂　自十三圓　至二十圓
一緊糸織　自十三圓　至十八圓
一吉野織　自七圓　至十圓
一八端織　自十圓　至十六圓
一木八丈　自五圓　至八圓

一元龜織　自十四圓　至十六圓
一光輝織　自十二圓　至十五圓
一大島紬　自十三圓　至二十圓
一大島風通　自十圓　至十五圓
一米澤琉球　自四圓半　至八圓
一結城紬　自九圓　至十二圓
一信州紬　自六圓半　至八圓
一上田紬　自七圓　至九圓
一伊勢崎銘仙　自四圓半　至八圓
一秩父銘仙　自四圓　至六圓
一節糸織　自五圓　至八圓

●友禪及染地類

一友禪中巾縮緬　自十三圓　至十八圓
一友禪小巾縮緬　自十三圓　至十七圓
一小紋縮緬　自九圓半　至十三圓
一更紗縮緬　自九圓　至十二圓
一板〆縮緬　自九圓　至十三圓
一玉糊縮緬　自九圓　至十二圓

一絞リ縮緬　自九圓　至十三圓
一玉糊紋羽二重　自八圓　至十二圓
一友禪紋羽二重　自十二圓　至十五圓
一色紋羽二重　自九圓　至十三圓
一更紗斜子　自八圓　至十圓
一更紗奉書　自六圓　至七圓半

●裏地類

一花色正花薄花絹　自三圓　至七圓
一花色正花薄花秩父　自二圓半　至四圓半
一變リ色絹　自三圓　至五圓
一鼠羽二重　自五圓　至七圓半
一紅羽二重　自六圓　至十圓
一木紅絹　自三圓　至五圓
一直リ紅絹　自六圓　至八圓
一紅秩父　自二圓三十錢　至四圓
一糸好紅絹　自二圓半　至四圓
一琥珀袴裏地　自七圓半　至八圓
一繻珍額附胴裏　自五圓　至十二圓
一紅繻子胴裏　自五圓　至八圓
一繪緞子胴裏　自五圓　至十五圓

一時代緞子　自六圓　至十圓
一遠州緞子　自四圓　至五圓半
一綾綸子胴裏　自二圓半　至三圓半
一織綾胴裏　自三圓半　至四圓半
一色甲斐絹尺　自十八錢　至廿五錢
一縞甲斐絹尺　自二十錢　至廿五錢
一繪甲斐絹尺　自二十錢　至廿五錢
一瓦斯甲斐絹尺　自四錢　至九錢
一花色正花薄花新獻裏地　自一圓四十五錢　至一圓七十錢
一羽二重金巾　自七十錢　至一圓四十錢
一花色木綿眞岡　自五十五錢　至九十五錢
一花色金巾　自五十錢　至五十八錢

●帛紗類

一綴錦　自十三圓　至廿五圓
一御殿織　自九圓　至十圓
一九重織　自八圓　至九圓
一壁千代呂友禪　自四圓　至六圓
一鹽瀨友禪縫入　自六圓　至八圓
一同袷無雙　自十圓　至十六圓

一縮緬友禪	自三圓	至五圓
一紋鹽瀬寒地	自四圓	至五圓
一同中巾	自九十錢	至一圓半
一郡内縞	自一圓半	至三圓
一鹽瀬茶帛紗	自一圓	至一圓半

◉夜具地類

一郡内絹	自六圓	至七圓
一糸織	自七圓	至九圓
一本八丈	自六圓半	至八圓半
一縞八丈	自六圓	至八圓
一銘仙	自四圓	至六圓
一節糸織	自四圓	至六圓
一秩父縞	自四圓	至五圓
一岸縞	自二圓半	至三圓半
一絹瓦斯	自一圓半	至二圓三十錢
一熨斗横織	自一圓半	至二圓
一御納戸大形縮緬	自十圓	至十五圓
一御納戸大形秩父	自三圓半	至四圓半
一唐草眞岡	自七十五錢	至九十錢
一更紗眞岡	自七十錢	至一圓
一紡績織	自一圓二十錢	至一圓半
一松坂縞	自七十五錢	至九十錢

◉座蒲團地類

一本緞子	一枚	自六圓	至十圓
一綿緞子	同	自七十錢	至三圓
一大形縮緬	同	自三圓半	至四圓
一更紗縮	同	自九十錢	至一圓
一本八丈	同	自一圓四十錢	至二圓
一綾八端	一枚	自一圓八十錢	至二圓十錢
一縞八丈	同	自一圓四十錢	至二圓
一郡内縞	同	自一圓二十錢	至一圓半
一銘仙	同	自九十錢	至一圓十錢
一秩父	同	自七十錢	至一圓

一節織	一枚	自七十五錢	至九十錢
一熨斗横織	同	自三十錢	至四十五錢
一瓦斯糸織	同	自廿五錢	至卅五錢
一紡績織	一枚	自三十錢	至卅五錢
一更紗眞岡	同	自十三錢	至二十錢
一更紗綿斜子	同	自二十錢	至廿五錢

◉絹綿交織

一九重御召	自三圓	至六圓
一瓦斯御召	自二圓	至三圓
一風通瓦斯御召	自五圓	至八圓
一博多紬	自二圓半	至三圓
一本場結城	自一圓七十錢	至二圓二十錢
一同糸入	自二圓四十錢	至二圓八十錢
一博多結城	自一圓半	至三圓
一結城木綿	自七十五錢	至一圓二十錢
一愛知結城	自一圓二十錢	至一圓半
一吾妻銘仙	自一圓三十錢	至一圓半
一新秩父縞	自一圓半	至三圓
一紡績織	自一圓	至二圓
一新琉球絣	自一圓半	至二圓四十錢
一新大島絣	自二圓半	至四圓
一本瓦斯雙子	自二圓	至三圓
一細雙子	自一圓二十錢	至二圓
一雙子織	自八十錢	至一圓二十錢
一木綿紺縮	自一圓半	至二圓半
一伊勢松坂縞	自八十錢	至一圓

◉吾妻コート地類

（仕立上り）

一色紋綾糸織	自二十圓	至三十圓
一幸織	自廿二圓	至廿五圓
一共紋風通織	自二十圓	至廿八圓
一無地御召	自十七圓	至廿五圓
一黒、紺、色綾絨	自十五圓	至廿五圓
一黒紺色絨	自十五圓	至二十圓
一色カシミヤ	自十圓	至十二圓

●色物類

一色大巾縮緬一尺	自八十錢 至二圓二十錢
一色中巾縮緬一尺	自四十五錢 至七十錢
一色小巾縮緬	自八圓 至十三圓
一色紋縮緬	自十圓 至十五圓
一色紋羽二重	自八圓 至十二圓
一色紬	自三圓半 至四圓半
一色太織	自二圓 至三圓
一色獻中	自二圓半 至二圓八十錢
一色獻緞	自三圓半 至五圓
一色縮緬	自九圓 至十二圓
一色、紅、絞り絹	自三圓 至四圓半
一紅、色、板締絹	自三圓 至四圓半
一地白板締絹	自三圓半 至四圓半
一紅色紋鹽瀬	自一圓 至一圓半
一紅色壁大巾一尺	自八十錢 至一圓十錢
一紅色千代呂大巾一尺	
一木摺眞岡合羽地	自九十錢 至一圓十錢
一鐵色眞岡合羽地	自七十錢 至一圓
一色キャラコ	自五十錢 至七十錢
一萠黄唐草染	自七十錢 至八十五錢
一萠黄眞岡木綿	自六十錢 至八十錢
一白大巾縮緬兵兒帶	自六圓 至十三圓
一同中巾兵兒帶	自四圓 至八圓
一白獻緞兵兒帶	自一圓半 至二圓
一縮緬下締	自一圓八十錢 至二圓半
一海老色琥珀袴	自十圓 至十三圓
一海老色カシミヤ袴	自四圓 至五圓
一海老色毛朱子袴	自二圓八十錢 至三圓三十錢
一友禪縮緬識出	自四圓 至五圓
一縮緬頭巾	自三圓 至五圓
一縮緬半襟	自五十錢 至二圓
一縮緬シゴキ地	自四圓 至六圓
一縮緬帶揚ケ	自一圓三十錢 至四圓半
一紋羽二重帶揚	自一圓 至四圓

白木屋洋服店洋服目録

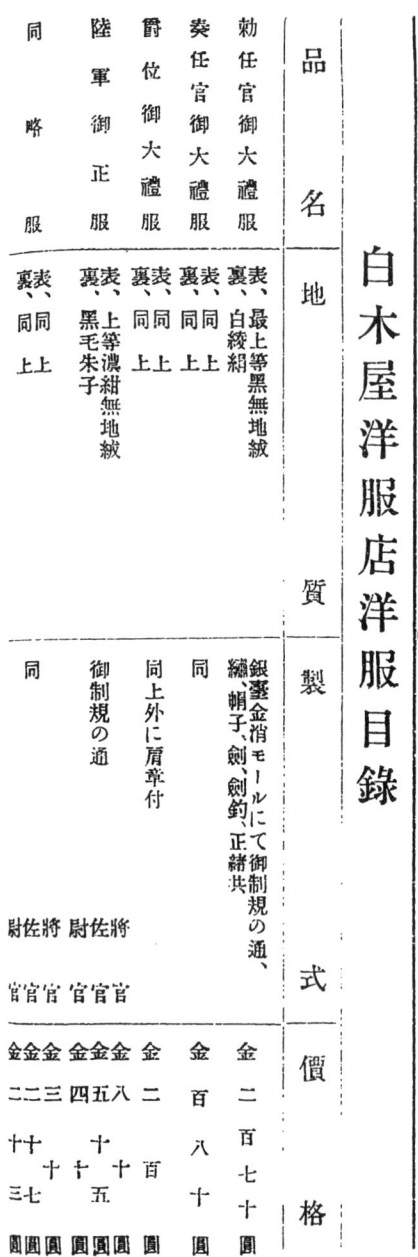

品名	地質	製式	價格
勅任官御大禮服	表、最上等黒無地絨 裏、白綾絹	銀鍍金消モールにて御制規の通、繍、帽子、劍、劍釣、正緒共	金二百七十圓
奏任官御大禮服	表、同上 裏、同上	同	金百八十圓
爵位御大禮服	表、同上 裏、同上	同上外に肩章付	金二百圓
陸軍御正服	表、上等濃紺無地絨 裏、黒毛朱子	御制規の通 將官	金八十圓
		佐官	金五十五圓
		尉官	金四十圓
同略服	表、同上 裏、同上	同 將官	金三十圓
		佐官	金二十七圓
		尉官	金二十三圓

同外套	表、同上 裏、同上（但將官ハ紅絨）	同	將官 佐官 尉官	金三十五圓 自金二十三圓 至金二十五圓
海軍御正服	表、濃紺無地絨 裏、黑佛蘭西絹及綾絹	同	將官 佐官 尉官	金八十五圓 金七十五圓 金六十五圓
同軍服	表、同上 裏、黑毛朱子	同	將官 佐官 尉官	金六十圓 金五十圓 金四十五圓
同上通常軍服	表、同上 裏、同上	同	將官 佐官 尉官	自金二十三圓 至金二十八圓
同外套	表、同上 裏、同上	同	將官 佐官 尉官	自金二十三圓 至金三十圓
燕尾服	表、上等黑無地絨 裏、黑佛蘭西絹	三ツ揃琥珀見返付		自金四十五圓 至金六十五圓
トキシード	表、黑朱子絨及無地絨 裏、黑佛蘭西絹	三ツ揃琥珀見返付		自金四十圓 至金四十五圓
フロックコート	表、黑無地絨或は朱子目綾絨 裏、綾絹	同		自金三十五圓 至金六十五圓
モーニングコート	表、黑、紺、斜綾絨或はメルトン、裏付朱子及ビ綾絹 裏、黑毛朱子及綾	上衣、チヨキ、黑及紺ヅボン立縞		自金二十八圓 至金四十五圓
片前背廣	表、相鼠、濃鼠、霜降メルトン、スコチ或は綾絨 裏、同色毛朱子或はアルパカ	三ツ揃		自金十八圓 至金三十三圓
兩前背廣	表、黑、紺、綾メルトン或は玉ヘル及霜降太綾絨 裏、縞サーヂ	三ツ揃		自金二十圓 至金三十五圓
チーベコート	表、鼠、茶、霜降絨、同斜子綾絨 裏、共色綾絹	カクシ釦絹天鵞絨衿付		自金二十八圓 至金三十五圓
同中等	表、同上 裏、共色毛朱子及綾アルパカ	カクシ釦共ゑり		自金十八圓 至金二十五圓
ロングコート	表、ラクダ玉紋、厚地綾メルトン 裏、佛蘭西絹	ゑり及見返し袖先獺毛皮付裏綿入菱形さし縫		自金八十圓 至金百十圓

品目	地質	摘要	價格
同中等	表、玉絨、厚地スコッチ 裏、縞サージ	頭巾付兩前	自金三十圓 至金四十五圓
インバネス	表、茶鼠霜降綾絨 裏、共色毛朱子、或は甲斐絹	和洋兼用脇釦掛	自金十八圓 至金三十圓
銃獵服	表、枯葉色スコッチ 裏、共色毛朱子	半ヅボン脚袢付三ツ揃	自金十八圓 至金三十圓
小裁海軍形	表、紺天鵞絨及紺絨 裏、毛朱子	五才位より八才迄釦縫箔付	自金六圓 至金九圓
和服用外套	表、黑、紺綾絨及霜降 裏、綾子及綾絹	英形（一名ダルマ形帶ヒダなし）頭巾付	自金三十五圓 至金四十八圓
同中等	表、同上 裏、甲斐絹及毛朱子	同上	自金二十圓 至金三十五圓
同角袖外套	表、同上 裏、甲斐絹	頭巾付	自金十八圓 至金二十五圓
吾妻コート	表、紺、黑紋織綾絨 裏、緞子及縞珍	袖布ゑり及道行ゑり共色糸飾紐付	自金二十圓 至金三十圓
同	表、同上 裏、甲斐絹及綸子	同上	自金十五圓 至金二十圓
同	表、風通紋織、縫絲織 裏、綾綸子、紋羽二重	同上	自金二十三圓 至金三十圓
判、檢、辯護士法服	表、黑絹セル、及琥珀 裏、黑甲斐絹スベリ	正帽付制規の縫箔	自金十六圓 至金二十八圓
學校用御袴	表、海老色カシミヤ	單仕立太白糸腰紐	自金四圓 至金五圓五十錢

右之外陸海軍各學校御制服等御好ニ應シ入念御調製可仕候

◎白木屋呉服店　大阪出張店ハ當分呉服類而已取扱居リ候間洋服御用ノ際ハ東京本店洋服部へ御注文願上候

◎白木屋呉服店　大阪出張店へ爲替ニテ御送金ノ際ハ大阪今橋貳丁目鴻池銀行又ハ大阪心齋橋局へ御振込願上候

白木屋洋服店販賣
小間物目錄

●毛布類

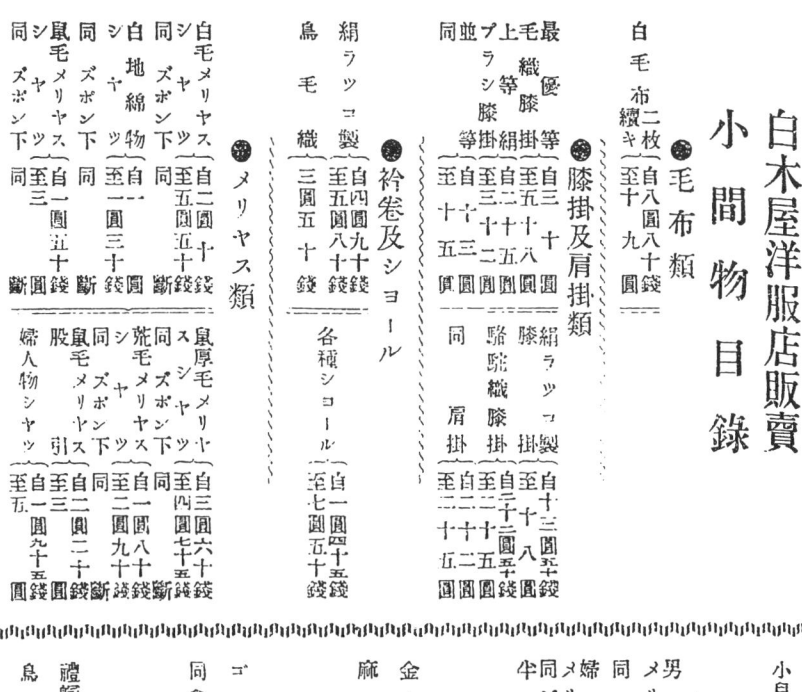

白毛布二枚續キ　自八圓八十錢　至十九圓

●膝掛及肩掛類

最優等毛織膝掛　自三十圓　至五十八圓
上等絹プラシ膝掛　自二十五圓　至三十二圓
並等同　自十三圓　至十五圓
絹ラッコ製膝掛　自十三圓五十錢　至十八圓
駱駝織膝掛　自二十二圓五十錢　至二十五圓
同肩掛　自二十二圓　至二十五圓

●衿卷及ショール

絹ラッコ製　自四圓九十錢　至五圓八十錢
鳥毛織　三圓五十錢
各種ショール　自一圓四十五錢　至七圓五十錢

●メリヤス類

白毛メリヤスシャツ　自二圓十錢　至五圓五十錢
同ズボン下　同斷
白地綿物シャツ　自一圓　至一圓三十錢
同ズボン下　同斷
鼠毛メリヤスシャツ　自一圓五十錢　至三圓
同ズボン下　同斷
鼠厚毛メリヤスシャツ　自三圓六十錢　至四圓七十五錢
同ズボン下　同斷
駝毛メリヤスシャツ　自一圓八十錢　至二圓九十錢
同ズボン下　同斷
鼠毛メリヤス股引　自二圓二十錢　至三圓
婦人物シャツ　自一圓九十五錢　至五圓

小兒物シャツ　一圓三十錢
縞ジャケツ　自一圓五十錢　至二圓九十錢

●手袋類

男物メリヤス製　自四十錢　至一圓五十錢
同皮製　自二圓五十錢　至三圓五十錢
婦人物メリヤス製　自三十八錢　至一圓六十錢
同ビーズ入半手袋　自三十八錢　至一圓二十錢
同絹糸製　自一圓　至二圓
同革製　自二圓八十錢　至三圓三十錢
防寒用皮製　二圓八十錢
同ブラシ製　一圓三十錢

●ハンカチーフ類

金巾製一ダース　自六十六錢　至二圓二十錢
麻製一ダース　自一圓九十五錢　至八圓
絹製一枚二付　自四十錢　至一圓九十五錢
戰捷紀念羽二重製一枚二付　自三十錢　至四十五錢

●櫛、簪類

ゴム製櫛　自十錢　至九十五錢
同ヘーヤピン　自八錢　至八十三錢
飾ピン　自一圓五十錢　至二圓
ショール留メ　自六十錢　至三圓八十錢

●帽子類

禮帽（シルクハット）　自七圓五十錢　至十一圓五十錢
鳥打帽子　自一圓五十錢　至二圓
乳兒用帽子毛糸製　自一圓二十錢　至一圓七十錢
同絹天製　自二圓八十錢　至三圓三十錢

●羽根布團類

- 更紗シルケット大布團 自十三圓 至十四圓五十錢
- 同舶來物 自二十五圓 至三十圓
- 純子縮緬製 自三十五圓 至三十七圓
- 舶來物枕布團 自四圓五十錢 至七圓八十錢
- 枕布團(パンヤ入)縮緬製 五圓五十錢
- 枕布團(パンヤ入)純子製 六圓
- 同羽二重製(パンヤ入) 自四圓五十錢 至五圓三十錢
- 同小形純子製(パンヤ入) 三圓八十錢
- 同綴錦製 自二十五圓 至二十八圓
- 車掛純子縮緬製 自八圓三十錢 至十二圓

●襟飾

- 結び下げ 自五十錢 至一圓五十錢
- ダービー(フォーアインハンド) 自六十錢 至一圓三十錢
- 蝶形 自三十五錢 至一圓
- 巾ダービー(フローイングフォーアインハンド) 自一圓三十錢 至二圓八十錢
- 縮緬製 自九十錢 至一圓十錢
- 縫模樣入同 自一圓三十錢 至一圓八十錢
- 戰捷紀念いろ〳〵 自八十錢 至一圓五十錢

●出來合物類

- インバネース甲斐絹裏 自十七圓 至二十四圓
- 東コート(甲斐絹、リンズ裏) 自十一圓五十錢 至十五圓五十錢
- 和服用外套(甲斐絹、ドンス裏) 自十七圓五十錢 至三十二圓
- 縞フラネルシャツ 自二圓十五錢 至二圓七十五錢
- カシミヤ袴 寸法は紐下一尺八寸ゟ二尺五寸迄 自二圓八十錢 至四圓五十錢
- 國旗(モスリン製) 巾は一布、一布半、二布 自三十六錢 至三圓三十錢

●ズボン釣及胴締

- 並物 自八十五錢 至一圓二十錢
- ゴム入 自一圓 至三圓五十錢
- 絹製 自一圓八十錢 至三圓
- 皮製胴締 自一圓五十錢 至三圓五十錢

●釦類

- カフス釦(リンク) 自六十錢 至二圓八十錢
- 同金製 自七圓 至三十五圓
- 胸釦 自五十錢 至一圓八十錢
- カラ釦 自十錢 至四十錢

●靴下類

- メリヤス製 自四十錢 至九十八錢
- スコッチ製 自四十三錢 至一圓三十錢
- 同自轉車用 自一圓 至一圓九十五錢
- 絹製 自一圓八十錢 至二圓
- 小供物 自二十八錢 至八十錢
- 乳兒用 二十二錢

●タヲール類

- 和製 自三十三錢 至九十錢

●ホワイトシャツ

- 並物一枚に付 自一圓二十錢 至二圓五十錢
- シングルカラ一本に付 三十三錢
- ダブルカラ一本に付 五十五錢
- 麻製一枚に付 自六圓五十錢 至十一圓
- 縞物カラ二本付 自二圓九十錢 至三圓八十錢

●リボン類

- 一吋半巾模樣物一ヤード 自二十五錢 至五十錢
- 同水波一ヤード 自三十錢 至四十錢
- 一吋巾模樣一ヤード 自二十錢 至三十五錢
- 同水波一ヤード 自二十錢 至二十五錢
- 細目各種一ヤード 自八錢 至二十錢
- リボン製簪一個に付 自七十錢 至五十錢

●靴及足袋

- 色羅紗製小供用靴 自一圓七十錢 至二圓
- 毛足袋 小兒用 四十五錢
- 毛足袋 大人用 五十八錢

明治卅　年　月　日

御宿所貴名	服名	地質見本番號	見積金額

摘要

御注文用箋

白木屋洋服店

御注意

體格特徵欄へは、胸はり、肩はり、肩下り、出腹、ネコ脊等御記入のこと

採寸欄へは、裸體又は「シャツ」の上又は出來上り寸法と御記入のこと

用尺欄へは、御使用の度器（曲尺）（鯨尺）等の別を御記入のこと

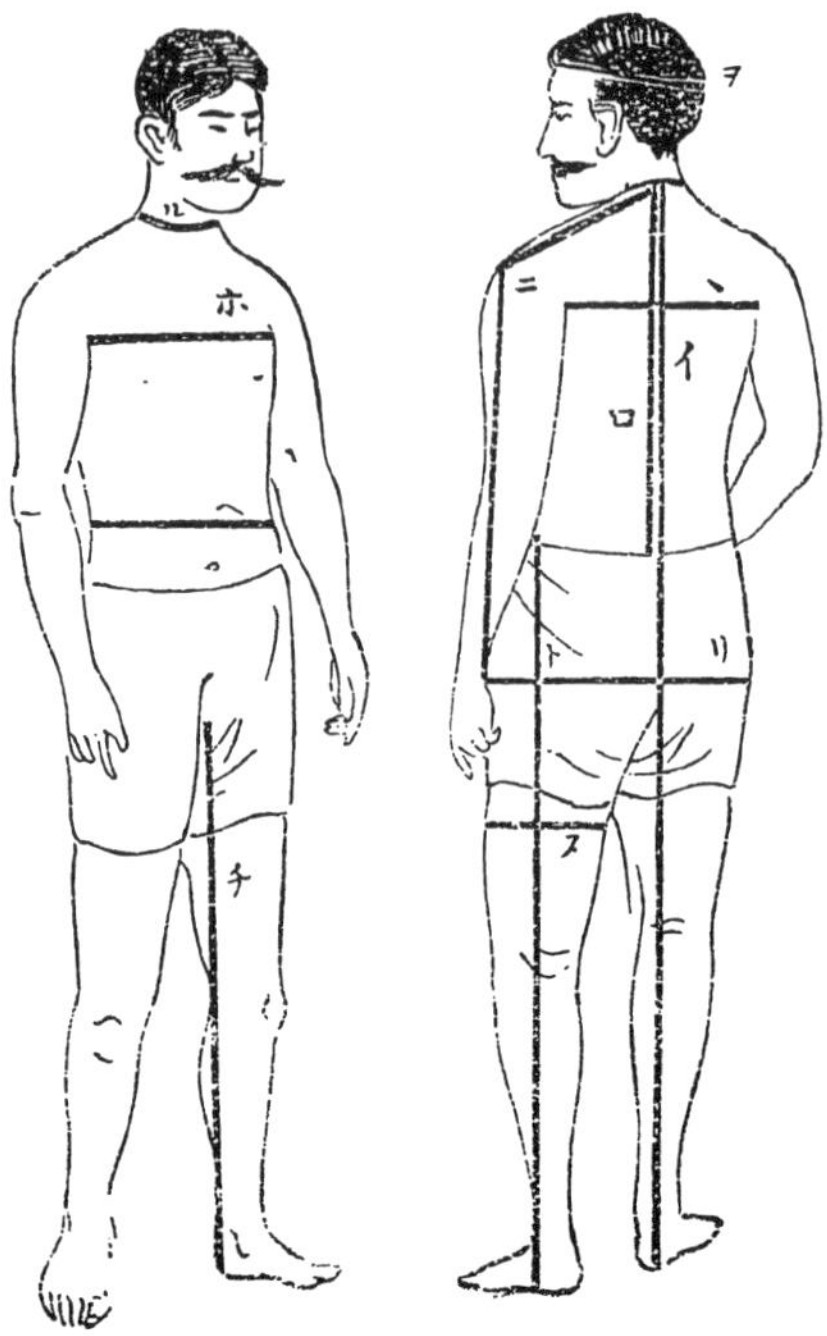

御寸法

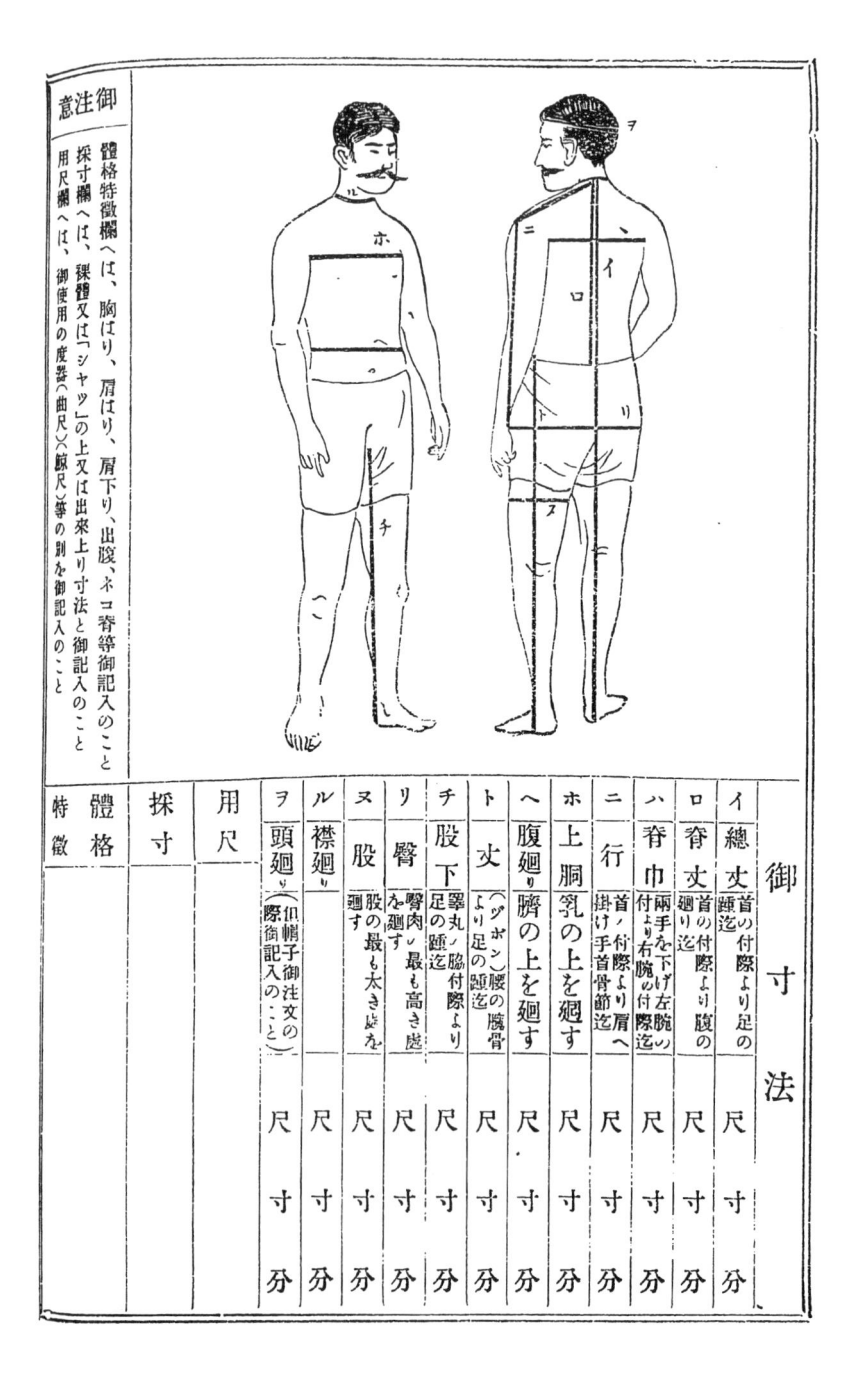

イ	總丈	首の付際より足の踵迄	尺　寸　分
ロ	脊丈	首の付際より腹の廻り迄	尺　寸　分
ハ	脊巾	兩手を下げ左腕の付より右腕の付際迄	尺　寸　分
ニ	行	首ノ付際より肩へ掛け手首骨節迄	尺　寸　分
ホ	上胴	乳の上を廻す	尺　寸　分
ヘ	腹廻り	臍の上を廻す	尺　寸　分
ト	丈	（ヅボン）腰の臗骨より足の踵迄	尺　寸　分
チ	股下	睾丸ノ脇付際より足の踵迄	尺　寸　分
リ	臀	臀肉ノ最も高き處を廻す	尺　寸　分
ヌ	股	股の最も太き處を廻す	尺　寸　分
ル	襟廻り		尺　寸　分
ヲ	頭廻り	（但帽子御注文の際御記入のこと）	尺　寸　分

用尺	採寸	體格特徵

注文書

男子女子用衣裳又は羽織等	袖
年齢	ゆき
用途	口明
品柄	袖幅
好みの色	袖付
好みの柄	前幅
紋章幷大さ及び數	後幅
好みの模樣	衽(オクビ)幅
惣模樣	衽(オクビ)下り
腰模樣	衿(エリ)幅
裾(スソ)模樣	褄(ツマ)下
江戸褄(ツマ)模樣	袘(フキ)の厚(アツ)さ
奴褄(ヤツコツマ)模樣	人形
袘(フキ)模樣	紐(ヒモ)付
仕立寸法	前下り
丈	紐下

備考

右注文候也

住所

明治　年　月　日

姓名

白木屋呉服店地方係中

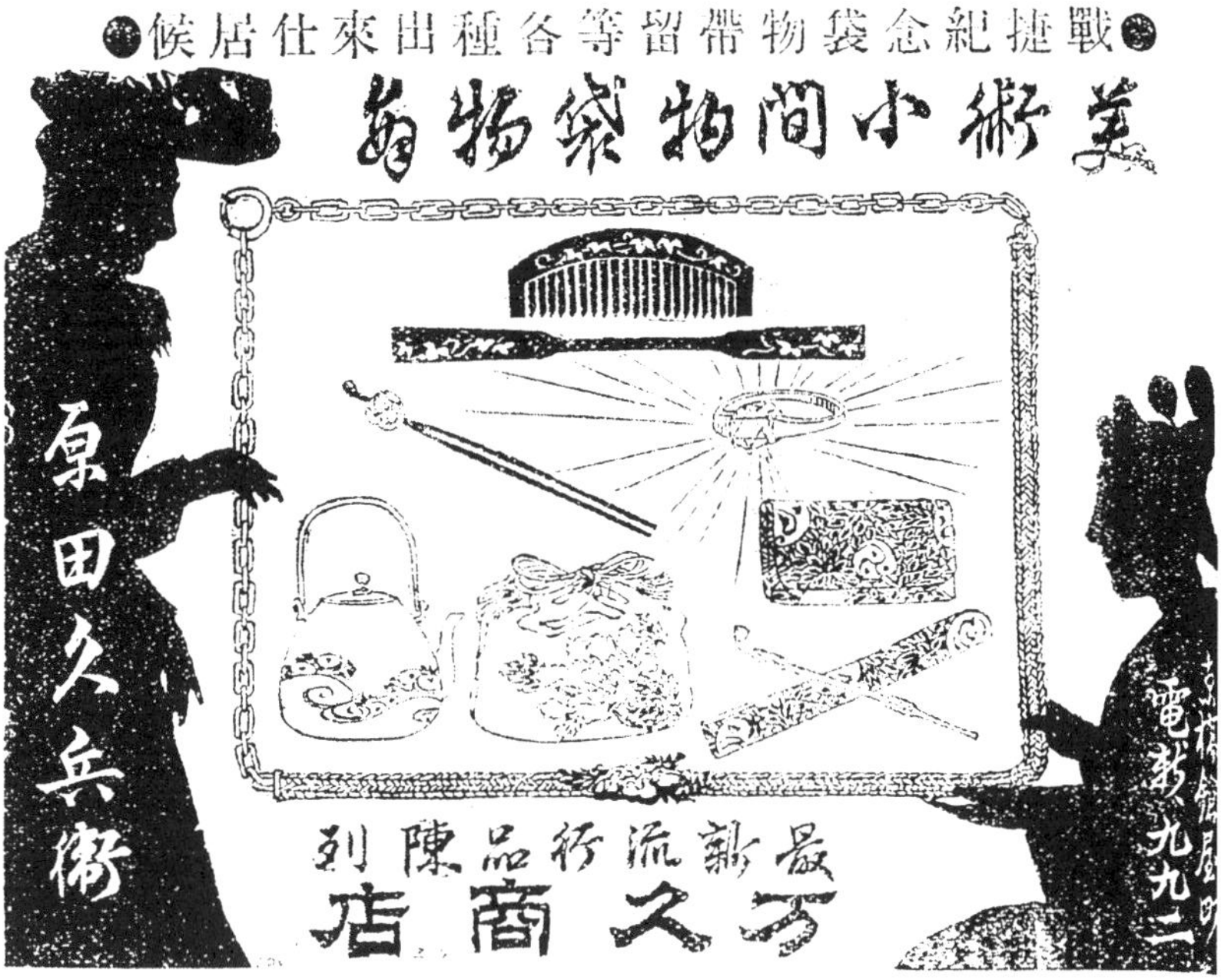
戰捷紀念袋物帶留等各種出來仕居候
美術小間物袋物舖
原田久兵衛
最新流行品陳列
万久商店
電新九九二

チエリーオイル
高等香油
紳士貴夫人令孃用
紳士貴婦人間に愛用せらるゝ此チエリーオイルを常に御使用相成らば何時も洗髮の如く頭髮の發生を助け、逆上及脫毛を防ぎ、惡癖縮毛を直し、如何なる赤毛も黑漆の如き艶を出し、香氣馥郁として香水香袋御持參あるに異ならず。特に夏季に際し束髮用としては大に世上に好評を得つゝあり。
定價 大一本八十五錢 中一本四十五錢 小一本二十五錢
賣捌所は全國到る處の賣藥小間物化粧品店にあり
發賣元 東京日本橋區本町二丁目 芳香藥種問屋
高橋初次郎商店
特電本局四一三番
OIL

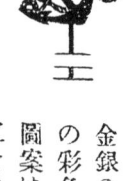

白熱瓦斯燈は光力五十燭光以上を有し瓦斯代は

一時間九厘餘

に過ぎず石油ランプよりも費用は遙に低廉なり

瓦斯竈は本社の發明品にして専賣特許を得二升の米は瓦斯代僅か**一錢三厘**に時間は**十八分**にして炊くを得べく安全に人手を省き瓦斯と水道は家庭は勿論料理店旅宿其他飲食店の必用缺くべからざるものとなれり

瓦斯七輪、燒物器、西洋料理器も使用輕便瓦斯代は木炭よりも遙に低廉なり

燈火及炊事器工事費は極めて低廉にして御申込次第工事費見積書御送付可申上候

△▲▲瓦斯器陳列所　縱覽御隨意△△

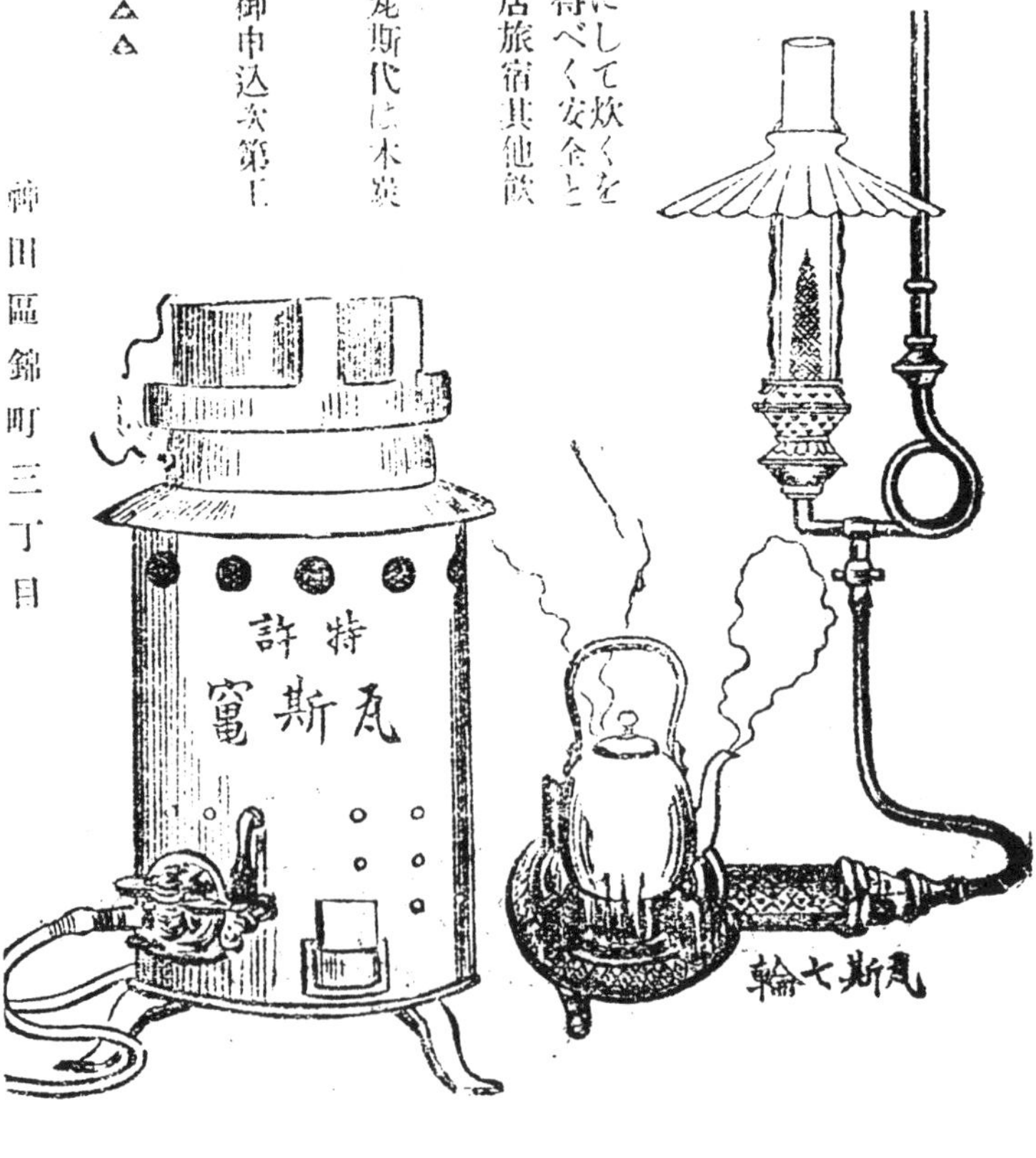

神田區錦町三丁目

東京瓦斯株式會社

電話本局一二五四八、五七〇

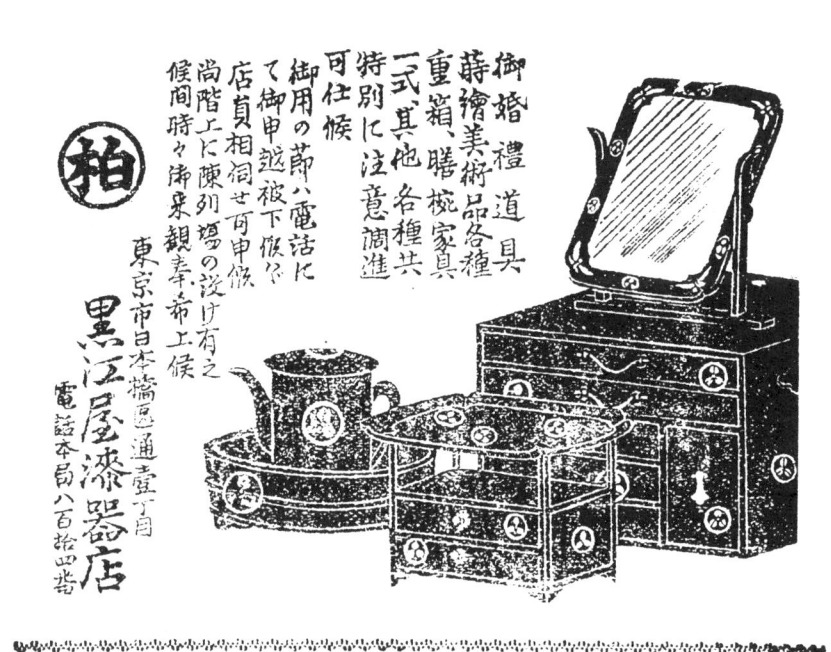

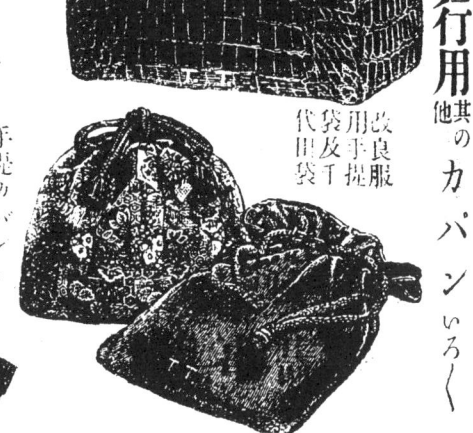

織姫繻子
ORIHIME SATIN
上州桐生町
桐生織物株式會社
KIRIU ORIMONO KABUSHIKIKAISHA
JAPAN

今回戰捷を祝する爲め其意を含めたる趣向斬新なる指環帯〆簪類其他發賣仕候間御高評を以て陸續御用命の程奉懇願候

指環　ダイヤモンド　眞珠、ルビー　諸寶石入　金屬彫刻類

帯〆類　ダイヤモンド、眞珠　寶石入金銀製彫刻　各種

簪　金銀製寶石入薄肉彫、文字活用透し彫新意匠品

各品共上等品及廉價御進物用の品取揃へ有之候

御婦人用裝飾品　筒付腰刺煙草入　煙管袋物各種

東京市日本橋區若松町

(嘉) 丸屋嘉助

電話浪花七百六十八番

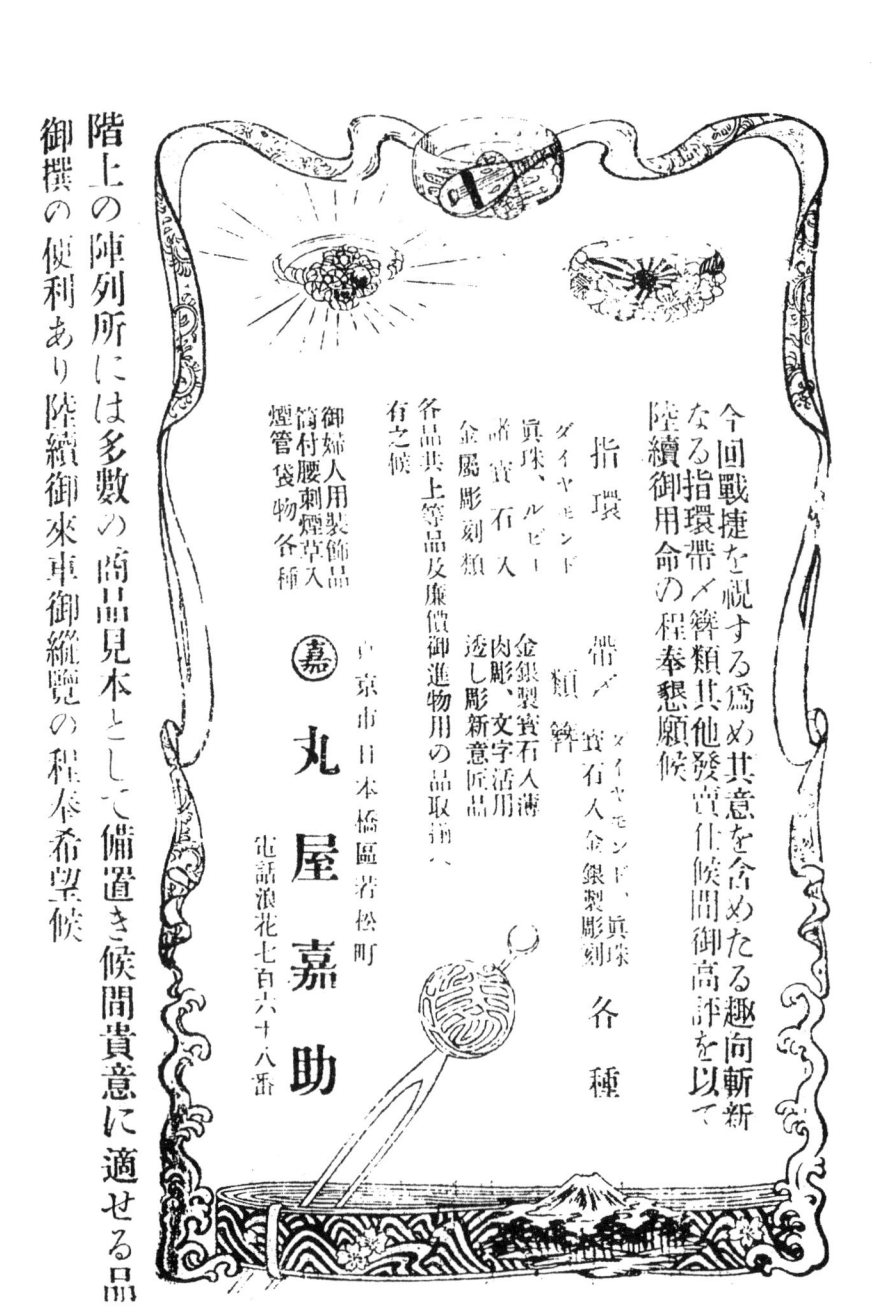

階上の陳列所には多數の商品見本として備置き候間貴意に適せる品御撰の便利あり陸續御來車御縦覽の程奉希望候

登録商標

第五回内國勧業博覧會褒状受領

●壽美禮おしろい●（ねりおしろい定價（大壜廿錢小壜十三錢）水おしろい定價（大壜廿五錢中壜十五錢小壜十錢））

●すみれ白粉は常に用ひて皮膚を艶麗ならしめ御顔肌等の色を白變せしめきめをこまやかに御肌へを清々しく天然の色白さに至るべし

●壽美禮あらひ粉● 定價 綠藍紅彩蝶鼓の罐詰六錢五厘 ボックス入三錢 袋入一錢

●壽美禮洗粉は朝夕御用ひ給へば漸々皮膚の色を白くし美しく艶を出しきめをこまやかにす常に髮洗ひに用ひ給へば毛の抜る病を豫防し毛のくせを直す

東京東両國橋際元町

製造本館 伊勢吉壽美禮堂謹製

（販賣所は全國到る處小間物化粧品店賣藥店洋物店其他各勧工場劇場各運動場等に有り）

保険銀行新報

◎社説◎論説◎寄書◎資料◎評論◎名家談叢◎文苑◎漫録◎日露戰報◎保険◎銀行◎雑報等諸大家名士の論文多々斯界の燈明臺内外通信豊富

▲苟くも中流以上の人士は必讀すべき好雑誌なり

▲三月發行四百號には海軍大將東郷平八郎氏特に揮毫せられたる（始終一誠意）の大文字を額面用畵仙紙に印刷せしものを大附録となし

毎月二回發行

一部金七錢　半ヶ年金八十錢

一ヶ年金一圓五十錢

但シ送料不要

發行所　東京市京橋區西紺屋町六番地（電話新橋千六百〇八番）

保険銀行新報社

淺田宗伯先生直傳

淺田飴（あさだあめ）

●良藥にして口に甘し

・たんせき一切

・肺病の持藥

・ひきかぜ

・よわき人

・老人の滋養藥

たんせきに淺田飴（あさだあめ）

空腹（すきはら）にめし

十二日分 金五十錢

一週間分 金三十錢

四日強 金二十錢

二日分 金十錢

本家 東京市神田區鍛冶町本店（電話本局一二二番）

大阪北久寶寺町堺筋支店（電話東三九五八番）

堀内伊太郎

家庭のしるべ

第九號

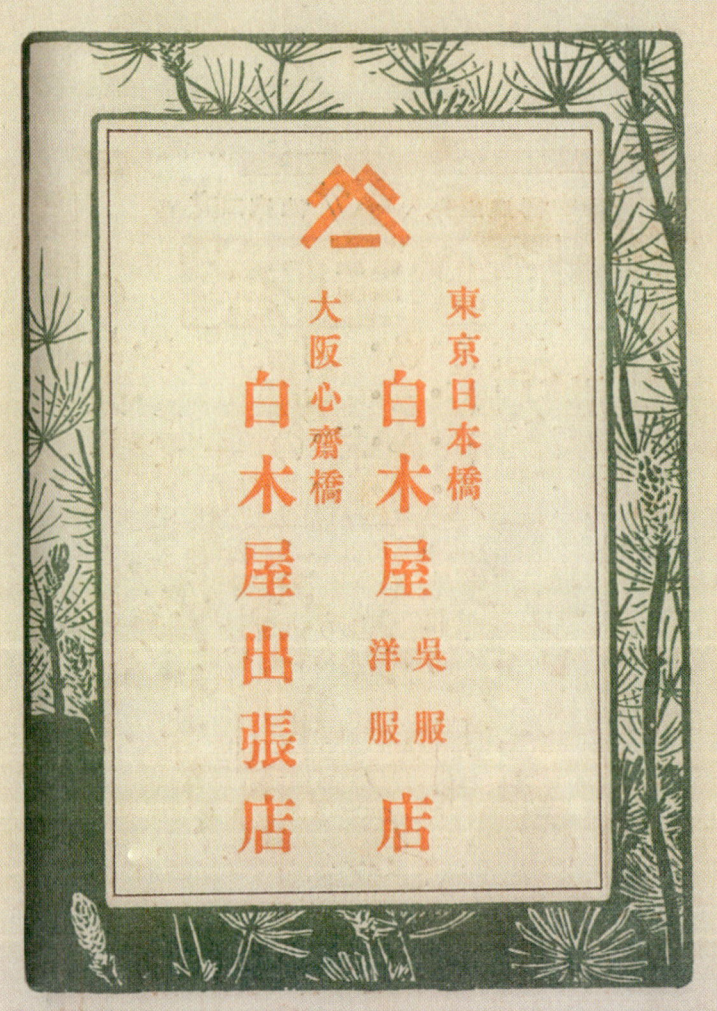

明治三十七年四月七日第三種郵便物認可
明治三十八年三月一日發行毎月一回一日發行

『家庭の志る遍』

第一〇号（一九〇五〈明治三八〉年四月）

家庭乃志るべ

目次

本誌定價表

一冊	金十二錢	郵税一錢
六冊	金六十五錢	郵税六錢
十二冊	金一圓二十五錢	郵税十二錢

本誌廣告料

一頁	半頁	四半頁
金二十圓	金十二圓	金七圓

○郵券を以て購讀料の代用を希望せらるゝ向は其料金に一割を加へて申受べし（但郵券代用は一錢切手に限る）

○本誌廣告扱所　京橋區南佐柄木町二番地　日本廣告株式會社

明治三十八年三月廿八日印刷
明治三十八年四月一日發行

編輯兼發行者　東京市下谷區西黒門町四番地　山口笑昨

印刷者　東京市京橋區西紺屋町廿六七番地　太田音次郎

印刷所　東京市京橋區西紺屋町廿六七番地　株式會社秀英舍

大賣捌所　東京市神田區表神保町　東京堂

大賣捌所　東京市京橋區尾張町二丁目　東海堂

大賣捌所　京都市上京區寺町通御池北入上本能寺前町廿七番戸　本田豐錦堂

春暖

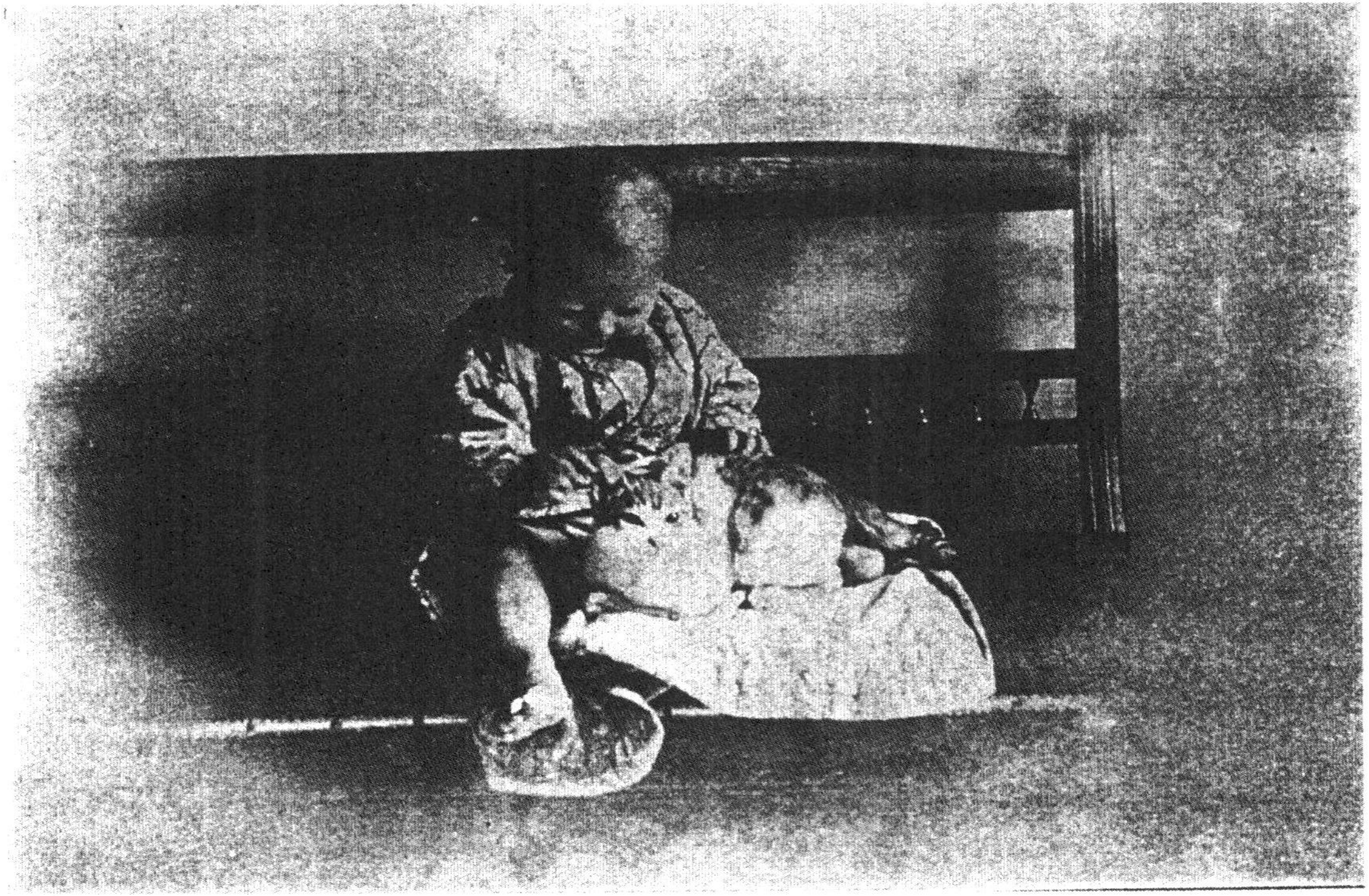

三重　岡崎龜彦君撮影寄贈

東台一品

上野觀善院の大櫻

根岸　春光堂撮影

不忍の春色

根岸　春光堂撮影

明治三十八年春季大賣出し　　天賞堂

●四月一日より同二十日まで二十日間舉行

●景品は福引にて進呈（一本もカラクジなし）

●福引の外に戰捷紀念品進呈（購求金高の多少に拘らず）

天賞堂特別製作時計　各種　服裝室飾美術品　各種　戰捷表章紀念品　各種

昨冬以來商用を帶びて歐米諸國巡歷中なる堂主江澤金五郎より着荷せし彼國最新發明流行品特別注文品各種昨夏更に米國より技師を招聘し以て我國諸大名家の聲器兩樂を寫聲せしめたる世界の最奇大發明寫聲機平圓盤新曲譜數百種（新曲譜は當十日分發賣）

右諸品非常の特別廉價を以て賣出し候に付御來臨下し置かれ多少を論ぜず御購求の程奉切望候謹言

●景品福引の方法は第一種（購求額金五圓以上）と第二種（購求額金壹圓以上）とに分ち各其額に應じて景品福引券を呈し披封の上にて其券中記載の景品を進呈す

春季大賣出し景品割合

第一種金五圓以上御購求の來賓へは福引券一個を呈し金五圓を增す每に福引券一個を增す（但總數五千個に對し）

●第一等三越（三井）呉服切手金五拾圓宛　拾五枚

●第二等同切手拾圓宛二十枚●第三等同五圓宛二十五枚●第四等天賞堂商品切手貳圓宛五十五枚●第五等同切手壹圓宛二百七十枚●第六等同七拾五錢宛千九十六枚●第七等同五拾錢宛千六百九枚●第八等同三拾五錢宛千九百十枚

第二種金壹圓以上御購求の來賓へは福引券一個を呈し金壹圓を增す每に福引券一個を增す（但總數五千個に對し）

●第一等三越（三井）呉服切手金拾圓宛　拾五枚

●第二等同切手貳圓宛二十枚●第三等同壹圓宛二十五枚●第四等天賞堂商品切手五拾錢宛五十五枚●第五等同切手三拾五錢宛二百七十枚●第六等帝室技藝員川端玉章先生畫戰捷紀念茶卓五脚宛千九十六個●第七等同仙媒一個宛千六百九個●第八等同楊枝入一個宛千九百十個

金壹圓未滿の購求者へは正價の一割を直引し別に景品を進呈す

東京市京橋區尾張町二丁目十六、十七、十八、十九番地（電話新橋特三三三、三一五三）

明治三十八年四月吉日

時計及寶玉類内外雜貨商
貴金屬美術品銃砲火藥商

天賞堂本店

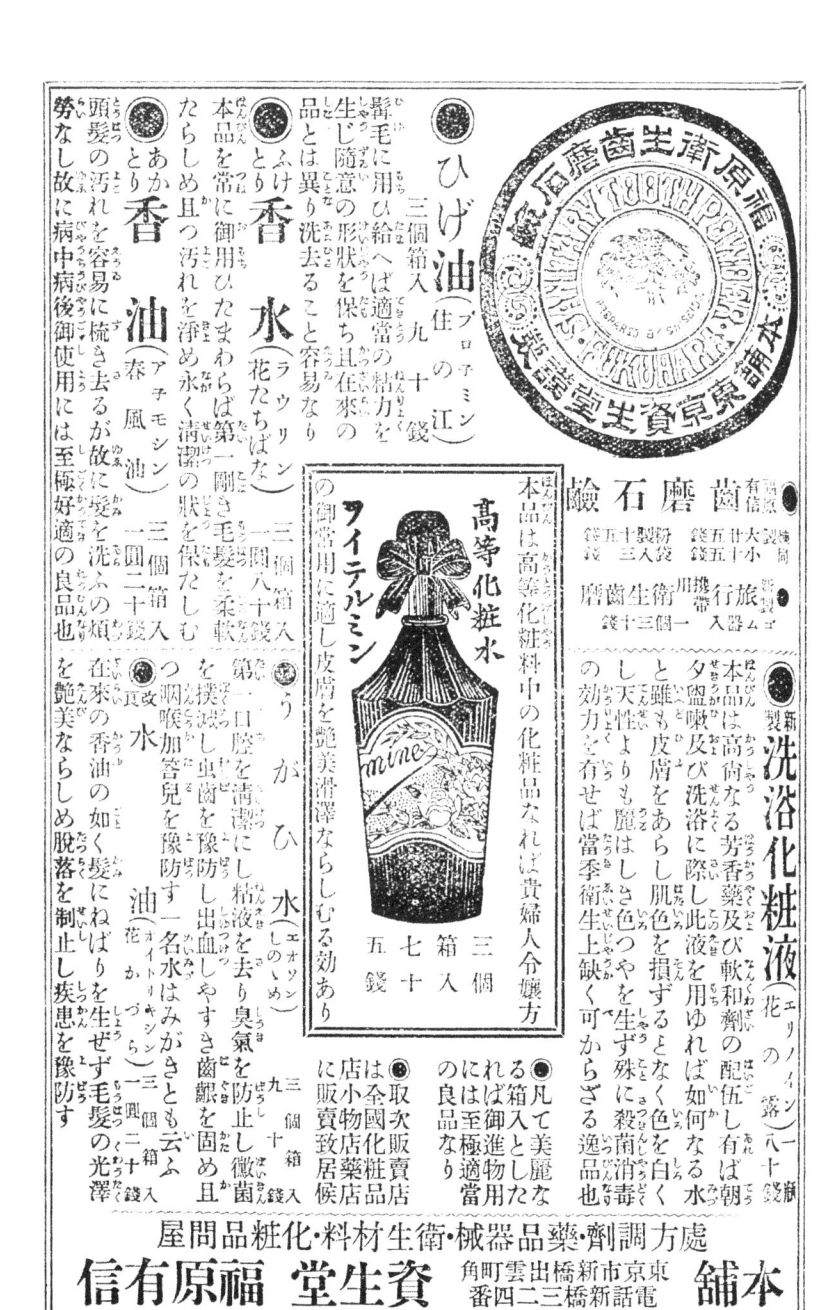

名譽銀牌受領
最上醬油元祖

登録商標

●醬油の鑑定法
素人や御婦人方に手輕なる醬油の良否判別方は二個のガラス德利へ二種の醬油を入れ沸騰せる湯の中に五分間浸し置くときは鷄卵の白身が固形すると同じく醬油に含みたる滋養分も凝結して蛋白質を示す此量多き醬油は良品と識らるべし

は開業二百六十年
は品質の吟味嚴重也
は風味他品に超絶す
は最高の賞牌を有す
は日本一の釀造高也
は全國到處に販賣す

!!! NOTICE !!!

●醬油の保存
最上の醬油は決して腐敗する事なけれども夏季に置場所よろしからざる時は稀に白カビの發生する事あり之れを防ぐには醬油を攝氏七十度にて四五分間溫め置けば去る氣遣なしあまり高き溫度は風味と滋養分を害すべし

荷扱所
東京北新堀町七番地
濱口支店
（電話浪花二二五九四）

貴婦人用時計寶玉入指輪類

一 金六圓五十錢也　銀側片硝子拾三形龍頭卷
一 金七圓五十錢也　銀側兩蓋中蓋附拾參形同
一 金七圓五十錢也　金メツキ彫側兩蓋拾四形同
一 金拾貳圓也　七寶模樣附兩蓋拾四形同
一 金貳拾五圓也　拾四金片硝子中蓋附拾形同
一 金參拾貳圓也　拾八金兩蓋中蓋附拾三形同

一 金參圓五拾錢也　九金製青石・赤石・白石入指輪
一 金六圓五十錢也　拾八金製ルビーサフヤ石入指輪
一 金六圓七十錢也　拾八金戰捷紀念片切彫刻同
一 金九圓五十錢也　拾八金同上厚肉彫刻附同
一 金拾參圓也　拾八金眞珠、本ルビー石入同
一 金拾六圓也　拾八金同上最上等品同

其他各種時計、鎖、提物、指輪類種々

各種時計同附屬品
雙眼鏡金緣眼鏡
寶玉入金製指輪
貴金屬製美術品類

商

柳古堂

東京市日本橋區通壹丁目
十一番地角

岡野時計店

（電話本局貳八參壹番）

商品案内御入用之御方ハ郵券四錢御送附ヲ乞フ

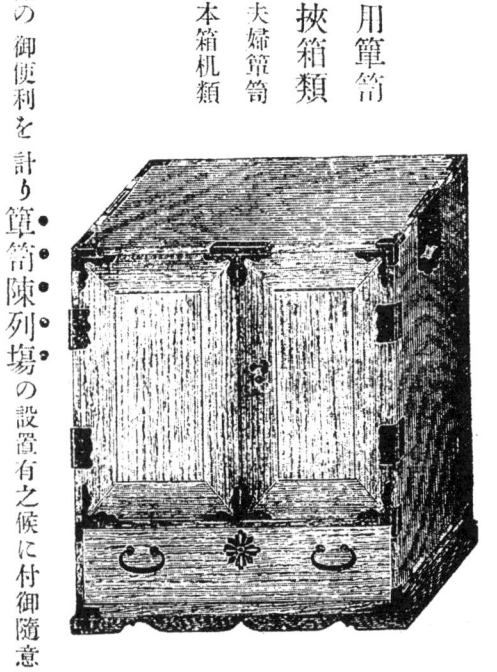

ムスク香水

○ムスク香水の特色は芳香の永く保つ點に於て頗る高評なり

大瓶 壹圓
小瓶 廿五錢

ホーサン石鹸

○本品を常用せば皮膚病を全治し身體を白色艶麗ならしむる効あり

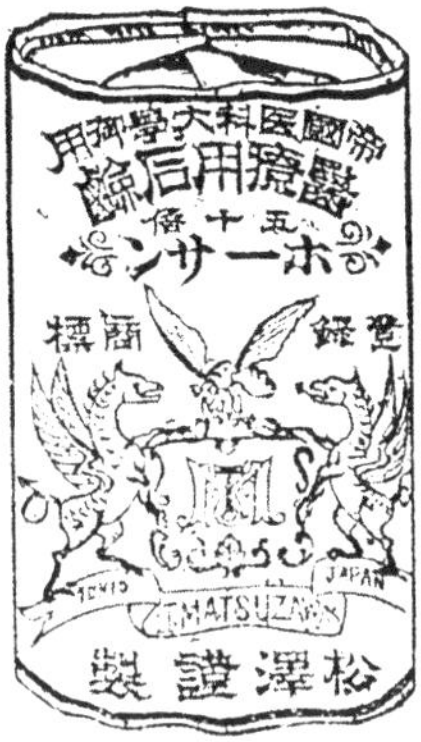

大形 廿錢
小形 拾錢

○賣藥小間物化粧品店に有升御試用を乞ふ
○偽物品有之候間松澤名義に御注意を乞ふ

東京日本橋區本石町四丁目廿番地

芳香藥種問屋 松澤化粧品部

電話本局百四十五番

中橋本家

喜谷 實母散

我が喜谷家傳の實母散は元祿年間創製にして茲に二百有餘年男女諸症殊に婦人産前産後血の道子宮病寸白月經不順長血白血引風痰咳頭痛時病腹痛等に用ゐて稀代の特効あることは普く一般の實驗上に確知せらるゝ所にして現時新藥新劑頻に世に出るの中に於て我實母散が益々盛に行はるゝは實に此故なり是此實母散は無上の良方なるが上に其藥品は都て最上精良品を選び調製に尤も精密の注意を用ふるに因る世上の信用愈々篤くして江湖の使用益々加はり全國到る處は勿論海外迄に貴重せらるゝは素より當然にして敢て偶然に非ざるなり

定價壹貼	金七錢	送料貳錢
三貼入	金貳拾錢	同貳錢
五貼入一週間分	參拾參錢	同四錢
拾貼入三週間分	六拾五錢	同四錢
拾[illegible]貼入三週分	金壹圓	同六錢

(電話本局特五五番五六番)

本家 東京市京橋區中橋大鋸町六 喜谷市郎右衛門 (商標)

最新式寶石入指環

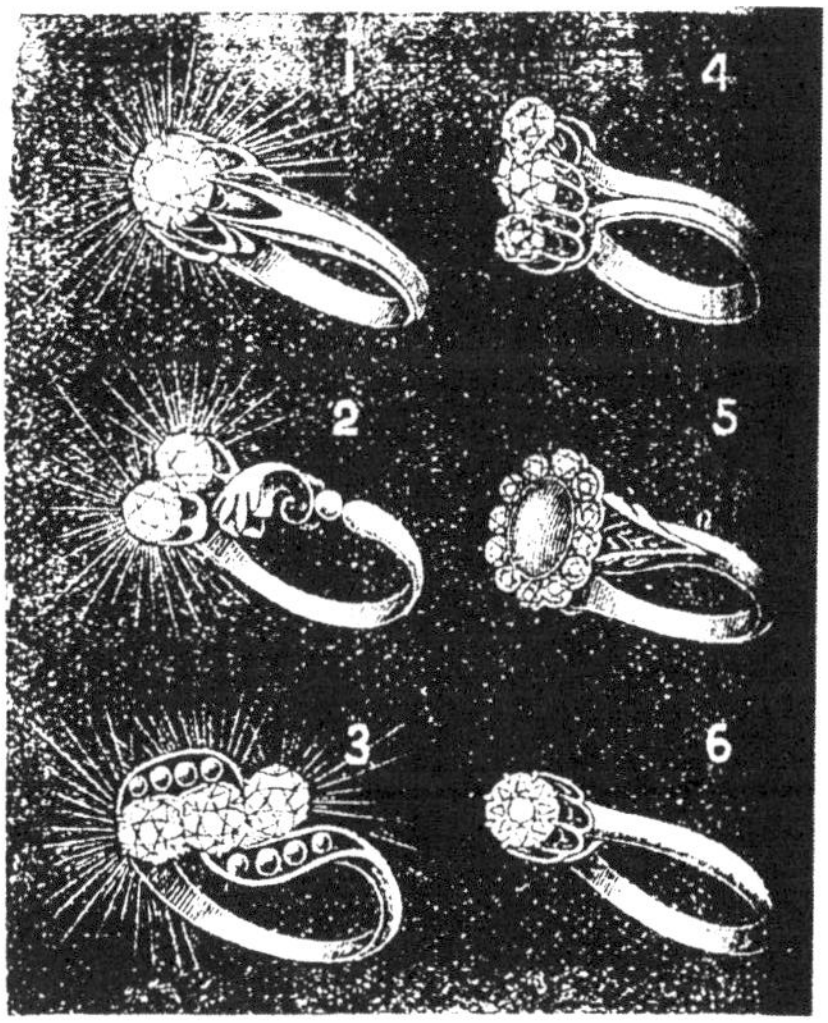

(1) ダイヤモンド一個入甲四百五十圓乙三百圓丙二百圓丁百五十圓

(2) ダイヤモンド二個入甲百八十圓乙百二十圓ダイヤモンド及ルビー入八十五圓

(3) ダイヤモンド二個ルビー入一個二百圓ルビーダイヤ及サフハヤ三個入七十圓

(4) サフハヤ一個ルビー二個入甲二十五圓乙十五圓ルビー三個入甲十六圓乙十二圓

(5) チバール周圍ルビー入甲二十五圓乙廿圓ルビー周圍眞珠入甲五十圓乙三十圓丙二十圓

(6) ダイヤモンド一個入甲一百圓乙八十五圓ルビー亦はサフハヤ入八十五圓十二圓十圓

東京市京橋區尾張町

白牡丹本店

特 電話新橋五五一番

御婚禮道具
蒔繪美術品各種
重箱、膳椀家具
一式、其他各種共
特別に注意調進
可仕候

御用の節ハ電話にて御申越被下候はゞ店員相伺せ可申候
尚階上に陳列場の設け有之候間時々御来観奉希上候

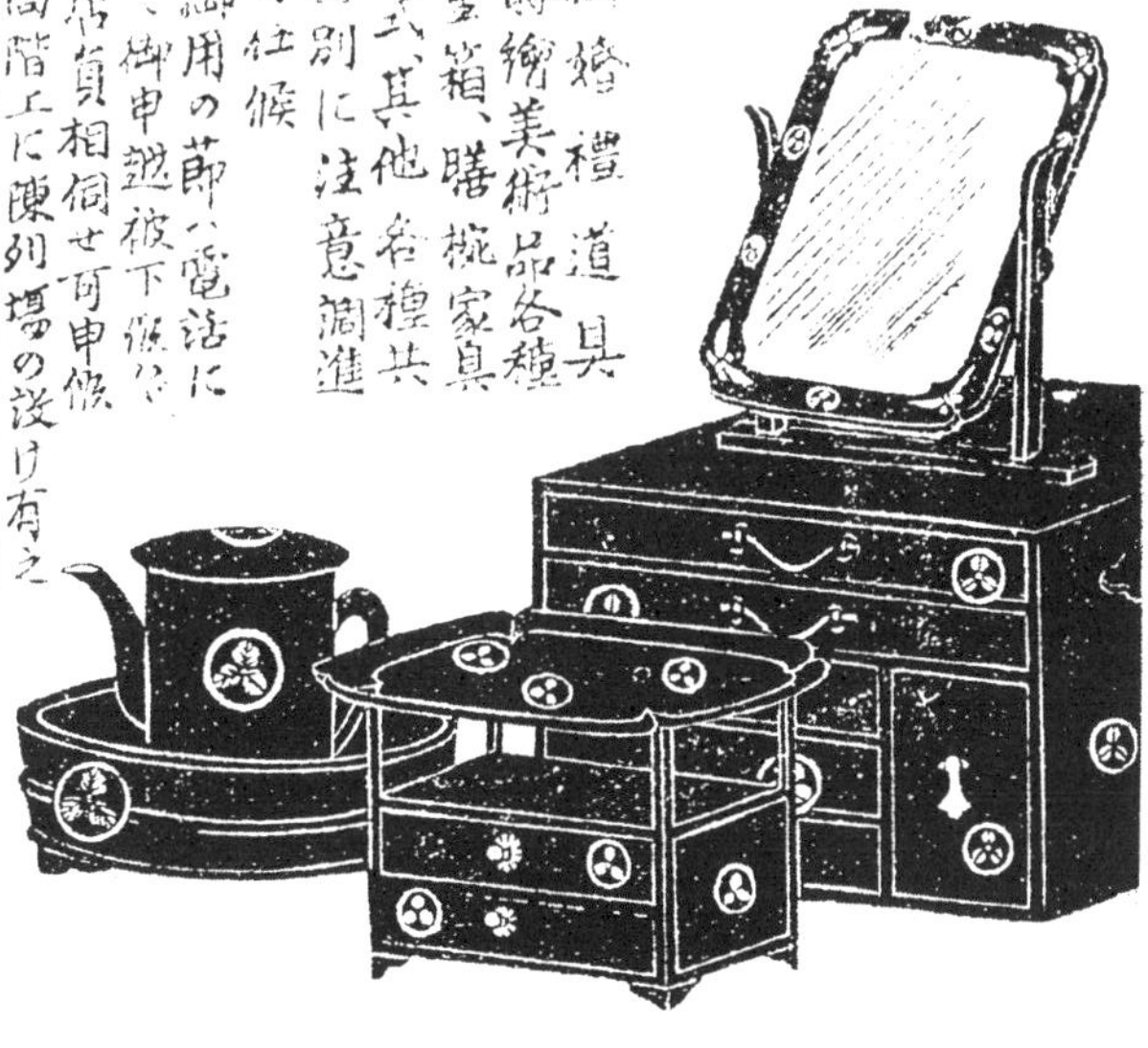

柏

東京市日本橋區通壹丁目

黒江屋漆器店

電話本局八百拾四番

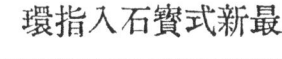

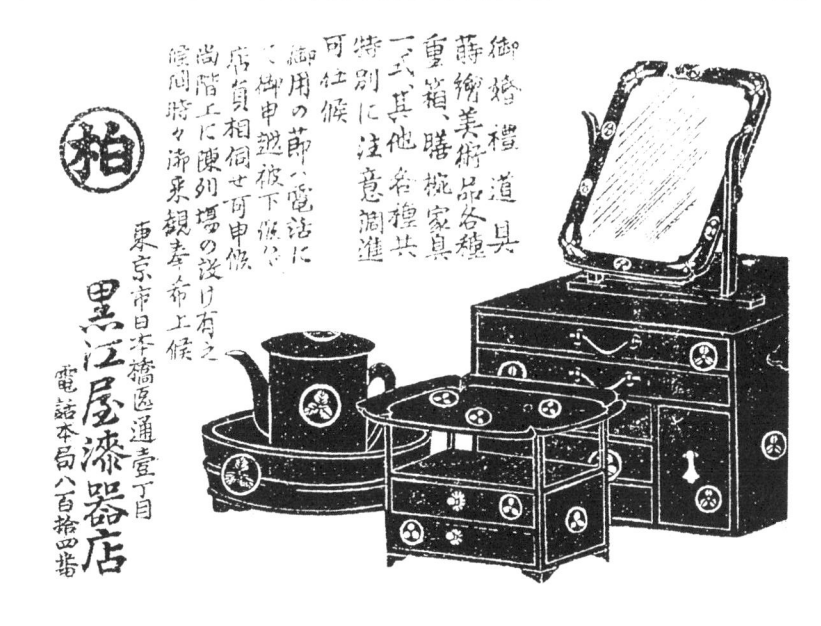

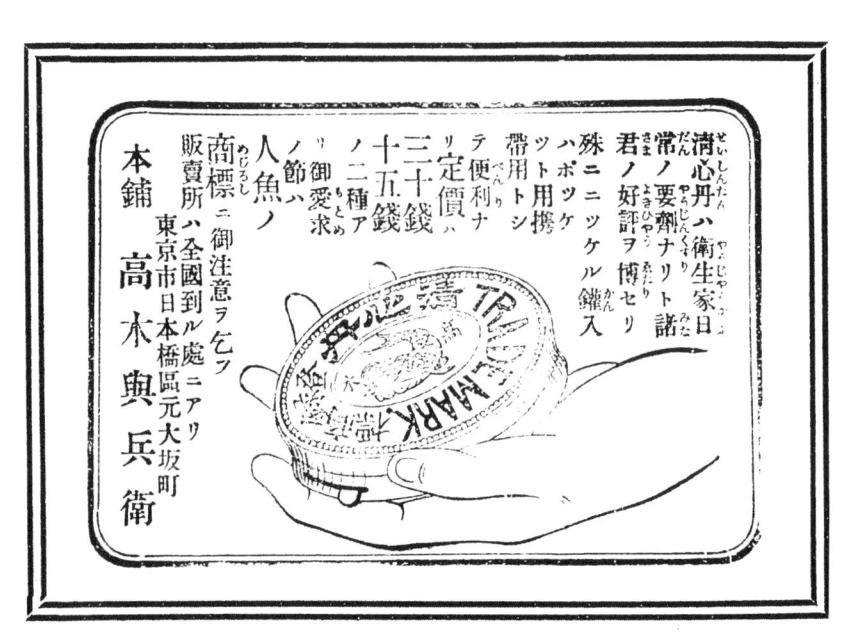

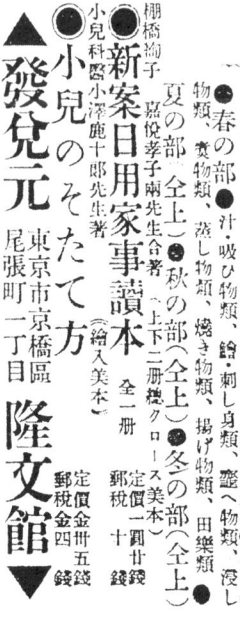

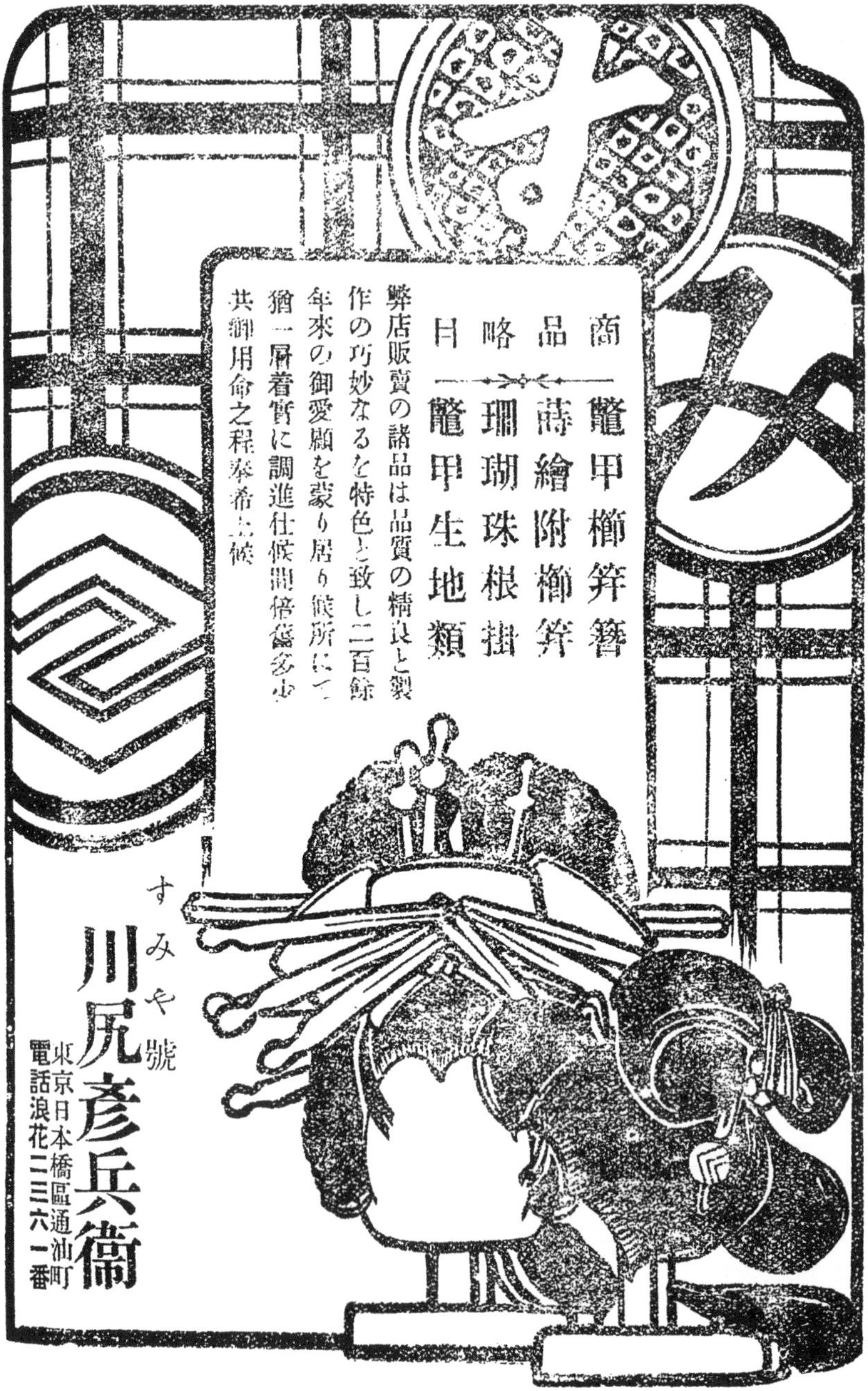
商品略目
一鼈甲櫛笄簪
一蒔繪附櫛笄
一珊瑚珠根掛
一鼈甲生地類
弊店販賣の諸品は品質の精良と製作の巧妙なるを特色と致し二百餘年來の御愛顧を蒙り居り候所にて猶一層着實に調進仕候間倍舊多少共御用命之程奉希上候
すみや號
川尻彦兵衛
東京日本橋區通油町
電話浪花二三六一番

花見を利用せよ

奉天の大會戰に於て、敵の四十萬を潰亂せしめ、長驅直ちに鐵嶺を抜き、興京開原を陷れ、長途悠々たる哈爾賓をして、今や唯だ鐵鞭指顧の裡に落ち來らしめたる我軍の大勳偉業は、實に有史以來、世界の曾て遭遇せざりし所、さればこそ平生露國贔負たる獨逸從軍記者すらも、其新聞社に打電して、凡そ今日何れの國か、能く日本軍の前に立つて、之と衡を爭ひ得る者ぞと歎稱したりと云ふ。啻に外人のみならず、即ち我國民自からと雖ども、恐らくは其同胞を以て、斯く迄も強く、斯く迄も豪き者とは想はざりしならん。しかも是れ夢幻に非ずして事實なり、則ち又我國民は、今更ながら國躰及び歷史の價値を覺り、同時に國民後援の最も須要缺くべからざるを確認したるなるべし。

然るに其後援者たる國民の狀態を見るに、開戰の當初に於てこそ、敵愾の心勃發して、熱誠の溢るゝ所、人々身を忘れて公に奉じもしたれ、其後漸く我軍の運捷に慣れて、安心は頓て不熱心となり、知らず識らず疎慢に流るゝの傾向を有せざる乎、例へば出征者の見送りも、恤兵の義捐も、家遺族の扶助も、今は却つて最初程の盛況を呈せざるなき乎、遼陽占領に對する國民の祝捷は、鴨緑江戰の當時と孰れぞ、旅順口陷落の祝捷は、遼陽占領の當時と孰れぞ、否空前の大捷を奏して、殆んど敵に致命傷を與へたる今回の奉天占領の祝捷は、更に旅順口の當時と孰れぞ。異なる哉戰は、一戰毎に其効果を増し來れるに拘はらず、之に對する國民の祝意は、却て一戰毎に其盛況を減じ來らんとは。熱し易きものゝ冷め易き乎。抑々繰返へすものゝ倦みたる乎、左りとては戰局の猶ほ益々遼遠なるを奈何せん、將士の勞苦の益々多大なるべきを奈何せん。

爰に謹みて承はる所によれば、畏くも至尊には、軍國の事を軫念あらせ給ふの餘り、日頃御嗜み深く渡らせらるゝ國風も、必らず戰爭に因みある御題を撰ませ給ひ、花鳥風月の都雅たる方には、曾て大御心を寄せられずとかや。殊に冬季に入りてよりは、深くも將士の苦寒を偲ばせられ、御居間の煖爐は開き給はずして、僅かに小やかなる御手焙をのみ用ひさせらるゝに、御附の人々、自然の御寒もやと、屢々御氣遣ひ申上ぐれども、唯だ微笑みてのみ打過ぎさせらる。又先頃外征の將士に御下賜品の御沙汰ありし時、御菓子の袋に花の型どもおきたるをば御覧じ給ひ、直接の下しものなれば、菊桐の御紋章を象るべしとて改めて調進せしめられ、又御菓子をも親しく御風味あらせ給ひしとなん申す。

いでや此御事どもを承はりて、何人か能く聖德の宏大無邊なるを仰ぎ奉らざる者ぞ、洵に仁慈涯りなき大御心を拜し奉りては、亦た何人か其身を省み、恐懼戰慄、次ぐに感泣を以てせざる者ぞ。

曰く、敢て疎慢なるには非ず、祝捷の盛況を減じたるが如き觀あるは、唯其筋の取締あるが爲めのみと、或は然らん、さらば一策あり。

今や春麗かにして、彌生の花は到る處の山に滿ち谿を亘り、誠に所謂櫻花國の美は、近く旬日の内に發揮せられんとす。杞憂の念に包まれし昨年の春の寂寥なりしに引換へて、姐樣被り、眼鬘、今年の春は必らずや戰捷の色に爛熳たらん。

利用すべきは此時なり、この花見を利用して、大に個人的祝意を發揮せよ、汁も膾も櫻の下に、悉く祝捷の意味を有せしめよ。

人としては宇内に誇る將士となり、花としては朝日に匂ふ櫻となる、人は櫻の如く、櫻は人に似たり。花の櫻の下に來て、人の櫻の德を頌す、亦た絕好の祝捷式ならずとせんや。

裁縫指南（承前）

物外

百敷の大宮人にあらなくに花に明け櫻に暮れて靜心なく、閑暇なき身も七日の春を徒にやは過すべき。

遮莫去年より一年を征露のうちに過ぐして猶前途路遠きに、義に勇み公に奉ずるの心あるもの春やむかしの春ならぬ思ひぞすなる。

茲に萩園子爵家は、古の櫻町殿はしらずいたく櫻を好まるゝものから、八重單瓣の數を盡して後園に植えられ、例も爛熳の頃には竹の園生のやごとなき御方ざまを請じ奉り、或は親しき同族はいふも更なり、交りある人々を招きて日毎に花の宴を開くなるも、去年よりは此のこと止みて、僅に親しき朋を集めて容膝の筵に松風を樂しむことゝはなれり。

山櫻の雪の如きに嫩芽の口紅さしたるが、言ひしらぬ趣あるに、山松の態とならず枝ぶり

をかしきを植こみたるうしろに、自からなる山形を椎樅扁柏の植込みに、奥もしられぬ深山の眞景を寫して、水道の水に假の瀑布を緩やかに巖づたひに落したる、下流れは鞍馬の石をよきほどに飛び／＼に配りて、礫の滑らかに敷き詰めたる上の僅かにかくるゝばかり流れゆく、所々に枯殘りたる芦の叢々とある、此の流れを中潜りのうちに圍ふて、地藏形

の燈籠一基長低く据ゑたる傍に、自然の兩石ありて此所に漱くべき設けの心にくさ、有樂の圍ひを摸したる席の床には、南極星の銘ある韮山竹二重切りの花入れに、葉つきの榛へ山椿の白一輪をあしらひたる、澤栗の洗ひ爐縁に古天明の手取釜を自在に揚げた室

内の、まだ何處やらに炷もの〻殘んの香床しく、是は正午の茶事の了りて客の去りたる後、釜の煮こそ落ちたれまだ爐縁の濕みさめやらぬ頃である。

貞子女史は壽子孃の案内に潜り口から躙り上つて先床に對つて花を見、一轉して爐中を熟視して坐席に就いた、

軈て通ひ口を靜かに開けて一禮するのは壽子である、

房々とした油氣の無い束髮の根元に野草一束ねの造花をかざして、寳珠御召、吉野立田に因んだ地文樣を御召納戸地へ薄茶色に織り出したる高尙な拵えの對下衣、厚板小葵の地文に八ツ藤を金通しに散した帶の眩く、裾捌きしとやかに瓢の烏府を捧げて坐に着き、式の如く灰器も運びて炭手前も了り、貞子の望みに殘した交趾笠牛の香合も取り入れて、再び薄茶手前に掛つた。

黄ノンコウの茶碗に黒無地の小棗、一庵の茶匙珍らしく、高取の水壺古備前の飜し等置き並べ、主客ともに打ち寛いで一席の茶事を畢つた。

『眞に見事なお手前で、お服加減も結構に……』

『何樣致しまして、嘸召しあがり惡うムいましたらう……、アノ突然伺ひますが、今日茶事で參りました妾の伯父が目今は閑散で、書畫やお茶ばかり娯樂にして居りますが、道行ぶりをぜひ妾に縫ふやうにと申しまして……、妾も未だ道行きは裁縫たことがありません、最も裁縫の書物では見ましたこともムいますが、能く先生に伺ひましてから

致します心算で……』

『左様ですか、道行きも書物には出て居りますが一躰書物に出て居ます式は、成るたけ用布を多く使はないやうに作つて有りますから、或る部分に接ぎを作ることに一向頓着が有りません、約り經濟的に少い用布で巧く裁ち合せる術を敎ゆるのを主眼として居るのでムいませう？、で多少妾が工風しまして先日裁縫て見た式が有りますから、それをお敎へ申しませう。

妾が申しますからお書取りになつたら宜しうムいませう、鉛筆は持つて居りますが、用紙がムいますか』

『有り難ふ……、唯今持つて參りませう』

輕く起て用紙を持つて來て、貞子の授けるに隨つて書く所は

男物道行振

並幅物長二丈九尺の布を以て男物道行振を作にその裁方圖算式（但身丈仕立上り二尺六寸五分袖丈裁切り一尺五寸）

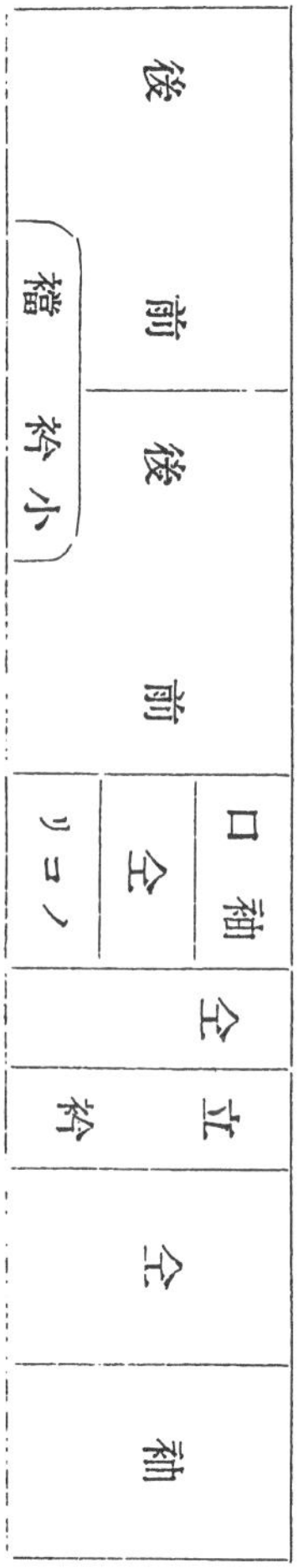

袖　丈　15,0×4＝60,0

身　丈　26,5＋前下り1,0－立衿下り4,0＝23,5　立衿丈

立衿丈　23,5×2＝47,0　總立衿丈

用　布　290,0－袖丈60,0＝230,0

230,0－（立衿丈47,0＋袖口19,0）－6,0＝158,0

158,0÷4＝39,5　後丈

後　丈　39,5＋前下り3,0＝42,5　前丈

『此の方式に據つて裁縫て御覽になつたら宜しうムいませう、序にお話し致しますが、一躰學校敎育の目的は學理を授けるのに在りますから、譬へば裁縫術にして見ますると、積り方、裁ち合せ方などいち〳〵用布を擴げ尺度を操らなくては出來ませんやうな迂遠な仕方でなく、直に算數の上から割り出せる術とか、又縫方順序などを敎ゆるので、實地の練習は家庭に在つて多く手掛るより外は有りません。所が往々學校にさへ通はせて置けば、學理から實地の練習まで出來上るやうに思つて學校を批難する言葉が重に舊式の仕立屋などの口から出るやうですが、是は學校の何物といふことを辨へませんのですから無理はありますまい。』

『先生左樣ばかりは申されません、母なども折々その不足を申しますので、ホヽホヽヽ、でも父は妾のほうに同情を寄せて呉れまして、その結果で先生をお懇請申すことになり

ましたので厶います』

火燈口を細めに開けて侍婢が

『下田先生が御入來になりまして奥樣とお對話ちうで厶いますが御講釋が始まりますからお喚び申すやうにと御吩咐で……、先生も御一緒に……』

此の迎ひに倉皇〳〵起つて、家政學の講義を聽く可く廣間へ往つた

（以下次號）

汝、後來如何なる終局を成さんやと云ふに着眼せんよりは。寧ろ今日如何にして光陰を費さんといふに注意すべし。

ヘンリー、マルテイン

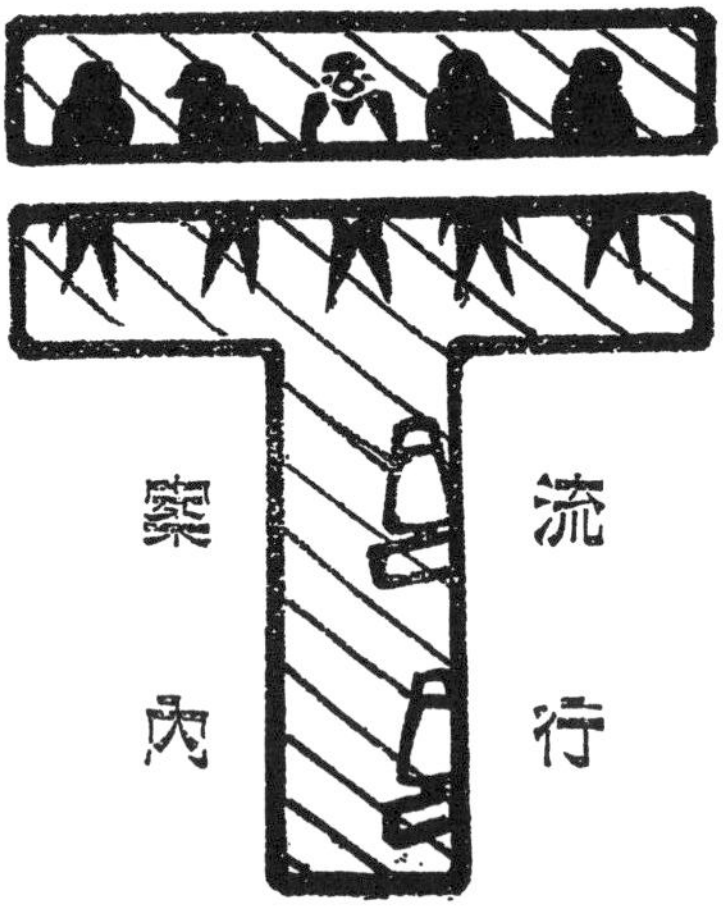

流行案内

いつのまに五月きぬらん足引の山時鳥今ぞ鳴くなる。

霞引く野山に萌え出る若草、僅に芽ざす樹々の緑、一雨ごとの暖さに誘はれては三日見ぬ間の櫻よりも速く、旅の翁が

ひとつ脱いでうしろに負ひぬ更衣と口吟むころは玆數句を出ざるべく、背戸の薮に生ひ出る筍さへ伸るにしたがひて一枚づゝは脱ぎすつる皮衣、況てや有情の我々春と夏とのうつりかえを獨り風物のそれのみに讓るべきかは。

偖この更衣どきの來るごとにいつも心に浮ぶふしこそあるなれ开は餘のことにもあらず、約一年の半を寒氣に塞られて大方は室内にのみ蟄伏せるを、啓蟄の候に遭ふて蠢きいづるものから、衣服の色も文樣も華やかになりもてゆきて、所詮は快活なるものを撰ぶの傾向となること何の年も渝らぬならひぞかし。

恪て人の心はその扮裝に因りて消長するものにて、譬へば袴羽織と裝束きたるときは心も自から氣高くなりて、褞袍着たるときの心とは何程か改まるが常套にて、快活なる文樣の衣服着たるときは素樸なるもの着たるときより心地晴々しく思はる、然ればこそ昔より京友禪に江戸浴衣なる俚

諺は其の土地〳〵の人心を寫し出せる喩草にて、京女郎の濃厚なる東男の洒然したる何れ劣らぬ特長なるべし、彼の寛文元祿の近昔は言はずもあれ、鎌倉足利の頃を通じて勇壯なる武士の扮裝を見るに、直垂の文は更なり其他の衣文に至るまで雄大なる文樣を染め出せるもの畵卷物扨は物語の文どもに散見する所にて、彼の能狂言の眩耀やかなる衣裳も蓋し足利頃の士庶人のありさまを摸し出せるものなるべし。當時人心の活潑々地なりしも、徳川氏が寛政度以來改革の威力に壓迫せられて衣服は人目に立たぬことを先とし、人の心も出る釘は打たるゝの比喩を墨守して竟には因循姑息にまで墜りたる殷の鑑遠からず、然れば此の啓蟄の時を利し、幕府末世因循の惰力ともいふべき陰すがたを一轉して、徐に快活なる扮裝をこそ選ぶやう爲したけれとは年ごと此の頃心に浮ぶところ、況て戰捷の餘勢をもて威を海外に振ふべき吾〳〵同胞が活潑なる心を養ふの方便として爽快なる色文樣を用ふるの習慣を喚び起したきものと思はる。

是は記者の理想を表はしたまでのこと、扨目下時華のなりゆきは如何と白木屋呉服店に就いて取り調べたる所は

流行の男裝

給小袖として着心地もよく、厭味のない洒然としたものを撰めば、桑都織か富國織の外には出まじく、下着には綾糸織か縞魚子が適當である、で此の上下を通じて地色は鐵納戸、茶、青竹色等を選ぶべく格子、崩縞など押しも押されもせぬ所なるべく、而して裏は揃つて羽二重、次には絹であるが當

時色は濃いも淡いも過たるは猶及ばざるが如しの氣味で、中縹色にとゞめをさすのである。

又大島紬、大島風通はいつも流行界に歡迎せられて居る、これは對下着にして裏は前者と同樣

此の一揃への代價は先絹裏をつけるとして三拾五圓位、羽二重裏とすれば四拾貳參圓位で出來上る。

帶は綴織の單帶を採るべく、柄は茶地の横やたら縞が月桂冠を得て居る、澁い向きでは同品の無地でお呪ほどに手先に文樣を織り出したるは諄く言ふやうだが歡ばれる所である、代價は約拾貳參圓、其他風通、幽谷、朱雀織など何れも七圓位から有るが皆流行界の覇といふべきである。

單羽織で前の服裝に照り合ひの可いのは、鐵色、濃茶、錆鼠、生壁、等で竪縞を撰ぶべく又霜降も歡ばれる、で品は如何にといふに、富國御召(拾貳參圓)鹽瀬織（拾六七圓）好貴織(拾壹貳圓)東華織(拾壹貳圓)といふ所、

是等の取合せにて揃へたらんには點の打ち所なき流行の粹なるものといふべし。

同　女裝

御召縮緬は一躰廢りのないもので他の品の如く甚しく愛憎されぬ、中にも近頃は更に一層の歡迎を受て居るが蓋し此の品の他に超えた長所の有る所以で有らう。柄は撚がらみ、竪縞、濃淡の格子など、色は何に限らず濃き方が行はれて居る、下衣は上衣と對にするか、然もなくば上衣と配合の可い同品か若くは更紗羽二重も着心地よく輕目であるだけに時候から歡ばれる、加旃も近

來更紗羽二重には著しく意匠を凝した品が出顯して數奇者の需用を待て居る、尤給下着としてはそのうちの小柄のものを採るべきは勿論である。裏は裾廻しに縮緬若くは羽二重を用ゐて、胴に羽二重の白か薄鼠を付ければ粹中の粹である、此の一揃への價が約四拾圓。更に上品向としては紋御召の對下着として裏は前者と同じく此の價は約四拾五圓位、

帶は通常厚板織の古代文樣、繻珍なれば有職文樣若くは光琳文樣、其他水浪鹽瀬に刺繡を施したるものなど相變らず需用多く價は貳拾五圓以上五拾圓の範圍内で得らるゝのである。

玆に記者が特に讀者に紹介せんと欲する所は近來繻珍厚板織等の跋扈跳梁する所となつて物質上二の町の感を抱かれて居つた博多織其の物である、元來博多織は帶專門の品として江戸時代の立物であつたが、彼の江戸時代に歡迎せらるゝ夫れだけ粹である粹といふものには多く品位に乏いといふ傾向きがある、此の觀察からして多少上流の侶伴たる地位を漸く失はんとするありさまであつたが、近來機業家の進步と共に高尚なる圖案を注入し、品位ありて且野暮ならぬもの續々市場に顯はるゝに至つた、價格は丸帶一筋拾三圓以上拾六圓位、更に上等織で心なし二つ折りにして用ゆべき織出し總付きのもの貳拾七圓內外、此の種のものは最も佳品にして柄といひ色といひ又耐久の點に於て毫末の瑕瑾なしと言ふに憚らぬ所である。

此婦人向きの服裝は一通り紹介したのであるが、更に紹介すべきは婦人用學務織であ

る、
婦人用夏羽織は一昨年頃より貴婦人界は勿論花柳界にまで持て囃さるゝことゝなりて凡交際塲裡に出入する所の婦人にして僅内一着を有せざるものなきに至つたので、流行の風向きは猶ます／＼此の方向を示して居る、地質は無論絽を用ふべく、唯これを單として用ゆるか初夏袷の上には無雙袷羽織として用ゆるかの二つである、紋は五ケ所色は黒の外に栗梅葡萄鼠そのほか用ゆる人の心々にあるべきも裏に用ゆる文樣は先瀟洒澹泊のもの行はる、價は單にて拾貳參圓無雙にて貳拾四五圓なり。

有繫る塲合に用ふべき紋付ものとしては、餘りに晴がましからず、然りとて酒落に過ぎて婀娜かしきも品位を殺ぐの嫌ひあれば令孃向きとして選ぶ所は、

紋付二枚袷　縮緬五所紋江戸褄文樣、地色は櫻鼠の稍濃きものを選ぶべく、文樣は優しき波を白拔きの匹田に染めぬきて、彼の有名なる東鄕草を都て淡彩に、草の裏面を白ぬきに染るなど面白からん、猶錨などあしらひたらんには戰捷紀念として榮ある好みなるべし。

又縮緬地葡萄鼠、文樣は芽出しの柳、燕の飛び交ふさまなど時候に適ひてよく、敢て働きたる圖柄にあらぬも畫樣によりて新らしく思はるゝは圖案の手際なるべく、爰に一言すべきは、古來江戸風の文樣には柳を描くに重に葉の伸びたる夏柳を多く用ゐ來りしも、斯くては時節にも適はず、且は自から陰氣に見ゆるものなれど、彼の綠花咲く芽出しの柳は、柔しく陽氣に見ゆるなれば四條風の筆意に芽出し柳を描くは佳かる

べしと思はる。

更に洒々落々として婀娜なる時勢粧をいへば、御召縮緬の褐色地へ從來有り振れたる赤色でなく紫根色に稍赤味を帶びたる色の不規則なる栓絲縞の上衣に、更紗羽二重の挿繪に出したる類のものなど選びて下着に用ゐ、目下の大流行として持て囃さるゝ滿州茶の羽二重を裾廻しに付けるなどは粹なる所、こゝらは先廿年前後、是より所謂る中年増には山繭を格子に織りたる縮緬の地色に生壁、炭鼠、濃褐色などのうちを選びて對下衣を重ね、裾廻しに前の滿州茶かォリーブ色の縮緬を用ふるは凝りたる拵えとして更衣準備の參考に掲ぐ。

○乳姉妹……呉服店――流行

乳姉妹、呉服店、流行と標題を掲げた所は三題噺の藝題のやうで有るが、今年の一月狂言に彼の小說乳姉妹は本郷座と東京座と同時に塲に上つた。本郷座は所謂正劇派と稱する新派であつて、東京座は舊派である。曩に新派の川上から舊派俳優に向つて立會演劇の果し狀をつけたとのことが新聞紙上に見えたがそれはお藏になつて了つた、所が此の乳姉妹が忽然として同時に新舊兩派が演ずることゝなつて、偶然にもせよ是が都下の人氣を引き立てる基ゐと爲つた。

揚加に本郷座の君江の衣裳は白木屋呉服店で調製する、東京座のは三越呉服店が引受た其處で人氣を取ることに機敏な芝居師のことであるから衣裳の競爭否呉服店の競爭など吹き立てた火の粉が各新聞へ燃えついて一齊に火の手をあげた所から都門の大評判となつて、新舊劇の競爭＝衣裳の競爭＝吳服店の競爭といふことに解釋されて竟に見物の競爭―贔負の競爭となつた、此の動機によつて更に文樣の流行といふ飛び火がついて大分此の君江文樣が諸方面に新調されたとのことである。

爰に不思議なのは、此の乳姉妹てふ演劇と吳服店と流行には如何なる因緣のあるものか、此程大阪の角座で此の乳姉妹を演ずることゝなつて、例の松島屋我當の扮する君江の衣裳を白木屋吳服店と同地の高島屋吳服店とで調製して贈ることゝなつた、何がさて芝居狂ともいふべき同地人のことにはあり、殊に兩吳服店調製の衣裳が同じ心齋橋筋の白木屋出張店と高島屋の店頭へ花々しく飾られたのであるから、蓋明き前に吳服店前は人山を築いた、

次に同地の各新聞紙は乳姉妹ばなしの一欄を設けて吳服店頭陳列の景氣から始めて此の演劇に拘はる化粧品の流行、畫はがきの賣れ行きまで、日々の雜報に登載された、茲に最も面白きは、彼の店頭に飾つた衣裳が彌初日となるので一旦角座へ持ち込んだ所が、近鄉近在は勿論京都くんだりから態々衣裳見物に出懸けた人が裳ぬけの空の店頭へ詰め掛けては六日の菖蒲、失望して歸る向きが夥多あるので、遂に白木屋出張店は角座に請ふて晝間だけ元の如く飾り付けることゝして漸く店前の雜沓を鎭めたとのこと。此の按排で寄ると障ると乳姉妹の噂高く遂に大阪仁和賀の泰斗鶴屋の團十郎がぬけ目なく此の狂言を喜劇に仕組んで例の千日前の改良座で演ずることゝなつて、此の衣裳も白木屋のが能いと、最初は金巾へ

片側帯地四種

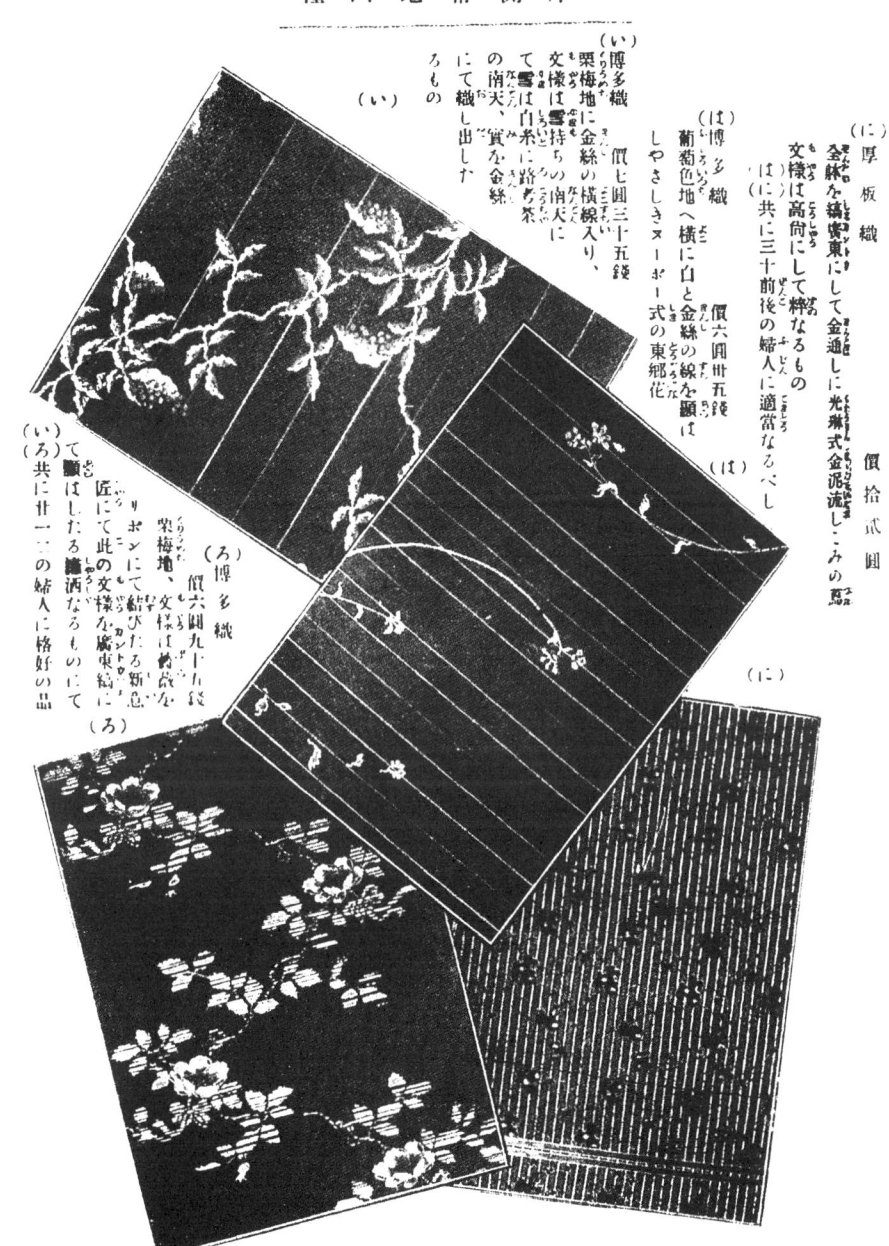

（に）厚板織　價拾貳圓
全躰を縞賓東にして金通しに光琳式金泥流しこみの點
文様は高尙にして粋なるもの
（は）（に）共に三十前後の婦人に適當なるべし

（は）博多織　價六圓卅五錢
葡萄色地へ横に白と金絲の線を顯はしやさしきヌーボー式の東郷花

（い）博多織　價七圓三十五錢
栗梅地に金絲の横線入り、文様は雪持ちの南天にて雪は白糸に路考茶の南天、實を金絲にて織し出したるもの

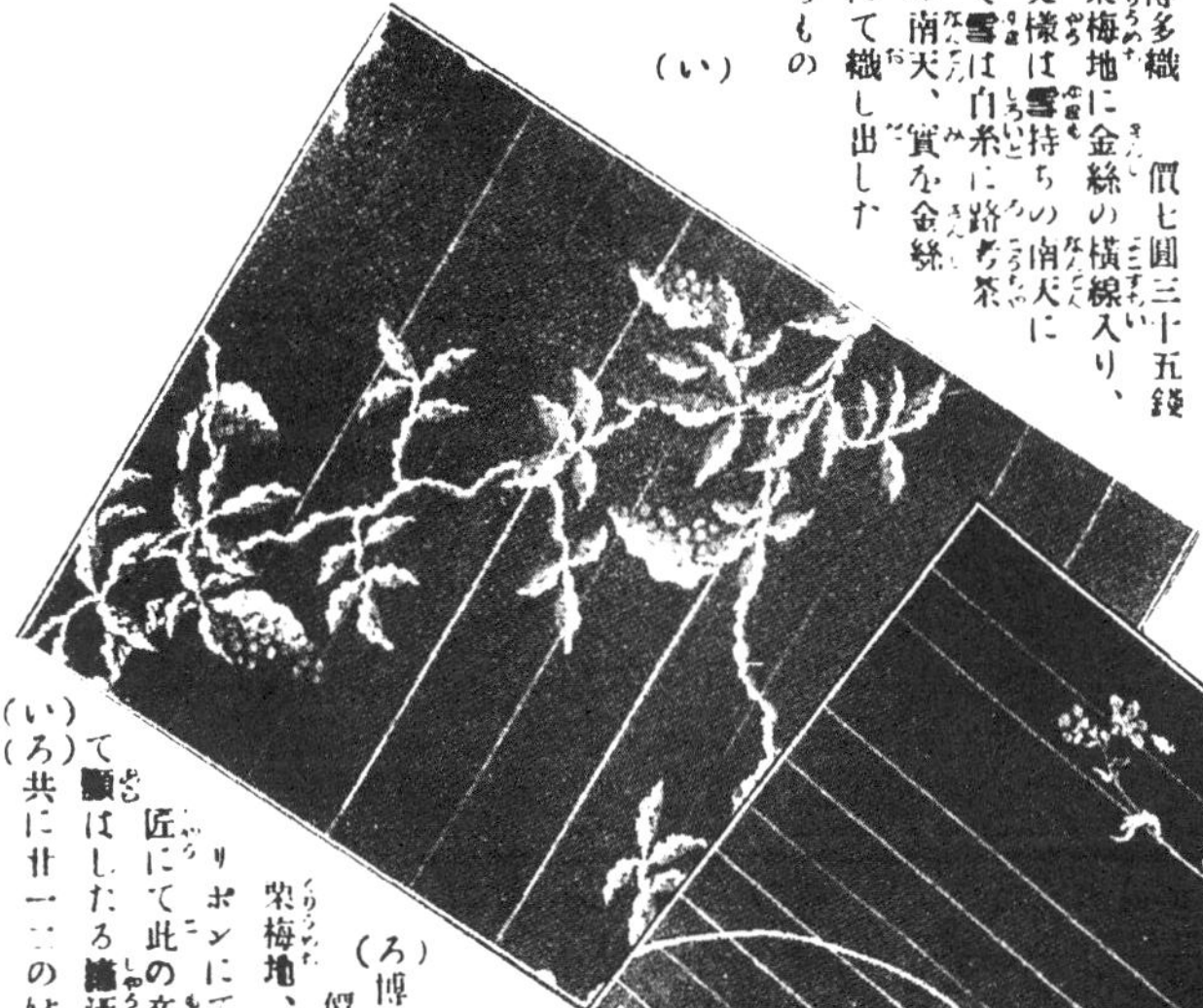

（い）

（は）

（に）

（ろ）博多織　價六圓九十九錢
栗梅地、文様は縞戯をリボンにて結びたる新意匠にて此の文様を腐東綸にて顯はしたる瀟洒なるものにて
（い）（ろ）共に廿一二の婦人に格好の品

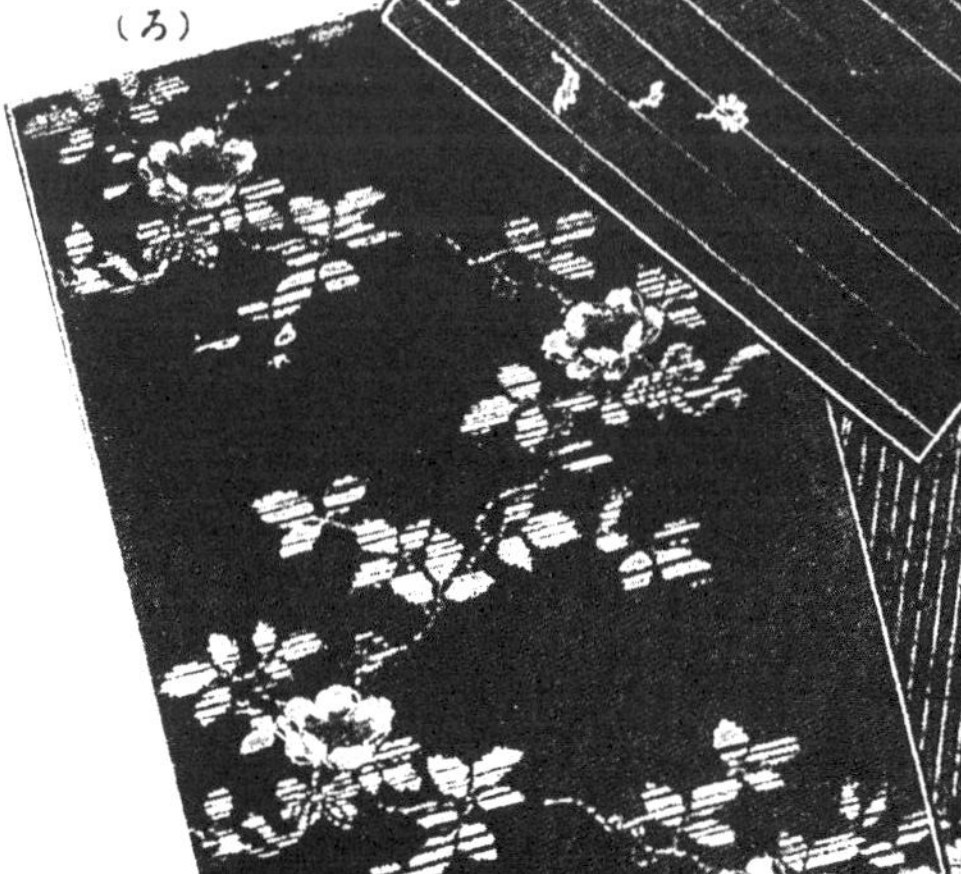

（ろ）

羽二重友禪三種

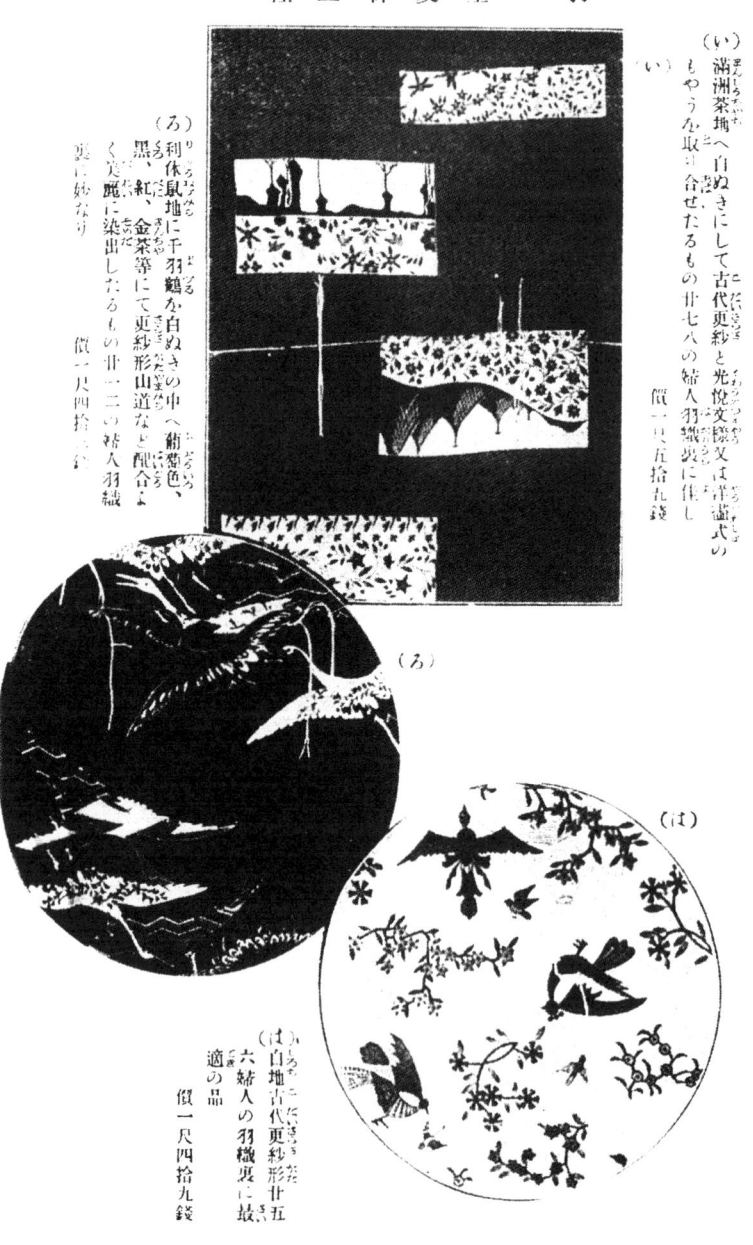

（い）滿洲茶地へ白ぬきにして古代更紗と光悅文樣又は洋畫式のもやうを取合せたるもの廿七八の婦人羽織裏に佳し

價一尺五拾九錢

（い）

（ろ）利休鼠地に千羽鶴を白ぬきの中へ葡萄色、黑、紅、金茶等にて更紗形山道など配合よく美麗に染出したるもの廿一二の婦人羽織裏に妙なり

價一尺四拾九錢

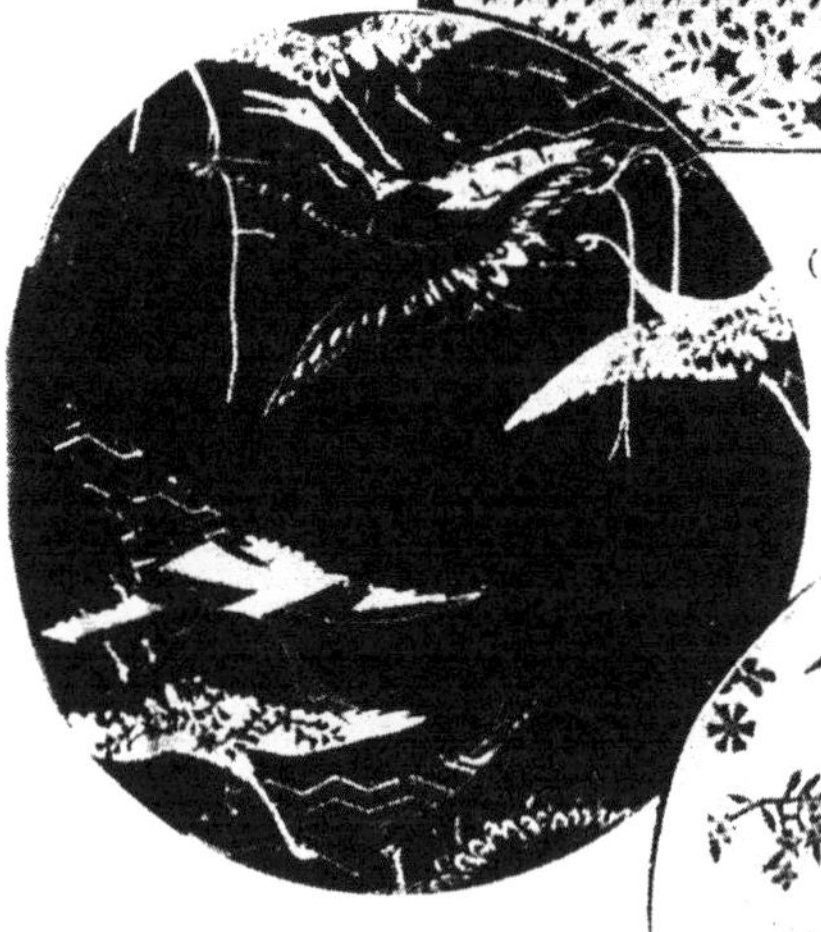

（ろ）

（は）

（は）白地古代更紗形廿五六婦人の羽織裏に最適の品

價一尺四拾九錢

片側帯三種

(イ)

金入繻珍

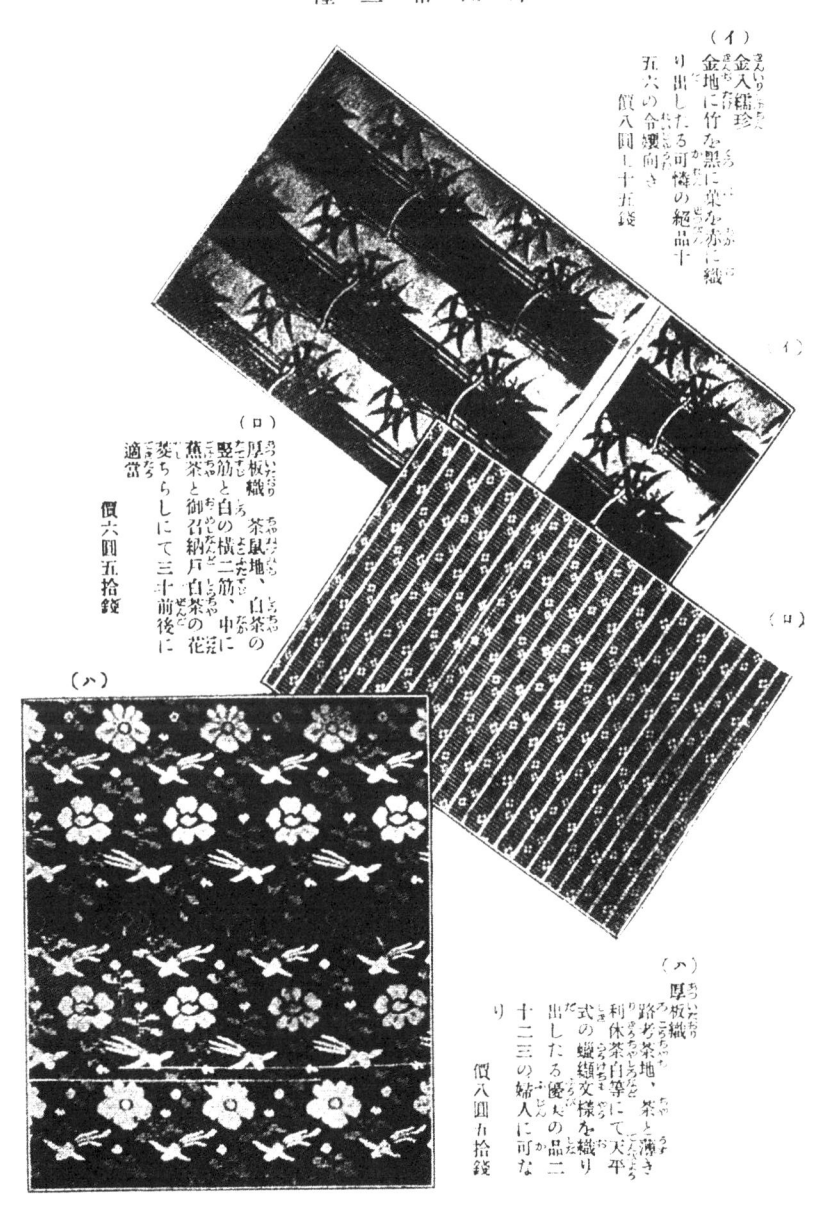

金地に竹を黒に葉を赤に織り出したる可憐の絶品十五六の令嬢向き

價八圓七十五錢

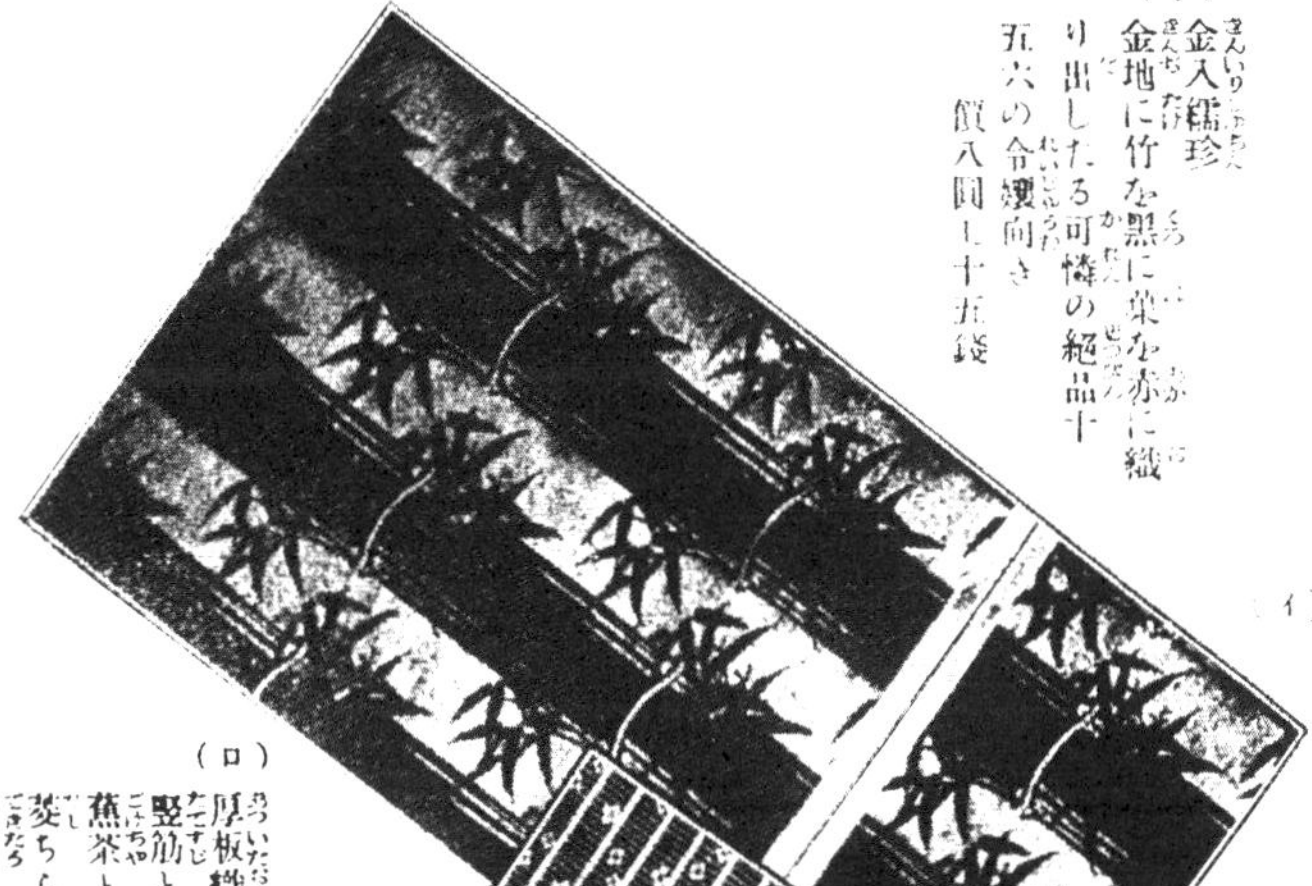

(イ)

(ロ)

厚板織 茶鼠地、白茶の竪筋と白の横二筋、中に焦茶と御召納戸白茶の花菱ちらしにて三十前後に適當

價六圓五拾錢

(ロ)

(ハ)

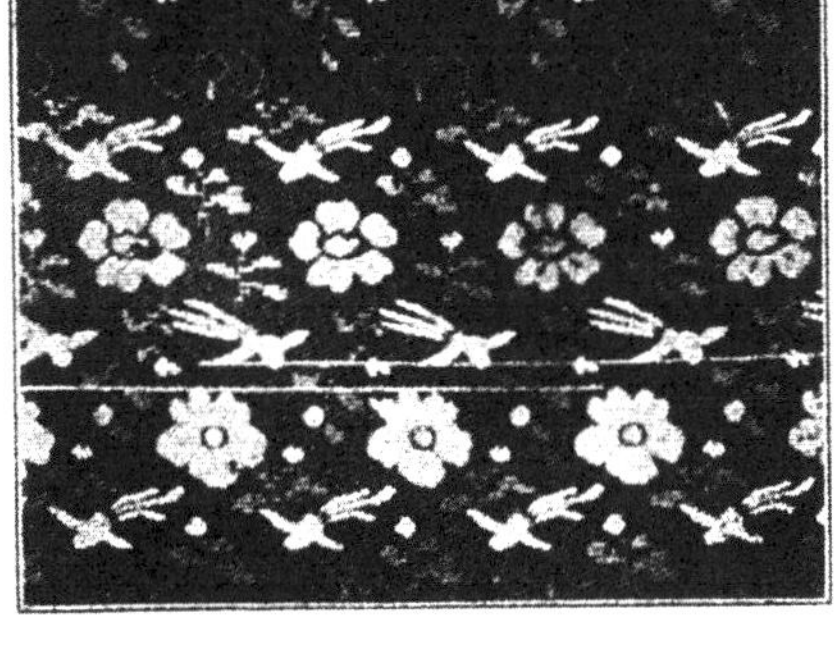

(ハ)

厚板織

路考茶地、茶と薄き利休茶白等にて天平式の蠟纈文様を織り出したる優美の品二十二三の婦人に可なり

價八圓九拾錢

友禪縮緬四種

（イ）

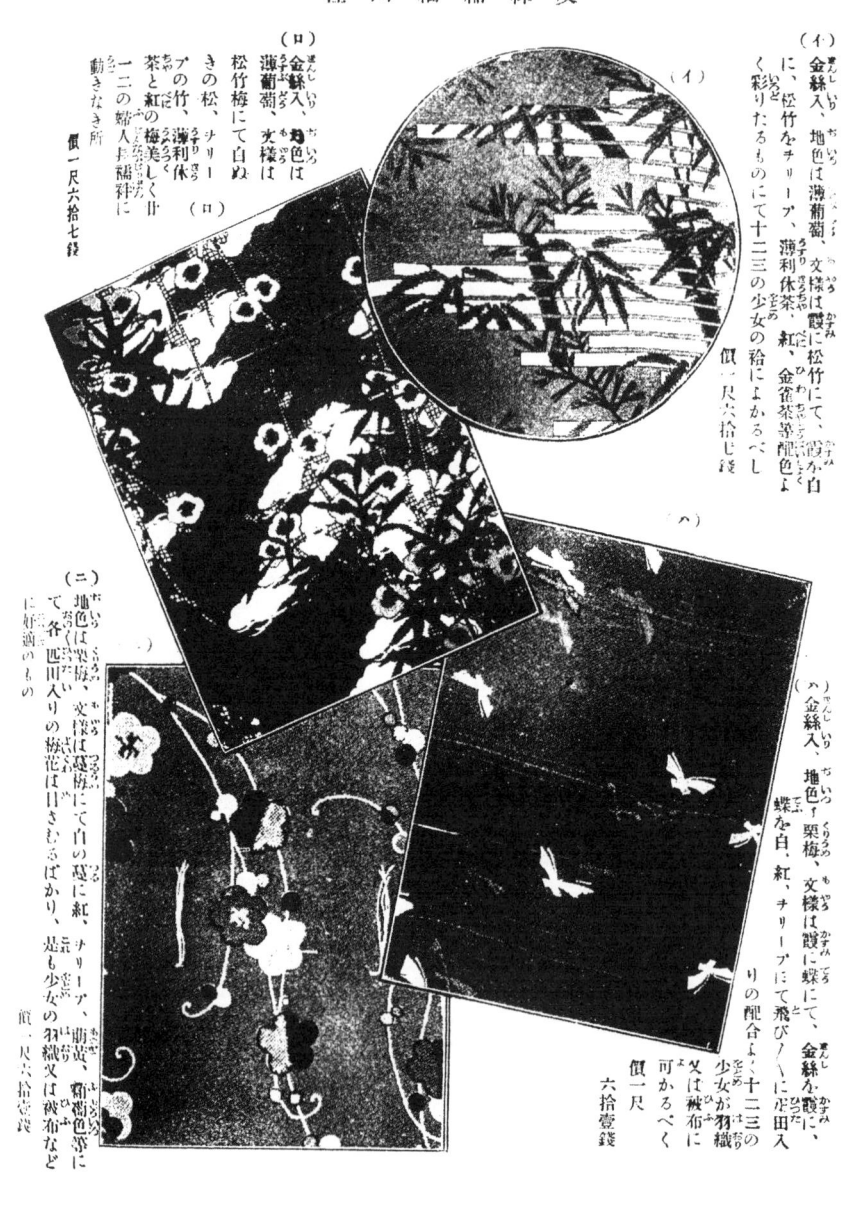

（イ）金絲入、地色は薄葡萄、文樣は霞に松竹にて、霞が白に、松竹をチリープ、薄利休茶、紅、金雀茶等配色よく彩りたるものにて十二三の少女の袷によかるべし　價一尺六拾七錢

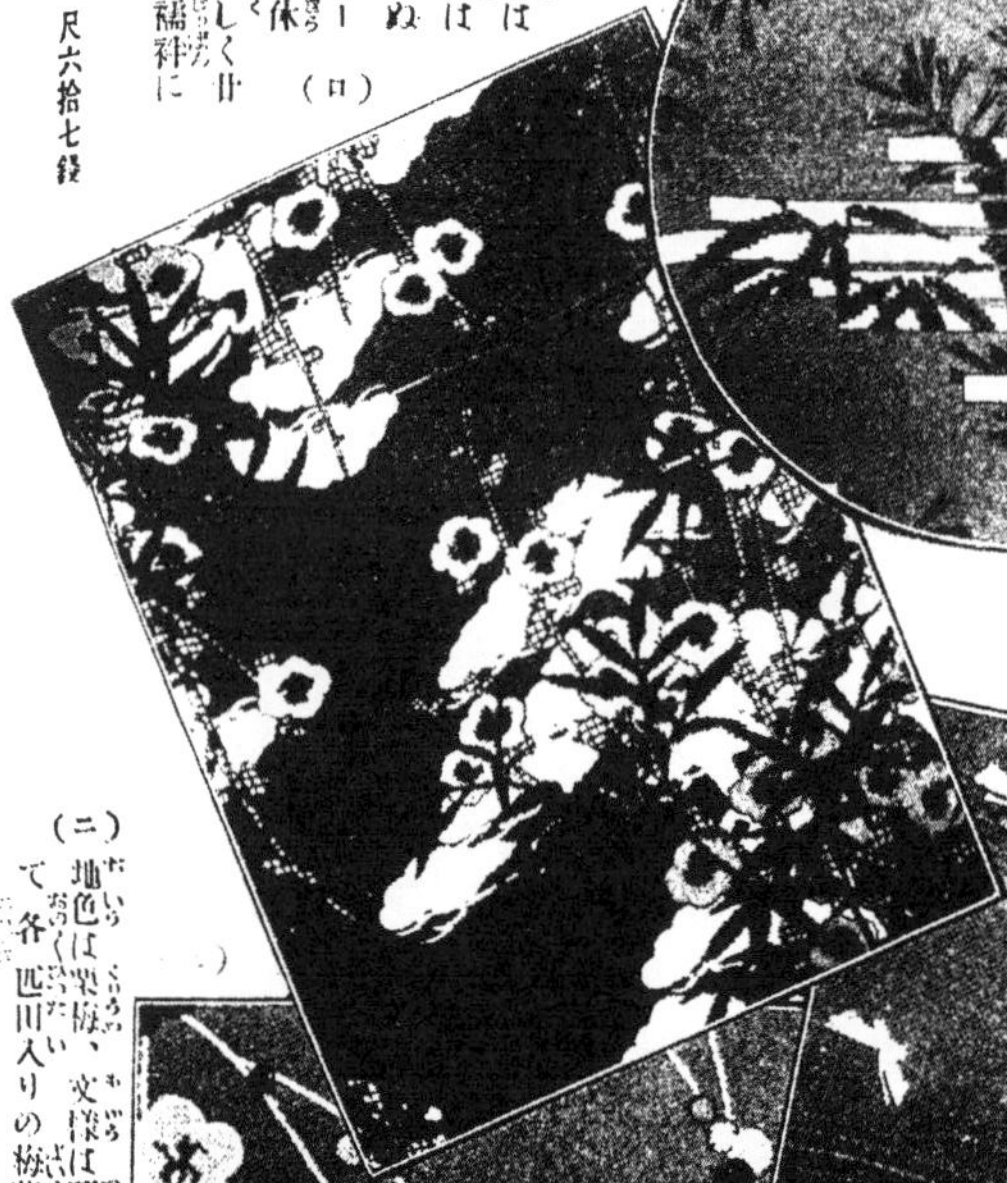

（ロ）

（ロ）金絲入、地色は薄葡萄、文樣は松竹梅にて白ぬきの松、チリープの竹、薄利休茶と紅の梅美しく廿一二の婦人長襦袢に動きなき所　價一尺六拾七錢

（ハ）

（ハ）金絲入、地色は栗梅、文樣は霞に蝶にて、金絲を霞に、蝶を白、紅、チリープにて飛び〳〵に疋田入りの配合よく十二三の少女が羽織又は被布に可かるべく　價一尺六拾壹錢

（ニ）

（ニ）地色は栗梅、文樣は蔓梅にて白の蔓に紅、チリープ、萌黄、葡萄色等にて各疋田入りの梅花は目さむるばかり、是も少女の羽織又は被布などに好適のもの　價一尺六拾壹錢

片側帯地四種

(一)

(二)

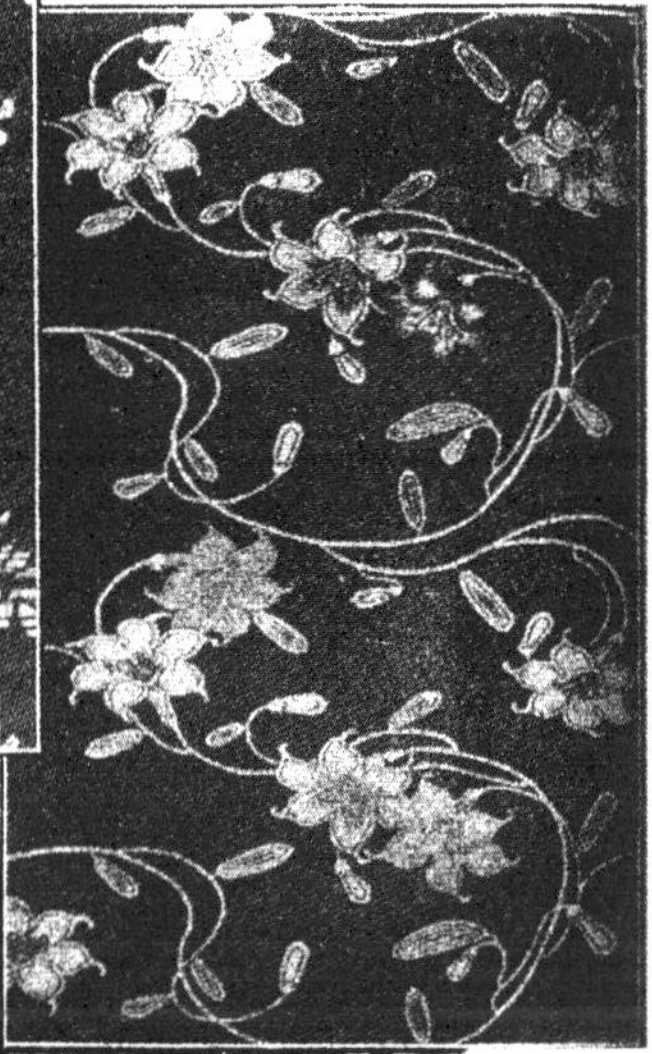

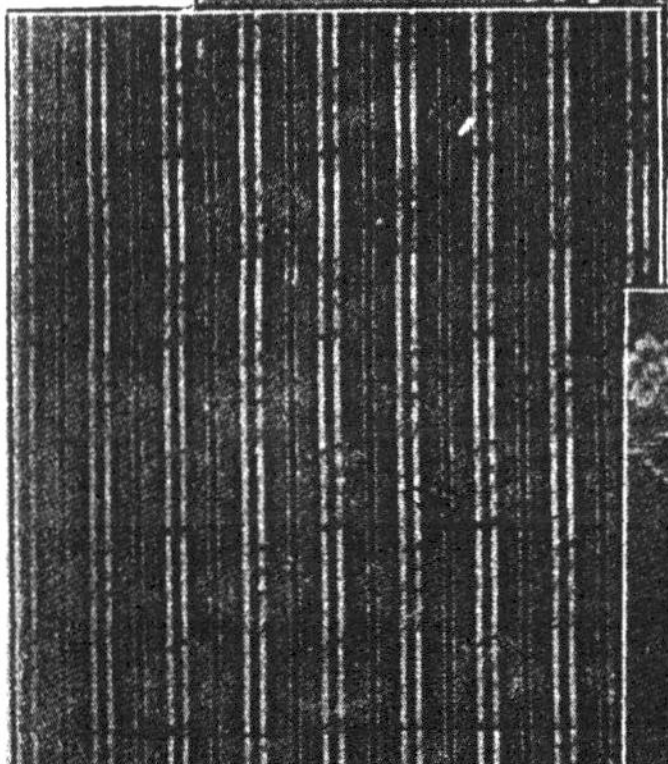

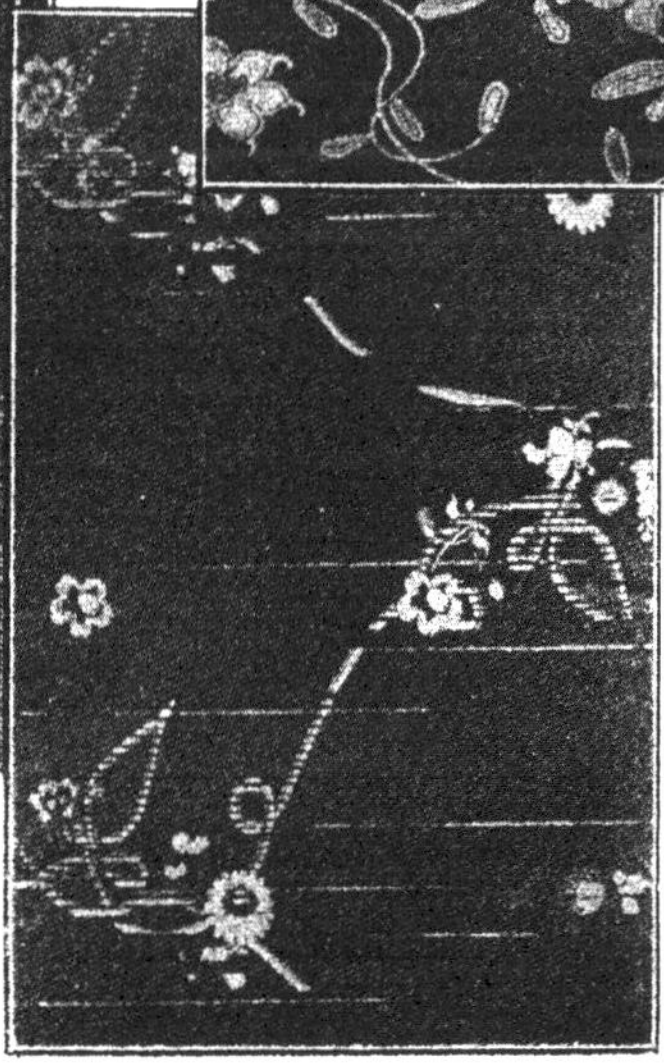

(四)

(二)博多織　價七圓五拾錢

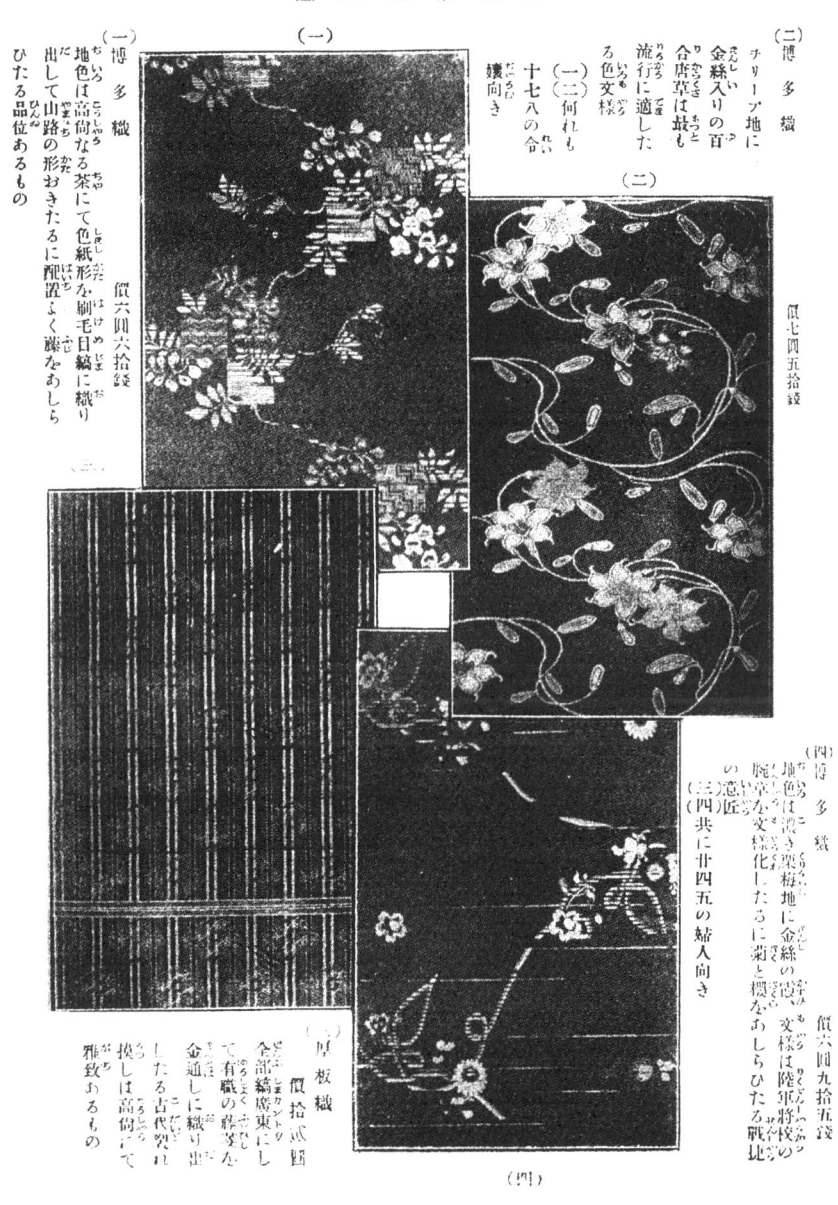

オリーブ地に金絲入りの百合唐草は最も流行に適したる色文様

(一)(二)何れも十七八の令孃向き

(一)博多織　價六圓六拾錢

地色は高尚なる茶にて色紙形を刷毛目縞に織り出して山路の形おきたるに配置よく藤をあしらひたる品位あるもの

(三)厚板織　價拾貳圓

全部縞廣東にして有職の藤菱を金通しに織り出したる古代裂れ換しは高尚にて雅致あるもの

(四)博多織　價六圓九拾五錢

地色は濃き栗梅地に金絲の霞、文様は陸軍将校の腕章を文様化したるに菊と櫻をあしらひたる戦捷の意匠

(三)(四)共に廿四五の婦人向き

英國最新流行洋裝標本數種

染める筈であつたが、是も奉書紬へ染めて君江に扮する團九郎へ白木屋から寄贈することゝなつた。

扨この大阪三界に鳴り渡つた君江の衣裳は羽二重のウヰロー色（若柳色）で裾文様は白の總匹田で松を見せ、これに根笹をあしらつて鶯宿梅を取り合せて松竹梅を利かせた趣向、下着は洗朱色にヌーボー式の菊を黒友禪に染めあげ、金銀泥の書き更紗を配置したのは何處までも高尚に奥床しく思はれるので、此の若柳色の上着に洗朱色の下着は同地貴婦人間の流行となつて、素封家鴻池氏をはじめ諸方の注文引きも切らず、殊に洗朱色は南地邊で長繻絆に用ふるが大流行となり、又小兒の上着にする向も澤山あることが同地の新聞にも報道せられて有つたが、猶驚くのは此の狂言繪はがきの流行で、試みに北濱から戎橋に至るまでの間に此の繪はがき看版を掲げた店が三十七軒あつたとのことで、人氣と流行は恐ろしいものと同地の新聞を綜合して書くの如し。

○流行の酒盃　池の端　玉寶堂

追々暖氣の加はるに從つて晩餐の食膳に洋酒と親しむやうになるのが例年のことである、近來上流社會に多く歡迎せらるゝ此の種の酒盃は、圖に示す如き銀製彫刻つきのものに限るやうになりて、彫刻の圖柄には人々の嗜好もあるべけれど、目下の所に

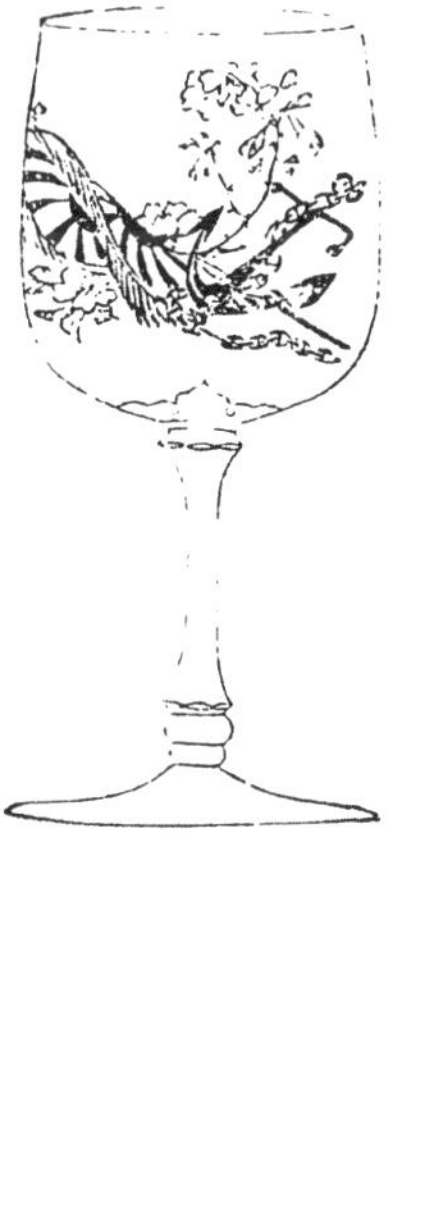

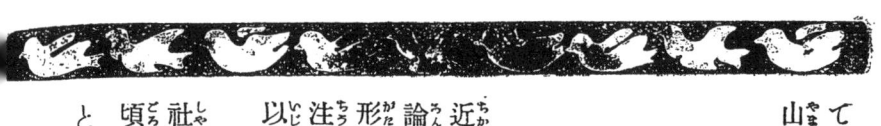

ては戰捷に因みたるもの然なくも旭に匂ふ山櫻などの類である。

近來は紀念贈與品など通常三ッ組の盃は勿論であるが、一個の盃を贈る場合には洋盞形のもの實用的に行はれる傾向があるので注文多しとのこと、價格は一個七圓五十錢以上好み次第とのこと。

○白木屋呉服店の化粧品販賣開始

社會進歩の基は時間の節約に在るので、此頃は何につけても手間隙の掛らぬのを第一として在る、ヱヘンといへば灰吹などは昔のこと今では洗湯の流しにまで唾壺の設備ある世の中、新衣裳が出來ればお化粧は附きものと、同店は早くも佛國巴里の製造元ガレー商會、ゲル商會、ピオレー商會、ブールジョア商會、ヘンリ商會、ピノー商會、英國倫敦のブライデンバッハ商會、米國のコルゲート商會、獨逸のエーミッヒ、ヴアドリッヒ商會等から香水、香油、バンドリン、塗料（練、粉、水）白粉下、石鹼、チック、歯磨等を集め、並びに刷毛やうじ櫛までも取り揃へて販賣するとのこと、其他頭字入りハンカチーフはヱビシの羅馬字を一字づゝ花文字に美しく刺繡にて顯し男女持何れも有りて、各々頭字を撰びて用ゐらるゝに最も能く頗る時好に適せりと。

○流行の蝙蝠傘　京橋際　仙女香調

洋傘流行の風潮を概括して言へば

△形は淺き方
△色は日傘用としては白、松葉、黑、雨天用としては、黑、靑、紺等
△握は棕櫚竹が一般に氣受けよく猶これを細別すれば

流行男持洋傘の握り

男持

（甲）
鐵骨長さ二十六吋八本骨にて薄地＊の絹張り握は黑檀、鐵刀木に銀の裝飾を施したるもの又は象牙水牛或は自然木に多くの飾りしたるもの價拾圓より貳拾圓まで

（乙）
鐵骨二十六吋、八本骨にて黑絹張、握は棕櫚竹及び舶來自然木、香木、水牛等にて蕨形の曲り柄最も歡迎せらる價三圓位より七八圓まで

（細卷）

鐵骨二十五又は二十六吋七本骨鐵柄にて薄手の絹張り、握りは舶來自然木、匂ひ櫻等に飾り金物を附たるもの、革袋に納むるときは一見ステッキの如く極めて輕便なるを以て最も嗜好に適す。價參圓七拾錢より拾四五圓まで

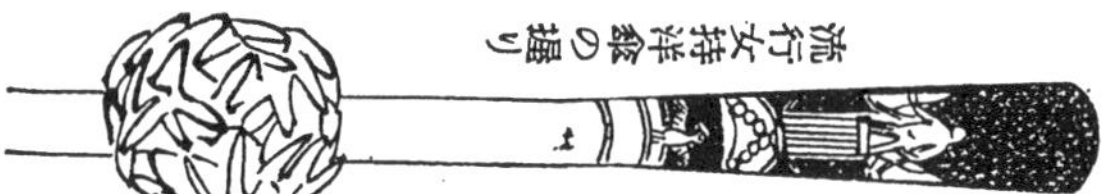
流行女持洋傘の握り

婦人持

（甲）
鐵骨二十二吋八本骨、白琥珀へ縫文様をなしたるもの又は赤紫靑色の交ぜ織り、綠色に黑の織文、紅葉色等にて握りは棕櫚竹へ金銀蝶貝瑪瑙等の裝飾したるもの或は鐵刀木、陶器等流行を極む、價拾圓より貳拾圓まて

（乙）
鐵骨二十二吋八本骨、紋繻子琥珀等にて松葉色黑等＊の紋織り、握は棕櫚竹に金物の裝飾を附けたるもの又は象牙蝶貝を嵌入したるもの行はる、價參圓參四拾錢より七八圓まで

（細卷）
鐵骨二十二吋七本鐵柄薄絹張り、色は黑紺靑等、握りは水牛、棕櫚竹等にて、都て絹の袋に納れて最も細くなるもの需用多し價參圓七八拾錢より拾圓まで

流行の帶留　尾張町　白牡丹本店

近來は婦人專用の物まで武張たる意匠のもの歡迎せらるゝが如く下圖を見て知らるべし

二十二金及白金製の前金物露草に狩虫
紐は厚板織滿洲色に陸海軍の肩章文樣

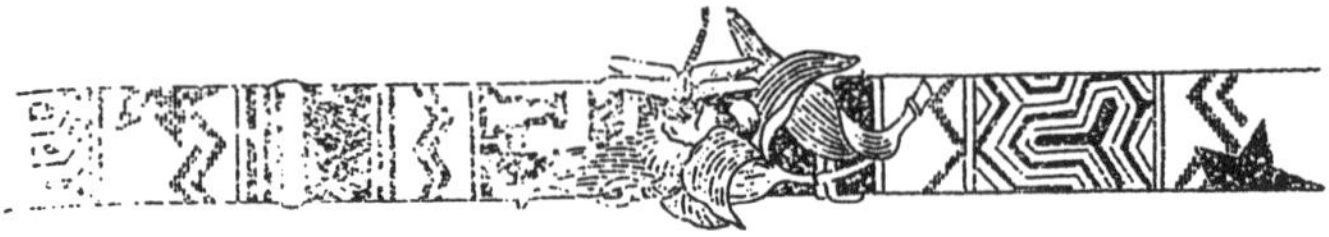

純金菊花に征矢小楠公の意紐は臈纈地
オリープ色に流水の織り出し

純金櫻に短冊忠度の名歌紐は縮珍地に
浪文樣を織出したるもの

流行洋服指針

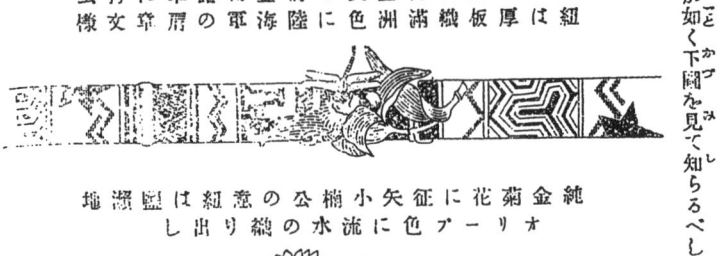

我國の人士が世界的服裝たる洋服の着用法に對する趣味と好尚とは近來著しく進步して試みに丸の內、有樂町界隈の政治區の大厦に靴を入るゝの官吏又は京橋、日本橋區の商業地街頭に日夕倉忙として來往するの實業家、さては春の日曜の花見歸りの瀟洒の中家族引連る紳士等の服裝を一瞥する時は其地質の撰定、附屬品の取り合せ着こなし振りに至るまで一點の申分なく直ちに歐米都人士の壘を摩するに至るの概あるもの尠なからず見受らるゝ之れは戰捷國世界的日本人の本領として當さに然るべき事なるが尚一層の完全を望まるゝ紳士の參考として本年春夏季流行の基本となり或は將さに流行を造らんとする服の標本たる男

子服装の本場即ち我が敬愛せる同盟國たる英國ロンドン發刊の最近雜誌により夫々異りたる場合に着用すべき十六種の形式を挿畫に示し其說明を記すことゝなしたり

先づ上段左側より始めて（挿畫參看）

（1）野外散步服

（流行の特點）（上衣）前部を殆んど眞直に裁ちて僅かに裾の處にて少しく圓みを持たせ、腰の所にのみポケットを附して胸部には付けずすべて內隱し仕立に作る

（短衣）本年の流行も矢張一般に胸明き狹き方にて此種の服のチヨツキには槪して襟を付けず裁縫師の所謂坊主襟形となす方宜しく上着と揃の地質或は立縞などの少しく派手目なる紋織短衣地にて作るも面白かるべし

（半袴）は尻の廻りを寬やかに膝の處に至りて緊く締りたる形此服に併せて冠る鳥打帽子は上衣と共の切れにて作る

（地質）錆茶、燻べ茶、カーキー其他の茶がゝりたる朧の格子若くは竪綾、杉綾、魚骨綾等あるスコツチ、メルトン縞絨等にて作り三ツ揃一組の代價金貳拾四五圓より三拾圓位迄

（2）脊廣形乘馬服

（上衣）竪縞、立綾、格子綾等のスコツチの稍バツトしたる柄を撰び前は三ツ釦形にて丈けは長目に仕立つ、後を脊縫付として乘馬に便ずる爲め尻の所にて開きを作る、腰のポケットは蓋付にして斜に取り付くるを大に嶄新なる形なりとす

（半袴）は上衣と寧ろ異りたる柄の立縞スコツチ或はホイツプコルド絨にて作り股下より內股へかけて鹿革を綴ぢ付く

（3）モーニング形乗馬服

是れはモーニングコート形の乗馬服にて前種より一層高尙なる服裝を好まるゝ紳士に適すべし

（上衣）黑或は紺の斜綾あるメルトン或はチエビオットにて作り腰の所にて一度緊り裾に至りて十分の餘裕を存する樣仕立つ前は四ツ釦形

（短衣）は第二と同じく胸明き狹く襟なし片前仕立にて地質はタッターソール等の短衣地にて作る

（半袴）は白茶又はカーキー色の無地或は霜降のバックスキン、コール絨或は厚綾天竺にて是亦第二種と同じく陸軍將校の戰時形に作らば實用にも適し且現時の風潮にも適ひて氣の利きたる事此上なかるべし

尙圖に示せる服の全躰の說明を付するは紙數に限りある本紙の能はざる處なるを以て以下名稱のみを記し號を追ふて詳細なる說明と各其服に適する新輸入の地質を併せて紹介すべし

（4）ゴルフイングジヤケット（各種の運動、遊戯服に適す）（5）テンニス服（6）（7）モートルスーツ（自動車、自轉車服）（8）乘馬用半オーバーコート（9）片前形脊廣服　（10）兩前脊廣服（11）大返り形脊廣服　（12）春夏季フロツクコート　（13）縞の揃ひモーニングコート　（14）新式脊廣服　（15）カッツアウエー形黑のモーニングコートと縞のヅボン（即ち春季紳士用として最も適當なるモーニングコート）（16）フロツタコートと春のオーバーコート（チ

エスターフィールド形）　以下次號

Johnny and his Ma.—Mistress: "What is little Johnny crying and yelling for? Give him what he wants. I must write a letter, and I want it quiet."

Nurse: Please, Ma'am he's yellin' for his drum and horn."

竹坊と母親

主婦　何を竹坊は先刻から泣てさわいで居るのだよ、何んでも欲しがるものを與つたらいゝじやないか、わたしは今手紙を書かなくつちやならないから少しの間靜かにさしておくれ

乳母　でも奥様坊ちやんは太皷とラッパが欲しいと仰しやつて御泣き遊ばすので御座います

育兒法

（承前）

叢軒

母親の衛生法

哺乳兒の生命を司どる所の乳汁の製造元たる母親の身體が兒の成育に影響することの大なることは前號に詳說する所の如し、依て爰には母親の勤むべき衛生法を說くべし

（イ）日々の職務として哺乳兒の注意を怠る可からざるは勿論なれども決して規則立ちたる劇しき用事を爲すべからず。

（ロ）食物は最も消化し易く且滋養分に富み

たる柔かき物を食し、飲料としては醱酵性のもの又は身體に熱を發すべき性質の物を禁じ、澹泊したるものを撰ぶべし。

(ハ)野菜、魚類を取り混ぜ、殊に澱粉質のもの、米、麥、饂飩、蕎麥、葛粉、芋諸の類及び砂糖等を缺くべからず、又肉食を偏用すべからず、且餘りに燻焦たるもの或は鹹きもの酸味のものを食すべからず

(ニ)日々適宜の運動を爲し、大氣の流通よき清潔なる室内に居住し、決して密閉したる室内に居るべからず、又過度の運動乃ち舞踏、乘馬、遠足、力業等の如きは避くるを要す、而して寒暑、冷熱を豫防するの衣服に注意を怠る可からず。

(ホ)乳房を大切にして堅く締むること又は壓し着くるやうのことを爲すべからず、且戸外に於て胸部を露出すべからず。

(ヘ)夜間は十分に安眠し決して晝間より夜に繼くべきほどの仕事を爲すべからず。

(ト)惣て感情を動かすべき事を避け、專心一意一家團欒の樂みをとり特に夫婦間の睦しきを望むべし。

(チ)憤怒、驚愕、過度の喜悦、發熱等ありしときは先づ一回乳を搾り出し、而して一二時間經過したる後に非ざれば哺乳せしむべからず。

(リ)食氣不進、腹痛、便秘或は下痢、酸敗、尿色、變色、心悸亢進、下肢麻痺、水腫等の氣味あらば直に醫療を乞ふべし。

(ヌ)母親は小兒を管理するの女王にして常に指揮者の位置に在り故に假令小兒を大切にするの目的に出るも彼に對し一回にても奴婢の如き擧動を爲したらんには己

れ母親たるの威嚴を失ひ、終に小兒の輕蔑を受け敎育上非常の障害となるものなり。

左に顯すものは分娩後一年未滿の本邦婦人の乳百種と同じく歐洲婦人の乳二百餘種の分析平均量を百分比例に於て比較したる分析表なり、茲に掲げて讀者の參考に供す。

百分比例		比重	含窒素物	脂肪	乳糖	無機鹽	水分	含窒素物脂肪	養分比例
最低	本邦	一、〇二五二	〇、七六四	一、三三九	六、七六〇	〇、〇六〇	八二、八七二	一、七五	七、五五
	歐洲	一、〇二〇〇	〇、六九〇	一、四三〇	三、八八〇	〇、一二〇	八一、〇一〇	二、〇七	一〇、八七
最高	本邦	一、〇三六〇	二、七六〇	八、五一〇	八、四五〇	〇、二九五	九〇、三九七	三、〇八	一〇、七七
	歐洲	一、〇三六〇	四、七〇〇	六、八三〇	八、三四〇	一、九〇〇	九一、四〇〇	一、四五	二一、一七
平均	本邦	―	一、五三〇	二、九七四	七、六一三	〇、一五六	八七、七二七	一、九五	九、八三
	歐洲	―	二、二九〇	二、七八〇	六、二一〇	〇、三一〇	八七、四一〇	一、六五	六、四八

笑門

伊勢參り

紫雄作

丁稚子供が寄り合ひまして、

『コレ竹松どん、お伊勢樣の太々をうつと美味い物が澤山喰へるとよ。

『眞正か、そんなら龜吉どん、おいらも脱け參りをして太々をうたう？』

と相談頓に整つて、近所の誰れ彼れ心ざしの有る人を頼みまして旅費の工面も致し、かねて聞き及ぶ御師を尋ねてはる〳〵山田へ着ました。

『お頼み申ます』

御師の手代早速玄關へ出まして、

『何處から御在つた？』

『アイ江戸藏前の伊勢屋から參りました、太々をうちたう厶ります』

『コレはよふ御出、舊冬參つた時お話もなかつたが存じ寄らぬこと、跡から大勢お出かナ』

『イヱ私共二人』

『ハテナ』と手代が不審に思つて居るうち、錢百文づゝ紙に包みまして、

『モシ起て太々をうちたらムりなす』

『ナニ太々を……、此の子は氣がちがつたか、コレおまへの旦那の太々は五十兩ざつとして二十五兩だ、とんだことを言ふ』といへば、うしろに居る小僧を見顧りまして、

『竹松どん何樣せう？』

『ソウサ、もし此の百で太々がならずば折角來たものだ、金柑でも』

○負けぬ江戸ッ兒

『コレ吉公、貴樣江戸兒だつて威張るが一躰江戸の町はドレ程の廣さだ？』

『知れた事よ日本を十合せたより廣いや』

『呰歴して其樣に廣い？』

『日本はタッタ六十餘州よ、憚ながら江戸は八百八町だ』

下飯　笑林廣記

兄弟二人學校から下つて來まして午餐を食ふ、下物は何であると父に問ひました所が、父は世に珍らしい吝嗇家で有りますから何にも下物を付けない、

『古人は梅林を望んで渇を止めたといふこともある、で其處に鹽の浮き出した乾鮭が掛てあるからアレを見ながら食へ』
と言ひ付けました、二人の兄弟詮方なしに吩咐どふりにやつて居ります、と弟が大き

な聲を張りあげまして、
『アラ兄さんが坊より一眼多く看ました』
と訴へました、親爺眞赤になつて
『コレ／＼手前そう續けては鹽が鹹くて
咽が渇いて仕方が無からう、能い加減に
止せ／＼。』

厚文

二子午餐、問レ父用二何物一下飯、父曰、古人望レ梅止渴、可下將二壁上掛的腌魚一望一望吃中一口上、這就是下飯了、二子依レ法行レ之、忽小者叫云、阿哥多二看了一眼一、父曰、鹹二殺了他一。

新作　丈八

『伊勢屋さん通行税で電車の高くなつたのには困りますナ』
『イエ私は年中テク／＼歩行だから困りませんが一番鹽專賣がこたへました、もう滅多に甜られません』

前に辯じましたのは皆作り話しで厶ります
が、實際に有つたことで落し噺よりも一層
可笑しい事が澤山厶ります、一つ二つお慰
みに御機嫌を伺ひませう。

○御祖師樣の御利益

一天四海皆歸妙法の大旗を飜翩とひるがへ
して、團扇太皷の樂隊群勢大約千人以上、
何でも一貫三百と群歌を唱して潮の湧くが
如く滔々と隊伍を作つて押し寄せて參ります凡八宗の※

※うちで此のお宗旨ほど賑やかな、凝り固まつた宗旨は
ありません、只お宗旨とさへ言ひますれば
日蓮宗と人が承知するくらゐ。
茲に凝り固まりへ辶をかけたお婆さんの題

目狂がありました、或る日裏口の日向のよい所で針仕事を爲て居りますと、表は大騷ぎ、ソレ御開帳の御着がと片跛に下駄を履いてガチクリ／＼駈出す音、彼のお婆さん糸も針も抛り出して慌て門口を飛び出ず機に潜りの鴨居でギャフンといふほど前額を打ちつけておまけに尻餅をぺたり……』

『ア、有り難い／＼お祖師樣の御利益で此の眼が助かつた南無妙法蓮華經／＼。

髭鬚

『亞父ちやん髭を取つちまつたの？』

『邪魔だから取つちまつた』

『とらなけ*

*りや可いのに今大變流行て居るんだよ、亞父ちやん僕の所の三毛まで生やして居るよ』

面皰

皮膚病の恐るべきものは數々ありますが、其のなかで最も青年者に嫌はれるものは面皰でありませう。

病名を粉刺といひまして大に興味ある原因を有して居る病であります、

此の病は春機發動期に限つて發するもので夫れ以上の年齡に至りますと發せぬので有ります、

人は春機發動する頃に方つて旺んに毛髮の發育が起りまして、鬚毛或は毛髮が皮脂線と申して皮膚の脂の排泄する口を妨げる機械的の閉塞を惹き起すに因るものであります。で往々情慾に樂むの度に過るもの又はその不足に失するに由るものと唱ふる人も有るのでありますが、乾酪質、鹽漬肉などの食餌を多く取るのは此の粉刺を誘ふもので有ります。

療　法

前にも申ました皮脂線を閉塞する機械的障害を除くことを勉むるのが第一でありますから、溫湯と刺戟の無い石鹼で頻に洗滌ますのが可しい。

又面皰を壓し出してその後分泌の鬱滯を防ぐ法は

強アルカリ性石鹼即ち加里石鹼か或は加里石鹼精を常用石鹼に代用して洗滌ますのも可しい。

又法

エヒチオール軟膏塗布

これは「エヒチオール」一分と單軟膏十分を煉り和したものを塗布て可しい。

又法

ラッサー氏塗布法

「ナフトール」二分五厘、沈降性硫黃十二分「ワゼリン」六分、加里石鹼六分

右煉り和したるものを患部に厚く塗布して、一時乃至半時間の後軟かい布で拭きとりまして、迹へは撒里失兒酸亞鉛花巴斯多を撒布するが佳しい。此の際には三四日間洗はずに置いて、拭つた後前の撒布藥を施し而して四五日經て表皮の剝脱るのを待て充分に洗つて、未だ全く治らなければ再び此の法を繰り返すが可しい必ず治らぬことは有りません。

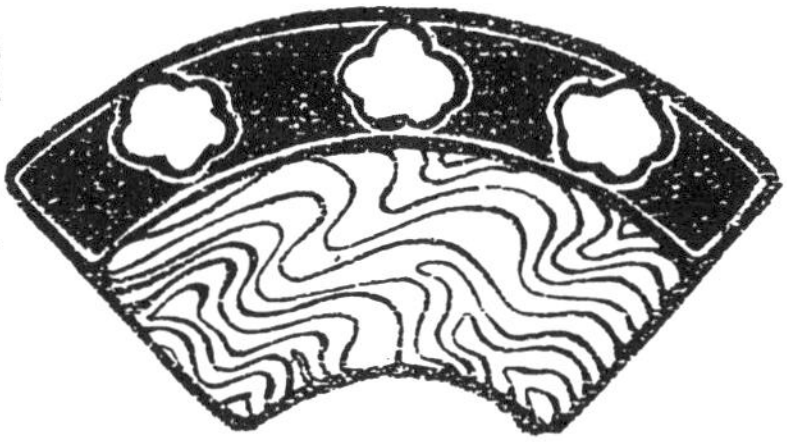

文苑

笑阿彌

寸鐵三口

其一　朧染

攝州は豐島の郡箕面寺と申すは、役の小角の開山にして本尊は行者の彫める一尺三寸の辨財天なり、靈驗殊に灼にして、遠近より詣で來るもの引きも切らず、富貴自在冥加あらせ給へとぞ祈りける。

時は寛文の頃かとよ。上京祐乘坊の辻子に紺屋の新右衛門といふもの有りけるが、心直く正しくして常に神佛を信じ、殊に己れが巳の年の生れなるを以て辨財天を信仰し崇拜怠りなかりける、其の頃毎年正月七日は一の富籤二月三日には二の富籤の修行ありて群集殊に甚しく近郷近在より集り來る、なかにも彼の新右衛門は旦より起き出て水垢離をとり齋戒してぞ詣でける、先神前に額づきて、國家安穏子孫繁昌を祈り、その歸るさに足元にありたる富籤の札を取り得てけるに、彼の富籤札こそ其の日の一の富籤にてぞ有りければ、歡喜雀躍これまた偏に辨天の加護による所と信心肝に銘じ、足も空に家路に歸りける途すがら、初春の月も朧に、實にも古人が春宵一刻價千金と歌ひしも※宜なりなど思ひながらも、扨此の得も言へぬ空の景色を衣に染めたらんにはと、不圖こゝに思ひ浮べてより工風を凝らし漸く思ふまゝに染め得たれば朧染と號けて市に出せしに、時好に適ひて京も鄙も朧染の名高く、不思議の德つきて家富み榮えければ、彌辨財天の冥助なりと信心いやまし子孫永く榮えけるとなん。

彼の朧染は長く行はれけるよしいろ〳〵の文書にも見え侍れども、いつの頃よりあらずなりけん今はいかなるものにや見るに由なし

其二　　八千八聲

降りつゞく卯の花くだちに、德川の水濁りて世は攘夷鎖港の聲喧しく、列藩の有志此處彼處に鳩りて黨を結び隊を組みて私擅の横行を逞しふし、殺氣大内山の麓を侵して四條磧に昨日は梟首の噂高く、今日は柳の馬場に要撃の沙汰とり〴〵なり、或る者は世の澆季を歎

(一)博多織片側帯

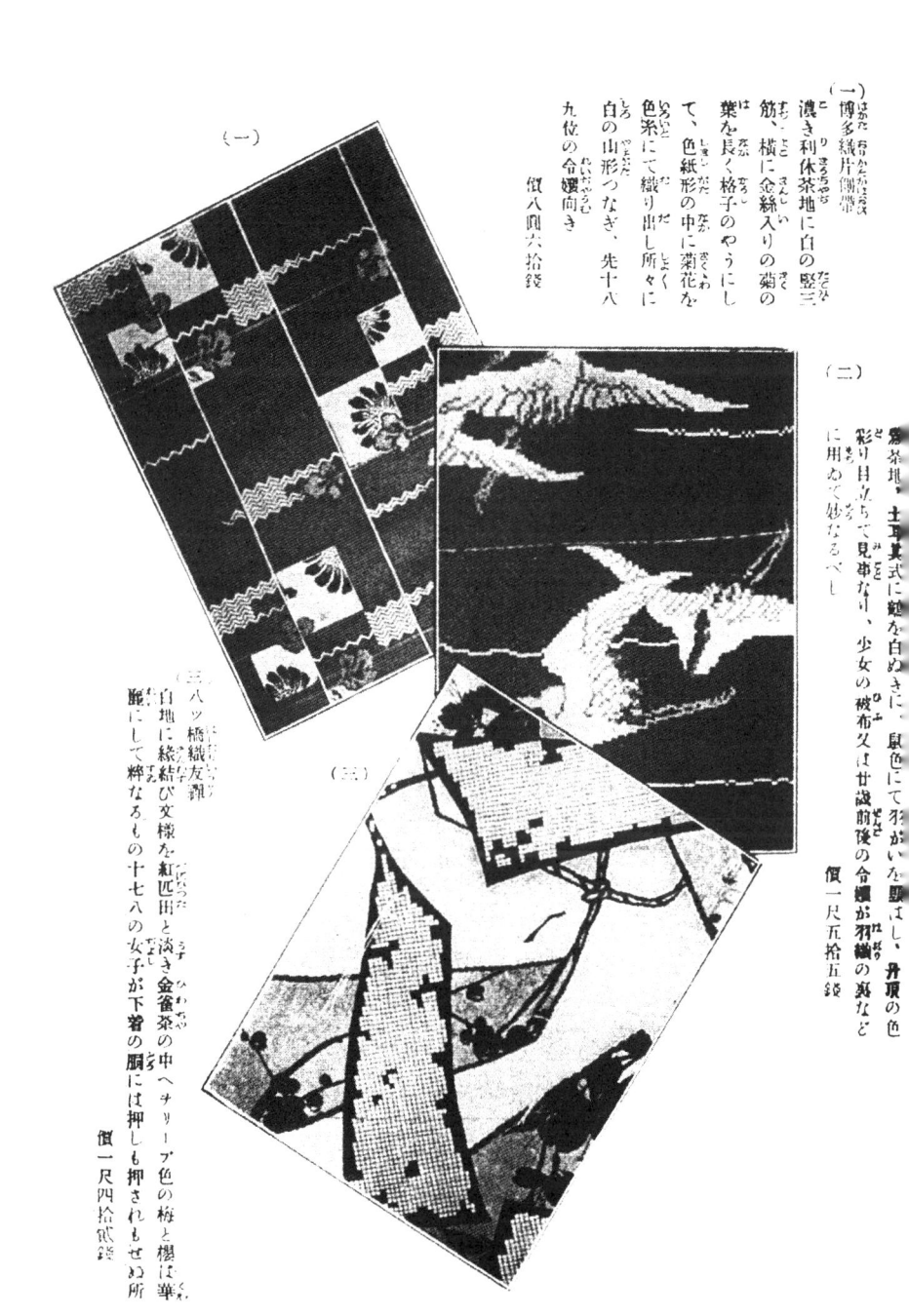

濃き利休茶地に白の竪三筋、横に金絲入りの菊の葉を長く格子のやうにして、色紙形の中に菊花を色糸にて織り出し所々に白の山形つなぎ、先十八九位の令孃向き

價八圓六拾錢

(一)

(二)

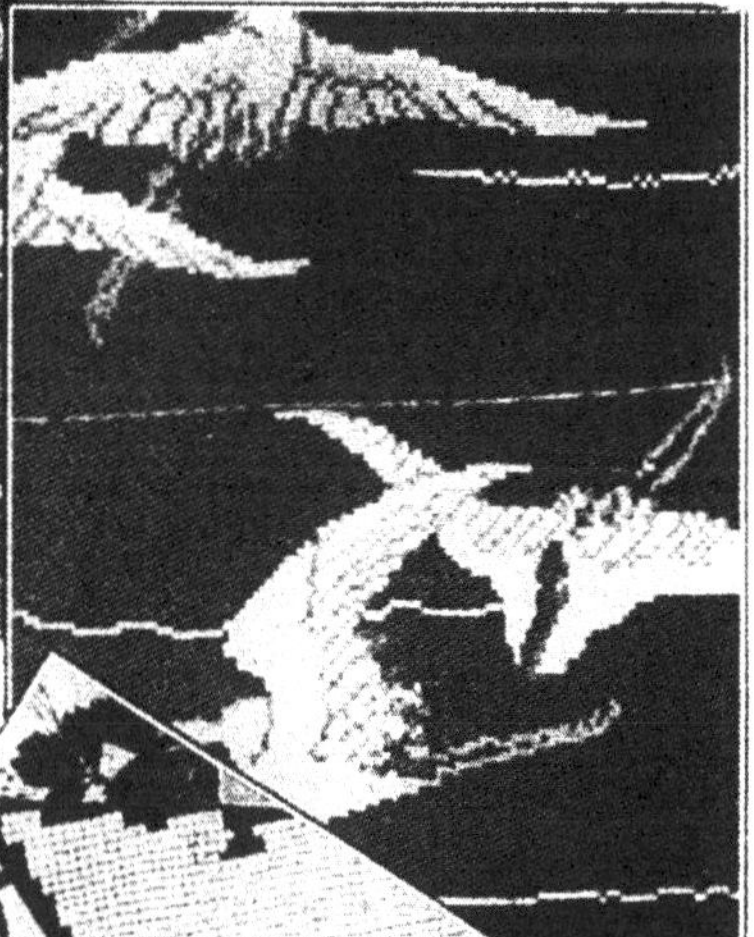

鶯茶地、土耳其式に鶴を白ぬきに、鼠色にて羽がいを顯はし、丹頂の色彩り目立ちて見事なり、少女の被布又は廿歳前後の令孃が羽織の裏などに用ゐて妙なるべし

價一尺五拾五錢

(三)

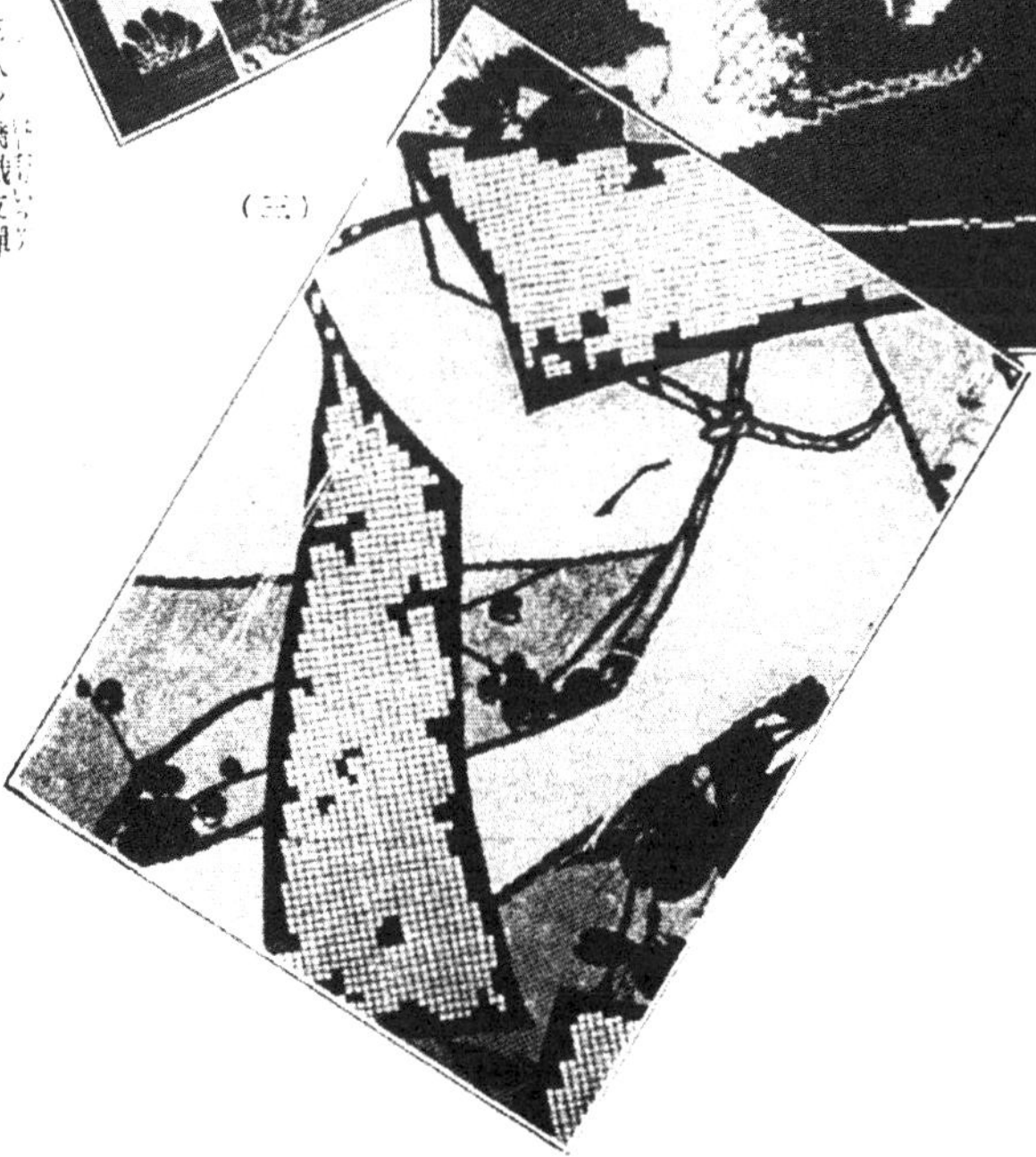

(三)八ツ橋織友禪

白地に緣結び文様を紅疋田と淡き金雀茶の中へオリーブ色の梅と櫻は華麗にして粋なるもの十七八の女子が下着の胴には押しも押されもせぬ所

價一尺四拾貳錢

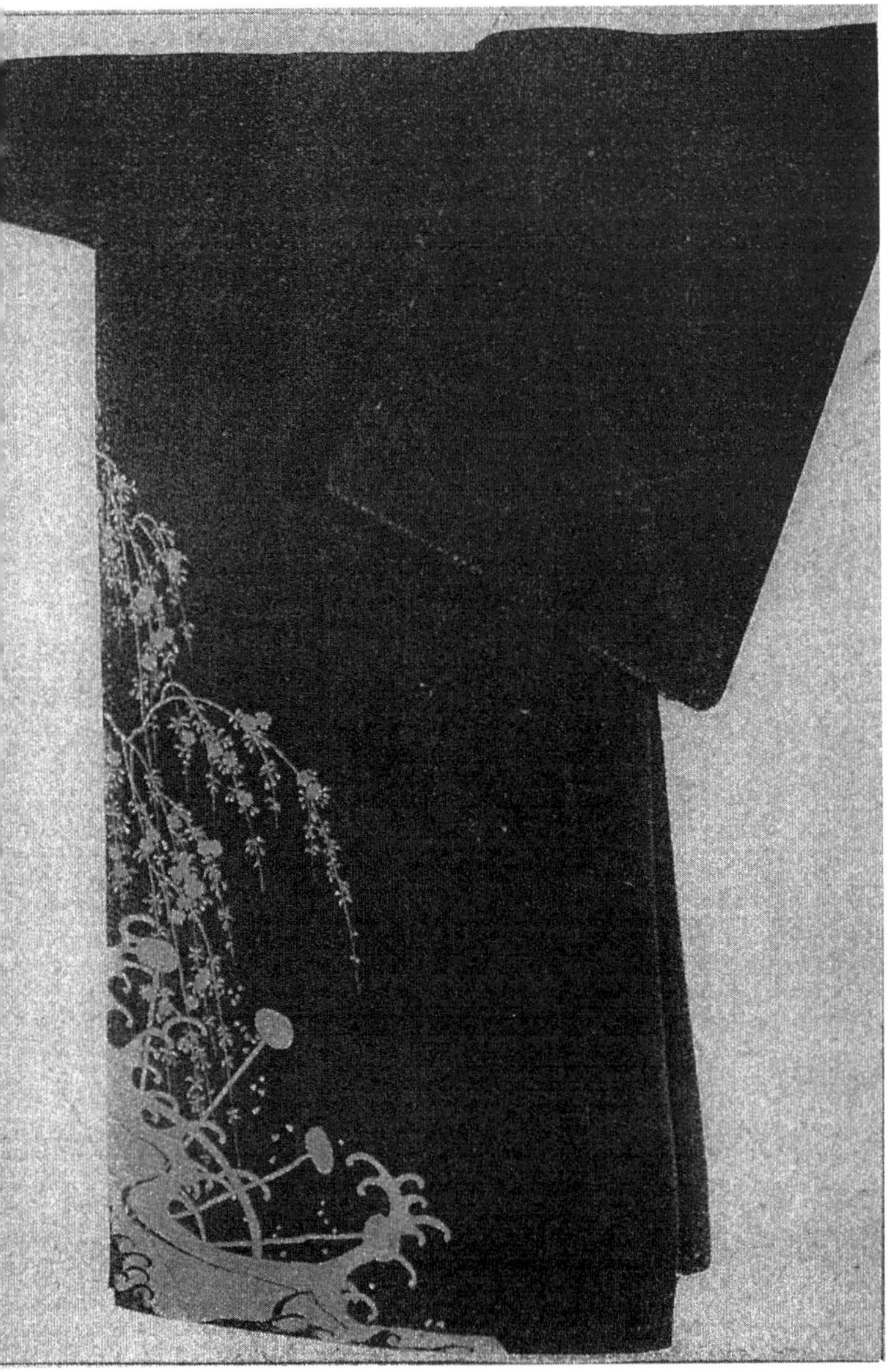

錆葡萄地染め落し江戸褄もやう小袖一襲

枝垂櫻の花瓣に淡彩のいろどり床しく、槌車の中には地色の匹田、萬治寛文の面影を今様に摧きたる伊達文様

チリープ地振り袖もやう　其一

褄先と袂に濃きチリープの山を染め出して、しのぶ草の芽出し嫋やかに、舞ひ遊ぶ蝶のいろ〳〵美くし

綿博多

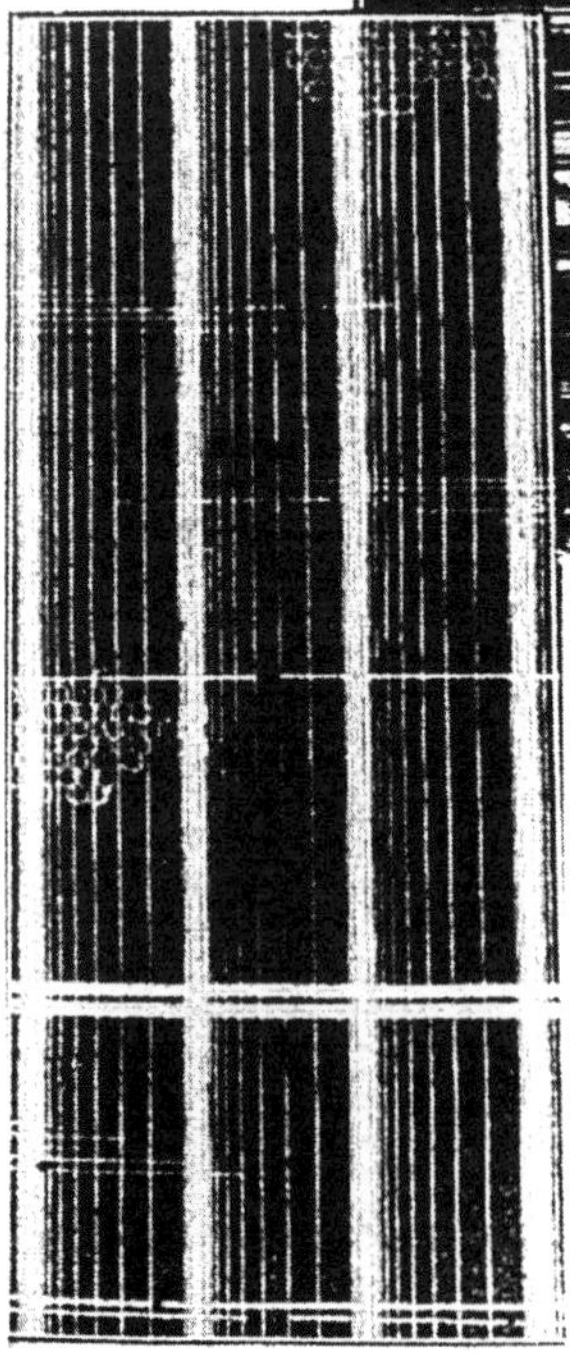

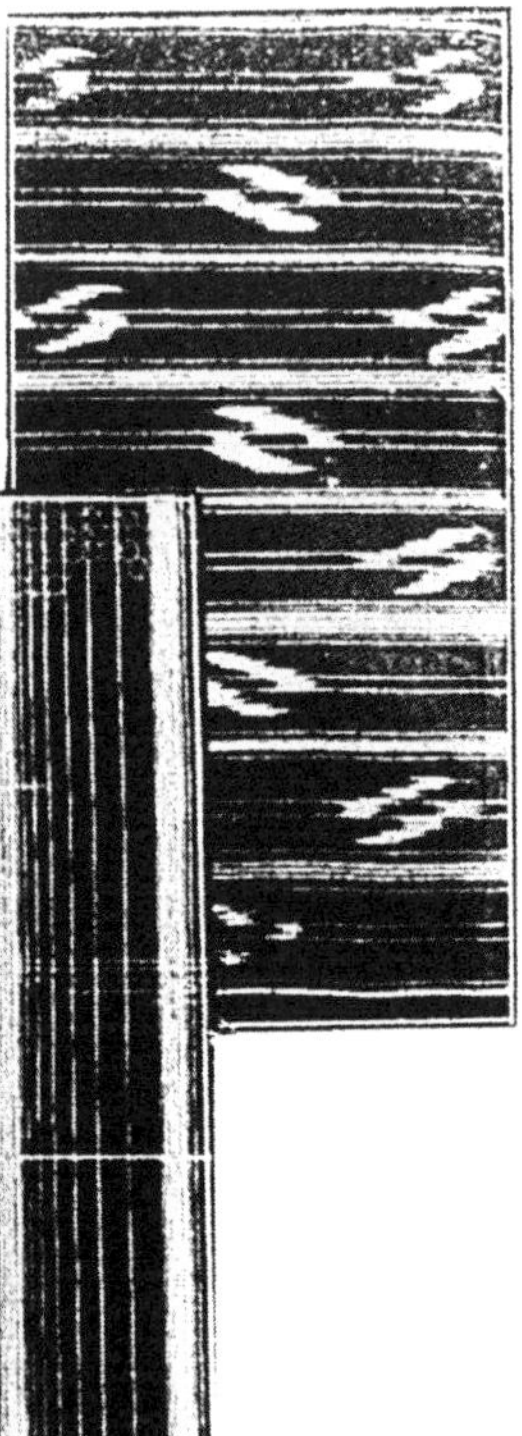

薄キリープ地白の縦縞に金入亀甲つなぎ

假壹圓參拾五錢

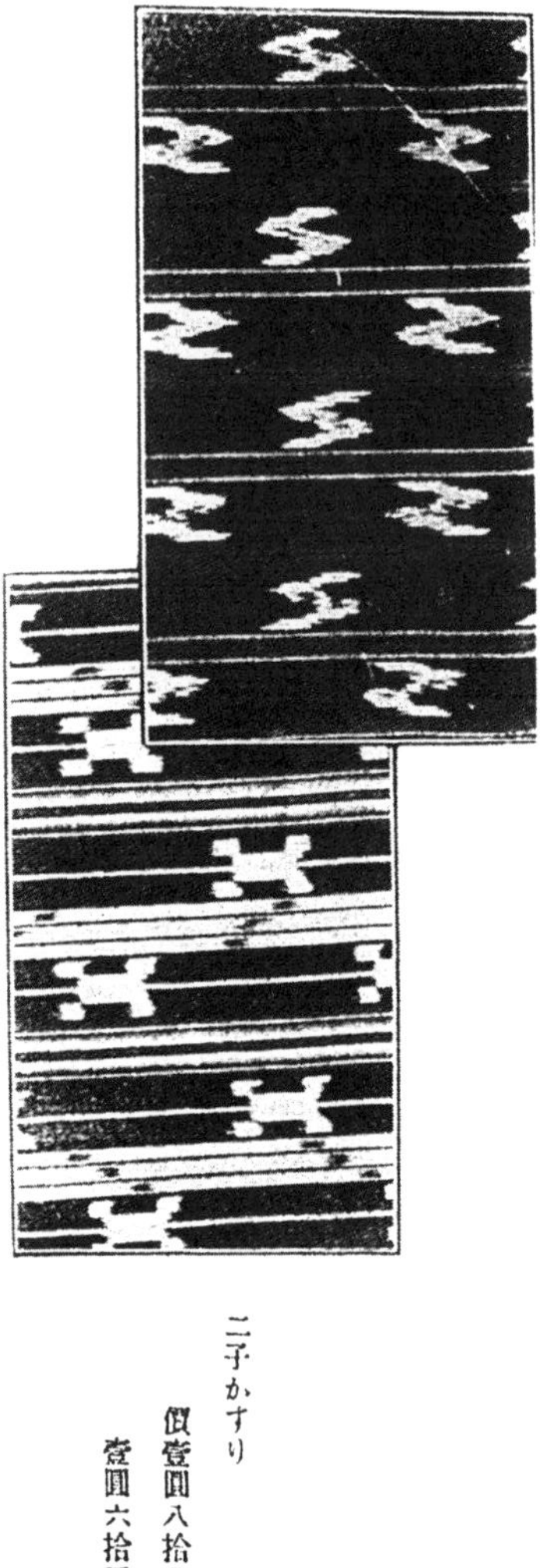

二子かすり

假壹圓八拾八錢以上

壹圓六拾五錢位

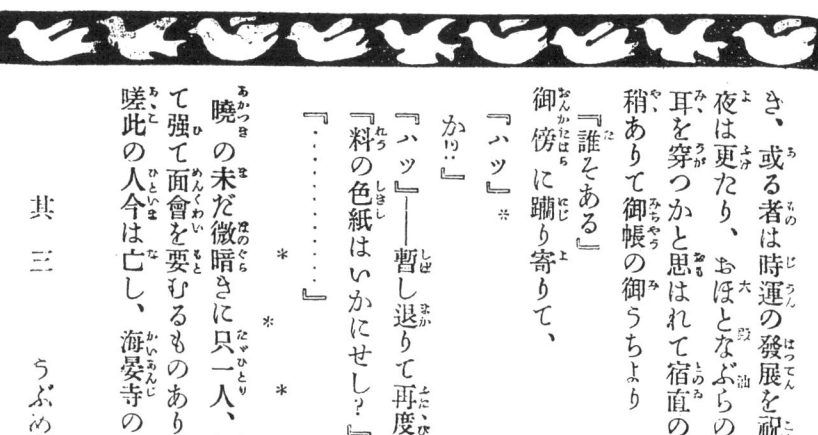

き、或る者は時運の發展を祝ぐめり。

夜は更たり、おほとなぶらの影ほの暗く小蔀の隙き間洩る風に喚きて、檜膚打つ雫の音は耳を穿つかと思はれて宿直の坐睡を覺す折もをり、暗を破りて哀れ血に啼く杜鵑の一と聲稍ありて御帳の御うちより

※『今宵の上臥は誰ぞ』

『誰ぞある』

『〇〇に候』

『ハッ』※

『今の一と聲聞きつるか……

御傍に躙り寄りて、

料紙持て!!……、色紙は無きか!!』

『ハッ』――暫し退りて再度御帳の下に來りて蹲りたるまゝ潸々と……』

『料の色紙はいかにせし?』

『…………』

* * * * * * * * *

曉の未だ微暗きに只一人、奴袴の裾高く褰げて破るばかりに所司代脇坂安宅の門を叩きて強て面會を要むるものあり。

嗟此の人今は亡し、海晏寺のおくつきの下に薤露と消えて、赤き心は二月の花よりも』

其三　うぶめどり　をはり

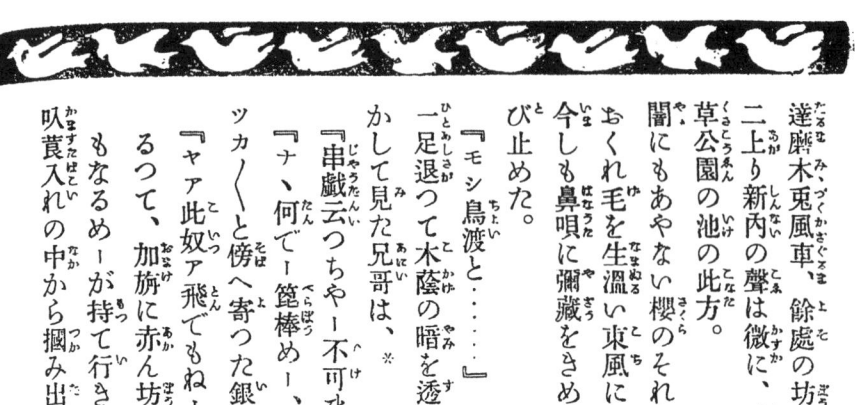

達磨木兎風車、餘處の坊やを見るにつけ……。

二上り新内の聲は微に、武者立ちの木瓜を銜に縫つた入道の、朧月にどんよりと薄暗い淺草公園の池の此方。

闇にもあやない櫻のそれと色を爭ふばかりに頸元のくつきりと、銀杏返しの艶のない鬢のおくれ毛を生温い東風に吹かせて。

今しも鼻唄に彌藏をきめて、突掛けの麻裏に、七五三仕立て素綿入れの兄哥を木蔭から呼び止めた。

『モシ鳥渡と……』

一足退つて木蔭の暗を透かして見た兄哥は、※

※『ヱー吃驚した、何でー出し脱けに呼びやアがつて……チヨイで半助が聞いて呆れらア』

『串戯云つちやー不可ませんよ、私ア其樣なもんぢや有りません』

『ナ、何でー篦棒めー、夫ちやー手前何だい』

ツカ〳〵と傍へ寄つた銀杏返しが何やら微聲に諄々と……。

『ヤア此奴ア飛でもねー間違ひを言ひやした、御免ねー、お前さんの御亭主が軍に往つてるつて、加旃に赤ん坊が罹病つてるッて、……鼻ッ糞のやうな……小遣ひの補にもなるめーが持て行きねー』

叺入れの中から摑み出した銀貨も銅貨も――スタ〳〵と八ッ橋を蜘手に渡つて玉乗りの

方へ影は消えた。
袂の中で錢勘定をして居た銀杏返しは、片頬に凄い靨を浮かせて。
『勇みッてーものは脆いもんだこと』
鰓を洗つて跳ね揚つた鯉は、白く漣の渦を殘して、後は深々と……。

をはり

"Why Daisy what on earth are you? your tongue has been going like a ball clapper for an hour!"

"Why, we're playing home Mamma, and I'm you."

母親「菊ちやん御前はまあドーしたと云ふもんです先刻から一時間も止め度なしに御喋舌のしつゝけて」

娘「なぜ? 今みんなて御家の眞似をして遊んてるのよそしてあたいが母親さんに成つてる所なのよ」

雑錄

天の時は地の利に如かず、地の利は人の和に如かずの語は千古渝らざる金言である。抑世界に許された强露と戰つて連勝する所の吾が將士の勇敢なるは言ふまでもないが如何に將士が勇敢であつたとした所が、人の和といふものに些しでも缺る所があつたならば斯くまでに美しい活動は出來ぬのであることは旣に兵書が保證して居る。

扨斯くまでに人の和といふものが美しく結ばれて居るに於て、必しも特殊の原因が無くてはならぬ、

蓋し我が國には吾が特有の麗はしい、氣高い、一種侵すべからざる家庭の風紀がある此の中から仁義禮智忠信孝悌の總てが生み出さるゝ外に、和樂團欒の美風は藹然として艶陽の如きものあるこれが原因であるといふことは、何人と雖も首肯する所であらう。

此の仁義忠孝を生み、和樂團欒の美風を作るものは母たるものゝ勤めである、其の母となるべきものは呱々の音咿唔の聲を發して居る稚兒少女である。故に此の家庭に於ける任務の重且大なること延て國家の消長に關するといふことは言ふまでもない。

爰に最も慨歎すべきことは近頃世の父兄たるものが子女を敎育するに、日夕須臾も離

るべからざる家庭の鞠養を度外に置いて、唯子女は學校にさへ通はせれば敎育の任務了れりと爲し、甚しきは就學便宜の名の下に少壯の子妙齡の女をして無監督の下宿屋住居を爲せるなど實に吃驚の外はない。

抑學問其のものは子女の品性を犧牲にしてまでも爲せねばならぬほど價値あるもので有らうか、之を是れ察せずして就學の美名の下に子女の放逸を容易ならしめ、終に厭ふべく惡むべき惡風に感染せしむるを悟らざる父兄の怠慢こそ家國を誤るの基ゐなれといふことに躊躇せぬのである。

鶯の附け兒

世に鶯の附け兒といふことが有る。これは鶯のうちで最も佳く音律の整つた序破急を式の如く唱ふ所の名鳥の傍へ、笹啼の鶯を附けて其の聲を學ばせる手段でこれを附け兒といふ。

近頃女學生間の消息を聞くに女學の勃興に連れて比較的下流社界の子女が多數に各女學校に入學するに至つた所から、數年前まで一種高尙な女學生用語なるものが有つたが追々野卑な言語が女學生間に用ゐらるゝに至つた、其の一二を擧ぐると、

○なくなつちやツた○おーいやだ○行つてよ○よくツてよ○あたいいやだわ○おツこちる○のツかツてる

是等は重に一年二年生の如き初級生に用ゐられる所で

○失敬な人だよ○君○僕○不禮千萬だわー○君遊びに來玉へな○其他男學生の常語○ミス○ミセス○ハズバンド○スウヰトホーム○理想のホーム○ラブ○ワイフ

是等は三年以上の上級生に多い

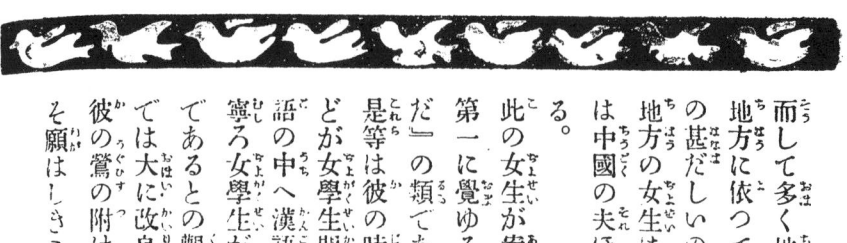

而して多く地方から入り込む女生の言語が地方に依つて亂暴な言語を操るうちに訛言の甚だしいのが一般であるが、割合に東北地方の女生は發音は極めて惡いが言語の質は中國の夫ほど亂暴ではないとのことである。

此の女生が案外にも良い言語は覺えずに、第一に覺ゆるのは『よくッてよ、むーいやだ』の類である、

是等は彼の時好に投ぜんとする淫猥小說などが女學生間に愛讀せらるゝ結果で約り言語の中へ漢語や英語を交へて使ふなどは、寧ろ女學生が小說家の筆に左右せらるゝのであるとの觀察を下して、第二高等女學校では大に改良法を實行しつゝありとのこと彼の鶯の附け子を作らぬやう家庭の注意こそ願はしきことなれ。

新刊紹介

▲教育寓話 我子の惡德 木村仁太郎君編述 全一册

子弟敎育の裏面より說きたる寓話にして世の父兄に對する頂門の一針

定價 六十錢

神田區表神保町 同文館

▲家庭 毎月一回五日發行 北豐島郡巣鴨村 家庭社 定價 六錢

▲家庭の友 毎月一回三日發行 本鄕駒込西片町 內外出版協會 定價 六錢

▲女子の友 毎月二回五日廿日發行 市ケ谷田町二 文友社 定價 十錢

▲婦人と子ども 毎月一回五日發行 女子高等師範學校附屬幼稚園內 フレーベル會 定價 十錢

▲ハガキ文學 毎月一回一日發行 小石川久堅町 日本葉書會 定價 十錢

おぼろ夜

春人

（上）

道に沿うた疎らな家の、其處此處に櫻が咲いて、恰も十七日の月の朧ろな、蝶も出て舞ふばかりの夜頃を、詩人にして且つ音樂師たる東哲一は、親友の法學士鮫島虎雄と共に、芝は廣尾の奥に散歩の筇を曳くのであつた。

『何うだい、好い月ぢやないか。』と法學士は歩を留めて、背廣姿のズングリとした、半圓の腹を突出して、葉卷の煙を悠然と月に吹いた。

『ウム。』と東も恍然として、右手に持つた象頭の洋杖を脾腹のあたり、輕く當てゝ身を靠せ、反氣味の姿勢よく空を仰いだ。

『實際この月に對すると、吾輩のやうな、高が人間の作つた理窟の目をせゝつてからに、其外には世界に何にもないやうな心得顔が耻かしくなるよ。此點からいふと、君の天職は實に貴いものだ、この自然の美を詩に染めて、樂器に織つて、そして人の性情に衣せやうといふのだからな……。』

『止し給へ。』と東は友の讃辭に堪えぬが如く、苦笑ひして更に月を見た。圓顔の頬鬚が、法學士をして少なからず樂天的氣味を帶ばしむるに引換へて、東は細面の眉太く、眼光の極めて鋭い、言はゞ神經質の方であつた。法學士の舌はいよ〱輕く、

『しかもだね、今日の詩界及び音樂界で、恐らく君の傑作「羽衣」の價を知らんものはないのだ。天下は實に君の「羽衣」に醉うたのだ。殊に君が日本の思想をピヤノに載せて、その思想をば更に擴充しやうとした多年の工夫は、今日既に其半ばの成功を示して居るぢやないか。君の謙遜はそりや極めて美徳だらう、しかしだ、人は己れを知るとも亦た肝腎だと思ふね、己れを知らなければこそ、君のやうに不平が多く且つ深いのだ。』

『ハヽハヽ、また始めたね。』と東は故意と華やかに笑ふのであつた。

『イヤ笑談ぢやないやぞ。』と法學士は不足らしく、いやが上にも半圓を膨らして、『だから吾輩は敢て君に奥樣を薦めやうとするのだ、君、兎も角も吾輩を信じて、君の決心の原因たる前世紀の歴史を捨てゝ、君の弟子の中で、君に最も忠實な、そして最も美しい、例の……』

『最う少し歩かうぢやないか。』とはぐゝかされて、

『ウム、歩くも可いが、吾輩の話の方は？』

『…………』

『君はいつぞや吾輩に打明けて呉れた通り、亡くなられた御親父が、病氣で明を失くされた、その爲めに君が生れて間もなく、阿母様に棄てられたのを終天の恨みに思ひ、人情の浮薄を憤慨して、總ての女性を恐ろしい魔物だ、近づくべからざるも

のと極めて居るのだらう。が、それは少とお幼いといはねばならんぞ。』

『その事は君、もう……』と東は苦しげに俯向いた。

『否、何んといつても吾輩は止さんよ。先方の身分は子爵家なり、容姿は華族女學校での隨一だといふ、それがそも〳〵君の才學を見込んでからに、世界は濶し、男性は多し、しかも東先生をおいてはと、……お安くないぢやないか。君は彼の令孃をしも尙ほ魔物だといふか、左らば何故その魔物を弟子として居るのか、とサア、この春の夜の月の前でなけりや、一番理窟をいひたい處だ、ハヽヽヽヽ。全く彼の令孃なら、君に取つて不足はあるまい、マア欺されたと思つて、無妻主義を棄てゝ見給へ、そして此花の前の月の下で、君の最愛をして徐ろに君の傑作を彈奏せしめよさ、吾輩敢て斷言するを憚らんね、君の世間に對する不平も、人に對する鬱憤も、その瞬間に於て、唯だ是れ煙の如く飛んで失せるといふヿを。』

『ヤ、彼の音は、靜かにし給へ、ピヤノだ、ピヤノの音だ。』

と東は俄かに甦つたやうに叫び出した。


（中）

東が駈出したので、法學士も喘ぎ〳〵、半圓を重さうに運んだ。ピヤノの音の漏れる處には、何れ西洋造の高樓あつて、兀として月に聳ゆるかと思ひの外、來て見れば唯だ道傍の藁葺屋根の堀立小屋。

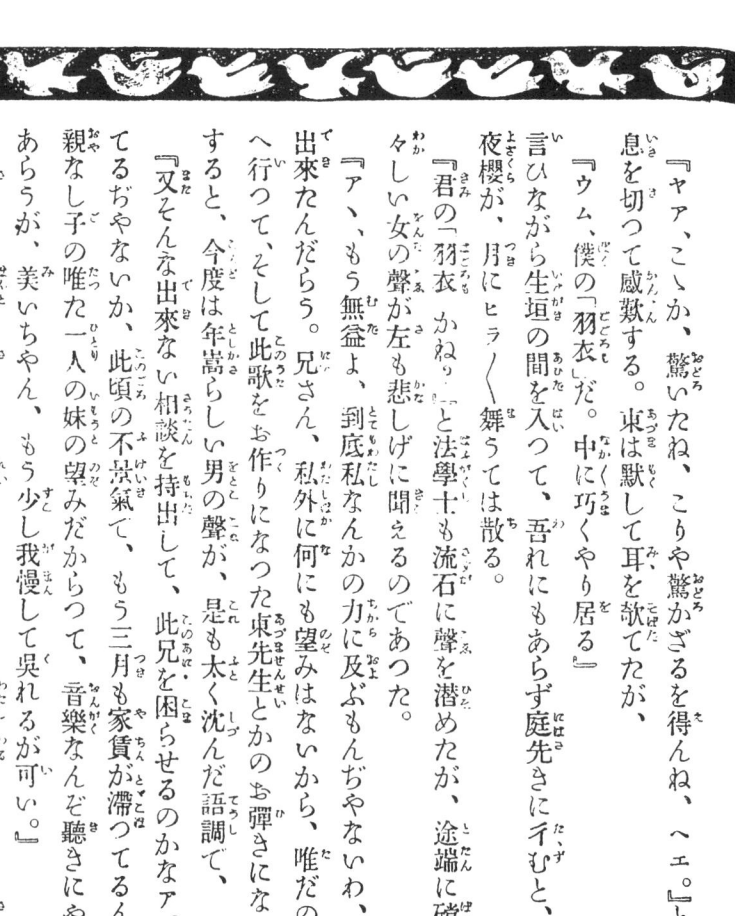

『ヤア、こゝか、驚いたね、こりや驚かざるを得んね、ヘエ。』と法學士は胸を叩きながら息を切つて感歎する。東は默して耳を欹てたが、

『ウム、僕の「羽衣」だ。中に巧くやり居る』

言ひながら生垣の間を入つて、吾れにもあらず庭先きに彳むと、低い破廂に咲きかゝつた夜櫻が、月にヒラ〳〵舞うては散る。

『君の「羽衣」かね』と法學士も流石に聲を潛めたが、途端に礑り音が歇んだ、續いて若々しい女の聲が左も悲しげに聞えるのであつた。

『ア、もう無益よ、到底私なんかの力に及ぶもんぢやないわ、何うして斯様に好い歌が出來たんだらう。兄さん、私外に何にも望みはないから、唯だの一遍、三田の音樂倶樂部へ行つて、そして此歌をお作りになつた東先生とかのお彈きになるのを聽きたいと思ふわ』

すると、今度は年嵩らしい男の聲が、是も太く沈んだ語調で、

『又そんな出來ない相談を持出して、此兄を困らせるのかなア。美いちやんだつて、知つてるぢやないか、此頃の不景氣で、もう三月も家賃が滯つてるんだもの、其中で、如何に親なし子の唯た一人の妹の望みだからつて、音樂なんぞ聽きにやれるもんかな。不足でもあらうが、美いちやん、もう少し我慢して呉れるが可い。』

『左うね、眞個に左うね、兄さん、わ、わ、私が惡かつたわ。左うやつて兄さんは、夜の目も寐ないで、内職をして居るのだに、何といふ私氣樂だらう、堪忍して頂戴、ね兄さん』

と妹は頻りに謝びた。いぢらしい程溫順しやかな心も讀める。

『ハヽハヽヽ』と無理に押出すやうに兄は笑つて、『何にも其樣に謝るとはないのだよ、そりや私もね、是非何うかして、お前に好きな音樂を習つて貰ひたいと思つては居るのさけれど今の處では……。』

東は不意に振向いて、

『鮫島君、入つて見やうぢやないか。』

『入る?! 止し給へ、こんな處へ。』と法學士は寧ろその案外さを呆るゝのであつたが、東はもう其れに決めて居るらしく、活々とした語調になつて、

『あんなに所望して居るとだ、僕が一つ彈いてやらう。』

聲を後に殘して戶口に進み、

『御免なさい。』といふなり手をかけると、引寄せた戶は譯もなくスル〳〵と開いた。上框の前に立つて、更に破障子を颯と開けると、內は八疊の一室限りで、眞中に薄闇い洋燈を吊し、其下に小さな臺を据ゑて、孜々と駒下駄の南部表を造つて居た、年の頃二十七八の見窶らしい男の眼の前、一間とは距らぬ處に、東の顏がヌッと出たので、男は不時の來客とよりは、夜陰の物盜かとばかり膽を消し、胡座の膝を引立てるなり、蒼褪めた額に垂れ下る塵埃だらけの髮を搔上げて、睨めるやうに屹と視た。庭に面した窓の下にはピヤノが一臺、其下に坐して倚りかゝつたのは、蕾の花の十七か八、物思はしさうに俯向いて居

るので、善くは見えぬが色白の、髮の生際の美しい、立つたら嘸と思はれる撫肩の、スラリとして姿の好い娘であつた。

『イヤ、夜分唐突に來て失禮ですが、實は今表を通りかゝつて、ピヤノを拜聽すると、イヤ中々巧いですね。それでツイ浮れ込んだ次第です、何うぞ許して下さい……私は音樂師です。』

娘は顏を赧くした。男は尚ほ身構へたまゝで、有らずもがなの躰に見えた。何時の間にか上り口に、東と顏を並べて居た法學士は引取つて、

『實はその、お前さん達の今の話聲を立ち……左うマア立聽……濟まんとをして退けたです。そこで其、エヽ御樣子によると、聽きたい……結局所望のやうに聞えたので、このお方が態々お前さん達の爲めに、一曲彈いて上げやうと仰有るのだ。』と叮嚀な、そして又横風でもある語の端が切れ〳〵になつて、何んとなく滑稽に響いたので、男も思はず笑顏に碎けて、

『アヽ左うでございましたか、それは何うも、妹が嘸喜ぶとでございませう。マア何うぞお上りなすつて……こんな矮陋しい處で……。』

倉皇起つて、仕かけた夜業を片付けにかゝる

『イヤ、それには及びませんよ。』と東は靴を脱いで上るなり、無雜作にヅカ〳〵とピヤノの前に進んだ。法學士も鷺の足取りで、荒蓆の上を拾ひながら、鷺のやうな身躰を續けた。

妹はピヤノの傍を少し離れて、俯身のまゝ愼んで詞もない。

（下）

『眞のもう形ばかりのピヤノで、それに椅子もございませんので。』と兄は急いで雜巾を持出し、椅子の代りに置いてあつた、踏繼臺の面を拭くのであつた。東は制して、

『決して管はんで下さい、夜業の妨げになると、却て氣の毒ですから。』

『眞個に餘り管つて貰ふと、却て大夫さんの氣が入らんと仰有る、ハツハツハ。』と法學士は道化ながら、無理に兄をば仕事の前に押据ゑた。兄は尚ほ心許なげに、

『それに樂譜さへございませんので。』

『何に樂譜がない?! ぢや何うして姐さんは……』といひかけて、東は思はず妹を瞰下したが、忽ち何事にか驚いて、慌てゝ、眼をば反らして了つた。

『全く私の不注意でした、何うぞ氣にかけんで下さい。アヽお氣の毒な、全く耳で記憶して居るのだ。』と句を切つて眼を閉ぢたが、無限の感に胸を堰かれて、思はず涙を零すのであつた。

『しかし、何處で聽覺えなすつた?、感心に善くなア。』

顫える聲で斯う尋ねると、妹も顔に袂を當てた。

『ハヽハ、泣く事があるもんか。』とたしなめるやうに兄は笑つたが、矢張り沈んだ威勢のない語調で、

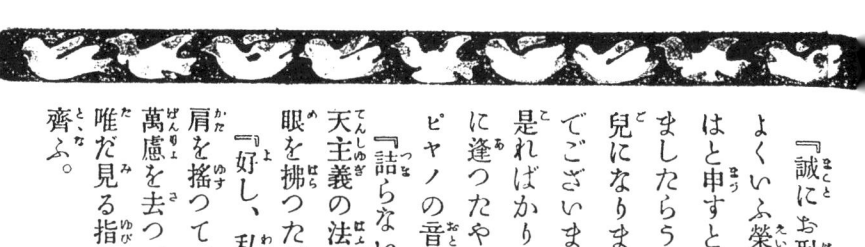

『誠にお耻かしい話ですが、亡父の代には可なりに消光した者の成れの果でございますよよくいふ榮華の夢とやらが覺めますと、父も母も既う世には居て呉れません。殘つた遺物はと申すと、此ピヤノ一個、實は輸入商だつたものですから、自然西洋人との交際もありましたらうし　それに母が大層な道樂にして居たといひます。何んにしても兄妹二人、孤兒になりました、その兄は御覽の通り意久地なし、妹は妹で、稚さな時の眼病から此有樣でございます。眞の唯だ子供の折から手馴したものではあり、第一親の遺物だと申すので是ればかりは人手にも渡さずに、折々彈けもしないものを弄んでは、貴君兄妹では、亡母に逢つたやうな心持を致します。唯今彈いた「羽衣」も、此頃評判の高い新曲だと申すのでピヤノの音のする處を搜し廻つては、妹が一生懸命、立聽きしては覺えたのでございます』

『詰らない事を、に、兄さん、お止しなさいよ、見つともない。』と妹は遂に歔欷げた。樂天主義の法學士も、思はず泣かされて居るのであらう。寂として言句もない。東は堪らず眼を拂つたが、やがて氣を換へて、昂然として、

『好し、私が一つ、その阿母さんに逢はして上げやう。』

肩を搖つてピヤノの前、更めて姿勢を正すと、鏗然として第一絃に指が觸れた。東は既う萬慮を去つて居るのである。初めは舒やかに和ぎ、漸く急に促して、切々として又嘈々唯だ見る指は樂鍵の面に戯れ遊んで、その一撫ごとに音色を研き、いよ〳〵妙にいよ〳〵齊ふ。

兄は手にした南部表を投出した。妹は樂器の下にひれ伏して、兩手に緊と乳のあたりを壓へつけ、胸の亂れた鼓動の爲めに、微妙の音の一音波だに妨げまじと努めて居る。東の背後に立つて居た法學士も、遂にはその半面を支へかねたかして、壁に直と靠れかゝり、腕組深く眸を振ゑて、さも不思議さうに東を見戍つた。彼れは平生東の演奏を聽きなれた者である、けれども亦た曾て今宵のやうに身の入つた東の演奏を聽いたとはないのであつた如何に東の態度の莊嚴にして、其指の神靈なるとよ、よし百雷あつて此に落ちかゝるともやはか微搖もしやうとは思へぬ。今し全く東の精は、金線の上に乘移つて、無形の音色と共に飄りつゝ、春のおぼろの月の空をば、遠く高く遊んで居るのであらう。三人は唯だ恍然と魔に魅せられたものゝ如く、夢なら覺めなと禱るばかりだ。

かくて興の酣なる頃、闇い洋燈の汚れた光は、漸く／＼妙なる音をば照すに堪えぬかの如く、弗と滅えて黑白も分かぬ、同時に樂の手も休んだ。

『アッ。』とばかり、妹の夢が先づ破れると、兄も續いて、

『チヨッ、油がなくなつた。』

『待てッ。』と其時法學士は搖ぎ出し、手探りに壁傳へ、ガラリと窓の戸を開けると、颯と入つた月の光は、散る花ごめに室を照した。ピヤノも見える、東も見える、起上つて居た妹の顏も隈なく見える。

『サア彈け、東君。』

されど彈奏は再び續かず、東は月に半顔を照されながら、踏臺の上に膝を擁して、沈々と
して深く〳〵考へ込んだ。恐る〳〵兄は近寄つて、

『實にもう何とも……有難うございます、到底の事に何方樣ですか、それを……』

『靜かに。』

冥想の眠一覺、東は再びピヤノに向つた。彈出したのは傑作「羽衣」

『ア、東先生よ、屹度!』

驚喜の叫、妹の口を衝いて出ると、

「エッ、東先生だ!!」

兄の眼には涙が迸しる。

『有り難うございます。』

『靜かに。』

東は一喝した。夜はいよ〳〵更けて、ピヤノの音はいよ〳〵清んだ。

この夕、おぼろの月の櫻の前に、縹渺として東は亡き父に逢ひ、哀れの兄と妹とは、亡き
母の姿を認むるのであつた。

曲闋んで、やがて歸らうとする時、東は妹をしげ〳〵と視て、

『是れから私が身に引受けて敎へて上げる。』

白木屋呉服店御注文の栞り

△白木屋呉服店は　寛文二年江戸日本橋通一丁目え開店以來連錦たる老舗にして呉服太物一切を營業とし傍ら洋服部を設け歐米各國にまで手廣く御得意樣の御愛顧を蒙り居り候

△白木屋呉服店は　呉服太物各産地に仕入店又は出張所を設け精良の品新意匠の柄等澤山仕入有之又價格の低廉なるは他に比類なき事と常に御賞讃を蒙る所に御座候故に益勉强販賣仕居候且洋服部は海外各織物産地へ注文し新柄織立させ輸入致候間嶄新なる物品不斷仕入有之是等は本店の特色に御座候

△白木屋呉服店は　數百年間正札附にて營業致居候間遠隔地方より御書面にて御注文被下候とも値段に高下は無之候

△白木屋呉服店は　店内に意匠部を設け圖案家畫工等執務致居候に付御模樣物等は御好に從ひ嶄新の圖案調進の御需めに應じ可申候

△白木屋呉服店は　御紋付用御着尺物御羽織地御裾模樣物等急場の御用に差支無之樣石持にて染上置候に付何時にても御紋章書入れ迅速御間に合せ調進可仕候

△白木屋呉服店へ　染物仕立物等御注文の節は御注文書に見積代金の凡半金を添へ御申越可被下候

△白木屋呉服店は　前金御送り被下候御注文品の外は御注文品を代金引換小包郵便にて御

送附可仕候
但し郵便規則外の重量品は通常運送便にて御届け可申候

△白木屋呉服店は　當分の内絹物の運賃は負擔仕候　但清國韓國臺灣は半額申受候

△白木屋呉服店へ　爲換にて御送金の節は日本橋區萬町第百銀行又は東京中央郵便局へ
御振込み可被下候

△白木屋呉服店へ　電信爲換にて御送金の節は同時に電信にて御通知被下候樣奉願上候

△白木屋呉服店へ　御通信の節は御宿所御姓名等可成明瞭に御認め被下度　奉願上候

東京日本橋通一丁目
白木屋呉服洋服店
電話本局　八十一　八十二　八十三特　四七五

大阪心齋橋筋二丁目
白木屋出張所
電話特東　五四四

京都堺町通二條上
白木屋仕入店
電話特　六六四

白木屋呉服店販賣
呉服物代價表

●白地類

一白大幅縮緬　自二十圓　至三十圓
一白中幅縮緬　自十三圓　至十九圓
一白小幅縮緬　自九圓　至二十圓
一白山繭縮緬　自十二圓　至十七圓
一白紋縮緬　自十圓　至十五圓
一白鹽瀬　自十五圓　至二十圓
一白羽二重　自七圓　至十五圓
一白壁羽二重　自八圓　至十二圓
一白紋羽二重　自八圓　至十二圓
一白八ツ橋織　自七圓　至九圓
一白絹縮　自十圓　至十五圓
一金紗縮緬　自十五圓　至二十圓

一白市樂織　自十圓　至十七圓
一白木斜子　自十四圓　至十五圓
一白京斜子　自十四圓　至二十圓
一白川越斜子　自七圓　至十三圓
一白信州斜子　自八圓　至十三圓
一白浮織　自五圓　至六圓半
一白綸子　自八圓　至十圓
一白本綸子　自十三圓　至十八圓
一白絹　自三圓　至四圓
一白紬　自三圓　至四圓半
一白奉書紬　自五圓　至七圓

●御袴地類

一茶苧袴地　自十六圓　至十八圓
一兩面織袴地　自二十圓　至二十七圓

一博多平　自十四圓　至二十圓
一八千代平　自十四圓　至十八圓

●男帯地類

一仙臺平　自廿圓　至廿八圓
一五泉平　自九圓　至十圓
一色琥珀平　自十圓　至十三圓

一節糸織平　自五圓　至七圓
一カシミヤ　自三圓　至四圓

一綴織　自十七圓　至二十圓
一繻珍織　自八圓　至十三圓
一博多織　自四圓　至十圓
一紋織博多　自六圓　至十圓

一厚板織　自六圓　至八圓
一博多兒帯　自二圓　至六圓
一繻珍兒帯　自三圓　至四圓

●御婦人帯地類

一繻珍丸帯　自十五圓　至百圓
一綴錦丸帯　自百圓　至二百圓
一厚板丸帯　自十六圓　至六十圓
一博多丸帯　自十四圓　至三十五圓
一支那繻子丸帯　自九圓　至十圓

一黒唐繻子丸帯　自十一圓　至十四圓
一色繻子丸帯　自十圓　至十六圓
一繻珍中帯　自八圓　至廿五圓
一博多中帯　自七圓　至十圓

●縞着尺地及御羽織地類

一風通御召　自十四圓　至十九圓
一同四丈五尺物　自廿二圓　至廿五圓

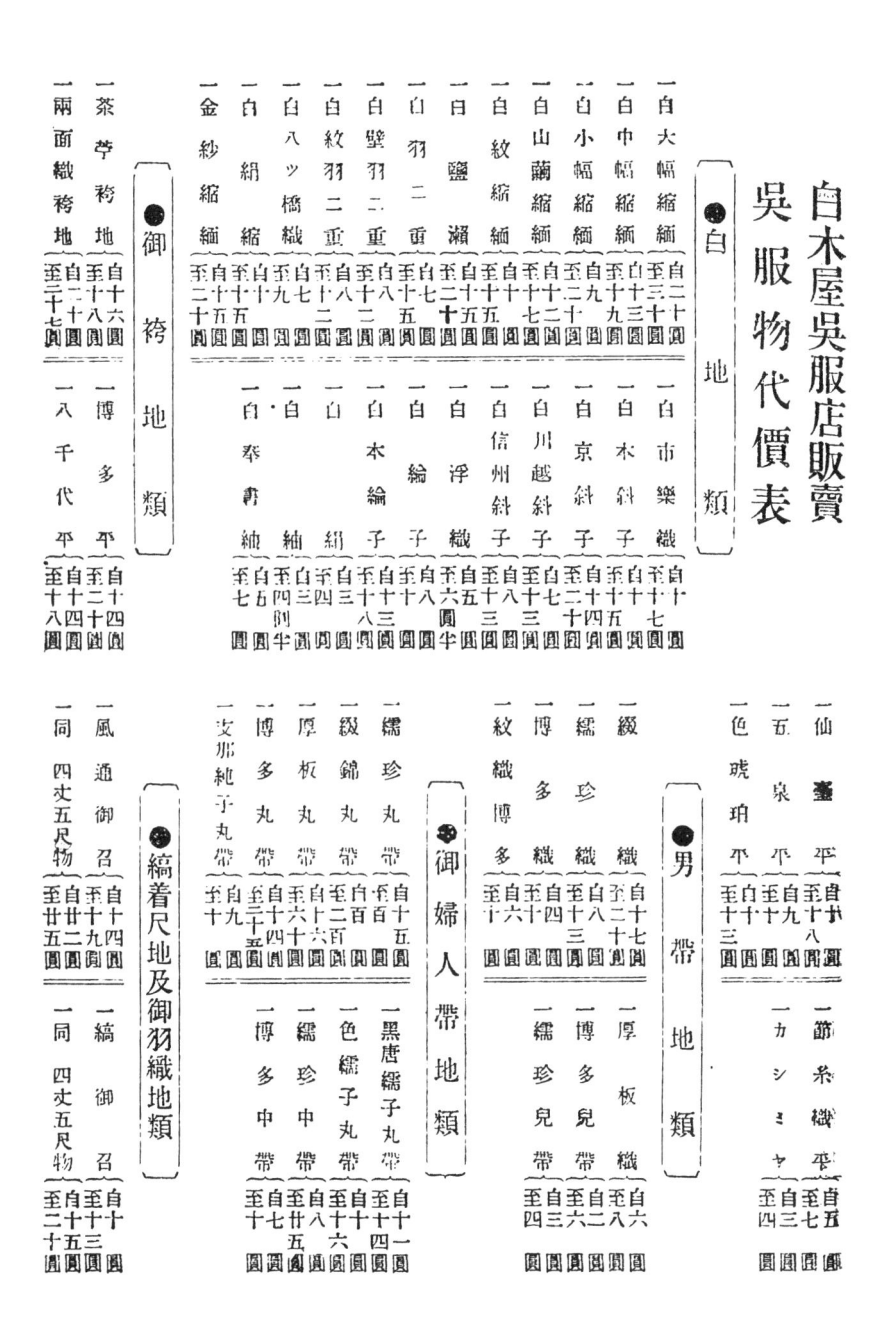

一縞御召　自十圓　至十三圓
一同四丈五尺物　自十五圓　至二十圓

一吉野入紋御召	自十七圓	至十八圓
一吉野御召	自十二圓	至十四圓
一無地御召	自十三圓	至十四圓
一扶桑御召	自十二圓	至十四圓
一風通糸織	自十二圓	至十五圓
一繻珍織	自十四圓	至十六圓
一桑都織	自十三圓	至二十圓
一縞市樂	自十三圓	至二十圓
一繋糸織	自十三圓	至十八圓
一吉野織	自七圓	至十圓
一八端織	自十圓	至十六圓
一本八丈	自五圓	至八圓
一元龜織	自十四圓	至十六圓
一光輝織	自十二圓	至十五圓
一大島紬	自十三圓	至二十圓
一大島風通	自十圓	至十五圓
一米澤琉球	自四圓半	至八圓
一結城紬	自九圓	至十二圓
一信州紬	自六圓半	至八圓
一上田紬	自七圓	至九圓
一伊勢崎銘仙	自四圓半	至八圓
一秩父銘仙	自四圓	至六圓
一節糸織	自五圓	至八圓

●友禪及染地類

一友中巾縮緬	自十三圓	至十八圓
一友小巾縮緬	自十三圓	至十七圓
一小紋縮緬	自九圓半	至十三圓
一更紗縮緬	自九圓	至十二圓
一板〆縮緬	自九圓	至十三圓
一玉糊縮緬	自九圓	至十二圓
一絞り縮緬	自九圓	至十三圓
一玉糊紋羽二重	自八圓	至十二圓
一友禪紋羽二重	自十二圓	至十五圓
一色紋羽二重	自九圓	至十三圓
一更紗斜子	自八圓	至十圓
一更紗奉書	自六圓	至七圓半

●裏地類

一花色正花薄花絹	自三圓	至七圓
一花色正花薄花秩父	自二圓半	至四圓半
一變り色絹	自三圓	至五圓
一鼠羽二重	自五圓	至七圓半
一紅羽二重	自六圓	至十圓
一木紅絹	自三圓	至五圓
一直り紅絹	自六圓	至八圓
一紅秩父	自二圓二十錢	至四圓
一糸好紅絹	自二圓半	至四圓
一琥珀袴裏地	自七圓半	至八圓
一繻珍額附胴裏	自五圓	至十二圓
一紅緞子胴裏	自五圓	至八圓
一綸緞子胴裏	自五圓	至十五圓
一時代緞子	自六圓	至十圓
一遠州緞子	自四圓	至五圓半
一綾綸子胴裏	自二圓半	至三圓半
一織綾胴裏	自三圓半	至四圓半
一色甲斐絹尺	自十八錢	至廿五錢
一縞甲斐絹尺	自二十錢	至廿五錢
一綸甲斐絹尺	自二十錢	至廿五錢
一瓦斯甲斐絹尺	自四錢	至九錢
一花色正花薄花新獻裏地	自一圓四十五錢	至一圓七十錢
一羽二重金巾	自七十錢	至一圓四十錢
一花色木綿眞岡	自五十五錢	至九十五錢
一花色金巾	自五十錢	至五十八錢

●帛紗類

一綴綿	自十三圓	至廿五圓
一御殿織	自九圓	至十圓
一九重織	自八圓	至九圓
一壁千代呂友禪	自四圓	至六圓
一鹽瀨友禪縫入	自六圓	至八圓
一同袷無雙	自十圓	至十六圓

一縮緬友禪　自三圓至五圓
一紋鹽瀨裏地　自四圓至五圓
一同中巾　自九十錢至一圓半

一郡内縞　自一圓半至三圓
一鹽瀨茶帛紗　自一圓至一圓半

●夜具地類

一郡内絹　自六圓至七圓
一糸織　自七圓至九圓
一本八丈　自六圓半至八圓半
一縞八丈　自六圓至八圓
一銘仙　自四圓至六圓
一節糸織　自四圓至六圓
一秩父縞　自四圓至五圓
一岸縞　自二圓半至三圓半

一絹瓦斯　自一圓半至二圓三十錢
一熨斗横織　自一圓半至二圓
一御納戸大形縮緬　自十圓至十五圓
一御納戸大形秩父　自三圓半至四圓半
一唐草眞岡　自七十五錢至九十錢
一更紗眞岡　自七十錢至一圓
一紡績織　自一圓二十錢至一圓半
一松坂縞　自七十五錢至九十錢

●座蒲團地類

一本緞子　一枚　自六圓至十圓
一綿緞子　同　自七十錢至三圓
一大形縮緬　同　自三圓半至四圓
一更紗紬　同　自九十錢至一圓
一本八丈　同　自一圓四十錢至二圓

一綾八端　一枚　自一圓八十錢至二圓十錢
一縞八丈　同　自一圓四十錢至二圓
一郡内縞　同　自一圓二十錢至一圓半
一銘仙　同　自九十錢至一圓十錢
一秩父　同　自七十錢至一圓

一節織　一枚　自七十五錢至九十錢
一熨斗横織　同　自三十錢至四十五錢
一瓦斯糸織　同　自廿五錢至卅五錢

一紡績織　一枚　自三十錢至卅五錢
一更紗眞岡　同　自十三錢至二十錢
一更紗綿斜子　同　自二十錢至廿五錢

●絹綿交織

一九重御召　自三圓至六圓
一瓦斯御召　自二圓至三圓
一風通瓦斯御召　自五圓至八圓
一博多紬　自二圓半至三圓
一本場結城　自一圓七十錢至二圓二十錢
一同糸入　自二圓四十錢至二圓八十錢
一博多結城　自一圓半至三圓
一結城木綿　自七十五錢至一圓二十錢
一愛知結城　自一圓二十錢至一圓半
一吾妻銘仙　自一圓三十錢至一圓半

一新秩父縞　自一圓半至三圓
一紡績織　自一圓至二圓
一新琉球絣　自一圓半至二圓四十錢
一新大島絣　自二圓半至四圓
一本瓦斯雙子　自二圓至三圓
一細雙子　自一圓二十錢至二圓
一雙子織　自八十錢至一圓二十錢
一木綿紺縩　自一圓半至二圓半
一伊勢松坂縞　自八十錢至一圓

●吾妻コート地類（仕立上り）

一色紋綾糸織　自二十圓至三十圓
一幸織　自廿二圓至廿五圓
一共紋風通織　自二十圓至廿八圓
一無地御召　自十七圓至廿五圓

一黑、紺、色綾絨　自十五圓至廿五圓
一黑紺色絨　自十五圓至二十圓
一色カシミヤ　自十圓至十二圓

●色物類

一色大巾縮緬一尺	自八十錢至一圓三十錢
一色中巾縮緬一尺	自四十五錢至七十錢
一色小巾縮緬	自八圓至十三圓
一色紋縮緬	自十圓至十五圓
一色紋羽二重	自八圓至十二圓
一色紬	自三圓半至四圓半
一色太織	自二圓至三圓
一色獻中	自二圓半至二圓八十錢

一色獻緞	自三圓半至五圓
一色絹縮	自九圓至十二圓
一色、紅、絞り絹	自三圓至四圓半
一紅、色、板締絹	自三圓至四圓半
一地白板締絹	自三圓半至四圓半
一紅色紋鹽瀬大巾尺	自一圓至一圓半
一紅色壁千代呂大巾一尺	自八十錢至一圓十錢
一木摺眞岡合羽地	自九十錢至一圓十錢

一鐵色眞岡合羽地	自七十錢至一圓
一色キヤラコ	自五十錢至七十錢
一萌黄唐草染	自七十錢至八十五錢
一萌黄眞岡木綿	自六十錢至八十錢
一白大巾縮緬兵兒帶	自六圓至十三圓
一同中巾兵兒帶	自四圓至八圓
一白獻緞兵兒帶	自一圓半至二圓
一縮緬下締	自一圓八十錢至二圓半
一海老色琥珀袴	自十圓至十三圓

一海老色カシミヤ袴	自四圓至五圓
一海老色毛朱子袴	自二圓八十錢至三圓三十錢
一友禪縮緬藏出	自四圓至五圓
一縮緬頭巾	自三圓至五圓
一縮緬半襟	自五十錢至二圓
一縮緬シゴキ地	自四圓至六圓
一縮緬帶揚ケ	自一圓三十錢至四圓半
一紋羽二重帶揚	自一圓至四圓

白木屋洋服店洋服目錄

品名	地質	製式	價格
勅任官御大禮服	表、最上等黑無地絨 裏、白綾絹	銀臺金消モールにて御制規の通、繡、帽子、劍、劍釣、正緒共	金二百七十圓
奏任官御大禮服	表、同上 裏、同上	同	金百八十圓
爵位御大禮服	表、同上 裏、同上	同上外に肩章付	金二百圓
陸軍御正服	表、上等濃紺無地絨 裏、黑毛朱子	御制規の通 將官 佐官 尉官	 金八十圓 金五十五圓 金四十圓
同略服	表、同上 裏、同上	同 將官 佐官 尉官	 金三十圓 金二十七圓 金二十三圓

同外套	表、同上 裏、同上（但将官ハ紅絨）	同	将官 佐官 尉官	金三十五圓 自金二十三圓 至金二十五圓
海軍御正服	表、濃紺無地絨 裏、黒仏蘭西絹及綾絹	同	将官 佐官 尉官	金八十五圓 金七十五圓 金六十五圓
同軍服	表、同上 裏、黒毛朱子	同	将官 佐官 尉官	金六十圓 金五十圓 金四十五圓
同上通常軍服	表、同上 裏、同上	同	将官 佐官 尉官	自金二十三圓 至金二十八圓
同外套	表、同上 裏、同上	同	将官 佐官 尉官	自金二十三圓 至金三十圓
燕尾服	表、上等黒無地絨 裏、黒仏蘭西絹	三ツ揃琥珀見返付		自金四十五圓 至金六十五圓
トキシード	表、黒朱子絨及無地絨 裏、黒仏蘭西絹	三ツ揃琥珀見返付		自金四十圓 至金四十五圓
フロツクコート	表、黒無地絨或は朱子目綾絨 裏、綾絹	同		自金三十五圓 至金六十五圓
モーニングコート	表、黒、紺、斜綾絨或はメルトン、裏付朱子及ビ綾絹 裏、黒毛朱子及綾	上衣、チヨキ、黒及紺ヅボン立縞		自金二十八圓 至金四十五圓
片前背広	表、相鼠、濃鼠、霜降メルトン、スコチ或は綾絨 裏、同色毛朱子或はアルパカ	三ツ揃		自金十八圓 至金三十三圓
両前背広	表、黒、紺、綾メルトン或は玉ヘル及霜降太綾絨 裏、縞サージ	三ツ揃		自金二十圓 至金三十五圓
チーパコート	表、鼠、茶、霜降絨、同斜子綾絨 裏、共色綾絹	カクシ釦絹天鵞絨衿付		自金二十八圓 至金三十五圓
同中等	表、同上 裏、共色毛朱子及綾アルパカ	カクシ釦共ゑり		自金十八圓 至金二十五圓
ロングコート	表、ラクダ玉絨、厚地綾メルトン 裏、仏蘭西絹	ゑり及見返し袖先獺毛皮付裏綿入菱形さし縫		自金八十圓 至金百十圓

同中等	表、玉絨、厚地スコッチ 裏、縞サーヂ	頭巾付兩前	自金三十圓 至金四十五圓
インバチス	表、茶鼠霜降綾絨 裏、共色毛朱子、或は甲斐絹	和洋兼用脇釦掛	自金十八圓 至金三十圓
銃獵服	表、枯葉色スコッチ 裏、共色毛朱子	半ヅボン脚胖付三ツ揃	自金十八圓 至金三十圓
小裁海軍形	表、紺天鵞絨及紺絨 裏、毛朱子	五才位より八才迄錨縫箔付	自金六圓 至金九圓
和服用外套	表、黑、紺綾絨及霜降 裏、緞子及綾絹	英形(一名ダルマ形)(帶ヒダなし)頭巾付	自金三十五圓 至金四十八圓
同中等	表、同上 裏、甲斐絹及毛朱子	同上	自金二十圓 至金三十五圓
同角袖外套	表、同上 裏、甲斐絹	頭巾付	自金十八圓 至金二十五圓
吾妻コート	表、紺、黑紋織綾絨 裏、緞子及繻珍	袖布ゑり及道行ゑり共色糸飾紐付	自金二十圓 至金三十圓
同	表、同上 裏、甲斐絹及綸子	同上	自金十五圓 至金二十圓
同	表、風通紋織、綾絲織 裏、綾綸子、紋羽二重	同上	自金二十三圓 至金三十圓
判、檢、辯護士法服	表、黑絹セル、及琥珀 裏、黑甲斐絹スベリ	正帽付制規の縫箔	自金十六圓 至金二十八圓
學校用御袴	表、海老色カシミヤ	單仕立太白糸腰紐	自金四圓 至金五圓五十錢

右之外陸海軍各學校御制服等御好ニ應シ入念御調製可仕候

◎白木屋呉服店大阪出張店ハ當分呉服類而已取扱居リ候間洋服御用ノ際ハ東京本店洋服部へ御注文願上候

◎白木屋呉服店大阪出張店へ爲替ニテ御送金ノ際ハ大阪今橋貳丁目鴻池銀行又ハ大阪心齋橋局へ御振込願上候

白木屋洋服店販賣
小間物目錄

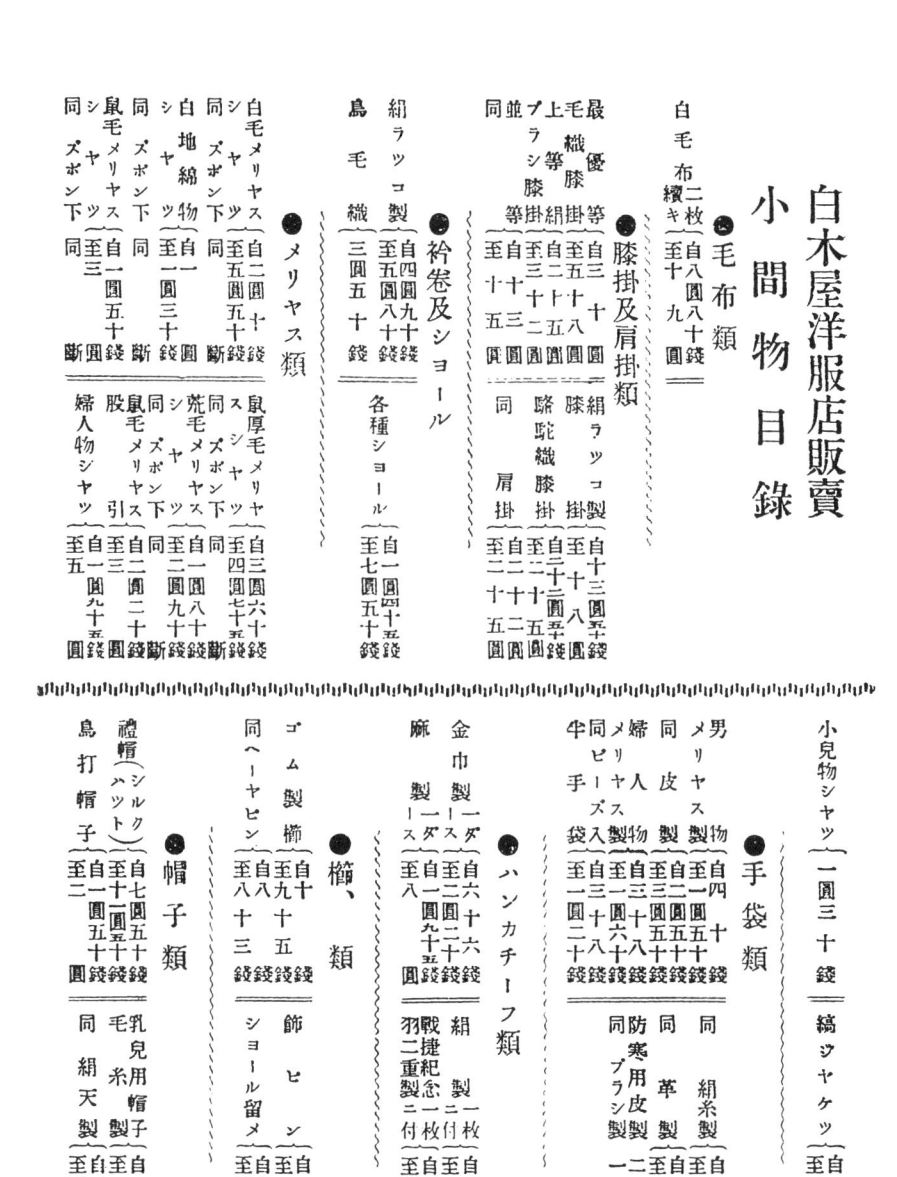

●毛布類

- 白毛布二枚續キ　自八圓八十錢　至十九圓

●膝掛及肩掛類

- 最優等毛織膝掛　自三十圓　至五十八圓
- 上等絹ブラシ膝掛　自二十五圓　至三十二圓
- 並等同　自十三圓　至十五圓
- 絹ラッコ製膝掛　自十三圓五十錢　至十八圓
- 駱駝織膝掛　自二十二圓五十錢　至二十五圓
- 同肩掛　自二十二圓　至二十五圓

●衿巻及ショール

- 絹ラッコ製　自四圓九十錢　至五圓八十錢
- 鳥毛織　三圓五十錢
- 各種ショール　自一圓四十五錢　至七圓五十錢

●メリヤス類

- 白毛メリヤスシャツ　自二圓十錢　至五圓五十錢
- 同ズボン下　同斷
- 白地綿物シャツ　自一圓　至一圓三十錢
- 同ズボン下　同斷
- 鼠毛メリヤスシャツ　自一圓五十錢　至三圓
- 同ズボン下　同斷
- 鼠厚毛メリヤスシャツ　自三圓六十錢　至四圓七十五錢
- 同ズボン下　同斷
- 茶毛メリヤスシャツ　自一圓八十錢　至二圓九十錢
- 同ズボン下　同斷
- 鼠毛メリヤス股引　自二圓二十錢　至三圓
- 婦人物ジャツ　自一圓九十五錢　至五圓
- 小兒物シャツ　一圓三十錢
- 縞ジャケツ　自一圓五十錢　至二圓九十錢

●手袋類

- 男物メリヤス製　自四十錢　至一圓五十錢
- 同皮製　自二圓五十錢　至三圓五十錢
- 婦人物メリヤス製　自三十八錢　至一圓六十錢
- 同ピーズ入牛手袋　自三十八錢　至一圓二十錢
- 同絹糸製　自一圓　至二圓
- 同革製　自二圓八十錢　至三圓三十錢
- 防寒用皮製　二圓八十錢
- 同ブラシ製　一圓三十錢

●ハンカチーフ類

- 金巾製一ダース　自六十六錢　至二圓二十錢
- 麻製一ダース　自一圓九十五錢　至八圓
- 絹製一枚ニ付　自四十錢　至一圓九十五錢
- 戰捷紀念羽二重製一枚ニ付　自三十錢　至四十五錢

●櫛、類

- ゴム製櫛　自十錢　至九十五錢
- 同ヘーヤピン　自八錢　至八十三錢
- 飾ピン　自一圓五十錢　至二圓
- ショール留メ　自六十錢　至三圓八十錢

●帽子類

- 禮帽（シルクハット）　自七圓五十錢　至十一圓五十錢
- 鳥打帽子　自一圓五十錢　至二圓
- 乳兒用帽子毛糸製　自一圓二十錢　至一圓七十錢
- 同絹天製　自二圓八十錢　至三圓三十錢

羽根布團類

- 更紗シルケツト大布團　自十三圓　至十四圓五十錢
- 同舶來物　自二十五圓　至三十圓
- 純子縮緬製　自三十五圓　至三十七圓
- 舶來物枕布團　自四圓五十錢　至七圓八十錢
- 枕布團縮緬製(パンヤ入)　五圓五十錢
- 枕布團純子製(パンヤ入)　六圓
- 同羽二重製(パンヤ入)　自四圓五十錢　至五圓三十錢
- 同小形純子製(パンヤ入)　三圓八十錢
- 同綴錦製　自二十五圓　至二十八圓
- 車掛純子縮緬製　自八圓三十錢　至十二圓

襟飾

- 結び下げ　自五十錢　至一圓五十錢
- ダービー(フォーアインハンド)　自六十錢　至一圓三十錢
- 蝶形ボー　自三十五錢　至一圓
- 巾ダービー(フローイングフォーアインハンド)　自一圓三十錢　至二圓八十錢
- 縮緬製　自九十錢　至一圓十錢
- 縫模様入同　自一圓三十錢　至一圓八十錢
- 戰捷紀念いろ〳〵　自八十錢　至一圓五十錢

出來合物類

- インバネース甲斐絹裏　自十七圓　至二十四圓
- 東コート(甲斐絹、リンズ裏)　自十一圓五十錢　至十五圓五十錢
- 和服用外套(甲斐絹、ドンス裏)　自十七圓五十錢　至三十二圓
- 縞フランネルシヤツ　自二圓十五錢　至二圓七十五錢
- カシミヤ袴 寸法は紐下一尺八寸ゟ二尺五寸迄　自二圓八十錢　至四圓五十錢
- 國旗(モスリン製) 巾は一布、一布半、二布　自三十六錢　至三圓三十錢

ズボン釣及胴締

- 並物　自八十五錢　至一圓二十錢
- ゴム入　自一圓　至三圓五十錢
- 絹製　自一圓八十錢　至三圓
- 皮製胴締　自一圓五十錢　至三圓五十錢

鈕類

- カフス鈕(リンク)　自六十錢　至二圓八十錢
- 同金製　自七圓　至三十五圓
- 胸鈕　自五十錢　至一圓八十錢
- カラ鈕　自十錢　至四十錢

靴下類

- メリヤス製　自四十錢　至九十八錢
- スコツチ製　自四十三錢　至一圓三十錢
- 同自轉車用　自一圓　至一圓九十五錢
- 絹製　自一圓八十錢　至二圓
- 小供物　自二十八錢　至八十錢
- 乳兒用　二十二錢

タヲール類

- 和製　自三十三錢　至九十錢

ホワイトシヤツ

- 並物一枚に付　自一圓二十錢　至二圓五十錢
- シングルカラ一本に付　三十三錢
- ダブルカラ一本に付　五十五錢
- 麻製一枚に付　自六圓五十錢　至十一圓
- 縞物カラ二本付　自二圓九十錢　至三圓八十錢

リボン類

- 一吋半巾模様物一ヤード　自二十五錢　至五十錢
- 同水波一ヤード　自三十錢　至四十錢
- 一吋巾模様一ヤード　自二十錢　至三十五錢
- 同水波一ヤード　自二十錢　至二十五錢
- 細目各種一ヤード　自八錢　至二十錢
- リボン製簪一個に付　自七錢　至五十錢

靴及足袋

- 色羅紗製小供用靴　自一圓七十錢　至二圓
- 毛足袋 小兒用　四十五錢
- 毛足袋 大人用　五十八錢

御注文用箋

白木屋洋服店

明治卅　　年　　月　　日

御宿所貴名	服　　名	地質 見本 番號	見積金額

摘　　要

御注意

體格特徴欄へは、胸はり、肩はり、肩下り、出腹、ネコ脊等御記入のこと

採寸欄へは、裸體又は「シャツ」の上又は出來上り寸法と御記入のこと

用尺欄へは、御使用の度器(曲尺)(鯨尺)等の別を御記入のこと

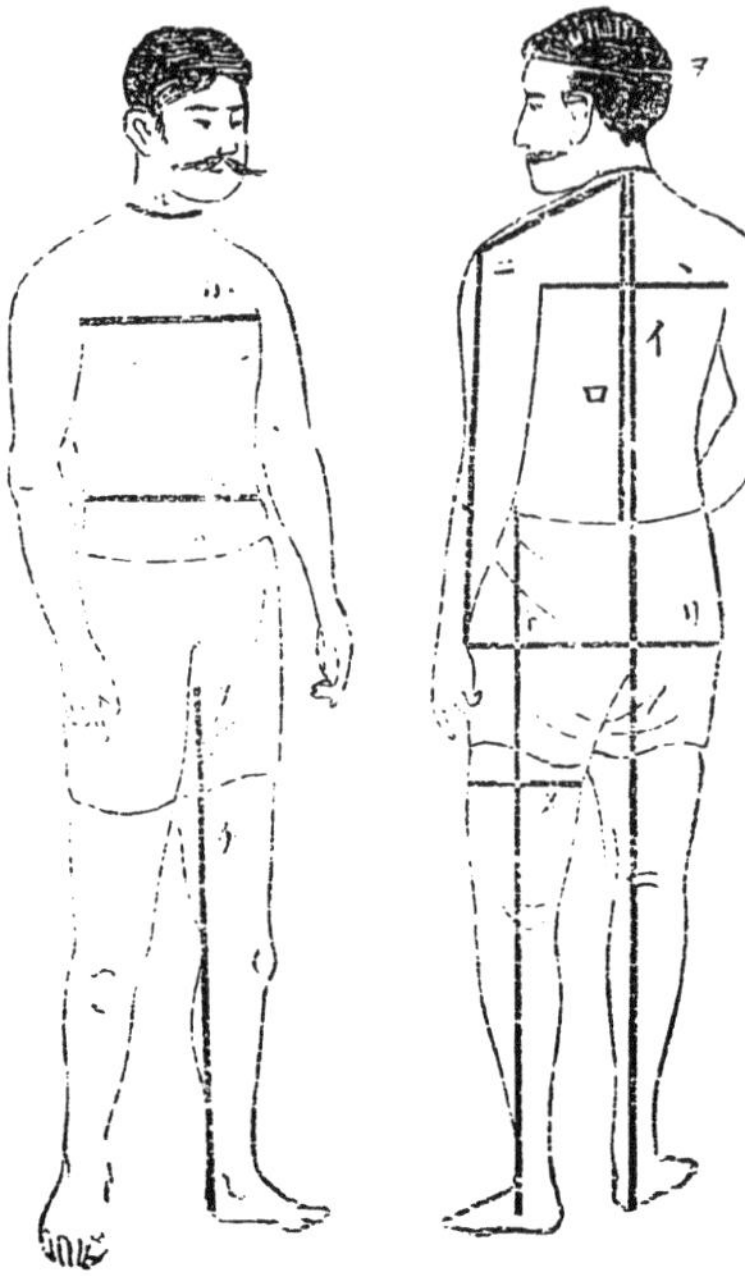

御寸法

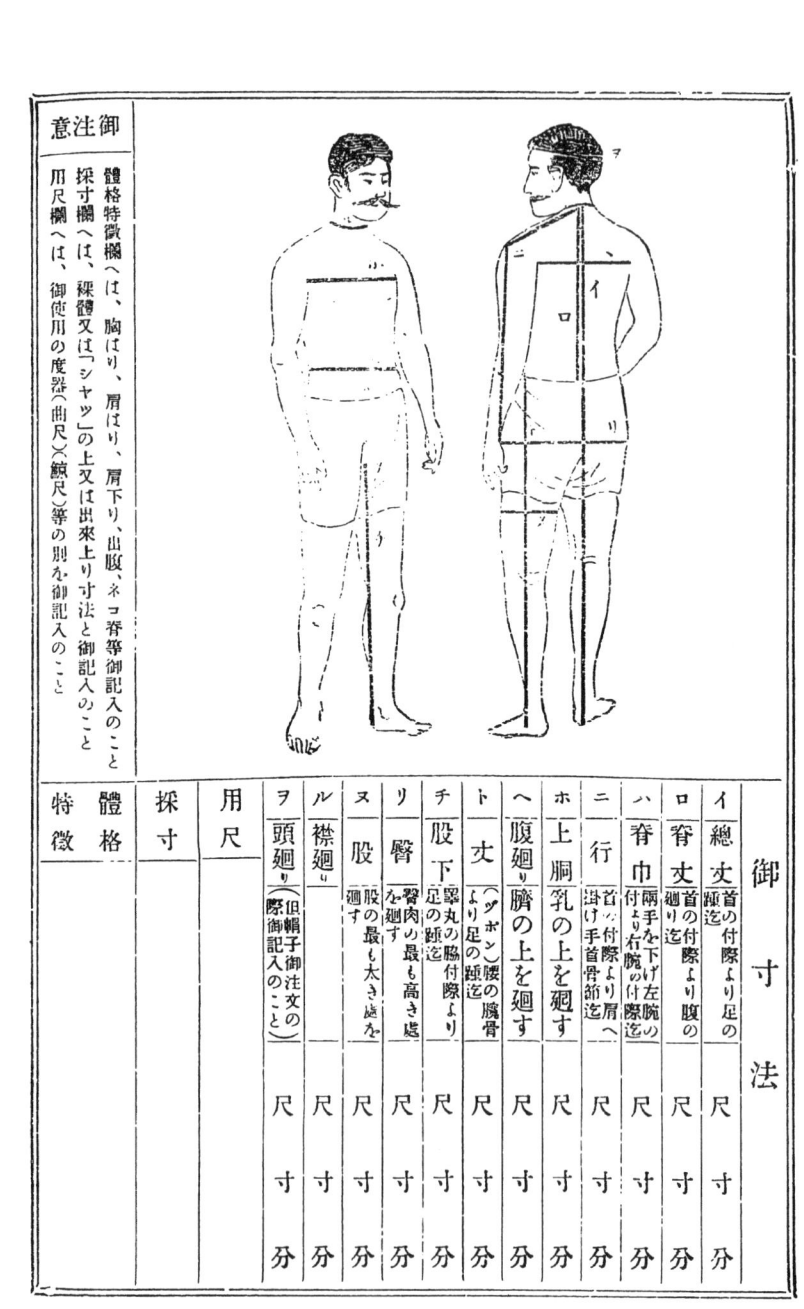

イ	總丈	首の付際より足の踵迄	尺	寸	分
ロ	脊丈	首の付際より腹の廻り迄	尺	寸	分
ハ	脊巾	兩手を下げ左腕の付より右腕の付際迄	尺	寸	分
ニ	行	首の付際より肩へ掛け手首骨節迄	尺	寸	分
ホ	上胴	乳の上を廻す	尺	寸	分
ヘ	腹廻り	臍の上を廻す	尺	寸	分
ト	丈	(ヅボン)腰の臗骨より足の踵迄	尺	寸	分
チ	股下	睪丸の脇付際より足の踵迄	尺	寸	分
リ	臀	臀肉の最も高き處を廻す	尺	寸	分
ヌ	股	股の最も太き處を廻す	尺	寸	分
ル	襟廻り		尺	寸	分
ヲ	頭廻り	(但帽子御注文の際御記入のこと)	尺	寸	分

用尺	採寸	體格特徴

注文書

男子女子用衣裳又は羽織等	袖
年齢	ゆき
用途	口明
品柄	袖幅
好みの色	袖付
好みの柄	前幅
紋章并大さ及び數	後幅
好みの模様	衽幅
惣模様	衽下り
腰模様	衿幅
裾模様	褄下
江戸褄模様	袘の厚さ
奴褄模様	人形
袘模様	紐付
仕立寸法	前下り
丈	紐下

備考

右注文候也

住所

明治　年　月　日

姓名

白木屋呉服店地方係中

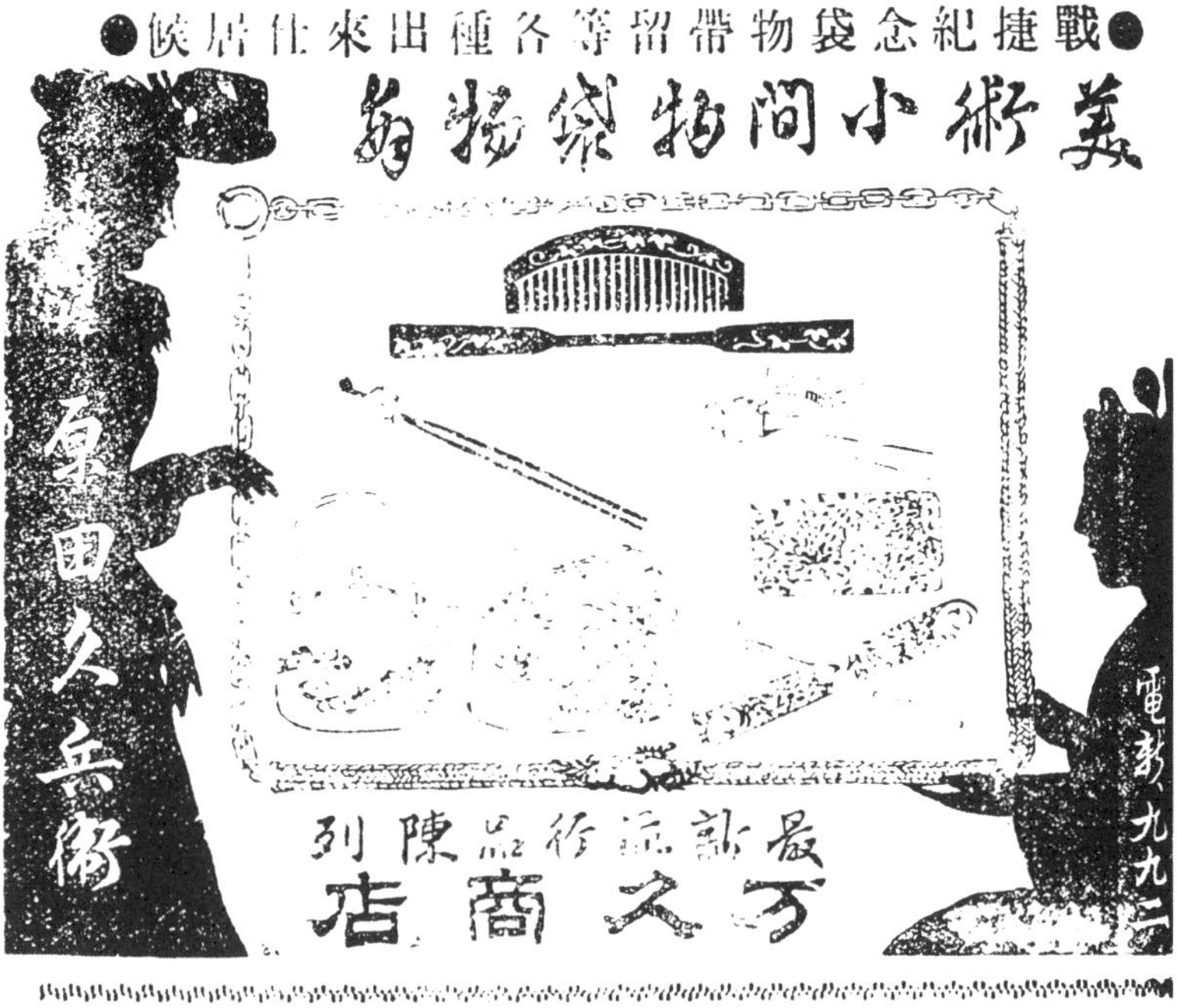
●戦捷紀念袋物帯留等各種出来仕居候●
美術小間物袋物舗
東田久兵衛
最新流行品陳列
万久商店
電話、九九二

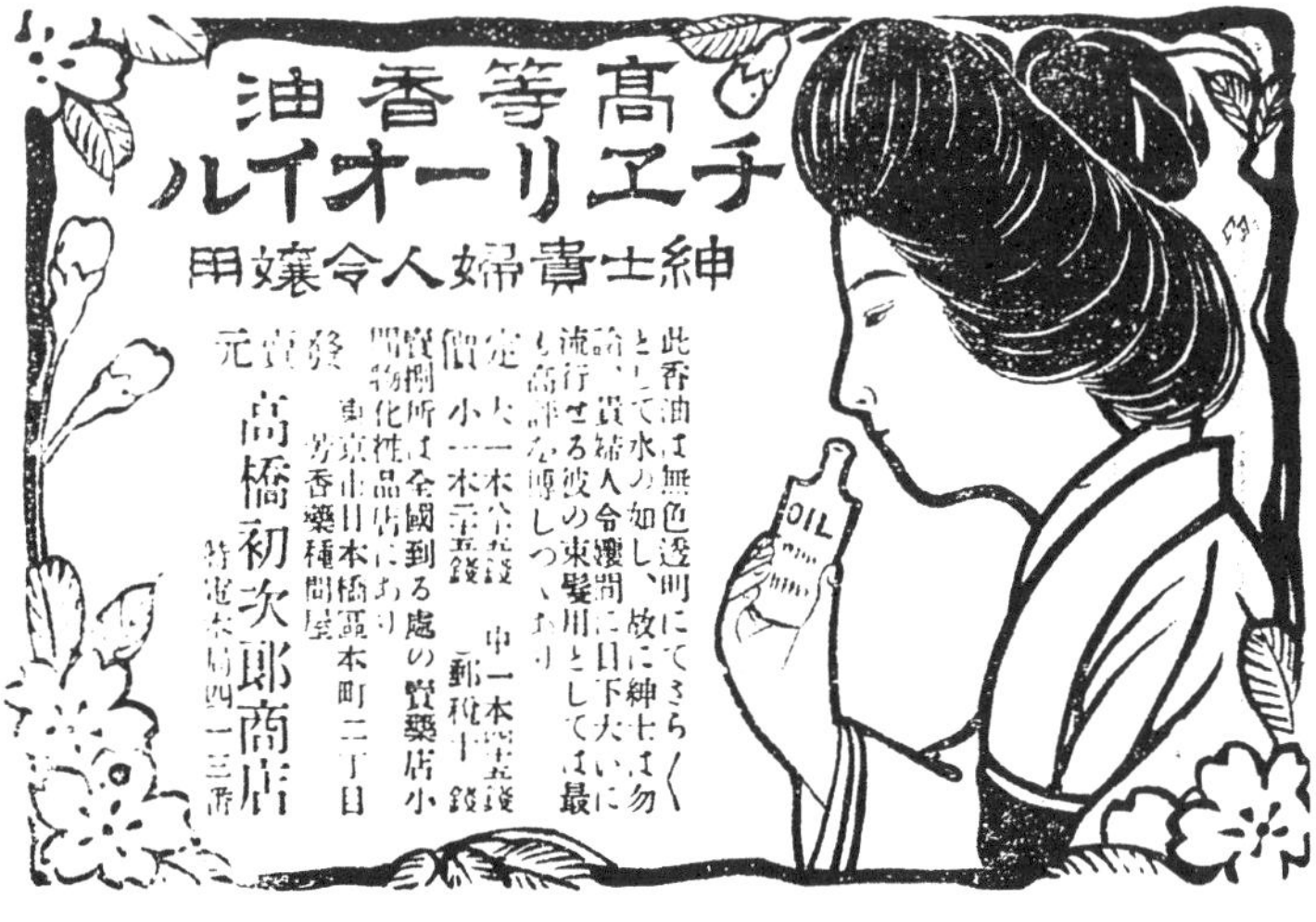
高等香油
チエリーオイル
紳士貴婦人令嬢用
此香油は無色透明にてさらさらとして水の如し、故に紳士は勿論、貴婦人令嬢間に目下大いに流行せる彼の束髪用としては最も高評を博しつゝあり
定價 大一本六拾五銭 中一本四拾五銭 小一本三拾五銭 郵税十銭
賣捌所は全國到る處の賣藥店小間物化粧品店にあり
東京市日本橋區本町二丁目
芳香藥種問屋
發賣元
高橋初次郎商店
OIL

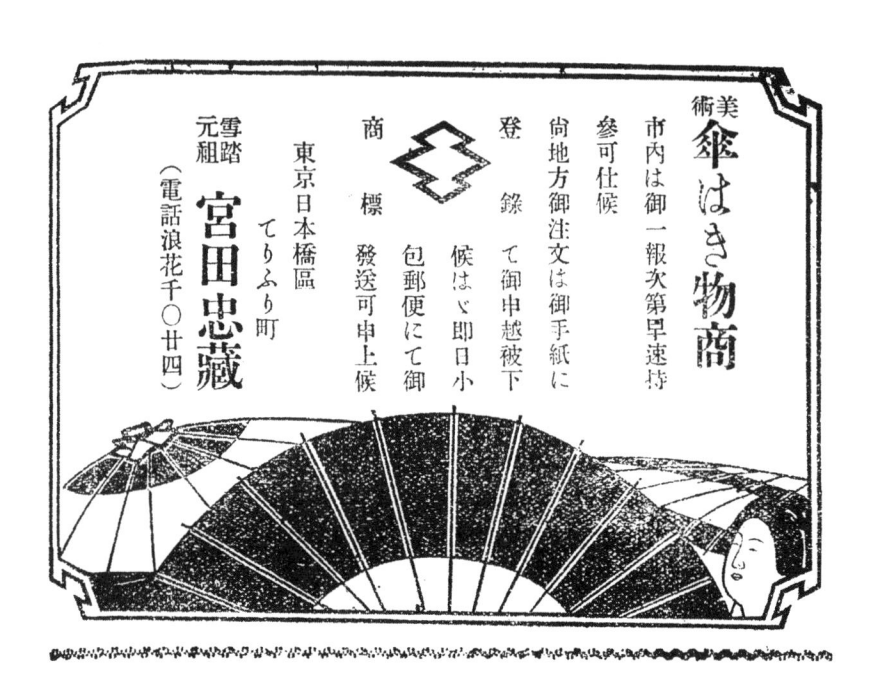

白熱瓦斯燈は光力五十燭光以上を有し瓦斯代は**一時間九厘餘**に過ぎず石油ランプよりも費用は遙に低廉なり

瓦斯竈は本社の發明品にして專賣特許を得一升の米は瓦斯代僅かに**一錢三厘**時間は**十八分**にして炊くを得べく安全と人手を省き瓦斯と水道は家庭は勿論料理店旅宿其他飲食店の必用缺くべからざるものとなれり

瓦斯七輪、燒物器、西洋料理器も使用輕便瓦斯代は木炭よりも遙に低廉なり

燈火及炊事器工事費は極めて低廉にして御申込次第工事費見積書御送付可申上候

▲▲▲瓦斯器陳列所　縱覽御隨意▲▲

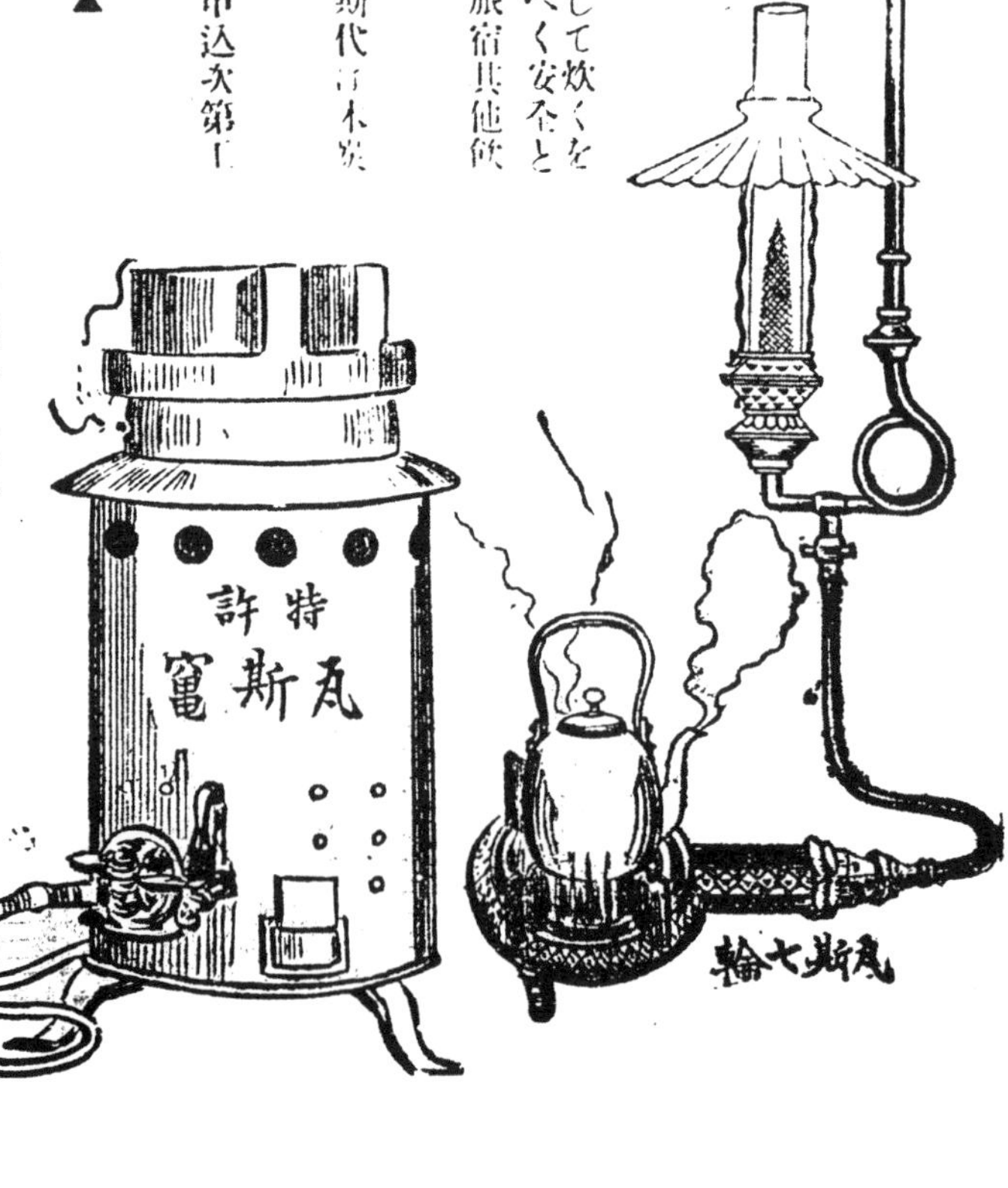

神田區錦町三丁目

東京瓦斯株式會社

電話本局　三　五四八。五七〇。

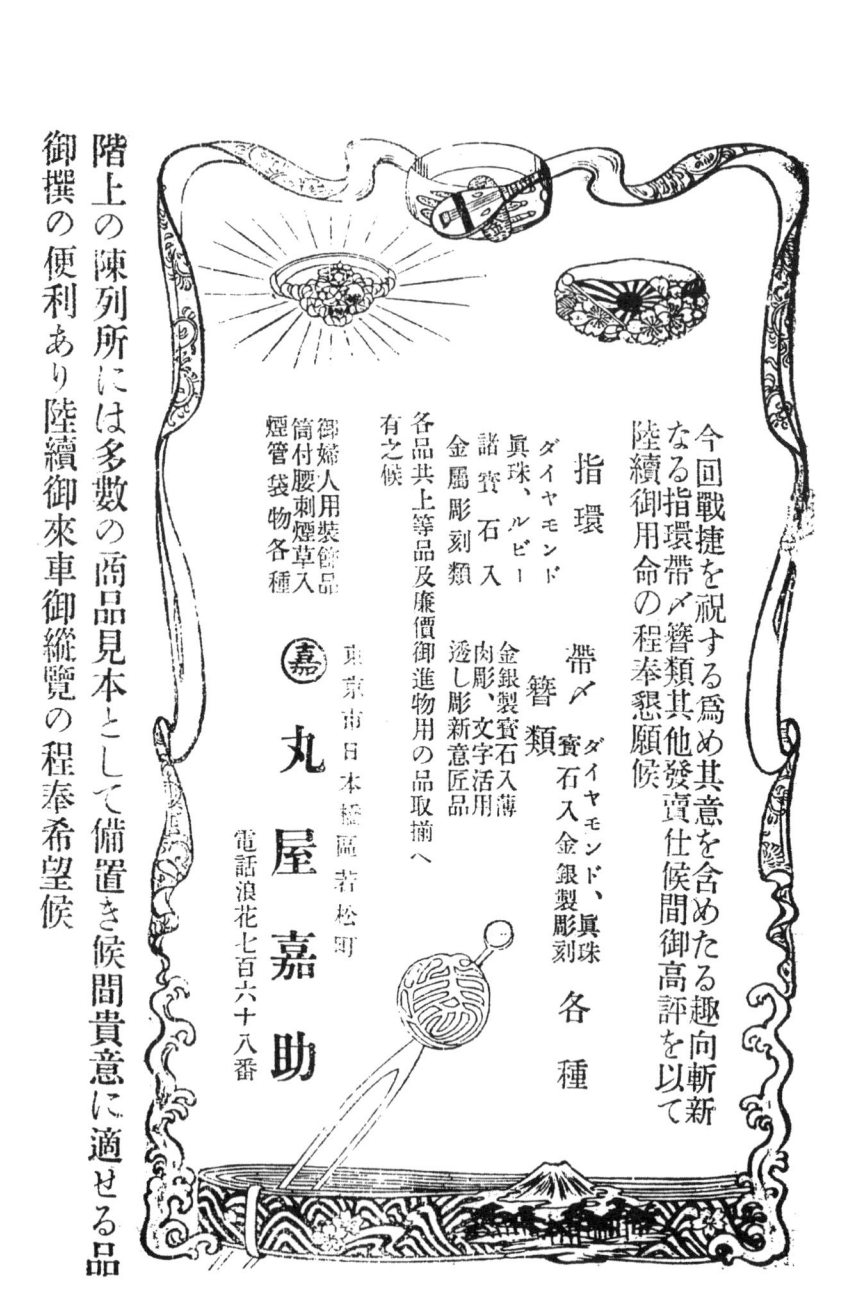

月刊 繪はがき

毎月一回一日發刊

定價　一部金參拾壹錢　六部前金壹圓七拾六錢　十二部前金參圓四拾貳錢（各郵稅共）

▲第一輯（既刊）　橋本邦助畫

▲第二輯（同）　結城素明畫

▲第三輯（三月十日發行）　平福百穗畫

▲臨時增刊（近刊）　北澤樂天畫

大阪朝日新聞記事
讀書社會より拔萃

●繪葉書の流行は獨り社交上のみならず、將に文壇述作にも及ばんとする傾向がある、月刊「繪はがき」（東京有樂社）の如き其一、雜誌を繪葉書帖にして見本的葉書（六葉）を挿入し之に繪葉書に關する論議、解題、詩歌、小品を收む、文藝の綜合漸く盛なりとも言はうか、序に同社の「手紙雜誌」は次第に讀書社會の注意を惹き、從つて材料に有趣味有益のものを增し來る、予等は之に依て諸家秘藏の史的資料たるべき書翰の發表されんことを望む、史乘の眞相は個人往復の書翰に待つて發見さるゝこと多ければ。

（不二行者）

手紙雜誌

毎月一回五日發行

定價　一部金十五錢　六部前金八十五錢　十二部前金壹圓十五錢（郵稅共）
自第一號至第六號 六册帙入金壹圓　運賃十五錢

▲第一卷第十二號本月發行

第一號より取揃御注文に應ず

本誌は毎號東西知名人士の書簡數十通寫眞版書蹟等を挿入せる頗る趣味ある美術的雜誌也

東京市麴町區有樂町三丁目　有樂社

明治七年創刊○年中無休刊

讀賣新聞

定價一ヶ月金三拾五錢○郵稅拾五錢

家庭新聞
學生新聞
農工商家の新聞たる特色ある有益にして面白き事限りなし

發行所　東京銀座壹丁目　讀賣新聞日就社

千代田袋

千代田袋と名づけし圖の如き袋は弊堂主人が特に意匠を凝せし高尚優美の持物にて裂地は古代模様の織物中より珍品を撰擇し京都西陣の別機にかけて寸毫の違ひ無く織らせたるを用ひ裏地も注意して鹽瀬織を縫合せ表と裏の色どりを配合するにも工夫を盡し縫も東都第一位の名手に委ねしものなれば是れぞ宇内の逸品なりと大方の諸君より賞賛を賜ひたる程にて既に見本として縫はせたる分は賣出しまでに早や賣盡し尚ほ數千個の注文を仰せ付けらるゝに至りたれば織屋を催し縫師を促して澤山に製造せしめ今や漸く四方の御需要に應じ得る運びに至り候故曩に御注文を忝うせし方々へ御吹聽かた〳〵尚ほ陸續の御注文を希ふ

定價　二圓八十錢　三圓五十錢

此以上御好み次第

宮内省御用達

東京市下谷區池の端仲町

玉寶堂

（電話本局 特九六五 一二四四）

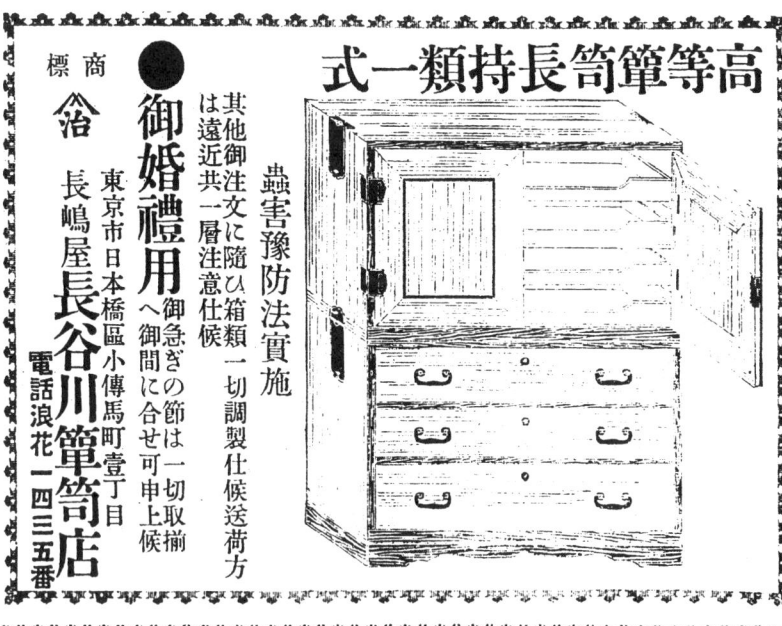

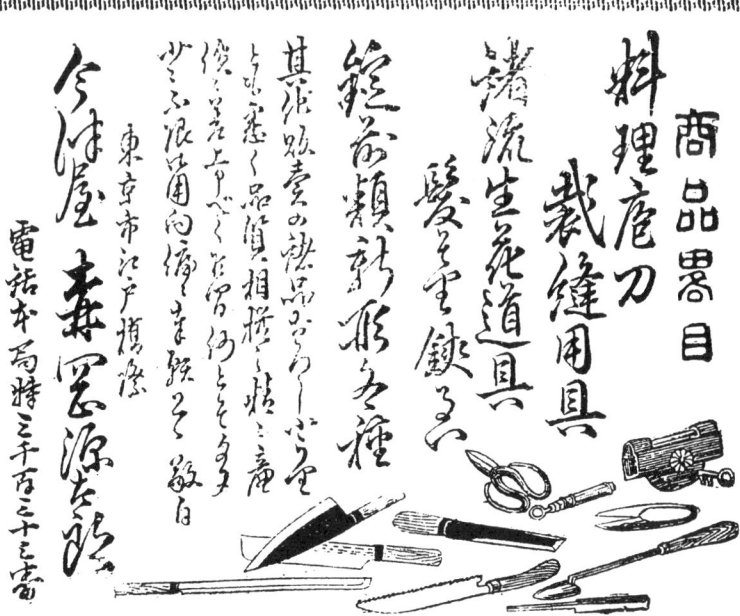

取次販賣は到る處の化粧品小間物店にあり品切れなれば直接に

クイーン白粉(おしいろ)

皮膚艶美

クイーン水

本品(ほんぴん)は我同盟國(あいこく)より輸入(ゆにゆ)せる最新最優(あらしきさいゆう)の原料に貴重(きちよう)なる芳香(かをり)を加(くわ)へ精製(せいせい)したる他(ほか)に比類(ひるい)なき化粧料(けしようひん)なり

本舗

東京日本橋新和泉町

三井花陽堂

御菓子司

玉うさぎ 一斤五十錢

三笠山 一個二錢

たそがれ 五個一錢

あゆ 一斤五十錢

日本橋區通旅籠町

梅花亭森田

電話浪花七五壹

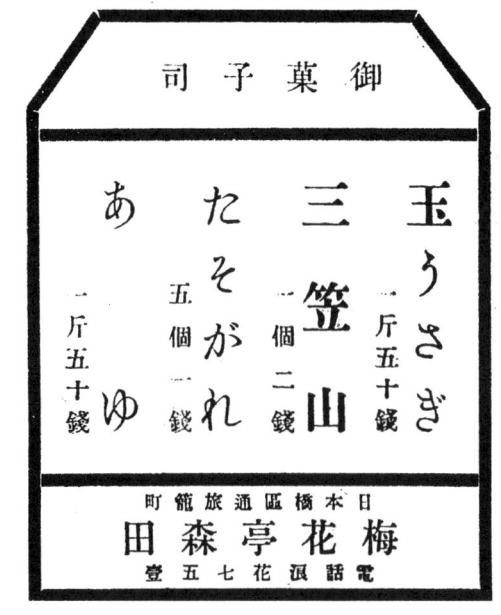

家庭の志るべ

第十號

明治三十七年七月四日第三種郵便物認可

明治三十八年四月一日發行每月一回一日發行

『家庭の志る遍』

第一一号（一九〇五〈明治三八〉年五月）

家庭乃志るべ
第十一号

家庭のしるべ第十一號目次

本誌定價表

一　册	金十二錢	郵税一錢
六　册	金六十五錢	郵税六錢
十二册	金一圓二十五錢	郵税十二錢

本誌廣告料

一　頁	半　頁	四半頁
金二十圓	金十二圓	金七圓

○郵券を以て購讀料の代用を希望せらるゝ向は其料金に一割を加へて申受くべし（但郵券代用は一錢切手に限る）

明治三十八年四月廿八日印刷
明治三十八年五月一日發行

編輯兼發行者　東京市下谷區西黒門町四番地　山口笑昨
印刷者　東京市京橋區西紺屋町廿六七番地　太田音次郎
印刷所　東京市京橋區西紺屋町廿六七番地　株式會社秀英舍
大賣捌所　東京市神田區表神保町　東京堂
大賣捌所　東京市京橋區尾張町二丁目　東海堂
大賣捌所　京都市上京區寺町通御池北入上本能寺前町廿七番戸　本田雲錦堂

春衣標本

○衣裳紋羽二重振袖文樣春野、櫻鼠地に菜の花
○袴紋羽二重菫色地霞のり麥の裾文樣

白木屋吳服店四月飾窓
に飾られたる人形の內

其二

〇羽織山繭入り段織縮緬染色ブロンズ鼠
〇衣裳紋御召静海波織文の裾に近づくたけ疏く織り出したるもの

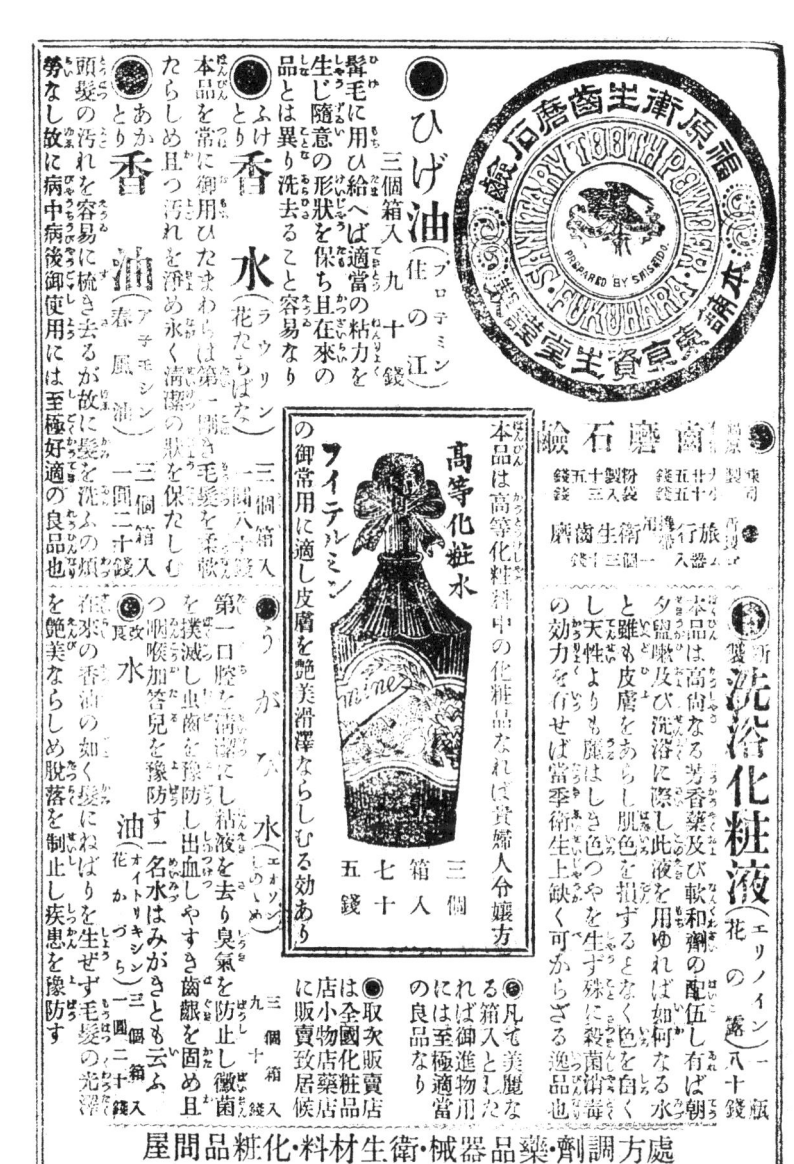

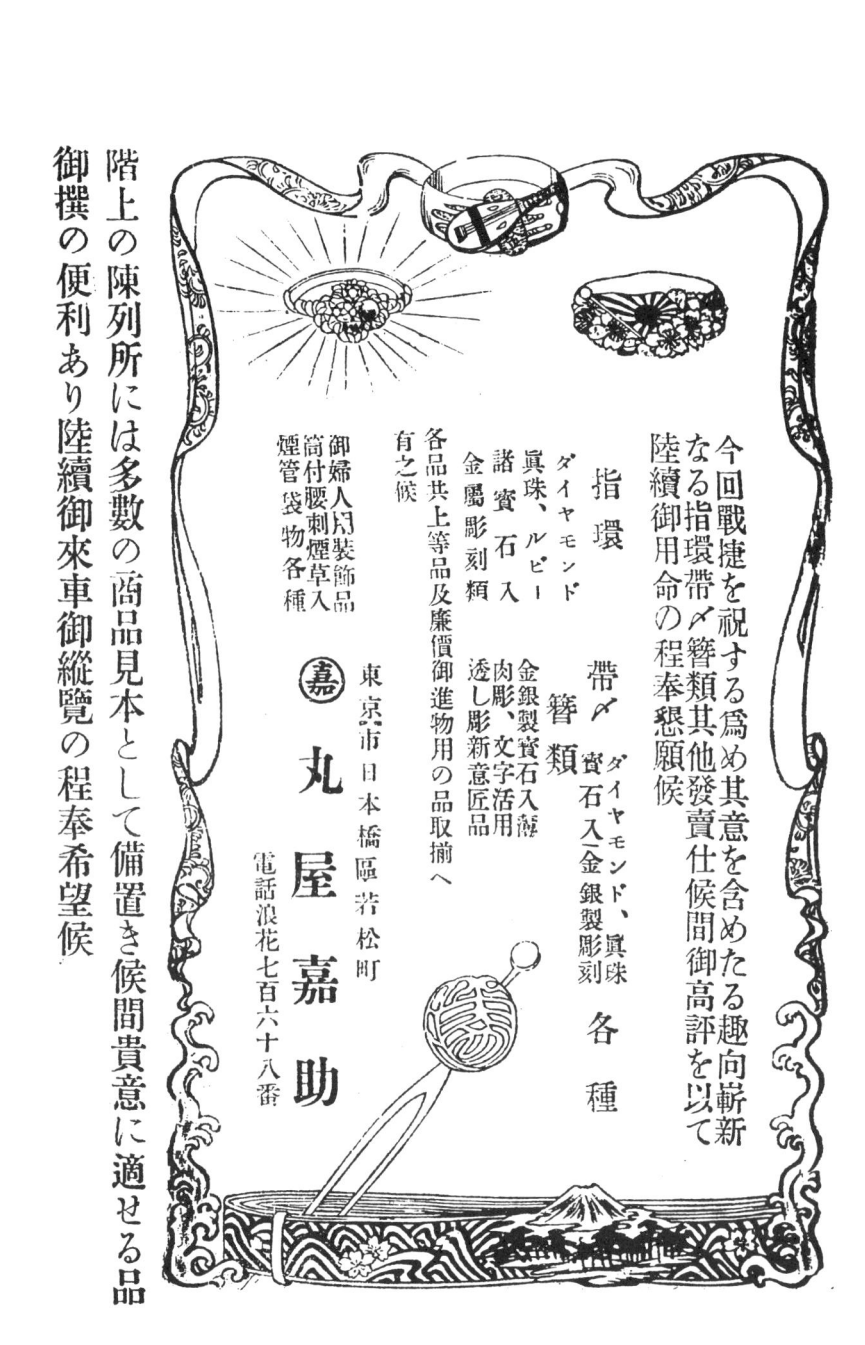

廣告

弊社儀今般東京市日本橋區通一丁目十三番地松井善次郎に本社の財産并に債權債務營業全部讓渡し候に付此段及御通知候也

明治三十八年四月十九日

東京府下南葛飾郡龜戸町大字五ノ橋町十九番地

東京毛絲紡織合資會社

業務擔當社員 **松井善次郎**

有限責任社員 **松井宗次郎**

右

遣而本社に對し債權を有せらるゝ方は來る六月二十日迄に御申出有之度候

東京毛絲紡織合資會社

清算人 松井善次郎

今般拙者儀東京府南葛飾郡龜戸町大字五ノ橋町十九番地東京毛絲紡織合資會社の財産並に債權債務營業全部讓受松井モスリン製造所とし引續毛絲紡績及モスリン其他毛織物製造營業仕候に付舊に倍し御愛顧の程奉願上候也

明治三十八年四月十九日

東京府下南葛飾郡龜戸町大字五ノ橋町十九番地

松井モスリン製造所 （電話浪花特六三四）

東京市日本橋區通壹丁目十三番地

所主 松井善次郎 （電話本局（特七二六 二九四九）

支配人 松井宗次郎 （電話本局 三〇六四）

●移轉廣告●

今般市區改正ニ依リ今回無據左記ヘ新築移轉仕リ從前ヨリ大ニ業務擴張仕リ諸事精勵可仕候間舊店ニ倍シ御愛顧御引立ノ程伏テ奉懇願候尚階上ニハ數十坪ノ**簞笥陳列場**ヲ設ケ簞笥長持御婚禮用道具ノ諸種一目ノ元ニ御撿覽ノ御便宜有之候間御隨意御來觀ノ上多少ニ不拘御用命ノ程偏ニ奉希上候

御申越次第簞笥目錄送呈仕候但シ郵券二錢封入御申越ノ事

清

東京市京橋區金六町壹番地角

越中屋 **鷲塚簞笥店**

電話新橋五百七十一番

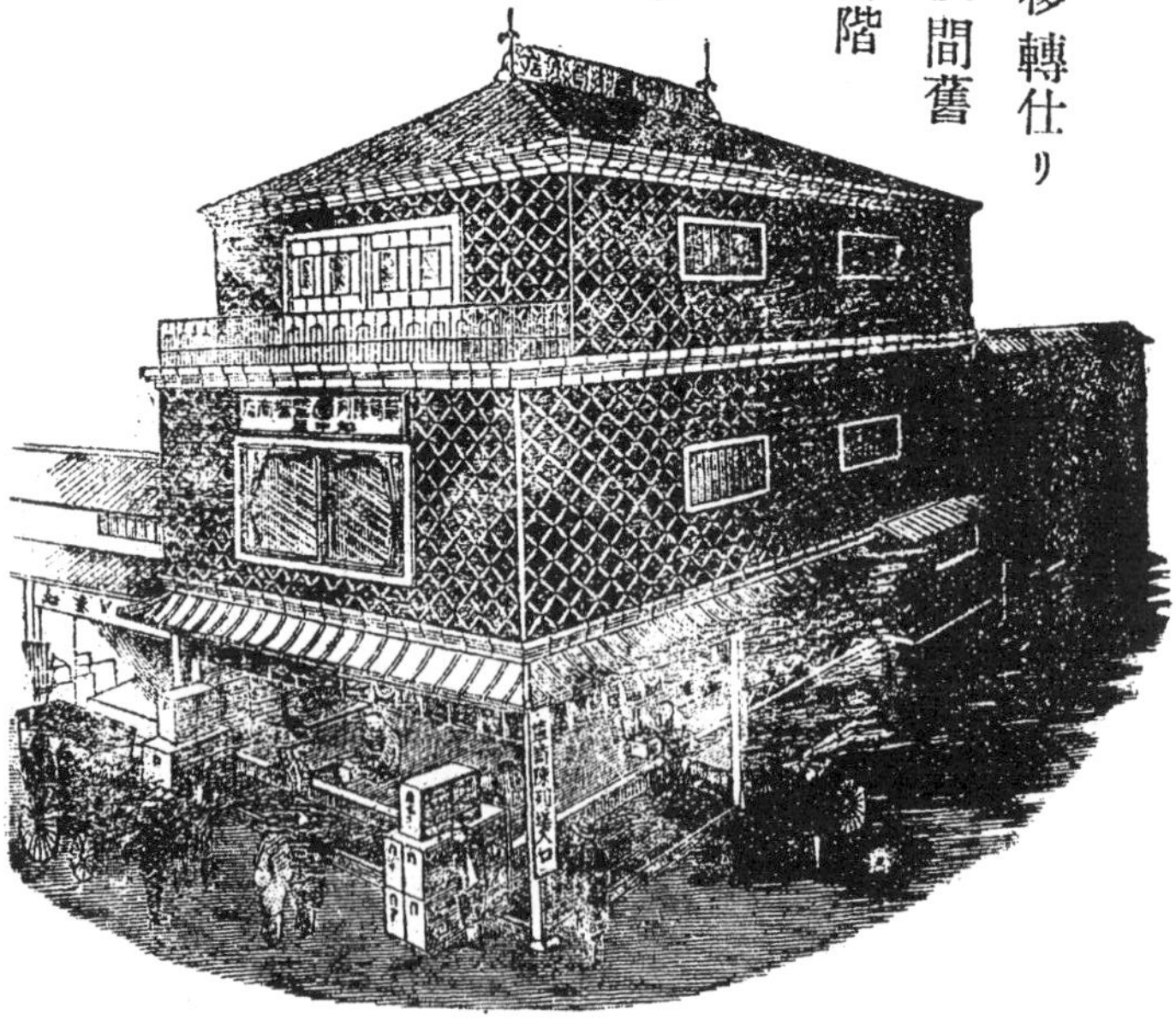

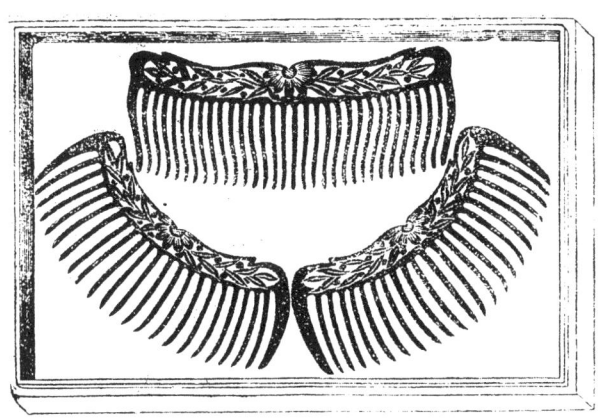

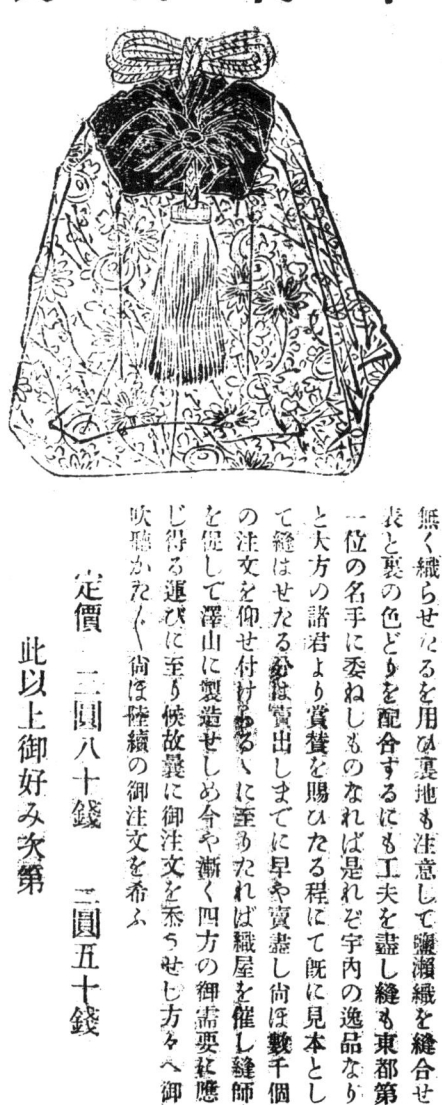

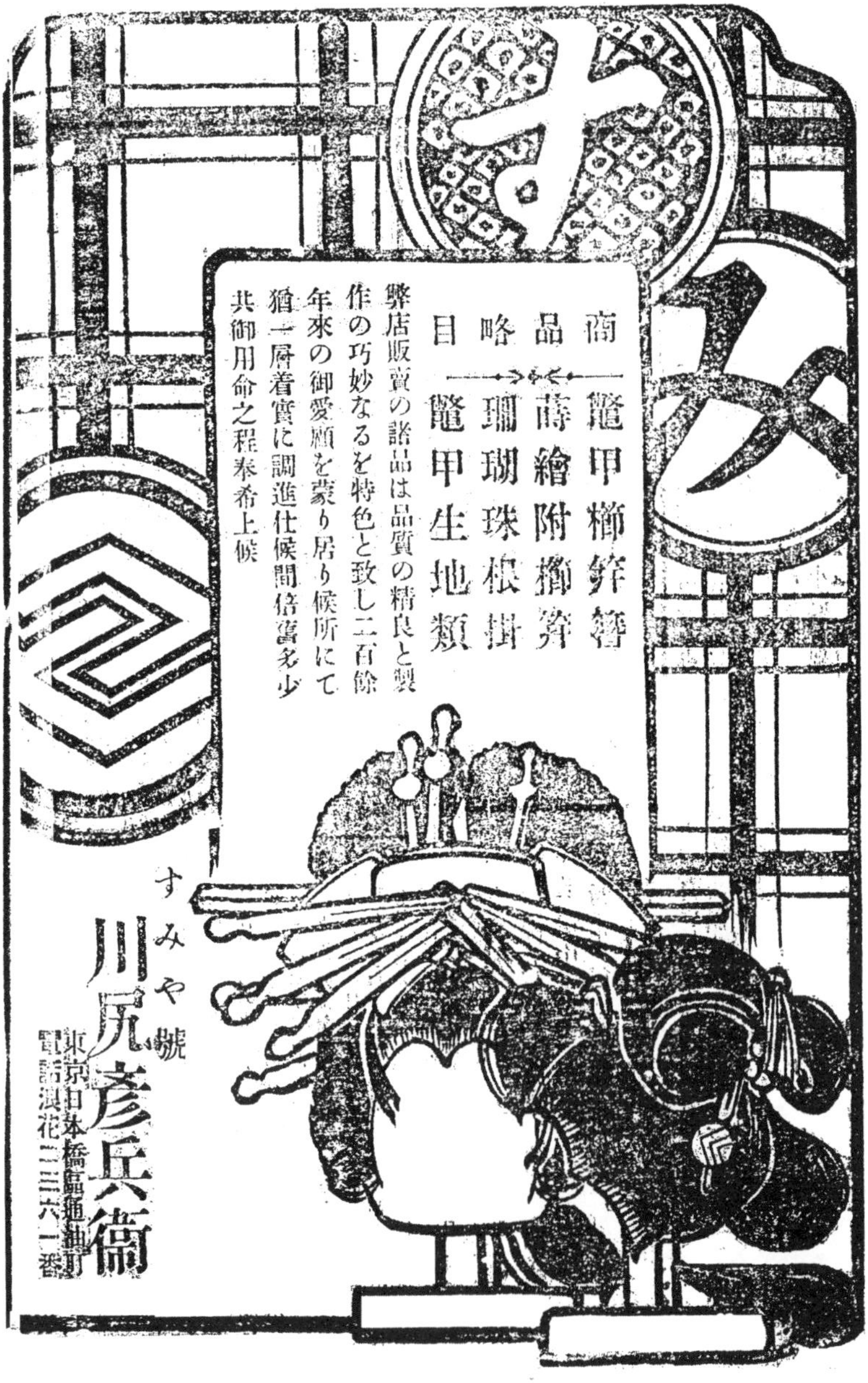
商品略目
鼈甲櫛笄簪
蒔繪附櫛笄
珊瑚珠根掛
鼈甲生地類
弊店販賣の諸品は品質の精良と製作の巧妙なるを特色と致し二百餘年來の御愛顧を蒙り居り候所にて猶一層着實に調進仕候間倍舊多少共御用命之程奉希上候
すみや號
川尻彦兵衛
東京日本橋區通油町
電話浪花二三六一番

自然感化と都市

花散つて新綠人に快く、芊草下駄の齒を染めて、野外蹈青の好時節は來れり。乞ふ我都人士の家庭の爲めに、少しく自然感化の効力を語らんか。

試みに都市の少年を以て、之れを地方の少年に比するに、言語動作の活潑にして怜悧なると、殆んど別人種なるかの感なくんばあらず。若し地方の少年を以て兒童の通躰なりとすれば、都市の少年は神神童なるが如く、若し都市の少年を以て兒童の通躰なりとすれば、地方の少年は悉く白痴なりとも謂ふを得べきに似たり。蓋し都市は其國人文の府、技巧の宅にして、一寸の木、一塊の土も亦た人爲の工夫を經ざるはなく、事々物々悉く巧智の勢力範圍に屬して、自然感化力の潜入を許すの餘地なし。故に此間に生長する兒童の肉躰及び心性も、亦た同じく自然の涵養を辭して、その發育の多くを巧智の支配に托し、直接若くは間接に、人爲及び人爲の結果を受けて形成するのみ。されば都市の少年が、一見神童の如くなるは、所謂早熟の現象たるに外ならずして、決して喜ぶべき事に非ざるのみか、其結果は反つて往々地方の少年に劣るとあり。畢竟都市の少年は、唯だ地方の少年が、三年五年の後に受くべき智識を、三年五年の前に得たりといふに過ぎずして、其間に早晩の差こそあれ、量に於ては遂に同一に歸すべきのみならず、巧智を受くるとの早きに失する結果として、地方の少年が其間に吸收する自然の感化、及び其感化より生ずる絶大の効果を失墜するなり。

自然感化の効力は、初め甚だ緩慢なるが如くにして、而かも終に甚だ雄大なり、人爲の教化は、初め甚だ巧緻なるが如くにして、而かも終に甚だ扁狹なり。故に人爲の教化に參ゆるに自然の感化を以てせざるものは、躰質羸弱に陷り易く、其氣宇は深遠を缺き、其性質は堅忍に乏し。小器用にして小才覺はあるべきも、清濁併せ呑むの大度量なくして、要するに大有爲の器にあらざるなり。

是故に都市に在りて全盛の榮に誇る者は、一二の場合を除きて、大抵は地方より移住せる者、若くは其子其孫ならん。曾孫彥孫以下に至つては、祖先の移住を去ると愈々遠く、所謂都市生へ拔きの嫡々たると共に、漸く下流に沈淪するが多し。斯くして都市は常に移住者の新陳代謝によりて、其繁榮を保持し、都人士も亦た移住年代の遠近によりて、其盛衰の度を卜せんとするは何ぞや、他なし新移住者は、曾て地方に在りて直接に自然の感化を受けたる者なり、然らざれば其父母其祖父母の受けし自然感化の効力をば、尚ほ間接に受け繼ぎつゝある者なり、知るべし其繁榮は自然感化の効力と共に存し、効力と共に消滅するものなることを。啻に都人士のみならず、即ち人文の府たり、技巧の宅たる都市その物すらも、常に新移住者によりて其繁榮の生命を繋ぎつゝ、亦た間接に自然感化の効力を受くるものなることを。

自然感化の効力の偉大なること斯くの如し。故に都人士にして、苟くも其家永久の繁榮を希はゞ、其子弟をして成るべく自然の感化に浴せしむるの方法を講ぜざるべからず。之れに就ては、尚ほ篇をかへて詳論する所あらんとす。

友誼を結ばんとせば先熟慮せよ、然る後は死に至るまで信じて渝らざれ。

エドワルド、セング

裁縫指南（承前）

物外

萩園子爵家の奥座敷に今や家政學の講話が始まるといふ報知に、有樂の茶室に閑話して居た令孃の壽子と彼の家庭敎師の貞子とは倉皇起つて十八疊の奥座敷へ入つた。

錆畵に光悦風の磯馴松に浪を顯はした銀襖を明けて、只見ると九尺床を横に仁和寺形の火桶を傍に松喰ひ鳥の古代文様を白ぬきにした搗色縮緬の座蒲團豊に、夫人と對座して居らるゝのは下田先生である、例の膨やかな前髪に房々とした束髪と、女史が工風になれる學校服は、凛然たるなかに言ひしらぬ愛敬と調和して女史の特色を表はして居る。

曾てより源氏物語、土佐日記等の講座を開かれつゝあつたが、此頃壽子孃の請ひによつて家政學の講話も兼て開かるゝことになつたので、幸に貞子も屢講習會に女史の講義を聽きたるなれば、學生時代を繰り返すことゝはなつた。

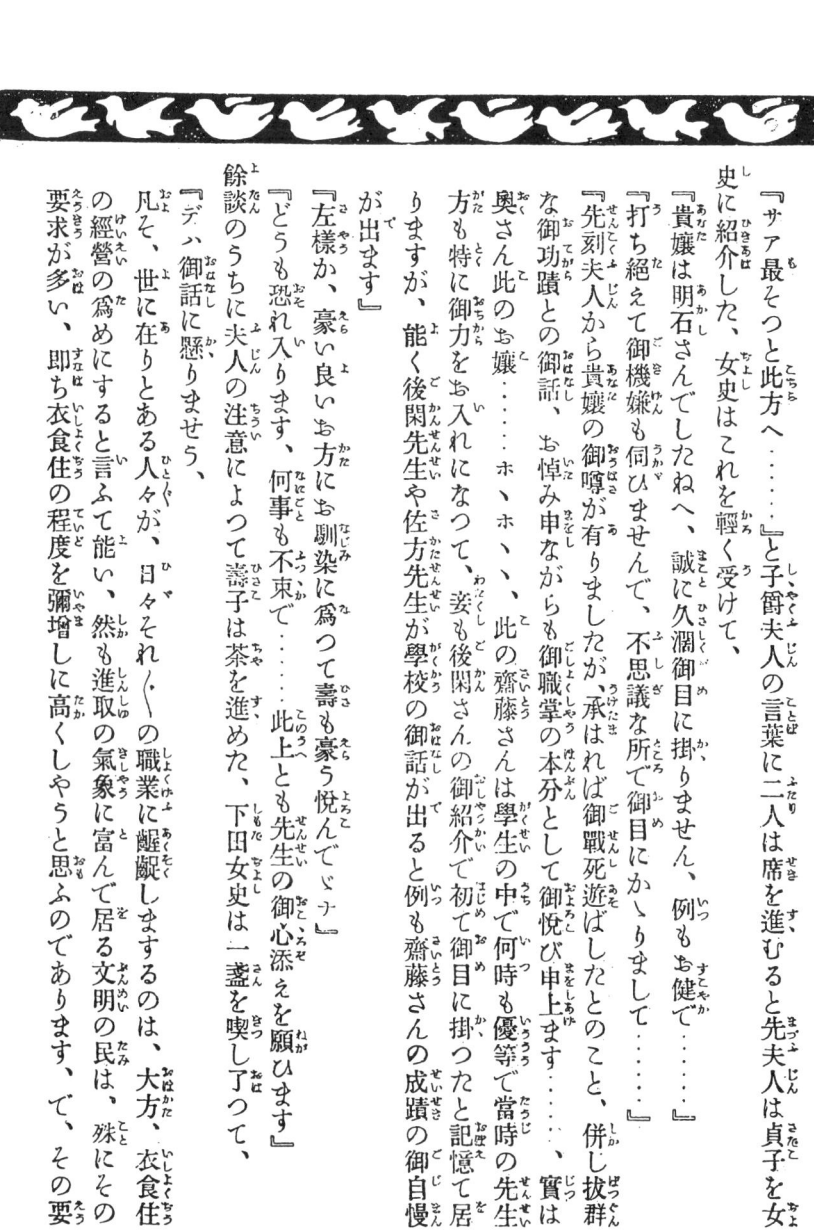

『サア最そつと此方へ……』と子爵夫人の言葉に二人は席を進むると先夫人は貞子を女史に紹介した、女史はこれを輕く受けて、

『貴孃は明石さんでしたねへ、誠に久濶御目に掛りません、例もお健で……』

『打ち絶えて御機嫌も伺ひませんで、不思議な所で御目にかゝりまして……』

『先刻夫人から貴孃の御噂が有りましたが、承はれば御戰死遊ばしたとのこと、併し拔群な御功蹟との御話、お悼み申ながらも御職掌の本分として御悦び申上ます……、實は奥さん此のお孃……ホヽホヽヽ、此の齋藤さんは學生の中で何時も優等で當時の先生方も特に御力をお入れになつて、妾も後閑さんの御紹介で初て御目に掛つたと記憶て居りますが、能く後閑先生や佐方先生が學校の御話が出ると例も齋藤さんの成蹟の御自慢が出ます』

『左樣か、豪い良いお方にお馴染に爲つて壽も豪う悦んでじやナ』

『どうも恐れ入ります、何事も不束で……此上とも先生の御心添えを願ひます』

餘談のうちに夫人の注意によつて壽子は茶を進めた、下田女史は一盞を喫し了つて、

『デハ御話に懸りませう、

凡そ、世に在りとある人々が、日々それ〳〵の職業に齷齪しまするのは、大方、衣食住の經營の爲めにすると言ふて能い、然も進取の氣象に富んで居る文明の民は、殊にその要求が多い、即ち衣食住の程度を彌増しに高くしやうと思ふのであります、で、その要

求する所が高く且大きくなりますから、未開の世の民のやうに目前の小康に安んじては居りません、益進んで大成を永遠に期することを勉むるので、彌智力の發達を期せねばならぬ必要を生ずるので有りますが、一躰智といふものは謂はゞ鋭利の刃のやうなもので、若し使ひやうを誤れば其の身を傷けますと同じことで、單に智力のみ進みますると遂には社會を誤ります、で、德義の必要は智力の必要より多く甚しく感ぜられるやうになります。抑社會は一家の集つて形作るものでありますから、社會の德義も亦一家の德義から起りますので、これと同じく一國の經濟も亦一家の經濟に基くので社會各般のこと皆一家の裡から起因するのでありますから、古の聖人も國を治むる本は、家を齊ふるにありと謂はれましたのは誠に理に當つた言と存じます、

一躰家政といふ事は理化學や醫學のやうに學習しなければ出來ないものではありません普通の見聞や習慣の上から受けます智識だけでも執り得らるゝものであります、夫れだけに動もすれば茲に意を注むることが等閑になり易いので實に嘆かはしい至りで、唯饑えず凍えず、生を養ひ死を送りますだけで、能く家政を執ると申しますのならば、敢て人間には限りません、禽獸でも棲を作り餌を貯ふることは存じて居ります、此の人間の禽獸に優る所のものは、衣食足り雨露を凌ぎ、安逸を求むるばかりでなく、生活の度を昂め、積めるを散じ、集まれるを分ち、不給を助け不足を補ひ、延て國家公共の事業にも及ぼさんことを希ふに在りますので、夫れには人々各種の學理を實地に應用しまして、

完全な家政を施き、眞に和樂圓滿の家庭を形作ることが肝要なので、此の點に於て無學無識の人が普通の見聞や習慣によつて家政を執るものと霄壤の差ある所でありまして、其の應用すべき學科を擧げますれば、家內衞生、家事經濟、飲食、衣服、住居に大別しまして、其の細目におきましては擧て數へ難いほどでありますが、猶次を逐ふてお話しいたすことに致しませうが今日はその大躰の謂はゞ總論だけに止めて置きます』

此の講話が濟むと一同默禮した、更めて茶菓を饗じ雜談に移るときに、次の間から小聲に

『村松さんの孃さまが御入來になりました』と侍婢のしらせに、壽子は『部屋へお通し申して』と吩咐ると、子爵夫人は

『村松さんの來やはつたのは大方裁縫のことやろ、貴孃御免を蒙つてナ、先生も御一緒に……』

『デハ鳥渡人が參りましたので御免を蒙むりまして……』

『先生御緩りと……、何れ近日伺ひまして種々御教諭を願ひたいこともムいますので、お邪魔ながら……』

『ハイ情願その時は前方に電話でもおかけになつて、御存の通り出がちでムいますから、それに時間の都合もありますから成る可くは御打合せの上で御出を願います』

『有り難うムいます』

一揖して二人は此の席を辷つた。

壽子の部屋には村松千枝子が通つて居る、二人は廊下づたひに南表の障子を明て思ひ〳〵の座に着いて挨拶も簡短に、

『能く御入來遊ばして……』

『イヱ先生の御宅へ伺ひましたら御邸へお在とのことで、直にその足で伺ひました、』

『左樣でしたか、私は今朝から此方へ上つて居りました、アノ宅に俊は居りませんでしたか？』

『ハイ、お琴さんが俊子さんも先刻學校の御歸路にお入來になりましたが直に御歸宅になつたと申してご厶いました』

『生憎ねー、俊子さんが御在で御同道に入らしつて下さると恰度可しいの子』

『ハア、滿江さんにも途中でお目に懸りました、貴孃に宜しくと御傳言で……』

『何故入來つしやらないの？』

『お髮が頽れて居るから今日は參らないと仰有つて……』

『左樣……、壽子さんも御心待ちで在らしつたのだから參れば可いのに、髮なんぞ何樣でも……』

『アノ先生今日は三ツ身の筒袖を賴まれましたのでそれを伺はうと存じまして……』

『左樣ですか、衽は鈎ですか棒ですか？』

『ハイ鈎衽の裁方に願ひたいと存じまして……』

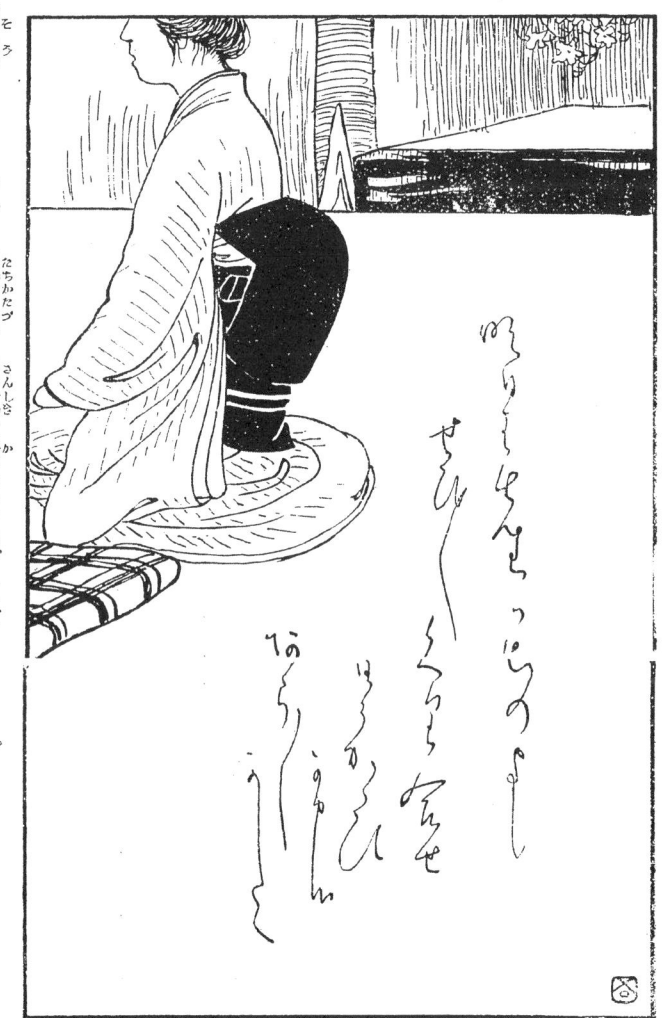

『左様?……、では裁方圖と算式を書いてあげませう……』
壽子の出し文机から用紙と鉛筆とを取つて圖式を書いて千枝子に交付した、

鈎衽筒袖三ッ身裁方

裁切り寸法

袖丈　六寸　裙下　九寸

其他普通三ッ身の通り

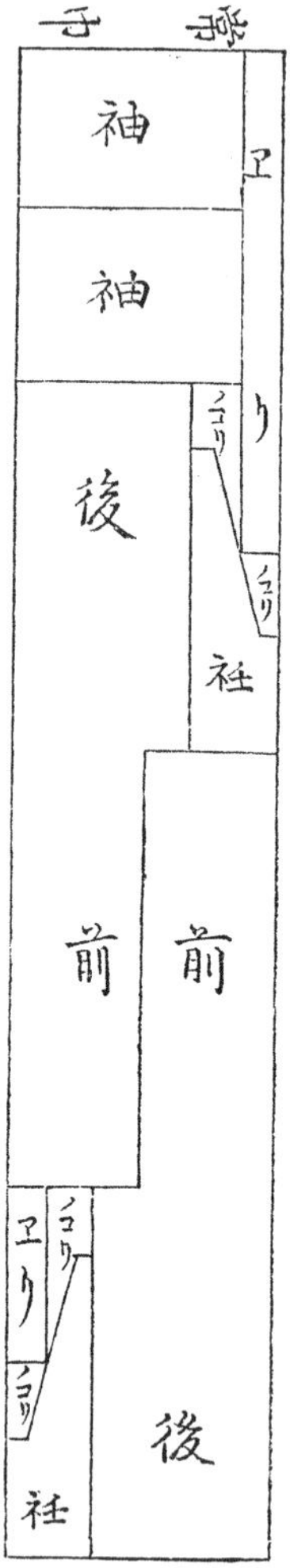

袖丈　26,0× 4 ＝24,0　袖用布

身丈　27,0× 3 ＝81,0　身用布

24,0＋81,0＝105,0　總用布

『此の裁方で充分出來ます』

『有り難うムいます、實は同窓のものに聞きましても存じませんので……、早速裁縫て御覧を願ひませう』

『村松さん妾も寫しますから圖式を拜借……』

壽子はノートブックへ寫し取るのであつた

以下次號

流行案内

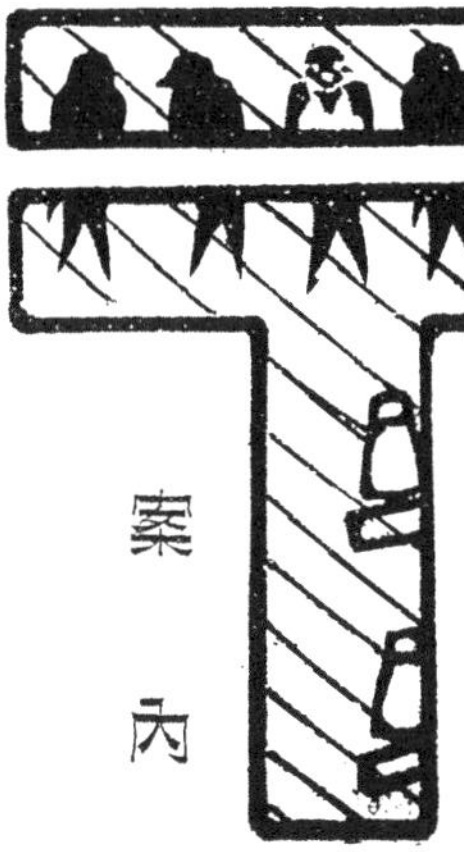

梅や櫻と花に浮き立つた春ははや昔となりけらしで、目に青葉山時鳥といふ時節になりました。

扨世の中が花やかな櫻時と、此の新緑のときと衣裳その他の好みが奈何に移り變つて行くかと申しますに、恰度世の中の景物と同一の歩調に流行するやうに思はれます，といふのは、櫻や海棠の花盛りは美は美でありますけれども謂はゞ花そのもの丶美であつて、他の多くの樹木は僅かに芽ざしたばかり、所が此頃となりましては山といはず野といはず蓊々として緑に、都ての景物が爽快に且規摸が雄大になります、で人の心も快活になりますので自から都ての點に活氣を帶びてまゐりますから衣服調度も亦晴々したやうになるのは當然の理で有ります。

是は年々其の揆を一にして居る春夏變遷の常套でありますが、扨本年は如何と申しますに、戰捷の活氣が勃々として發しますので自然と文様其他の好みに就ては昨年と嗜好を異にして稍鷹揚の柄行き色合ひを採るの傾向きが有ります、取りも直さず、去年の今頃は征露の序幕を開いた計りで、此の脚色が喜劇であるか悲劇であるか多くの見物には解りませんから、自から物事が控え目になつて居りましたのが、連勝の結果で此の趨勢を顯はしたのであらうと思はれます、是は文樣などに就て趨勢の概要を申しましたので、普通のものに就ての時節向單衣とこれに附隨すべき帶の取り合せを擧ますれば。

◎上流男子向の晴がましからぬ所を選めば

單衣　桑都織　拾貳圓五拾錢

濃鼠の地色に魚々子目に千筋を織り出したるなど無事にして品格もあり

帶　綴織　拾圓位

錆納戸の無地に結びさきを僅かに淡茶色に織り分けて桐唐草などの有織ものを色絲で織り出すか、印度式の變つた文樣などを出したのは高尚で粋なる所

◎同夫人向

單衣　靜波御召　拾壹圓三拾錢

淡赤小豆地に子持筋と片羽巾通しを一つ置きに合せた縞柄などは、些粋といふ傾向が有るが地色によつて高尚になるのである。

帶　綾羽織單帶　貳拾六圓

是は今年新に織出した單帶で、寫眞版で示してあるが、淡ヲリドブ地に伊達文樣を織り出したなどが移りが佳からうと思はれる。

◎同令孃向

單衣　寶珠御召　拾六圓

赤小豆色地に白く立波の立涌を六釜に織り出したものなどは淡泊で何處かに品位のあるものである

帶　清涼織單帶　拾七圓八拾錢

是も寫眞版に示してあるが柄は好み次第

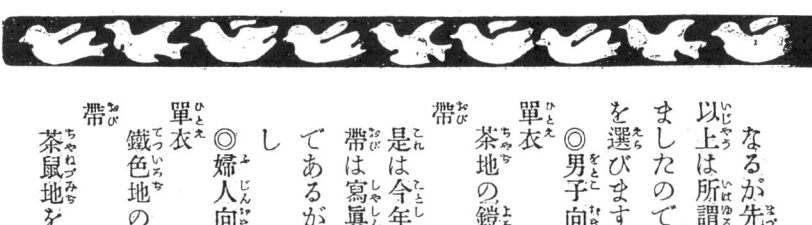

なるが先大柄のものを撰ぶべく

以上は所謂紳士向きに適當と思ふ所を選びましたので、猶商家向きともいふべきものを選びますれば

◎男子向

單衣　富貴セル　拾貳圓五拾錢

茶地の鎧縞などを撰ぶべく、

帶　綾羽織　六圓位

是は今年の新製に係るもので、此種の女帶は寫眞版にしてその織方も紹介したのであるが、濃鼠か茶の無地など沈着てよし

◎婦人向

單衣　涼風御召　拾三圓貳拾錢

鐵色地の三筋か薩摩筋、

帶　筑前博多　拾八圓

茶鼠地を採るべく、地文は古代文樣鐵線唐草などの類、

◎娘子向

單衣　扶桑御召　拾圓位

色は淡目の紫根の類に白の竪矢絣りなどおとなし向きにてよく、

帶　筑前博多　拾八圓位

天平文樣の大柄もの

先此邊が當季に適合したる好惡なき所であらうと思ひます。

大流行ハート袋

◎白木屋の化粧品と造花簪類の賣行

前號に報道したるとふり白木屋呉服店にて

は各國有名の製造元より香水香油脂粉の類何くれとなく輸入して販賣を開きたるに大に顧客の歡ぶ所となり賣行き非常に多きも道理信用なき小間物店などにて購ふ香水などには明けて悔しき玉手箱の類少からず。又此頃花簪類の最も新意匠のハイカラ向きを陳列せしに夫人令孃の玆に集ふ光景花の蜜に戯むるゝ胡蝶にもさも似たりとのこと

造花簪

玉寶堂の特許烟管

池の端の玉寶堂が今般專賣特許を得た烟管は下圖に示す通りの小形のものにて、金銀其他の金屬にて作りたるもの、和洋服何れの場合に用ゆるも携帯に便なるは無論のこと

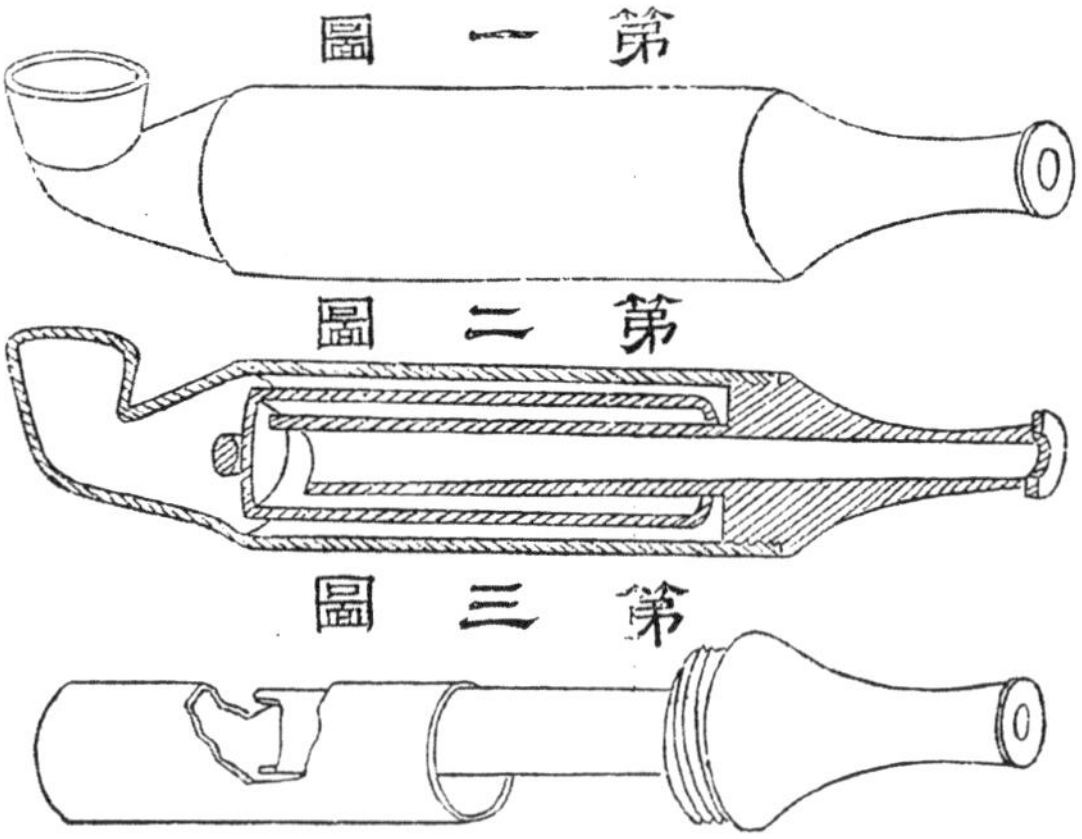

玆に專賣特許を得た特殊の點はいかにといふに。從前から洋服持と稱へて鉈豆形などいろ〳〵のものも出

來たが何れも結果が面白くないといふのは、煙管が短い爲めに味が强く感ずることで要するに煙草が不味い、所が玆に感ずる所が有つて烟を屈曲せしめて感味を軟らかくするのが特色で、其の味に於ては長煙管を用ゆると同一であるのが要點である。

第一圖は此發明の斜視圖で外面を示したもの

第二圖は斷面圖でこれが吸烟の屈曲して謂はゞ長距離を渡り來る構造を示したもの

第三圖は內部筒管の斜視圖で

都てが此の如き緻密な構造に出來て居るので有る、紙卷烟草の價格が騰貴して割合に刻烟草の賣れゆく餘地を狃つての發明は流石にぬかりなし。

束髮と花月卷用の簪　京橋鎗屋町　万久製

十四金製月に梅の圖
ダイヤモンド三個ルビー一個入
代價拾五圓

十四金製櫻形透し彫
ダイヤモンド三個入
代價拾三圓七拾錢

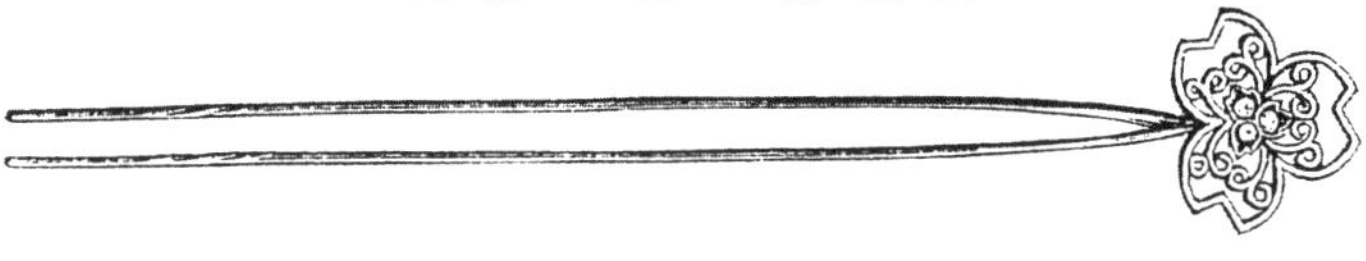

夏季の樂着　白木屋呉服店

袷から單衣に移る間は謂ふまでもなく夕涼のそよ吹く風に面をうたせての漫歩きなどには縞ネル縞セル程着心地のよいものは有るまい。玆に特筆すべきは白木屋が十數年來特約輸入品に係る上等英ネルは原料を精選して織り立てさせ、其の縞柄は都て來るべき流行を豫期して見本を送り織らせたるものなれば他に比類のない獨特の所がある又縞セルの如き其の柄は數十種の多きなかにも流行の茶地、御召納戸などの地色に子持縞、鰹縞、殼格子、大阪格子、間明き大明などあらゆる好もしき柄を集めて些も船來臭味のないは嬉しい所である、又婦人向には一見紋御召とも思はるゝ柄ものあり殊に絽セルの薄手にして肌に付かぬ、絹ネルの柔やかなる何れ劣らぬ逸品である

代價は

縞絹ネル一反……五圓三拾錢ゟ五圓七拾錢
縞セル　同……六圓九十錢ゟ七圓貳拾錢
縞絽セル同……同上
縞英ネル最上等品一反……五圓ゟ五圓貳拾錢
同次品にて……四圓ゟ五圓まで

◎流行の吾妻コート

夏季の吾妻コートとしては縞セル地に若くものはない、通常品に改機のすべりを付けて餝り紐付き仕立上り八圓五拾錢から九圓位までゞ出來上るが特に霜降セルの藍鼠、壁鼠地のもの又グッと粋向きの流行としてはカーキー茶𧘕のものを撰んで同じく改機の辷りを付け惣出來上り拾三圓

又薄羅紗地の、朧格子、地色にバイヲレット、淡赤小豆、濃肉色のものなど溫和し向

友禪縮緬

イ

ロ

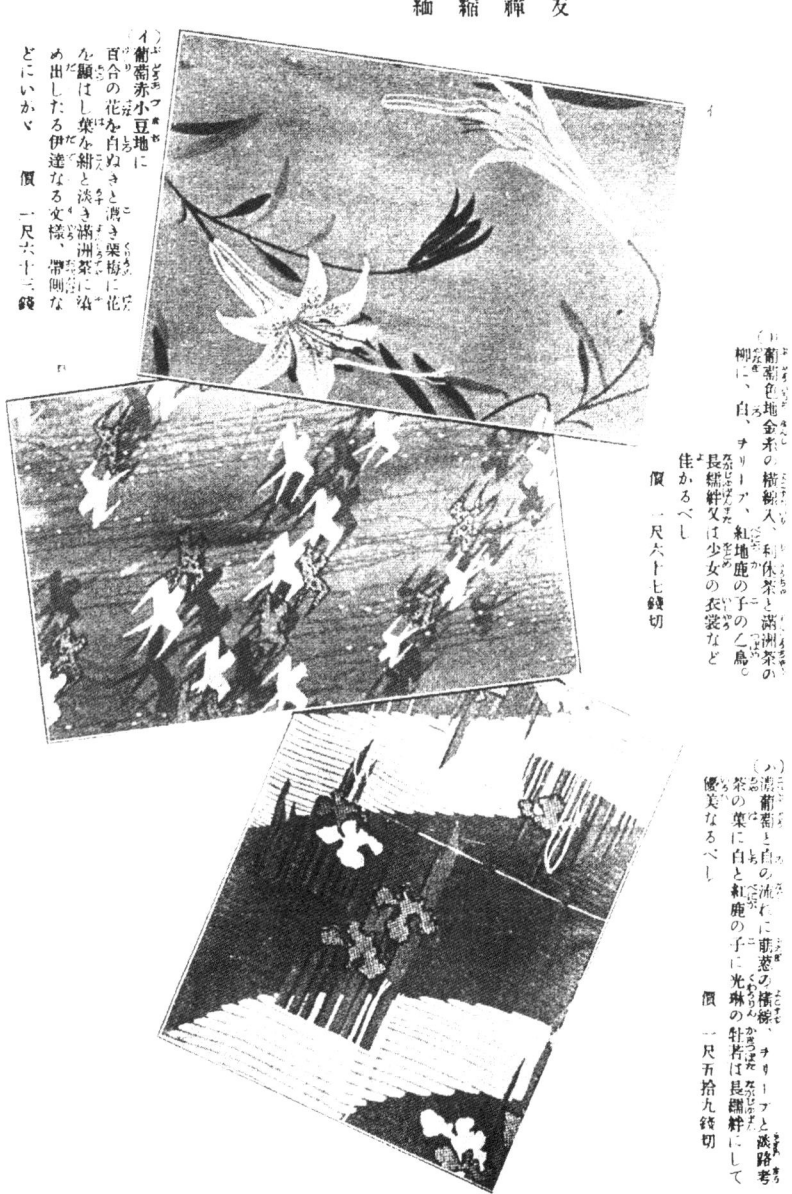

（イ）葡萄赤小豆地に百合の花を白ぬきと濃き栗梅に花を顯はし葉を紺と淡き滿洲茶に染め出したる伊達なる文様、帶側などにいかゞ　價　一尺六十三錢

（ロ）葡萄色地金糸の横線入、利休茶と滿洲茶の柳に、白、チリーブ、紅地鹿の子の乙鳥。長襦袢又は少女の衣裳など佳かるべし　價　一尺六十七錢切

（ハ）濃葡萄と白の流れに萌葱の横線、チリーブと淡路考茶の葉に白と紅鹿の子に光琳の杜若は長襦袢にして優美なるべし　價　一尺五拾九錢切

友禪縮緬

(い)白地に濃葡萄にて藤の葉を瀬切りたる中へ白ぬきと寫生の藤花を取り交ぜたる粋なる文樣、妙齡女子の單衣として艷麗瀟洒極りなかるべし

價 拾六圓五拾錢

(ろ)葡萄色と白の流れに白と紅の横線を互ひに顯はし、寫生の葉に紅の牡丹美くし、先長襦袢か帶側などにも能からんか

價 一尺六十三錢五厘切

い

ろ

り

は

(は)鼠地に寫生の牡丹、淡紅と緑り隈取り活けるが如く廿歳前後の佳人が長襦袢又は帶の片側として妙味あり

價 拾六圓參拾錢

友禪縮緬

(一)

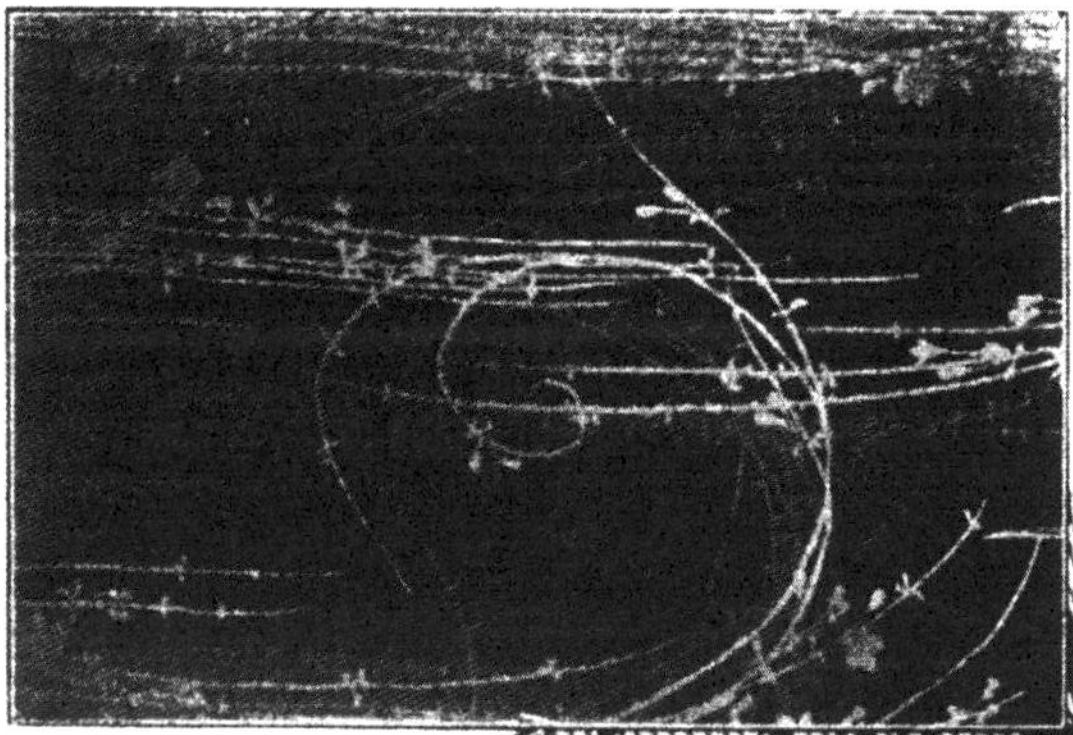

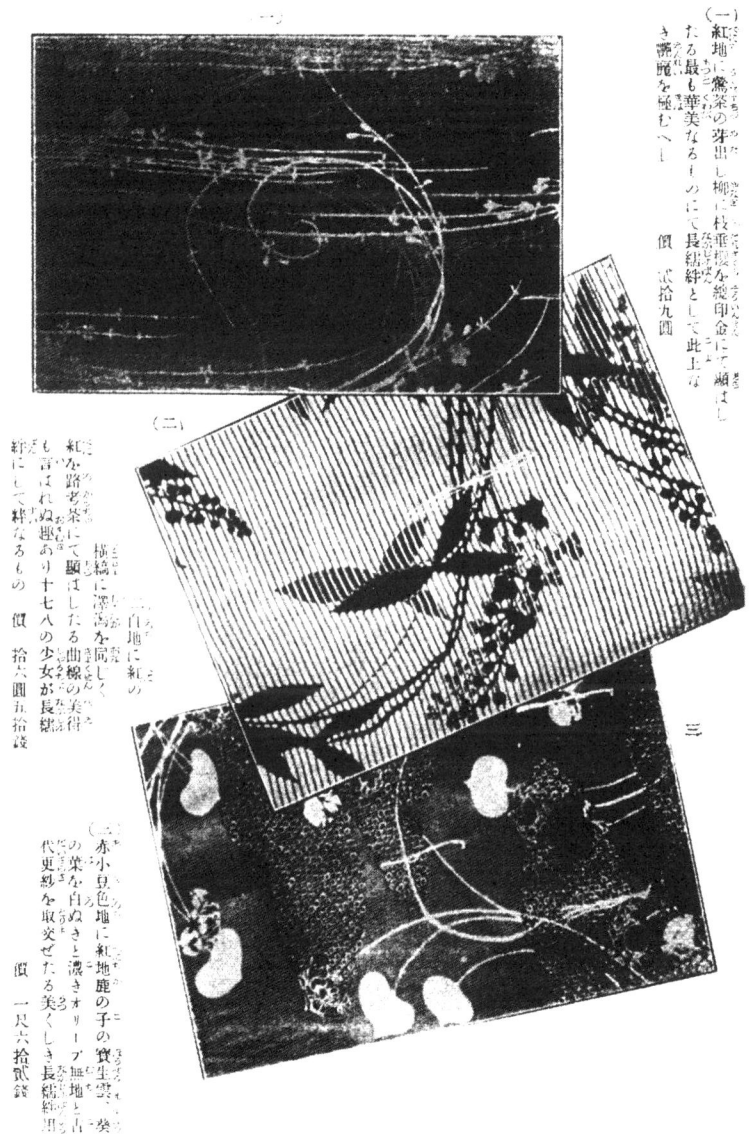

(一)紅地に鶯茶の芽出し柳に枝垂櫻を總印金にて顯はしたる最も華美なるものにて長襦袢として此上なき艶麗を極むべし　價　貳拾九圓

(二)

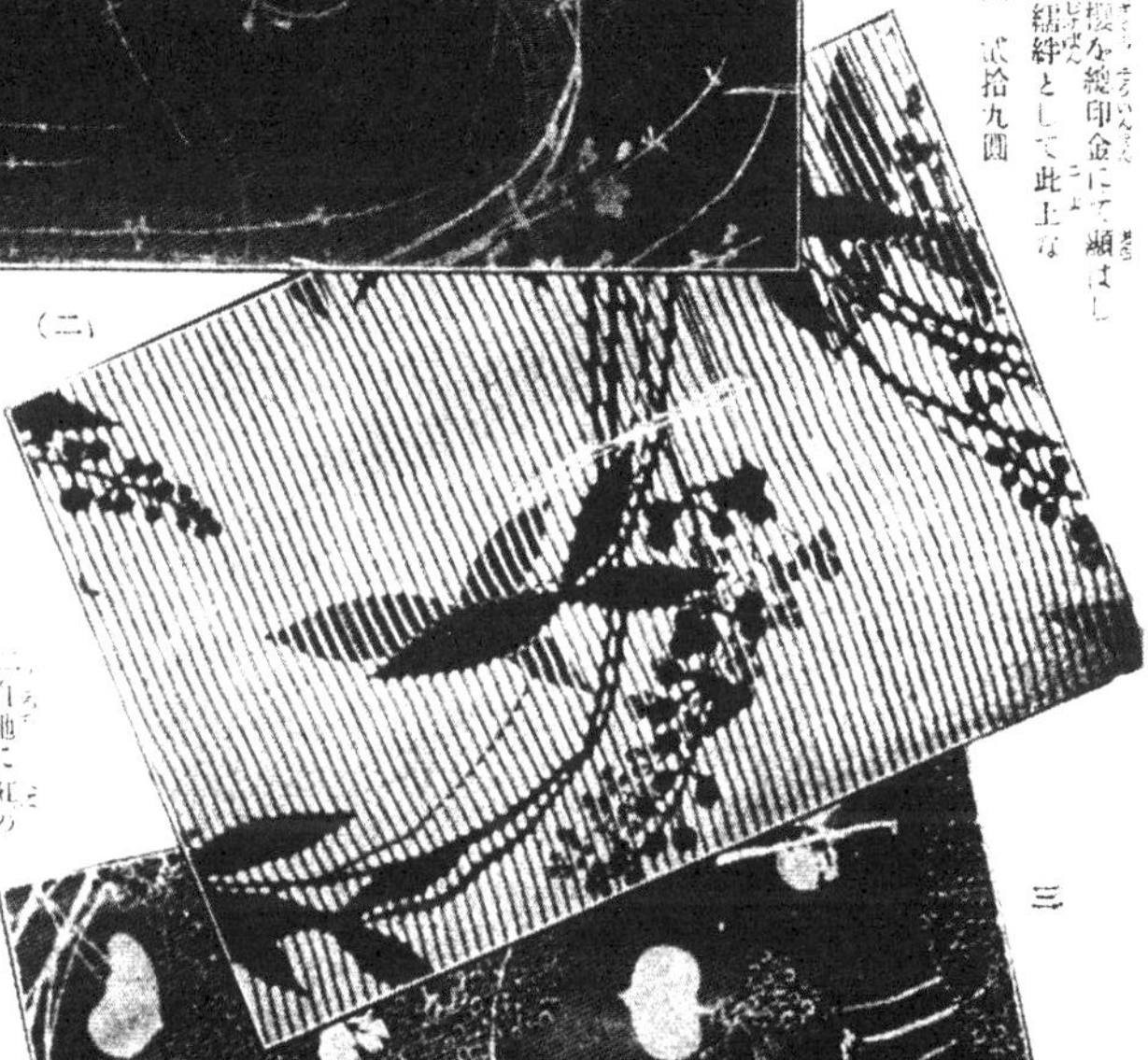

(二)白地に紅の棒縞に澤瀉を同じく紅と路考茶にて顯はしたる曲線の美得も言はれぬ趣あり十七八の少女が長襦袢にして粋なるもの　價　拾六圓五拾錢

三

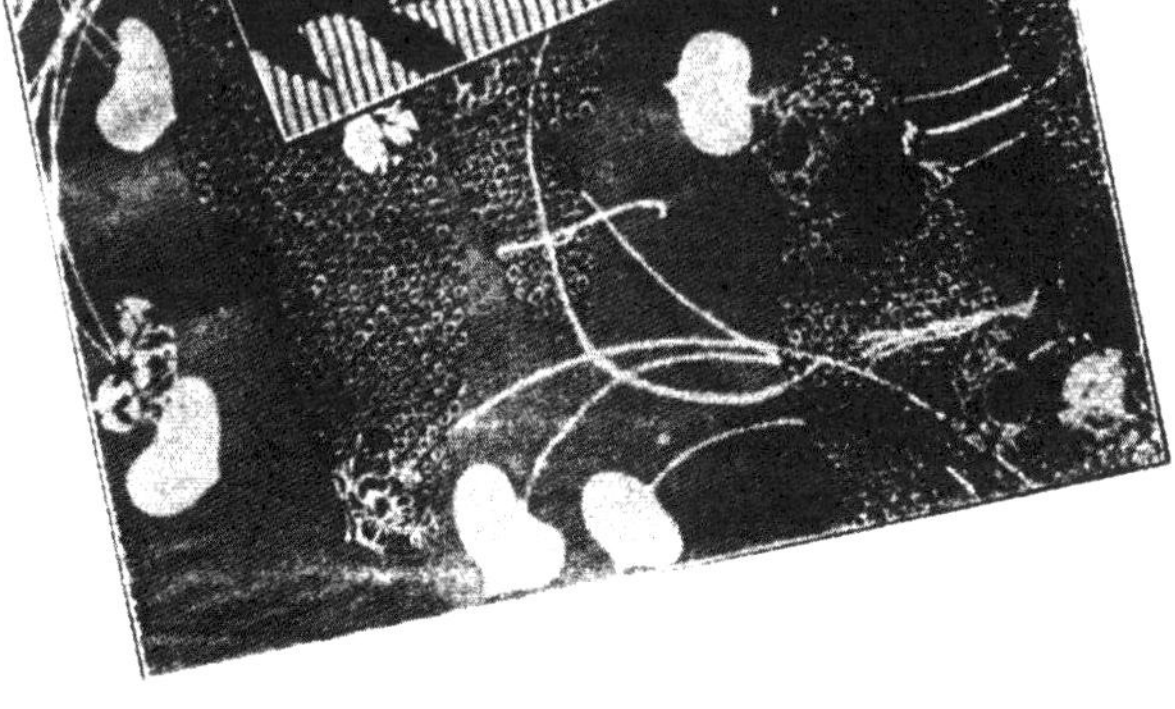

(三)赤小豆色地に紅地鹿の子の寳生雲、葵の葉を白ぬきと濃きオリーブ無地と古代更紗を取交ぜたる美くしき長襦袢用　價　一尺六拾貳錢

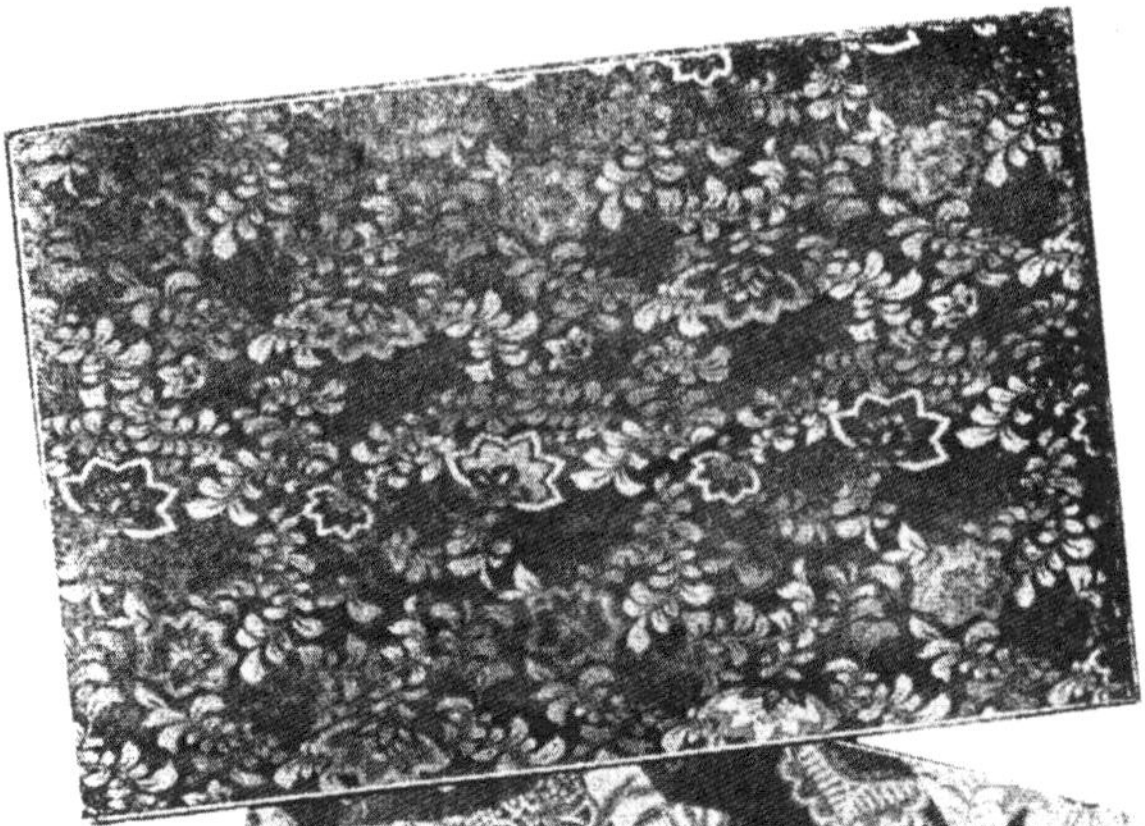

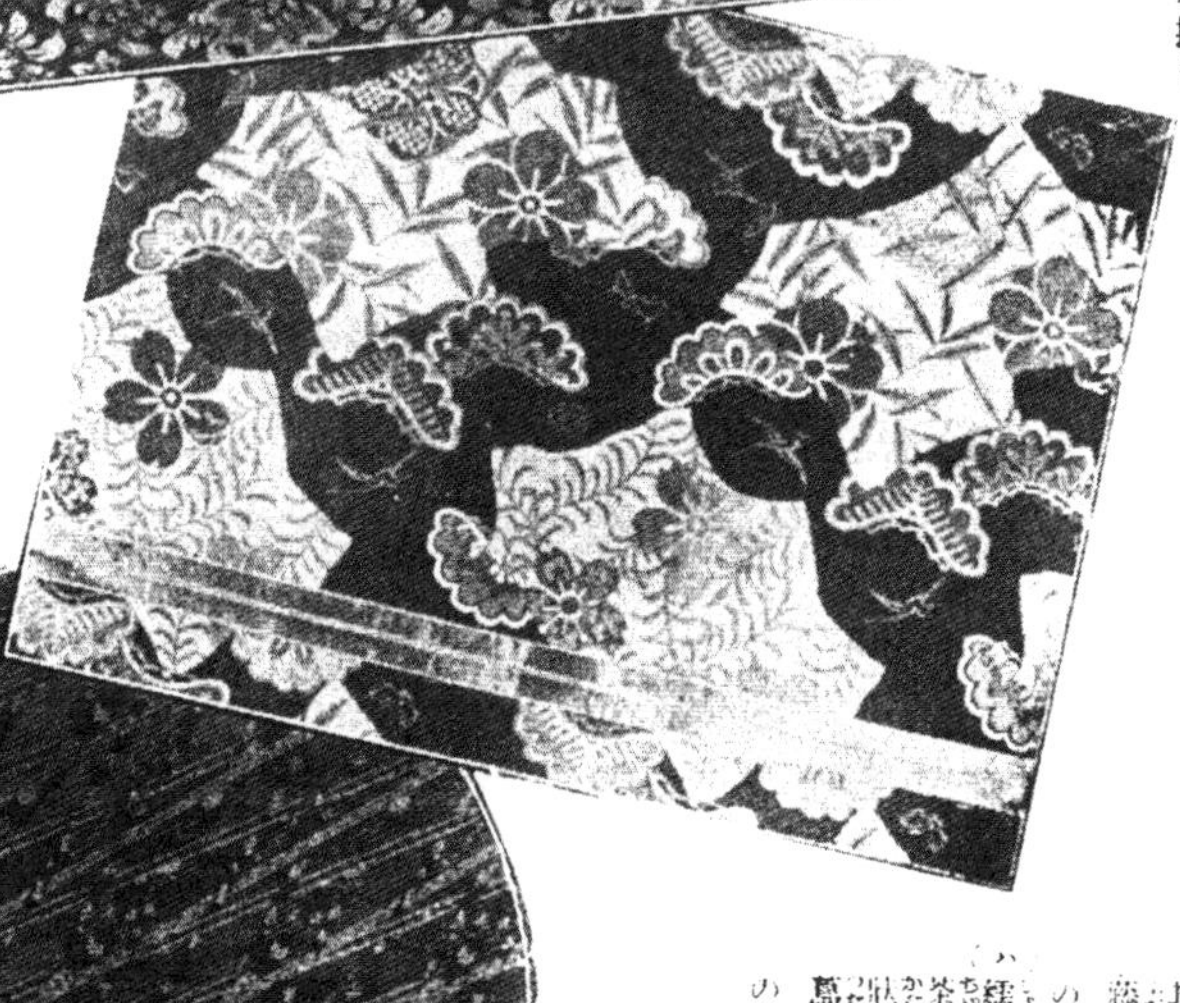

（イ）繻子金通し丸帯

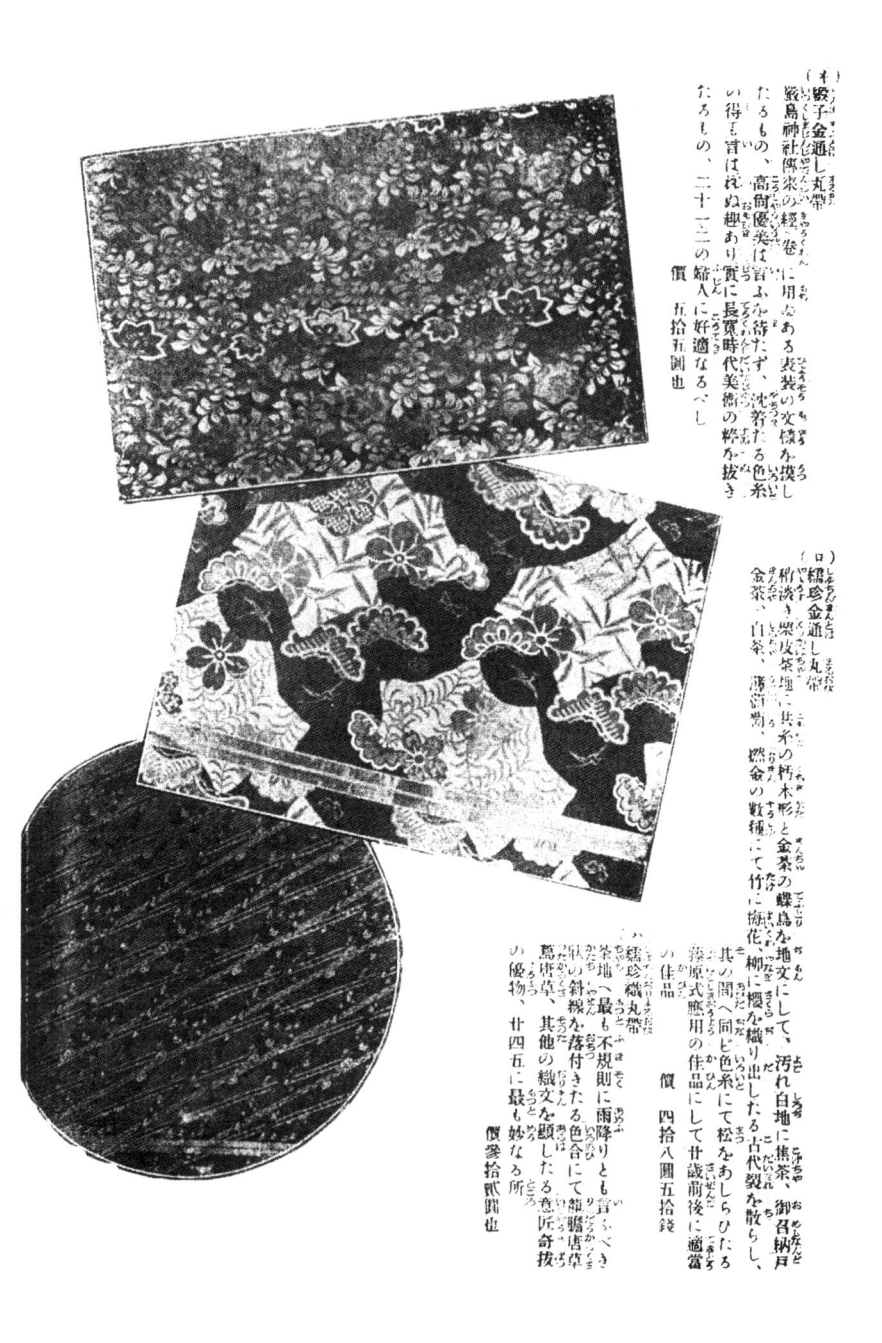

嚴島神社傳來の經卷に用ゐある表装の文様を摸したるもの、高尚優美は言ふを待たず、沈着たる色糸の得も言はれぬ趣あり實に長寛時代美術の粋を抜きたるもの、二十一二の婦人に好適なるべし

價　五拾五圓也

（ロ）繻珍金通し丸帯

稍淡き栗皮茶地に共糸の朽木形と金茶の蝶鳥を地文にして、汚れ白地に焦茶、御召納戸金茶、白茶、薄萌黄、燃金の數種にて竹に梅花、柳に櫻を織り出したる古代裂を散らし、其の間へ同じ色糸にて松をあしらひたる藤原式應用の作品にして廿歳前後に適當の作品

價　四拾八圓五拾錢

（ハ）繻珍織丸帯

茶地へ最も不規則に雨降りとも言ふべき状の斜線を落付きたる色合にて龍鶴唐草、蔦唐草、其他の織文を顯したる意匠奇抜の優物、廿四五に最も妙なる所

價參拾貳圓也

きなり、是も改機の辷り付き總仕立上り拾貳參圓にて近來此の薄羅紗の洋服地を應用すること流行の上乘なるもの。

男子向夏季和服用の外套は重にインバチスコートにて假に夏冬を比較して見ると冬は長い英形が八分にインバネスが二分の割合であるが、夏季は反比例で漸く英形を用ゆるものが少くなる傾向である。

地質は降霜セル、同薄羅紗が嗜好に適するが近來同地質の朧格子が流行の魁である。何れも改機の辷りを付けて出來止り直段

インバネスコート高等出來合品

拾圓ゟ拾貳圓位

所謂高等出來合品とは謂はゞ職方の合ひ間〳〵に叮嚀に造らせたのであるから體軀にさへ適へば注文品と毫末の差もないのである、此種に用ゆる色の流行は薄鼠、藍鼠が普通一般に行はれる所で凝た向には滿州茶焦茶の類である。

又海外旅行は勿論、風雨を凌ぐべきものは無論英形で和洋服兩用のゴム羅紗に限る、色は黑、紺、焦茶、カーキー色などが流行で、價格は拾五圓以上廿五圓位

◎◎蟬衣簪幷蟬衣帽子飾!!!　同店發賣

本品は本年の新製品にして原料は木の葉の纖維を採りたるものにて一見蟬の羽のごとく實に涼し氣なると比類なきもの、眞に蟬衣簪の名に負かず、この原料を以て造りたる花のいろ〳〵に鷺の簑毛をあしらひたるなど都て輕く涼しく夏氣の髮飾りとしてこれに上超すものあるまじく、價は五十錢位よりいろ〳〵有り。又婦女帽子の飾として輕目に涼しく美しさと空前の佳品といふに憚らざる所なり。

育兒法

（前號の續）

叢軒

乳母

前にも陳たる如く、萬一母親が病氣等の事情のために自分の乳を與へることの出來ぬ場合を生じた時、これに代るべきものは乳母である、

抑我が國で乳母を用ゐることは遠い昔から有つたことで、彼の豐玉比賣の產み給ふた皇子鵜羽葺不合尊を玉依比賣の乳にて養ひまつるに初まつたので、上九重より下庶民に至るまで盛に行はれて居る、殊に昔から縉紳諸侯或は富豪家に在ては、凡小兒といふものは必乳母に養育させねばならぬやうになつて居る。

扨何樣いう乳母がその兒に適當するで有らうかといふ問題を決することは頗る困難の事に屬する、で、到底素人の容易に鑑別し能ふべきことではない、實に良醫の鑑定を乞ふの外はないのである、但醫師と雖も亦乳母の鑑定には苦む所で、責任を負ふて乳母の良否を保證するとは頗る閉口であるとのことは往々耳にする所である、

扨その選ぶべき必要の條件は年齡、體格、性質等の關係が大眼目である

先乳母とすべきものは身元正しいのを選ぶべきは勿論その他

○托すべき小兒と同じ頃に出產したもの。

○二十歳より三十五歳までにて先は母親と同年若くは多少若き方。
○疲痩たるは無論惡く又餘りに肥滿なるも不可なり、先は中肉にして發育の平準を得たるもの。
○顏色よく。
○眼明朗にして眼瞼淸く。
○毛髮揃ひ。
○口唇紅色を呈し而も裂痂なく。
○齒白くして齲齒なく。
○胸は適當に大きく。
○乳房締り。(大く垂れ下りたるは惡し)
○乳頭大なる方にて腫物、負膓なく。
○市中のものより田舍者。
○遲鈍者より敏捷者。
○輕躁者より沈着者。
○武骨者より愛嬌者。
○怠慢者より好潔者を選ぶことは勿論である。
其他性質も母親と類似したものを選ぶが良いとして有りますがこれは出來ない相談で有らうと思はれる。

又乳母を傭ひ入れる時期は乳母の產後六週日から八週日の間にするが佳い、元來乳は出產から日を經るに從つて乳の中に含む所の物質の割合を變ずるもので、自然小兒の成長に伴れて必要の滋養分が好い加減に分泌するやうに出來て居る、例之ば乾酪質は二ケ月の終りからその量を增し、牛酪質は月々に增減が有つて、乳糖は漸次其の量を增加するの類である。で小兒の成長と同じ割合に變化してゆく適度のものを選ぶのが肝要である、で、小兒が乳母の分娩より早く生れたのは佳い、要するに六ケ月の小兒

に三ヶ月前に分娩した乳母を傭ふのは佳いがその反對では良くない、
又乳母の血統に傳染病即ち肺病、梅毒、精神病、癲癇等のあるものは最も忌むべきであるが、彼等は勉めて隱秘するものであるからこれを訊問することは頗る難事である

文苑

◎川柳　一ダース　　巴之助

中に一人そねめ〳〵とはつ袷
鶯の咽喉はんえりに梅のはな
友禪の燃ゆるに雪の肌を見せ
扶桑お召でイヨー日本一
富士額あけぼの色の裾模樣
確かり者だよ投げりや立つ博多帶
奉書に店の信用のおすみつき
燕尾腹柳の間まで行くのなり
意氣でコートで人柄に作りあげ
お太皷の帶お茶ッぴいの笛吹かず
仙台平林子平など說いて居る
白木屋に居る丈八はハイカラア

編輯局の丈八も躍起となつて
何乃公もと雁首喩へオヽアッヽ

新風俗詩（久良岐社）

吾等の作らんとする新川柳即ち新風俗詩は、初代川柳翁の舊風俗詩（江戸都會詩）に對するものにして、狂句の如くオドケ、フザケ、毒口、縁語を主とせる俗惡なるものに非ず、（現下の川柳と稱するは概ね此類なり）川柳を純滑稽詩と盲信する者は、吾等の畑にてコレをお話中と云ふ、初代點が寶暦安永度の川柳は、少なくとも江戸市井詩なり）滑稽諷刺は人事詩に附帶せる條件、其金看板には非らず、蓋し滑稽は一に天才に待つ、彼の新狂句一派の滑稽諷刺を濫用せるが如き、直情經行殆どロスケ一流の蠻的に陥る、豈目するに新戰勝國の平民文學を以てすべけんや、古に曰く、君子終日善戯謔すれ共、虐を爲さずと、未だ非滑稽を知らず焉んぞ能く滑稽を解せん、是吾新風俗詩の此問に崛起せる所以なり。進んで家庭的娯樂川柳を作らんとす。

雅古藏

（野遊）富士山が見へると華奢な手を翳ざし
羽衣の松だと羽織脱いで懸け
つく／＼し小耳へ挿む高慢さ
摘んだ草地藏の膝へ忘れて來
水溜り仰山さうに飛び越える
（汐干）海士の子に唱歌教へる面白さ
蟹の穴見ると蝙蝠傘で突き
蛤の貝で莨の火を借りる
小べりへと海老茶袴を脱ぎかけて
汐干船殿樣海士を二枚撮り
（牡丹）蘭丸は牡丹見い／＼數へて居
塗木履鉢の牡丹の花が搖れ
梨壺の牡丹連歌の題になり

腰元は牡丹の間ひを縫つて來る
溫室の牡丹スリッパそつと踏み

（雜題）

三つ指を突くと紅茶を持つて來い
二代目の小町菫と星で詠み
山吹の門にちいさく生田流
標札を見い／＼乳の瓶をかけ
アルバムへ女らしいをハメて置き

俳句

△袷十句　雨六

病癒えて仕立おろしの袷哉
袷着て若葉の風に吹かれけり
美くしき姉といもとや初袷
袷着て夫婦訪ひ來ぬおそ櫻
初袷上野の山にのぼりけり
白木屋に妻が好みの袷かな
袷着て我子連れけり佛の日
苗代をみて居る人やはつ袷
初袷娘に寫眞とらせけり
湯屋を出でしよき女房や初袷

衣裳十句　灑山　花葉

友禪の袖が見ゆるよ青簾
並らべ干す手欄の衣や風薫る
裲襠や風の凉しき樂屋口
羅の袂ふくるゝ渡舟かな
掛香や衣美くしき妾
編笠や黑羽二重が落し差
退院の髭も剃りけり更衣
帷子や腰の矢立のいたげなる
夏座敷よき衣匂ふ衣桁哉
朗々と尺八を吹く浴衣かな

室内裝飾法

（棚飾第九號のつゞき）

松浦伯直傳

前々號即ち第九號より棚飾法を記載し初めたり、而して棚飾の方式と書院飾りとは、兩々相待つものにして、其の書院飾りは廣く諸種

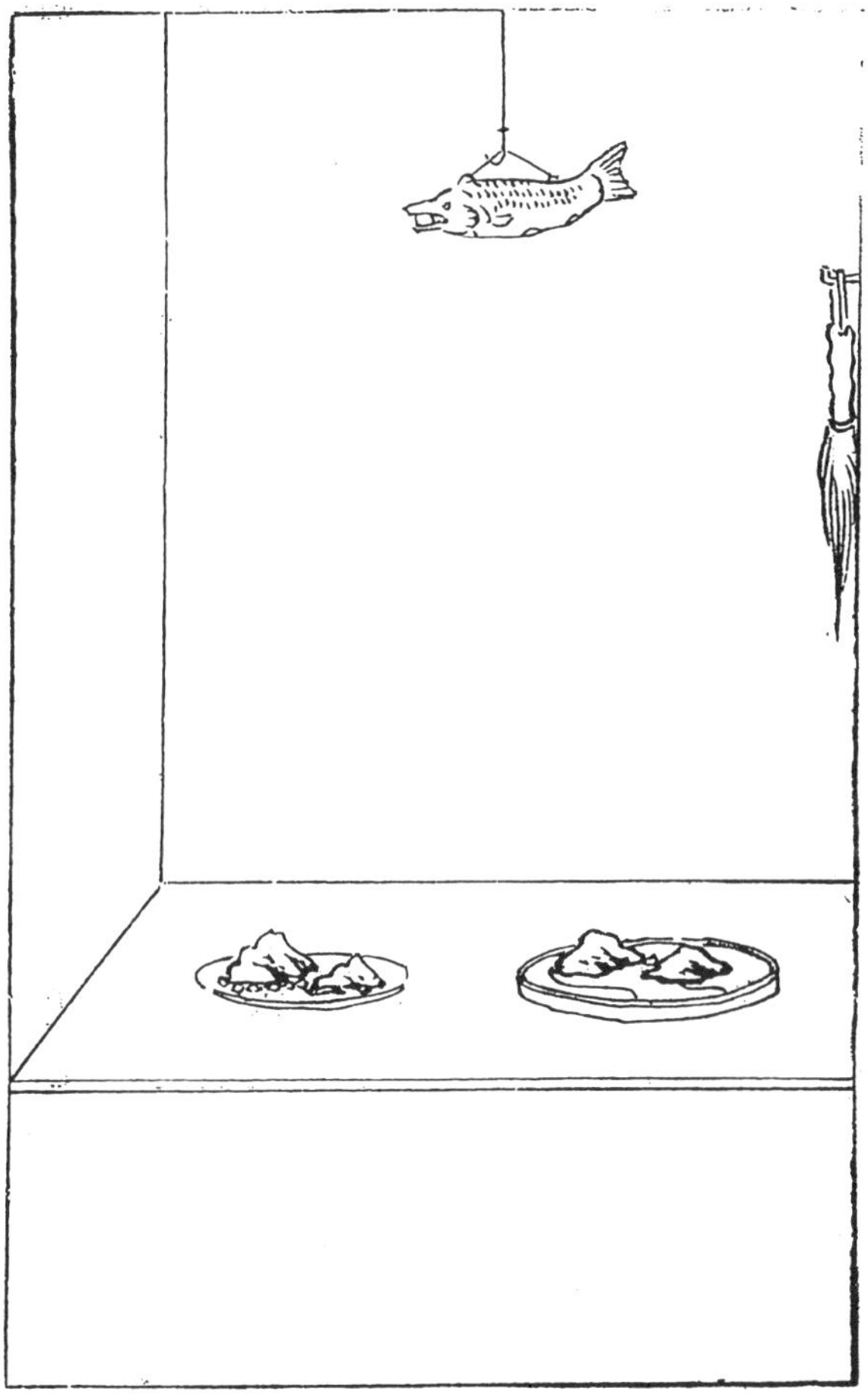

の棚飾りに應用すべければ、讀者の便宜上先書院飾りの方式五種を示すことゝはなしたり、乃ち第九號に其の一二三種を掲げ本號に四五の二種を載せ、これにて書院飾りの方式は終りたるなり依て次號よりは棚飾の方式を順次記述すべくその書中付書院あるものは、「付書院第何號を用ゆ」と記載すべければ、そのときは第九號並びに本號を參看せらるれば明瞭なるべし、倘次號以下棚飾の圖を見て知り給へかし。

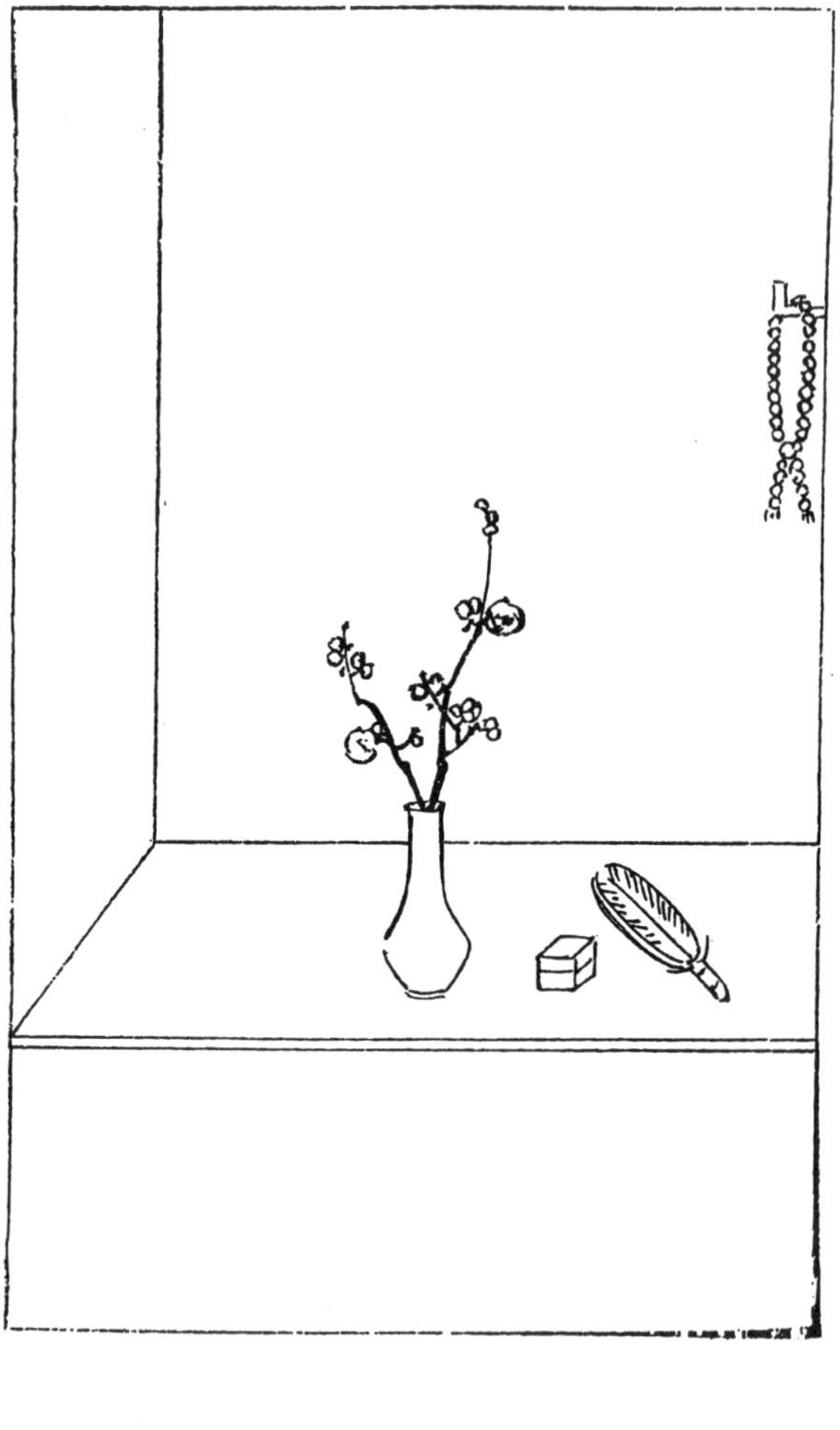

笑門

文八

御大名 其一

世の中に昔の御大名ほど樂天なものは有りますまい、彼の有名な松平不昧公は茶道に雲州流の一派を立てられたほどの御人で、頗る下情に通ぜられた評判のお方でありましたが、或る時下郎が五布蒲團を被つて午睡をして居る姿を御覽になつて、

『下郎といふものは寢相の惡いものだ、蒲團の下へ潜り込んで居る』

と大層お笑ひになつたといふお話しが厶いますが、我々は肱枕で疊の上へ直に寢ることなどは珍くも有りません、其處へ山の神が近所の小買物から歸つて參りまして。

『マア所天は何といふ事たらう、鳥渡不在を頼んだのに大鼾で、呆れたもんだヲキ〱御叮嚀に鼻から提燈を出して』

など〻口小言をいひながらも其處は人情で感冒でもひいてはならぬと小蒲團を出して眼の覺めないやうにふわりと輕く掛けて呉れるなどは有り難い所で……、

所が此の蒲團を敷て寢るものとばかり思召て在らせらる〻御大名の眼から御覽になりましたら、成る程敷て寢た蒲團の下へ潜りこんだと思召すから寢相の惡い此の上なしで可笑いに相違ありません。是は古くから人口に膾炙したお話しで珍らしくは有りませんが、

茲に良相の聴え高き彼の白河の樂翁公が、徳川武士が日に増し奢侈に募りまして武道

の廢れゆくを嘆かれまして、非常な防遏策を行はれました、で、先質素儉約といふことが第一の御趣意でありました。

或る時殿中に諸侯方が御集りになりまして

『トキニ此度越中殿の御觸出しに付ては、自分共も專ら儉約をせねばならんが、先華美に渉り易いのは衣服と心得ますて、最も質素で最も保のよいのは何品で有りませうか？』

といふ疑問が出ました

何が扨大諸侯の御集りで有るから一向に其様な點に御頓着がなかつたので有りますから、一人として夫は恁うでムると御答へをなさる御方がない彼の御大名一人大得意になられまして

『斯う見渡した所で諸公は一向其邊の所に御調が届いて居らぬと相見える、然らば拙者から申上やう、得意可思 エヘン、拙者の考えでは黒羽二重の紋付は外見の質朴は言ふまでもなく、品の保が一番宜しいと思ふ、諸公は如何思召す？』

『勿論黒と申す色は最も質素なものでムるが、其の耐久の點は如何してお調べになりました？』

『然らばでムる、拙者只今着用の帛紗小袖は幼少の折より着用して居りますが些も傷みません』

何と御大名は始終御召物を御納戸方で換えられますが極り切つた黑の御紋付であるから少も御存がない、成程此分で往きましたら百年も千年も耐久ませう。

同　其二

明治の御維新となりまして、諸大名方も多くの御供揃を廢せられ、僅に御近習兩三名御召連になりまして大抵騎馬でお出かけになります。

斯ういふ風に諸事御簡畧になりました所から、從前噫にも御存ない所へづん〳〵御出になる、頓と籠の鳥が放されたやうなもので……。

當時最も盛に花柳の街へ出入なされましたのが土佐の容堂公、越前の春嶽公など何れも活溌なお方々で在らせられますから大概御同行で、當時名の高い今戸の有明樓、が御贔負でちよく〳〵お出になり、吉原、柳橋などの藝者をお召しになりまして日夜御遊興で……。

玆に面白いのが此方々が從來餘り藝者衆などに接近遊ばしたこともありませず、又此頃の藝者衆も御大名方に近寄つた事が無いので有りますからお互に事情に通じませんけれども流石に多くのお客の機嫌氣づまを取り馴れて居る藝者衆の事で有りますから到頭世話に摧いて了いました。

『コラ小万モット近くへ來い』

『否ですよ御前、小万側へ寄れナンて、とんだ三五兵衛で……』

『何だ三五兵衛などゝ、三太夫の間違では

ないか?』

など、何れも聾断して、此の小万と申します藝者は當時山谷の姉さん株で、隨分お俠の荆蕀搔きてありましたから、殿樣とも何とも思つて居ない、

『御前鳥渡拜借……』

と無遠慮に春嶽公の御煙草を取つてパクリパクリ烟草を喫み初めた松平樣驚いた、今まで斯んな目に逢たことが無い、けれども怒つては野暮だと思召すから苦い顏をして我慢してお在になりましたが、頓て御次に扣えて居られました御家來を密とお召になりまして
『コラ〳〵大至急に烟管を持て參れ』

『ハッ』

御家來の小林太仲殿忽ち馬の障泥を蹴つて

『ハヨー……』

御邸へ駈付けまして御烟管と持つて息も繼かず有明樓へ乘付けまして殿樣へ差出る。

此方の小万は一向無頓着で、

『御前鳥渡拜借……』

松平公澁面作つて、

『コラ〳〵、太仲を喚べ』

此の御遊興の間に三度煙管取りの急御用で御本邸へ早馬を遣はされました』

町人の子

藁の上から錙銖の利を爭ふことが耳に這入つて居ると自然に頭腦がそれに出來上るものと見えまして。

或る商家の内儀が女兒を伴隨て川崎の大師樣へ參詣にゆく出がけに

『美イ坊も最ちつと丈が低いと汽車賃要らずに行かれるけども、眞個に丈ばかりヒヨロ／＼伸てるもんだから詮方が有りやーしない』

と言ひながら電車へ乘つて、往復切符を買つてチヨキンとやらせてから密と二つに割いて美イ坊に交付して鳥渡一錢掠るといふ筆法で……。

電車から降りて匆皇／＼に停車場へ着くとカラーン／＼と發車の報鈴が鳴つて居るので、慌て丶切符を買つて改札口へ美イ坊の手を引張つて行くと、急に美イ坊がぶら下るやうになつたから、

『美イちやん何だね、そんなにぶら下つては重いぢやないか』

と小言をいふと、美イ坊脱からぬ顏でいよ／＼躰を小さくして

『嚊ちやん此の位の丈で可いのかへ』

以上すべて實際にあつたことをお話しに爲ましたので作り噺してはありません

雜錄

◎白木屋の染織品競技會と世評

本誌第九號(三月發行)本欄内に「戰捷國の商工業者」と題して空前の戰役に遭逢しつつある我が商工業者が怎生に活動し如何に進みつゝ有るか、該呉服店大賣出しの景況に見て其の全豹を卜するを得べしと爲し、其の實際に就て報道すべきを約したるが、去る四月一日より競技會は開催されぬ。折しも春雨のそぼ降りて、氣溫は降り時ならぬ寒さを感ずるほどの不順氣なるにも拘らず、其の發會の當日より永き一ヶ月を盛況のうちに惜しき終りを告げたり。

偖その光景は我が拙き筆の能く盡すべきに非ざれば、都下有名の諸新聞紙上に顯はれたるものを取湊むれば各社それ〳〵の所見ありて却々に面白ければ、左に摘載して讀者の一粲に供することゝは爲したり。

東京日日新聞

毎年春秋二期に催さる可き染織品陳列會の本年度春期陳列會は去る四月一日より白木屋の三層樓上に於て開會せられたり陳列の染織品は其の織方に於て其柄模樣に於て野に咲く花の取り〳〵面白きが中に別けて京都及伊勢崎よりの出品には思ひ切つて嶄新なる趣向を出せるがあり又桐生足利博多及越後などよりも相應に

精巧なる新物の着荷ありて意匠の進歩眞に驚く可きものあり（下畧）

日本新聞

（前畧）同店の染織品競技會は雨天にも拘らず非常の好況にて三階寄せ切場の如きは來客群集して身搖ぎもならぬ程の雜沓を極めたるが其裝飾及び陳列品の主なるもの左の如し（下畧）

都新聞

日本橋の白木屋呉服店にては本月一日より例年の通り春季大賣出しを兼ね染織品競技會を催し居るが連日の雨天にも拘はらず非常の好況なるよし殊に店前の飾窓を汽車の一等室に見立て紳士の一家庭が近郊櫻獵の歸途を寫し主人夫妻と三人の兒女に斬新なる春衣を纏はしめたるなどその意匠面白く（中畧）又來客の便を計り同店の一室に鮨、菓子、辨當などの店を出させ居るは確に一の進歩なりと謂ふべし

東京朝日新聞

柳櫻をこき交ぜし都の錦と色を競ひ此處にも彩花爛熳の春を現じたる染織品競技會は去一日より日本橋通白木屋呉服店の樓上に於て開かれたり出品は京都始め兩毛各地、博多、八王子、甲府等の各織元より特に送來りし新製品のみなれば先づ今日の流行と機業の進歩とを見るに足るべし（下畧）

中央新聞

去る一日以來例年の如く同店の三階に開始されたのである▲偶には眼の保養もよからうと一昨日の午後同店の忙しい中を訪ふて店員の案内を乞ふ事にしたが相變

らずの繁昌にて客は樓下樓上三階の小切物陳列場などは奥様、令嬢を始め夫婦連偕は花見がてらに出京した地方の人で群集して居た▲競技會の場所と云ふのは三階の表の方で諸國の珍品陳列場としては少々狭い感じもされたが併し多くの品の配列がよく行届いて居るのは嬉しい▲男だてらに美しい染摸様に先づ眼を奪はれてドレが善いやら何うなのやら分らぬ位であつたけれど引くゝつた所を云ふと近來各地共に染物や織物に長足の進歩をしたのは驚き入る斗りで其一二の例には（下畧）

國民新聞〔寄切場雜沓の圖を挿入して〕

白木屋呉服店に入つて先づ驚かされたのは右を見ても左を見ても精巧を盡した織物の數々、染物の品々、夫れがあらゆる色彩の美をもつて飾られて居ることである例の染織品競技會は其三階の陳列室に開かれたが打見たるところ各種獨特の巧致を戰はして何れを何れと品さだむるに苦しむ(下畧)

讀賣新聞

三越に陳列會の催しあれば、白木に染織品競技會の擧あり、此處双方競爭の氣味合にて、三越は元祿式を吹皷すれば、白木も其向を張つて矢張大模様を主張する傾きあり、(下畧)

毎日新聞

同店の春期染織品競技會は去る一日より開かれたるが京都、桐生、足利、伊勢崎、博多其他よりの出品孰れも精巧にして其進歩の驚くべきものあり就中趣向の嶄新にして殊に觀覧者の眼を惹くべき品々の幾分を紹介せんに(下畧)

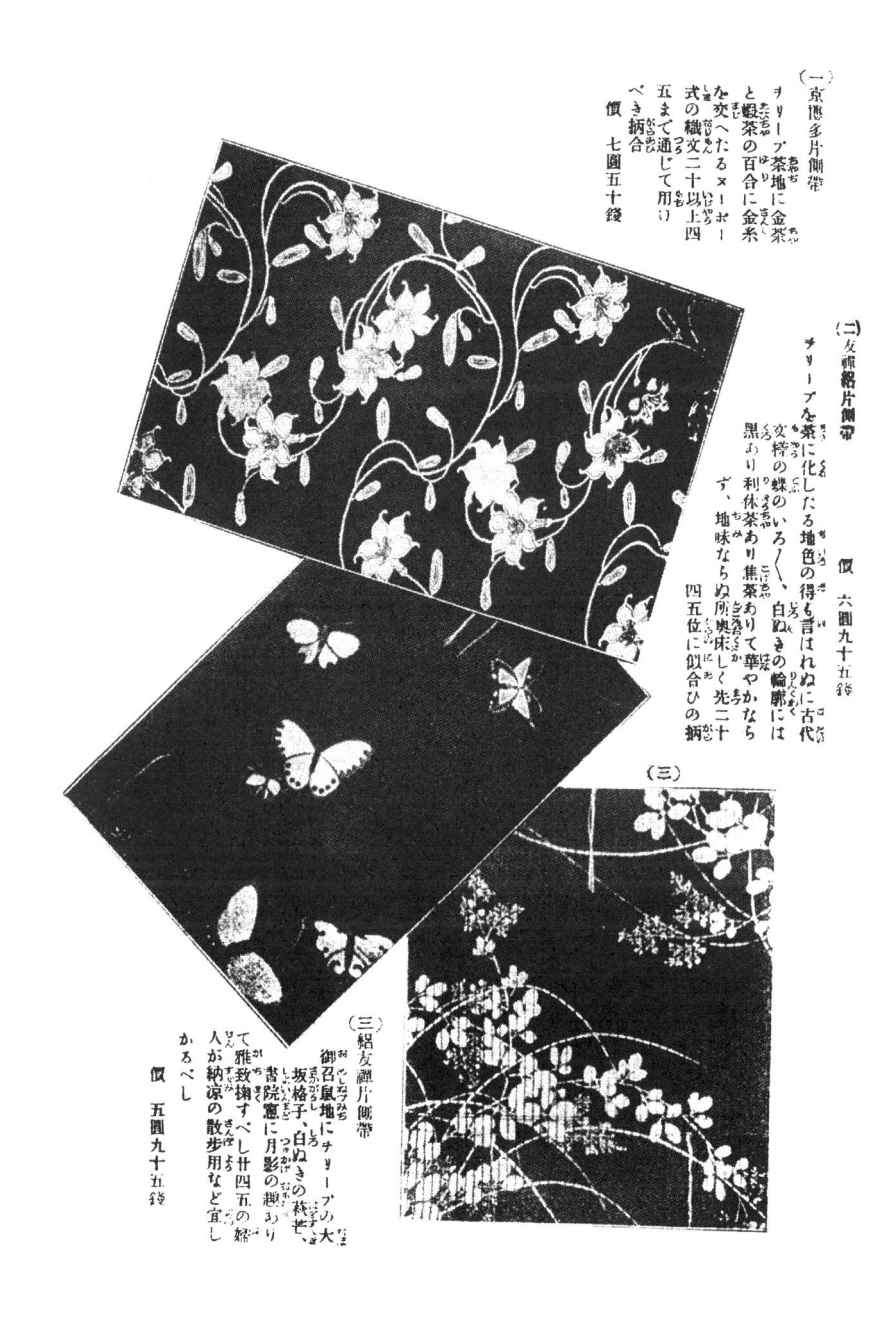

（一）京博多片側帯
オリーブ茶地に金茶と蝦茶の百合に金糸を交へたるヌーボー式の織文二十以上四五まで通じて用ゐべき柄合
價　七圓五十錢

（二）友禪絽片側帯
オリーブを茶に化したる地色の得も言はれぬに古代友禪の蝶のいろ〳〵、白ぬきの輪廓には黒あり利休茶あり焦茶ありて華やかならず、地味ならぬ所奥床しく先二十四五位に似合ひの柄
價　六圓九十五錢

（三）

（三）絽友禪片側帯
御召鼠地にオリーブの大坂格子、白ぬきの萩芒、書院窓に月影の趣ありて雅致掬すべし廿四五の婦人が納涼の散歩用など宜しかるべし
價　五圓九十五錢

單帶地

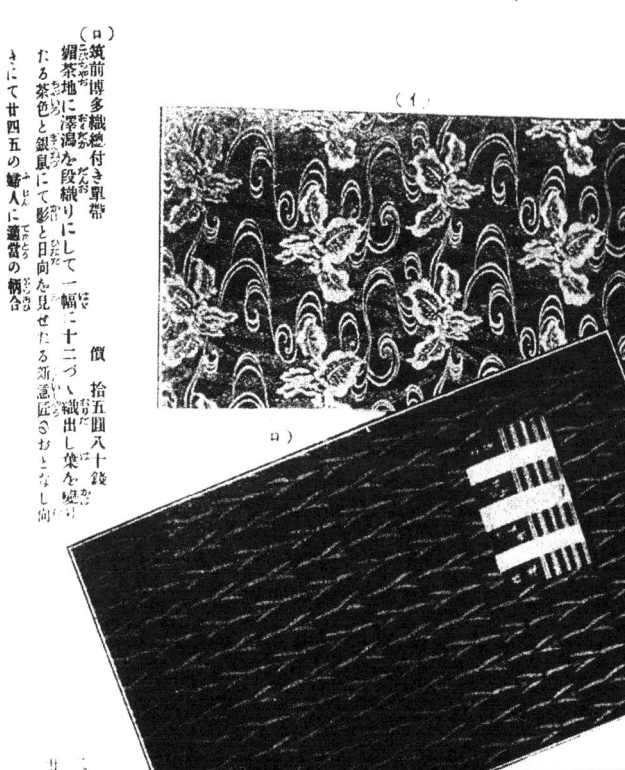

（イ）清涼織單帶　價 拾七圓八拾錢

葡萄色と白との晝夜織り、文樣は水に杜若、絽棧の如き織目ありてうち見にも涼しき柄合先粹なる向きのもの

（イ）

（ロ）

（ハ）

（ロ）筑前博多織總付き單帶　價 拾五圓八十錢

媚茶地に澤瀉を段織りにして一幅に十二づゝ織出し葉を變へたる茶色と銀鼠にて影と日向を見せたる新意匠のおとなし向きにて廿四五の婦人に適當の柄合

（ハ）東洋織單帶

光琳式の水に渦卷きを取り交ぜたる織文にて白と濃葡萄との色を兩面反對に織り出したるものなり

廿四五までの婦人向き

價 八圓〇五錢

中央上段は最新式夏のフロックコートにして丈けは從々長めに赴き腰邊にて著しく擴れて曲線を畫ける將たヅボンの細めなる等流行の特徴なるべし之れに用ゆる新着ヅボン地質の内四種を周邊に示したり何れも英國產純良の絨にて澁くして氣品に富みたる流行のみなり之れに黒薄肉ピキュナにて作りたる上衣を豐かに着流し故さらならず開けたる胸邊より純白又は少しく彩文あるリンネルのチョッキの見ゆるあたり實に床しき好紳士の模範なるべし
中央下邊にあるは白又は白茶地格子縞織にて作り黒の縁り取りしたる新式チョッキにて重もに野外散歩其他の遊歩運動服の取り合せに着して大に趣きあるべし

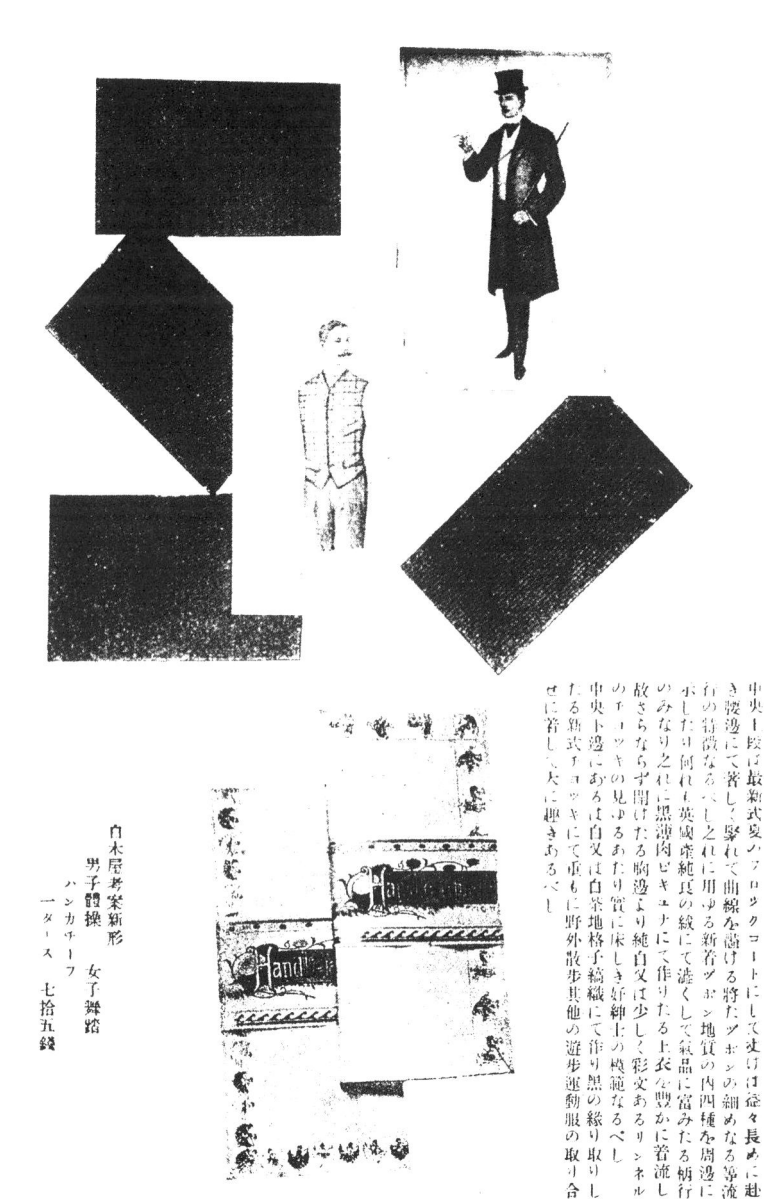

白木屋考案新形
男子體操　女子舞踏
ハンカチーフ
一ダース　七拾五錢

英國ヨークシャイヤ羊毛にて織りたる縞綾薄絨にて色は錆納戸、濃鼠、グロッグ鼠、オリーブ利久、淡鼠、白茶鼠、薄消炭等すべて時好に適したる澁き色合にて雅る格子を表したる縞目にして柔軟なる品なれば晩春、初夏のミッ揃脊廣、運動服、オバーコート、夏外套、インバネス、東コート等に用ひて匹敵なかるべし此絨にて仕立たる

ミッ揃脊廣壹組
廿參圓より
廿五圓位迄

夏外套及インバネッス
かいきすべり付
拾五圓より
拾九圓五拾錢位迄

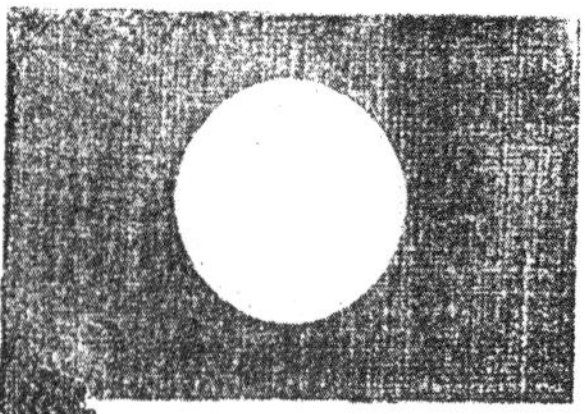

東コート、道行合羽等 かいきすべり付
拾三圓八拾錢より拾六圓位迄

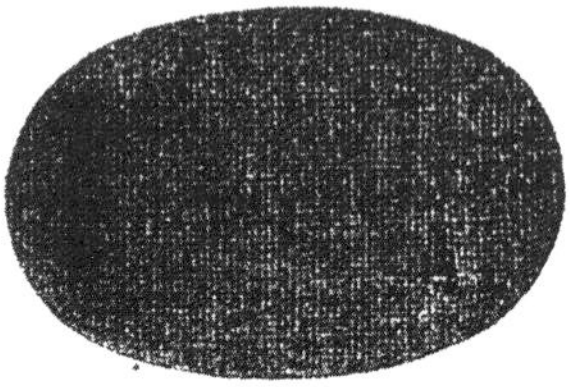

白木屋考案新形
綾羽二重ハンカチーフ
各一枚四拾五錢
A 陸軍戰捷紀念
B 海軍戰捷紀念
C 平和乃春

二六新聞

未だ越後のみは到着せざれど八王寺、桐生、足利、館林、京都、博多の製品は悉く出陳せられ新奇、絢爛、瀟洒とり〴〵に目を驚かすばかり(下畧)

電報新聞

今回白木屋の競技會出品中には大に其の圖案の進歩を見る、(中畧)更に販賣の光景を見るに四月一日の賣出し已來同店の階上階下を通じて立錐の地も無いほどの顧客が絶間のない有樣で、現に各地方から來る客の爲に同店内遊戯室の一部を割いて、帆かけ舩の出張販賣を始めさせた所が日々大繁昌で何時も滿員の有樣であると云ふ、花時の折柄、顧客も縦覧者も益々增加するであらう

人民新聞

同店の染織品競技會は生憎連日の雨天なりしにも拘らず非常の好況にて三階寄せ切場の如きは來客群集して身搖きもならぬ程の雜沓を極めたるが殊に人目を惹けるは店頭の飾附なり(下畧)

報知新聞

去一日より本月中開かるゝ白木屋呉服店の新柄陳列會は三越呉服店と川一つ隔てゝ互に溢れん許りの客を引きつゝあり(下畧)

時事新聞(は専ら出品に就ての批評を試みたのである)

偖此社會の聲を綜合して見ると實に記者が豫期する通り、前途遼遠なる戰局を前に置いて商業者が斯くまでに奮勵して盛に其の本分の業務に專らなるは實に國家の爲め嘉すべきである。

更に工業家が什麽なる有樣に進みつゝあるかは新製の染織物に對する進步の有樣を一括しての批評は中央新聞が言ひ盡してあるから左に錄して劉覽に供しやう。

中央新聞

▲京都の友禪染は無論特色として彼是云ふべき節もないが近來模樣に就て種々と苦心を凝らして居るのと夫れから伊勢崎絣の進步は本場の大島を淩ぐ有樣に次いで越後地方の發達は京都も一步を讓るべく又米澤の年々頭角をあらはして來た事が更に愛知の本綿物を覗いて他に眞似の出來ぬ巧みの點のある事を發見した▲帶地の新らしいものとしては桐生の國光織と日進織であるが特に新物の呼び聲あるは京都の綾波織と云ふので之れは數奇を盡す婦人の是非一見すべき價はある次に從來帛紗につかはれた幸織が帶地に織出されてあるのと夏の帶地として涼絽織は所謂「異」な物の部に入れてよからう▲斯う數へ來れば際限はないが年々新らしい物異つたものと織出されて變化のするどい事は一樂より脫化した好貴織をみても爭はれぬ事實である好みある客ならば見本帖を見て彼是と云はず共注文に據つてはドンナ物でも出來ると云ふ便利な時代になつた▲ソコデ色模樣の變化について自分丈の觀察ではないが確に友禪は元祿時代に逆のぼつたのと夫れに從つて客の嗜好も江戶時代を追ふやうになつたらしい但し此の江戶時代も近世のジミと凝りとでなく江戶時代第一期の自然美に逆のぼつた所は誠に面白い兆候であると

籤當

麗水

一

幾年の埃は白く鍔を埋めた山高帽子の、小兒の脚に穿かれたらしく龜裂たのを、耳の邊までスッポリと眉深に冠り、色の褪せた紬の羽織、絎よれ〳〵の膝のあたり、黑光りに光つて居る小倉の袴、だぶ〳〵に太く括つた瓢箪形の毛繻子の洋傘を杖きながら、路次を入つて反り返つた溝板を、齒の減つて嚙みつくやうな日和下駄で危なげに、寬い鼻緒に指を蝮がたぴしと渡つて三軒目、歪む格子に手をかけて腰を展す、帽子の後から、三日月形に禿顱の見える五十餘りの老爺であつた、

月は彌生、日は中頃の夕間暮、大屋の庭の緋櫻は、黃昏の路次を明るく照すのである

『阿爺、お歸でございますか、』

内から優しい娘の聲がする、途端に障子がさらりと明る、洋燈を背に娉婷と立つた乙女が其處に浮いて出たやう、

煎豆の液の滲み出した行厨包を受け取りながら、

『阿爺、今日は大層お退出がお晩うございましのね、』

『いやもう今日は煙草一服落着いて喫む暇もなかつたよ、例の其の、奬兵義會の慰問袋の發送でな、』

此の老爺、區役所の傭と見えたり内に入つて袴も脱がず頽然と縁の脱れた火鉢の右の主人の座に坐つて、先古新聞の叺煙草入れを出して一服、烟膏の詰つた刀豆をとんと敲いて、四邊を回看したが不審の面持、

『お芳は那邊へ往つたな、』

『あの、阿母は、一寸お風呂へ、』

『障子を悉皆貼り換へたな、』

『餘まり煤けて居りましたから、』

『立派な洋燈を買つたな、昨夜までの洋燈は什麽した、』

『既う口金が燒けきれて、暗くつて不好せんから、』

『此の火は什麽だ、櫻炭だな、載せてあるのも今朝までの、缺土瓶と打つて變つて、此の鐵瓶は什麽したのだ、』

『欠けたお土瓶では、餘まり見ともないと阿母が仰しやつて……』
『障子は殘らず貼換へられたし、新らしい洋燈はカン〳〵點いて居るし、何だか俺は他家

へ往つて居るやうな心地がする、一躰まア什麼したのだ、少し許り裁縫の金が取れたと言つて直這麼無益な事をする、洋燈や鐵瓶は故のでも用は足りる、這麼ものを買ふ金があるならば、捉つて食ひそうな權幕で責めて來る彼の北佐野へ、利の足にでも入れて置いて呉れゝば好いのに、俺ッばかり焦心するばかりで、お前方は何故那麼に氣樂だらう、取る齢だ、根もない、去年の冬の俺の病氣に、お芳が內處で借りた金、口でこそ二十圓、二十圓は俺れが毎日腰辨當で、二月勤める俸給だ、醫者に掛けて貰はなくとも、藥や牛乳や鷄卵など飮なくても、借りて呉れなかつた方が餘程好かつた、其の時死んで仕舞つたら、俺も樂々、お前方にも後の難義や心配を掛けずに濟んだのを、俺が活きたばッかりで、元召使つた彼の北佐野に、惡口雜言のいはれ次第、心外で堪らないが、金が仇の世の中、――して明後日が復た書換の期限が來るぞ、』
太息と共に昂めた肩を頽然落すを、娘は華やかに微笑んで、
『阿爺さん、那麼事は、切望仰しやつて下さいますな、』
『言つたッて詮ないことだが、明後日の書換には、握拳では承知はすまい、』
『もう切望、那麼事は仰しやらずに下さいまし、』
『金が返されぬ曉は、什麼なるか知つて居るか、』
『正可、生命を奪らうとは言ひますまい、』
『お前は何にも知るまいが、北佐野の心の中は、お芳も善く知つてる筈だ、生命を奪れる

？、お前、生命を奪られるよりも、もッと辛い目に逢ふのだぞ、』

『あの、それでは北佐野へ、お金を返しませんと、什麽いふ事を爲ますのでございますか、』

『知れた事！、お前を攫つて往くンだぞ、』

『え!!!、妾を!?』

『最初から其の心算で借したのだ、其の罠に、お芳はむざ〱引蒐つたのだ、』

『まア妾、嫌な事！、』

房々とした丈の髪も、今日は手束のマガレート、眉美しく眼涼しく、何やら欣々と心の中の喜びの、天庭に光る今までの艶なる顔色、遽かに褪せて唇まで蠟より白く、物の怪に魔はれたるやう、肩を窘めて老父の傍へ膝行寄るのであつた、

『眞個ですか、阿爺さん、』

二

『日頃彼奴の身振素振で、俺は全然看破いて居た、ところを俺が師走の空に、窒扶斯で夢中になつて居た時、お芳が彼奴に金を借りたを、後で聞いて扨ては到頭狼穽に陥つたなと喫驚したが後の祭、既う取り返しが附ないのだ、彼奴、前からお前に懸想して居たのだ、それを知らぬお芳も痴呆ならお前も馬鹿ぢや、言譯さへ言つて置けば、元は呼び捨にして使つた男、其の恩義を思つても二年や三年、殊に依つたら證文に熨斗を添へて、返しても

呉れやうなど〻思つて居やうが、彼奴、仲々の白徒だぞ。狡穽に陥めたら最期、上から石を落しても本望を遂げずには居るものか、要らぬ物を買ふ金があつたら、始末して置いて親子の身に降り蒐る災難除の足にする了簡なら頼母しいが、お袋といひ娘といひ、揃ひも揃つて大痴女、俺は呆れて物が言へぬ。』

口に啣へた刀豆煙管を挐取るやうに膝に投げて、沈々と考へ込む、禿を繞つて短かい白髪、宛がら霜を浴びたやう、生欠伸してツルリと撫でれば雲膩は肩の上に淡雪、

『阿爺、切望もう、那麼事は仰やらずに下さいまし、あのお風呂へ往らつしやいますか、御飯前に、』

『入浴は五日目と極つて居るよ、昨夜入つたばかりぢやないか、勿躰ない、』

『那麼事を仰やらずに、お風呂を召て其れから御飯になすッたら好いでせう、阿爺さん、』

『往かないよ、』

『其れでは御飯に致しませう、疾からお膳立が出來て居ります、』

膳に覆せた布巾を撤れば、紅白作り分けのお魚軒に、嫁菜の浸し、傍に卸した小鍋を取つて火鉢へ掛けるは好物の蜊汁、小鍋に五徳を譲つた鐵瓶は、猫板の上に蟬時雨の音を止めると、挿し入れられた硝子の燗徳利、

老爺いよ〱不審の面持、眉を蹙めてつく〲と膳を看めて、

『お鷹、此の御馳走は什麼したんだ、』

『はい、あの、今日は阿爺のお好きなものと存じまして、』

『魚軒、蜊汁、嫁菜の浸、此の下物なら酒も一段と甘からうが、鹽飛魚の半鱗くらゐが關の山と極つて居るに、此の數々下物は一躰什麽したのだ、』

『切望、後で阿母からお聞き下さいまし、ま、一盞、阿爺さん、』

盞執れば汪々と、香も滾るゝ菊正宗、味はつて舌を皷し、

『好い酒だ、』

『切望、阿爺、安心して召上つて下さいまし、』

『何だか知らぬが、俺は他の家へ饗れて居るやうだぞ、』

三

間もなく女房お芳、濡手拭に石礆入を裹んで歸つて來た、長風呂に研き上げて、皺縮緬の洗濯は、額もてら〳〵と、十年も若やいだ、

『貴郎、お歸り遊ばしまし、一寸お風呂に參りました、』

少し陶然となつた老爺、飲差しの盞を下に置いて、

『俺や薩張分らないぞ、一躰全躰什麽したのだ、』

『何がでございますえ、』

とお芳は空惚て顔を背け娘のお鷹と目挑して嫣然する

『宛然、他の家へ來たやうだ、障子の貼換え、眩ゆい洋燈、火鉢には櫻炭、南部の鐵瓶に蟬時雨、膳の上には好物の下物の數々、一躰什麽した理由なんだ、』

『少しばかりお金が這入ましたのでございます、』

『何だ?、金が這入つた!、其方達の裁縫の金なら、三枚重の裾摸樣を縫つたからとて、三圓とは取れぬ金、何故其の金を借金の方へ向けぬ、今も散々娘に小言を言つたところだ年甲斐もない不心得の女だ、お前は彼の北佐野の狠穽に陷つたのを知らないか、金を還さにや大事の娘を、彼奴に奪られて仕舞ふのだぞ、』

『貴郎、大丈夫でございますよ、』

『何が大丈夫だ、明後日が書換の期限だぞ、』

『心配あそばしますな、』

『嫌に沈着いて居るぢやアないか、薄氣味の惡い、』

『まア切望、御心配は遊ばさずに、悠然と召上つて下さいまし、』

『還す目算でもあるのか、お芳、』

『はい、あの、其れは妾が心得て居りますから、御安心遊ばしませ、』

手の甲を脣に當てゝ、女房お芳は聲を呑んで笑ふのであつた、凝乎と視めた老爺の孫六、俄かに眥を裂くと見るや、持つた盃抛げ出して、

『俺やモウ飮まぬ、膳を退け!』

『貴郎、何をお腹立遊ばしたのでございます、』

『いよ〳〵狼穽に陷つたな、』

『狼穽とは、貴郎、何？』

『北佐野の掌の中に、貴樣は到頭丸められて仕舞つたな、』

老爺の額に青筋蠢けば、女房いよ〳〵興がり顔、

『決して貴郎、』

『そんなら金でも拾つたか⁉』

『喫驚しますよ、那麽聲で、貴郎他聞の惡い事を仰しやいますな、』

『そんなら錢は那邊から獲た！』

『親子三人、實直に世を渡つて居りますので、神樣から御褒美を、下さいましたのでございます、』

『馬鹿な！』

『貴郎、正直の頭には神樣が宿ります、』

『痴呆た事をいふな、拾つた金か、貰つた金か、但しは又借りた金か、隱さずに言て仕舞へ、』

と老爺は拳を膝に埋める、

『切望貴郎、お靜かに願ひます、唯今申上げますから、』

『さァ言へ眞直に、』

『實は貴郎、母子が寢ずにお裁縫をしました賃錢が、毎の月より先月は、五圓餘り多分に取れましたのでございます、其れを無いものと思ひまして、新聞で見ました勸業貯蓄債券と云ふを一枚、郵便局から買ひ求めたのでございます、』

『何ぢや、債券を買つたと申すか、』

『ま、切望、小さなお聲をなすつて下さい、運が好ければ五百圓の籤が中ります、五百圓でなくても責て百圓、五十圓でも十圓でも、中れば善いがと人知らず神佛へ、無理な祈願を掛ました、』

『成程』

『ところが貴郎、當りましたよ、其の籤に、』

『當つたか!!!、』

『番號は『ほ號』の一六三八四、』

『早く言へ、何に中つた、』

『今日お隣から新聞を借りて來て讀みますと、其の一六三八四が、中つて居たのでございます、』

『何に中つた、十圓か、五十圓か、』

『も少し上でございます、』

『百圓か、』

『五百圓でございます、』

『五百圓!!!』

跳り上つて絶叫したが、慌たゞしく口に掌、

『そ、そ、其れや眞個か、』

『何で嘘を申しませう、』

『那處、那處に在る、』

娘にそれと吩咐ければ、心得て立ち上つて門口、裏手、雨戸を鎖して座に戻る、女房小聲て囁やいて、

『貴郎、其の火鉢の下にございます、』

『火鉢の下!?、どれ、見せろ、』

重たげに火鉢を除ければ、古新聞に包んだのが、怙然と捺されてある、披いて見れば十圓紙幣で四十九枚、一枚は崩されて女房の帯の間の古巾着に入れられてある、

老爺は再び絶叫した、

『五百圓!!!』

『貴郎、靜かになさいまし、』

『什麼しやう、此の大金を、』

『入用だけ取つて置いて、跡は明日、金庫へ仕舞つて置きませう、』

『金庫?、那處に在る、貴樣少し氣が觸れたな、』

『銀行へ預けますのでございます、』

『其れが好い分別だ、が、しかし、今夜は什麼する、』

『矢張、火鉢の下が宜しうございます、』

『イヤ、危險だ、』

『それでは貴郞の床の下、』

『近火があつたら大變だ、好し、俺が肌へつけて緊乎と抱いて寢やう、』

折から裏口の戸ががたり、三人矍然として見回ると
『お待遠さま、』

『あらまア、天安だよ、』

戸を開ければ香しい天麩羅の香、心盡しの古女房が、良人にと吩咐けて來たのであつた、

* * * * * * * *

金の工面が出來なければ、當分お娘のお鷹さんを、手前方へお預かり申しまやう、と北佐野甚平、虎狼の心、
障子を明けて婷嫋と立つた娘お鷹、今日から近所の女學校へ通ふと見えて、リボン飾る束髮に、海老茶袴、手に持つた紙幣の幾枚、抛げて睥つけ
『阿母さん、眞個に此の人は失禮ね、』

（終）

白木屋呉服店御注文の栞り

△白木屋呉服店は　寛文二年江戸日本橋通一丁目え開店以來連錦たる老舗にして呉服太物一切を營業とし傍ら洋服部を設け歐米各國にまで手廣く御得意樣の御愛顧を蒙り居り候

△白木屋呉服店は　呉服太物各産地に仕入店又は出張所を設け精良の品新意匠の柄等澤山仕入有之又價格の低廉なるは他に比類なき事と常に御賞讃を蒙る所に御座候故に益〻勉强販賣仕居候且洋服部は海外各織物産地へ注文し新柄織立させ輸入致候間嶄新なる物品不斷仕入有之是等は本店の特色に御座候

△白木屋呉服店は　數百年間正札附にて營業致居候間遠隔地方より御書面にて御注文被下候とも値段に高下は無之候

△白木屋呉服店は　店内に意匠部を設け圖案家畫工等執務致居候に付御模樣物等は御好に從ひ嶄新の圖案調進の御需めに應じ可申候

△白木屋呉服店は　御紋付用御着尺物御羽織地御裾模樣物等急場の御用に差支無之樣石持にて染上置候に付何時にても御紋章書入れ迅速御間に合せ調進可仕候

△白木屋呉服店へ　染物仕立物等御注文の節は御注文書に見積代金の凡半金を添へ御申越可被下候

△白木屋呉服店は　前金御送り被下候御注文品の外は御注文品を代金引換小包郵便にて御

送附可仕候
但し郵便規則外の重量品は通常運送便にて御届け可申候

○白木屋呉服店は當分の内絹物の運賃は負擔仕候但清國韓國臺灣は半額申受候

○白木屋呉服店へ爲換にて御送金の節は日本橋區萬町第百銀行又は東京中央郵便局へ御振込み可被下候

○白木屋呉服店へ電信爲換にて御送金の節は同時に電信にて御通知被下候樣奉願上候

○白木屋呉服店へ御通信の節は御宿所御姓名等可成明瞭に御認め被下度奉願上候

東京日本橋通一丁目

白木屋呉服洋服店

電話本局（八十一 八十二 八十三 特四七五）

大阪心齋橋筋二丁目

白木屋支店

電話特東五四四

京都堺町通二條上

白木屋仕入店

電話特六六四

白木屋呉服店販賣
呉服物代價表

●白地類

一白大幅縮緬　自二十圓　至三十圓
一白中幅縮緬　自十三圓　至十九圓
一白小幅縮緬　自九圓　至二十圓
一白山繭縮緬　自十二圓　至十七圓
一白紋縮緬　自十圓　至十五圓
一白鹽瀬　自十五圓　至二十圓
一白羽二重　自七圓　至十五圓
一白璧羽二重　自八圓　至十二圓
一白紋羽二重　自八圓　至十二圓
一白八ツ橋織　自七圓　至九圓
一白絹縮　自十圓　至十五圓
一金紗縮緬　自十五圓　至二十圓

一白市樂織　自十圓　至十七圓
一白本斜子　自十圓　至十五圓
一白京斜子　自十四圓　至二十圓
一白川越斜子　自七圓　至十三圓
一白信州斜子　自八圓　至十三圓
一白浮織　自五圓　至六圓半
一白綸子　自八圓　至十圓
一白本綸子　自十三圓　至十八圓
一白絹　自三圓　至四圓
一白紬　自三圓　至四圓半
一白奉書紬　自五圓　至七圓

●御袴地類

一茶苧袴地　自十六圓　至十八圓
一兩面織袴地　自二十圓　至二十七圓

一博多平　自十四圓　至二十圓
一八千代平　自十四圓　至十八圓

一仙臺平　自十圓　至十八圓
一五泉平　自九圓　至十圓
一色琥珀平　自十圓　至十三圓

一節糸織平　自五圓　至七圓
一カシミヤ　自三圓　至四圓

●男帯地類

一綴織　自十七圓　至二十圓
一繻珍織　自八圓　至十三圓
一博多織　自四圓　至十圓
一紋織博多　自六圓　至十圓

一厚板織　自六圓　至八圓
一博多兒帯　自二圓　至六圓
一繻珍兒帯　自三圓　至四圓

●御婦人帯地類

一繻珍丸帯　自十五圓　至百圓
一綴錦丸帯　自百圓　至二百圓
一厚板丸帯　自十六圓　至六十圓
一博多丸帯　自十四圓　至三十五圓
一支那純子丸帯　自九圓　至十圓

一黒唐繻子丸帯　自十一圓　至十四圓
一色繻子丸帯　自十圓　至十六圓
一繻珍中帯　自八圓　至廿五圓
一博多中帯　自七圓　至十圓

●縞着尺地及御羽織地類

一風通御召　自十四圓　至十九圓
一同　四丈五尺物　自廿二圓　至廿五圓

一縞御召　自十圓　至十三圓
一同　四丈五尺物　自十五圓　至二十圓

一吉野入紋御召　自十七圓　至十八圓
一吉野御召　自十二圓　至十四圓
一無地御召　自十三圓　至十四圓
一扶桑御召　自十二圓　至十四圓
一風通糸織　自十二圓　至十五圓
一繻珍織　自十四圓　至十六圓
一桑都織　自十三圓　至二十圓
一縞市樂　自十三圓　至二十圓
一緊糸織　自十三圓　至十八圓
一吉野織　自七圓　至十圓
一八端織　自十圓　至十六圓
一本八丈　自五圓　至八圓

一元龜織　自十四圓　至十六圓
一光輝織　自十二圓　至十五圓
一大島紬　自十三圓　至二十圓
一大島風通　自十圓　至十五圓
一米澤琉球　自四圓半　至八圓
一結城紬　自九圓　至十二圓
一信州紬　自六圓半　至八圓
一上田紬　自七圓　至九圓
一伊勢崎銘仙　自四圓半　至八圓
一秩父銘仙　自四圓　至六圓
一節糸織　自五圓　至八圓

●友禪及染地類

一友中巾縮緬　自十三圓　至十八圓
一友小巾縮緬　自十三圓　至十七圓
一小紋縮緬　自九圓半　至十三圓
一更紗縮緬　自九圓　至十二圓
一板〆縮緬　自九圓　至十三圓
一玉糊縮緬　自九圓　至十二圓

一絞リ縮緬　自九圓　至十三圓
一玉糊紋羽二重　自八圓　至十二圓
一友禪紋羽二重　自十二圓　至十五圓
一色紋羽二重　自九圓　至十三圓
一更紗斜子　自八圓　至十圓
一更紗奉書　自六圓　至七圓半

●裏地類

一花色正花薄花絹　自三圓　至七圓
一花色正花薄花秩父　自二圓半　至四圓半
一變リ色絹　自三圓　至五圓
一鼠羽二重　自五圓　至七圓半
一紅羽二重　自六圓　至十圓
一本紅絹　自三圓　至五圓
一直リ紅絹　自六圓　至八圓
一紅秩父　自二圓二十錢　至四圓
一糸好紅絹　自二圓半　至四圓
一琥珀袴裏地　自七圓半　至八圓
一繻珍額附胴裏　自五圓　至十二圓
一紅緞子胴裏　自五圓　至八圓
一綸緞子胴裏　自五圓　至十五圓

一時代緞子　自六圓　至十圓
一遠州緞子　自四圓　至五圓半
一緞綸子胴裏　自二圓半　至三圓半
一織綾胴裏　自三圓半　至四圓半
一色甲斐絹尺　自十八錢　至廿五錢
一縞甲斐絹尺　自二十錢　至廿五錢
一綸甲斐絹尺　自二十錢　至廿五錢
一瓦斯甲斐絹尺　自四錢　至九錢
一花色正花薄花新獻裏地　自一圓四十五錢　至一圓七十錢
一羽二重金巾　自七十錢　至一圓四十錢
一花色木綿眞岡　自五十五錢　至九十五錢
一花色金巾　自五十錢　至五十八錢

●帛紗類

一綴錦　自十三圓　至廿五圓
一御殿織　自九圓　至十圓
一九重織　自八圓　至九圓

一壁千代呂友禪　自四圓　至六圓
一鹽瀬友禪縫入　自六圓　至八圓
一同袷無雙　自十圓　至十六圓

一縮緬友禪 自三圓 至五圓
一紋鹽瀬裏地 自四圓 至五圓
一同中巾 自九十錢 至一圓半
一郡内縞 自一圓半 至三圓
一鹽瀬茶帛紗 自一圓 至一圓半

●夜具地類

一郡内絹 自六圓 至七圓
一糸織 自七圓 至九圓
一本八丈 自六圓半 至八圓半
一縞八丈 自六圓 至八圓
一銘仙 自四圓 至六圓
一節糸織 自四圓 至六圓
一秩父縞 自四圓 至五圓
一岸縞 自二圓半 至三圓半
一絹瓦斯 自一圓半 至二圓三十錢
一熨斗横織 自一圓半 至二圓
一御納戸大形縮緬 自十圓 至十五圓
一御納戸大形秩父 自三圓半 至四圓半
一唐草眞岡 自七十五錢 至九十錢
一更紗眞岡 自七十錢 至一圓
一紡績織 自一圓二十錢 至一圓半
一松坂縞 自七十五錢 至九十錢

●座蒲團地類

一本緞子 一枚 自六圓 至十圓
一綿緞子 同 自七十錢 至三圓
一大形縮緬 同 自三圓半 至四圓
一更紗紬 同 自九十錢 至一圓
一本八丈 同 自一圓四十錢 至二圓
一綾八端 一枚 自一圓八十錢 至二圓十錢
一縞八丈 同 自一圓四十錢 至二圓
一郡内縞 同 自一圓二十錢 至一圓半
一銘仙 同 自九十錢 至一圓十錢
一秩父 同 自七十錢 至一圓

一節織 一枚 自七十五錢 至九十錢
一熨斗横織 同 自三十錢 至四十五錢
一瓦斯糸織 同 自廿五錢 至卅五錢
一紡績織 一枚 自三十錢 至卅五錢
一更紗眞岡 同 自十三錢 至二十錢
一更紗綿斜子 同 自二十錢 至廿五錢

●絹綿交織

一九重御召 自三圓 至六圓
一瓦斯御召 自二圓 至三圓
一風通瓦斯御召 自五圓 至八圓
一博多紬 自二圓半 至三圓
一本場結城 自一圓七十錢 至二圓二十錢
一同糸入 自二圓四十錢 至二圓八十錢
一博多結城 自一圓半 至三圓
一結城木綿 自七十五錢 至一圓二十錢
一愛知結城 自一圓二十錢 至一圓半
一吾妻銘仙 自一圓三十錢 至一圓半
一新秩父縞 自一圓半 至三圓
一紡績織 自一圓 至二圓
一新琉球絣 自一圓半 至二圓四十錢
一新大島絣 自二圓半 至四圓
一本瓦斯雙子 自二圓 至三圓
一細雙子 自一圓二十錢 至二圓
一雙子織 自八十錢 至一圓二十錢
一木綿紺絣 自一圓半 至二圓半
一伊勢松坂縞 自八十錢 至一圓

●吾妻コート地類（仕立上り）

一色紋綾糸織 自二十圓 至三十圓
一幸織 自廿二圓 至廿五圓
一共紋風通織 自二十圓 至廿八圓
一無地御召 自十七圓 至廿五圓
一黒、紺、色綾絨 自十五圓 至廿五圓
一黒紺色絨 自十五圓 至二十圓
一色カシミヤ 自十圓 至十二圓

●色物類

一色大巾縮緬一尺	自八十錢	至一圓二十錢
一色中巾縮緬一尺	自四十五錢	至七十錢
一色小巾縮緬	自八圓	至十三圓
一色紋縮緬	自十圓	至十五圓
一色紋羽二重	自八圓	至十二圓
一色紬	自三圓半	至四圓半
一色太織	自二圓	至三圓
一色獻中	自二圓半	至二圓八十錢
一色獻綾	自三圓半	至五圓
一色絹縮	自九圓	至十二圓
一色、紅、絞り絹	自三圓	至四圓半
一紅、色、板締絹	自三圓	至四圓半
一地白板締絹	自三圓半	至四圓半
一紅色紋鹽瀬大巾尺	自一圓	至一圓半
一紅色壁千代呂大巾一尺	自八十錢	至一圓十錢
一木摺眞岡合羽地	自九十錢	至一圓十錢
一鐵色眞岡合羽地	自七十錢	至一圓
一色キヤラコ	自五十錢	至七十錢
一萠黄唐草染	自七十錢	至八十五錢
一萠黄眞岡木綿	自六十錢	至八十錢
一白大巾縮緬兵兒帶	自六圓	至十三圓
一同中巾兵兒帶	自四圓	至八圓
一白獻綾兵兒帶	自一圓半	至二圓
一縮緬下締	自一圓八十錢	至二圓半
一海老色琥珀袴	自十圓	至十三圓
一海老色カシミヤ袴	自四圓	至五圓
一海老色毛朱子袴	自二圓八十錢	至三圓三十錢
一友禪縮緬蹴出	自四圓	至五圓
一縮緬頭巾	自三圓	至五圓
一縮緬半襟	自五十錢	至二圓
一縮緬シゴキ地	自四圓	至六圓
一縮緬帶揚ケ	自一圓三十錢	至四圓半
一紋羽二重帶揚	自一圓	至四圓

白木屋洋服店洋服目録

品名	地質	製式	價格
勅任官御大禮服	表、最上等黑無地絨 裏、白綾絹	銀鍍金消モールにて御制規の通、繡、帽子、劍、劍釣、正緒共	金二百七十圓
奏任官御大禮服	表、同上 裏、同上	同	金百八十圓
爵位御大禮服	表、同上 裏、同上	同上外に肩章付	金二百圓
陸軍御正服	表、上等濃紺無地絨 裏、黑毛朱子	御制規の通 將官 佐官 尉官	金八十圓 金五十五圓 金四十圓
同略服	表、同上 裏、同上	同 將官 佐官 尉官	金三十圓 金二十七圓 金二十三圓

同外套	表、同上 裏、同上（但将官ハ紅絨）	同	将官	金三十五圓
			佐官 尉官	自金二十三圓 至金二十五圓
海軍御正服	表、濃紺無地絨 裏、黒佛蘭西絹及綾絹	同	将官	金八十五圓
			佐官	金七十五圓
			尉官	金六十五圓
同軍服	表、同上 裏、黒毛朱子	同	将官	金六十圓
			佐官	金五十圓
			尉官	金四十五圓
同上通軍服	表、同上 裏、同上	同	将官 佐官 尉官	自金二十三圓 至金二十八圓
同外套	表、同上 裏、同上	同	将官 佐官 尉官	自金二十三圓 至金三十圓
燕尾服	表、上等黒無地絨 裏、黒佛蘭西絹	三ッ揃琥珀見返付		自金四十五圓 至金六十五圓
トキシード	表、黒朱子絨及無地絨 裏、黒佛蘭西絹	三ッ揃琥珀見返付		自金四十圓 至金四十五圓
フロックコート	表、黒無地絨或は朱子目綾絨 裏、綾絹	同		自金三十五圓 至金六十五圓
モーニングコート	表、黒、紺、斜綾絨或はメルトン、裏付朱子及ビ綾絹 裏、黒毛朱子及綾	上衣、チョキ、黒及紺ヅボン立縞		自金二十八圓 至金四十五圓
片前背廣	表、粗鼠、濃鼠、霜降メルトン、スコチ或は綾絨 裏、同色毛朱子或はアルパカ	三ッ揃		自金十八圓 至金三十三圓
兩前背廣	表、黒、紺、綾メルトン或は玉ヘル及霜降太綾絨 裏、縞サージ	三ッ揃		自金二十圓 至金三十五圓
チーバコート	表、鼠、茶、霜降絨、同斜子綾絨 裏、共色綾絹	カクシ卸絹天鵞絨衿付		自金二十八圓 至金三十五圓
同中等	表、同上 裏、共色毛朱子及綾アルパカ	カクシ卸共ゑり		自金十八圓 至金二十五圓
ロングコート	表、ラクダ玉絨、厚地綾メルトン 裏、佛蘭西絹	ゑり及見返し袖先獺毛皮付裏綿入菱形さし縫		自金八十圓 至金百十圓

同中等	表、玉絨、厚地スコッチ 裏、縞サーヂ	頭巾付兩前	自金三十圓 至金四十五圓
インバネス	表、茶鼠霜降綾絨 裏、共色毛朱子、或は甲斐絹	和洋兼用脇釦掛	自金十八圓 至金三十圓
銃獵服	表、枯葉色スコッチ 裏、共色毛朱子	半ヅボン脚胖付三ツ揃	自金十八圓 至金三十圓
小裁海軍形	表、紺天鵞絨及紺絨 裏、毛朱子	五才位より八才迄錨縫箔付	自金六圓 至金九圓
和服用外套	表、黒、紺綾絨及霜降 裏、緞子及綾絹	英形（一名ダルマ形帯ヒダなし）頭巾付	自金三十五圓 至金四十八圓
同中等	表、同上 裏、甲斐絹及毛朱子	同上	自金二十圓 至金三十五圓
同角袖外套	表、同上 裏、甲斐絹	頭巾付	自金十八圓 至金二十五圓
吾妻コート	表、紺、黒紋織綾絨 裏、緞子及繻珍	被布衿り及道行衿り共色糸飾紐付	自金二十圓 至金三十圓
同	表、同上 裏、甲斐絹及綸子	同上	自金十五圓 至金二十圓
同	表、風通紋織、綾絲織 裏、綾綸子、紋羽二重	同上	自金二十三圓 至金三十圓
判、検、辯護士法服	表、黒絹セル、及琥珀 裏、黒甲斐絹スベリ	正帽付制規の縫箔	自金十六圓 至金二十八圓
學校用御袴	表、海老色カシミヤ	單仕立太白糸腰紐	自金四圓 至金五圓五十錢

右之外陸海軍各學校御制服等御好ニ應シ入念御調製可仕候

◎白木屋呉服店　大阪支店ハ當分呉服類而已取扱居リ候間洋服御用ノ際ハ東京本店洋服部ヘ御注文願上候

◎白木屋呉服店　大阪支店ヘ爲替ニテ御送金ノ際ハ大阪今橋貳丁目鴻池銀行又ハ大阪心齋橋局ヘ御振込願上候

白木屋洋服店販賣
小間物目錄

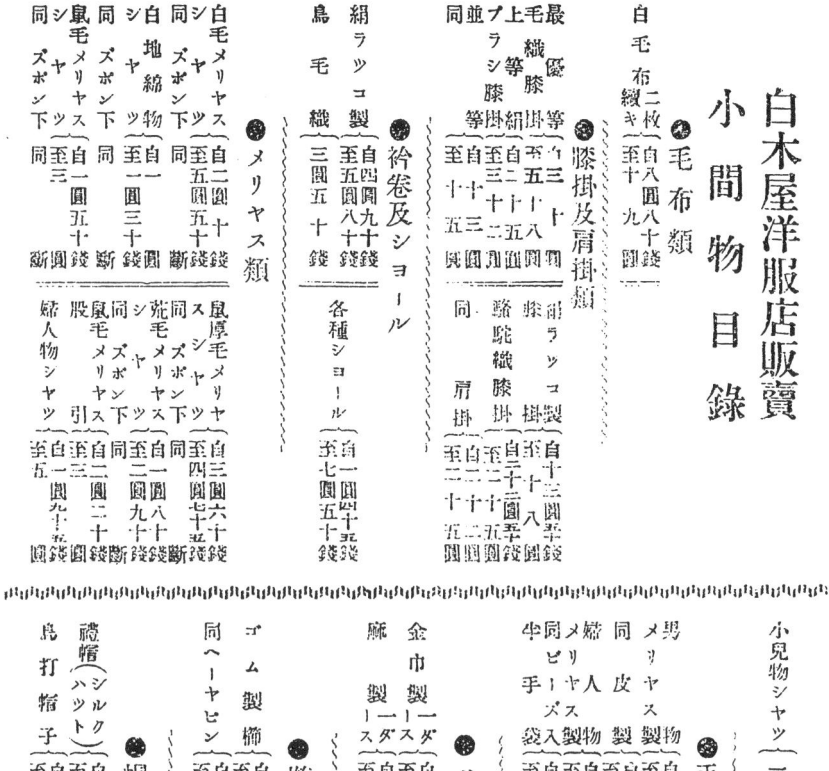

●毛布類

白毛布二枚續キ　自八圓八十錢　至十九圓

●膝掛及肩掛類

最優等毛織膝掛　自三十圓　至五十八圓
上等絹ブラシ膝掛　自二十五圓　至三十二圓
並同等　自十三圓　至十五圓
同ラッコ製膝掛　自十三圓五十錢　至十八圓
駱駝織膝掛　自二十二圓五十錢　至二十五圓
同肩掛　自二十二圓　至二十五圓

●衿卷及ショール

絹ラッコ製　自四圓九十錢　至五圓八十錢
鳥毛織　三圓五十錢
各種ショール　自一圓四十五錢　至七圓五十錢

●メリヤス類

白毛メリヤスシャツ　自二圓十錢　至五圓五十錢
同ズボン下　同斷
白地綿物シャツ　自一圓　至一圓三十錢
同ズボン下　同斷
鼠毛メリヤスシャツ　自一圓五十錢　至三圓
同ズボン下　同斷
鼠厚毛メリヤスシャツ　自三圓六十錢　至四圓七十五錢
同ズボン下　同斷
茶毛メリヤスシャツ　自一圓八十錢　至二圓九十錢
同ズボン下　同斷
鼠毛メリヤス股引　自二圓二十錢　至三圓
婦人物シャツ　自一圓九十五錢　至五圓
小兒物シャツ　一圓三十錢
縞ジャケツ　自一圓五十錢　至二圓九十錢

●手袋類

男物メリヤス製　自四十錢　至一圓五十錢
同皮製　自二圓五十錢　至三圓五十錢
婦人物メリヤス製　自三十八錢　至一圓六十錢
同ビーズ入半手袋　自三十八錢　至一圓二十錢
同絹糸製　自一圓　至二圓
同革製　自二圓八十錢　至三圓三十錢
防寒用皮製　二圓八十錢
同ブラシ製　一圓三十錢

●ハンカチーフ類

金巾製一ダース　自六十六錢　至二圓二十錢
麻製一ダース　自一圓九十五錢　至八圓
絹製一枚ニ付　自四十錢　至一圓九十五錢
戰捷紀念羽二重製一枚ニ付　自三十錢　至四十五錢

●櫛、類

ゴム製櫛　自十錢　至九十五錢
同ヘーヤピン　自八錢　至八十三錢
飾ピン　自一圓五十錢　至二圓
ショール留メ　自六十錢　至三圓八十錢

●帽子類

禮帽（シルクハット）　自七圓五十錢　至十一圓五十錢
鳥打帽子　自一圓五十錢　至二圓
乳兒用帽子毛糸製　自一圓二十錢　至一圓七十錢
同絹天製　自二圓八十錢　至三圓三十錢

羽根布團類

- 更紗シルケツト大布團　自十三圓　至十四圓五十錢
- 同舶來物　自二十五圓　至三十圓
- 純子縮緬製　自三十五圓　至三十七圓
- 舶來物枕布團　自四圓五十錢　至七圓八十錢
- 枕布團縮緬製(パンヤ入)　五圓五十錢
- 枕布團純子製(パンヤ入)　六圓
- 同羽二重製(パンヤ入)　自四圓五十錢　至五圓三十錢
- 同小形純子製(パンヤ入)　三圓八十錢
- 同綴錦製　自二十五圓　至二十八圓
- 車掛純子縮緬製　自八圓三十錢　至十二圓

襟飾

- 結び下げ　自五十錢　至一圓五十錢
- ダビー(フオーアインハンド)　自六十錢　至一圓三十錢
- 蝶形　自三十五錢　至一圓
- ダビー(フローイングフオーアインハンド)　自一圓三十錢　至二圓八十錢
- 縮緬製　自九十錢　至一圓十錢
- 縫模樣入同　自一圓三十錢　至一圓八十錢
- 戰捷紀念いろ／＼　自八十錢　至一圓五十錢

出來合物類

- インバネース甲斐絹裏　自十七圓　至二十四圓
- 東コート(甲斐絹、リンズ裏)　自十一圓五十錢　至十五圓五十錢
- 和服用外套(甲斐絹、ドンス裏)　自十七圓五十錢　至三十二圓
- 縞フラネルシヤツ　自二圓十五錢　至二圓七十五錢
- カシミヤ袴 寸法は紐下ヵ一尺八寸二尺五寸迄　自二圓八十錢　至四圓五十錢
- 國旗(モスリン製)巾は一布、一布半、二布　自三十六錢　至三圓三十錢

ズボン釣及胴締

- 並物　自八十五錢　至一圓二十錢
- ゴム入　自一圓　至三圓五十錢
- 絹製　自一圓八十錢　至三圓
- 皮製胴締　自一圓五十錢　至三圓五十錢

釦類

- カフス釦(リンク)　自六十錢　至二圓八十錢
- 同金製　自七圓　至三十五圓
- 胸釦　自五十錢　至一圓八十錢
- カラ釦　自十錢　至四十錢

靴下類

- メリヤス製　自四十錢　至九十八錢
- スコツチ製　自四十三錢　至一圓三十錢
- 同自轉車用　自一圓　至一圓九十五錢
- 絹製　自一圓八十錢　至二圓
- 小供物　自二十八錢　至八十錢
- 乳兒用　二十二錢

タヲール類

- 和製　自三十三錢　至九十錢

ホワイトシヤツ

- 並物一枚に付　自一圓三十錢　至二圓五十錢
- シングルカラ一本に付　三十三錢
- ダブルカラ一本に付　五十五錢
- 麻製一枚に付　自六圓五十錢　至十一圓
- 縞物カラ二本付　自二圓九十錢　至三圓八十錢

リボン類

- 一吋半巾模樣物一ヤード　自二十五錢　至五十錢
- 同水波一ヤード　自三十錢　至四十錢
- 一吋巾模樣一ヤード　自二十錢　至三十五錢
- 同水波一ヤード　自二十錢　至二十五錢
- 細目各種一ヤード　自八錢　至二十錢
- リボン製簪一個に付　自七錢　至五十錢

靴及足袋

- 色羅紗製小供用靴　自一圓七十錢　至二圓
- 毛足袋 小兒用　四十五錢
- 毛足袋 大人用　五十八錢

明治卅　年　月　日

御注文用箋

白木屋洋服店

御宿所貴名	服名	地質 見本 番號	見積金額

摘要

御注意

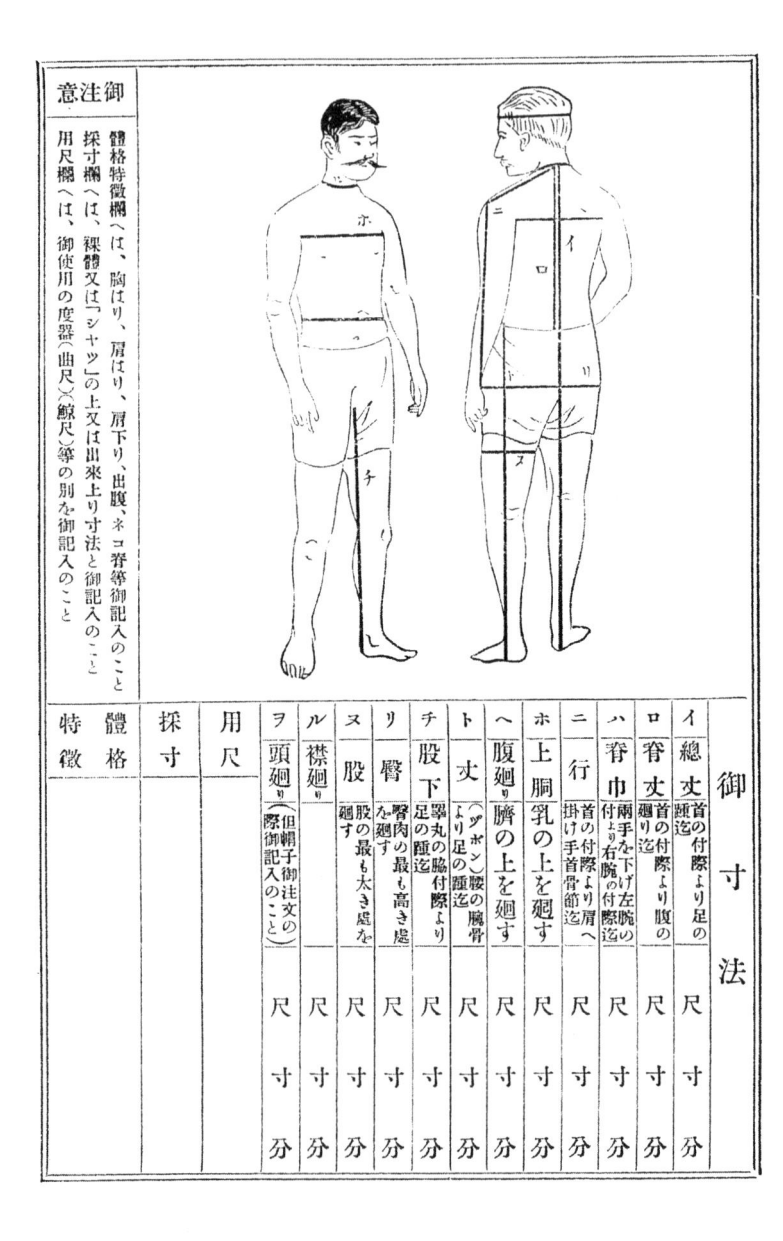

體格特徴欄へは、胸はり、肩はり、肩下り、出腹、ネコ脊等御記入のこと

採寸欄へは、裸體又は「シャツ」の上又は出來上り寸法と御記入のこと

用尺欄へは、御使用の度器（曲尺）（鯨尺）等の別を御記入のこと

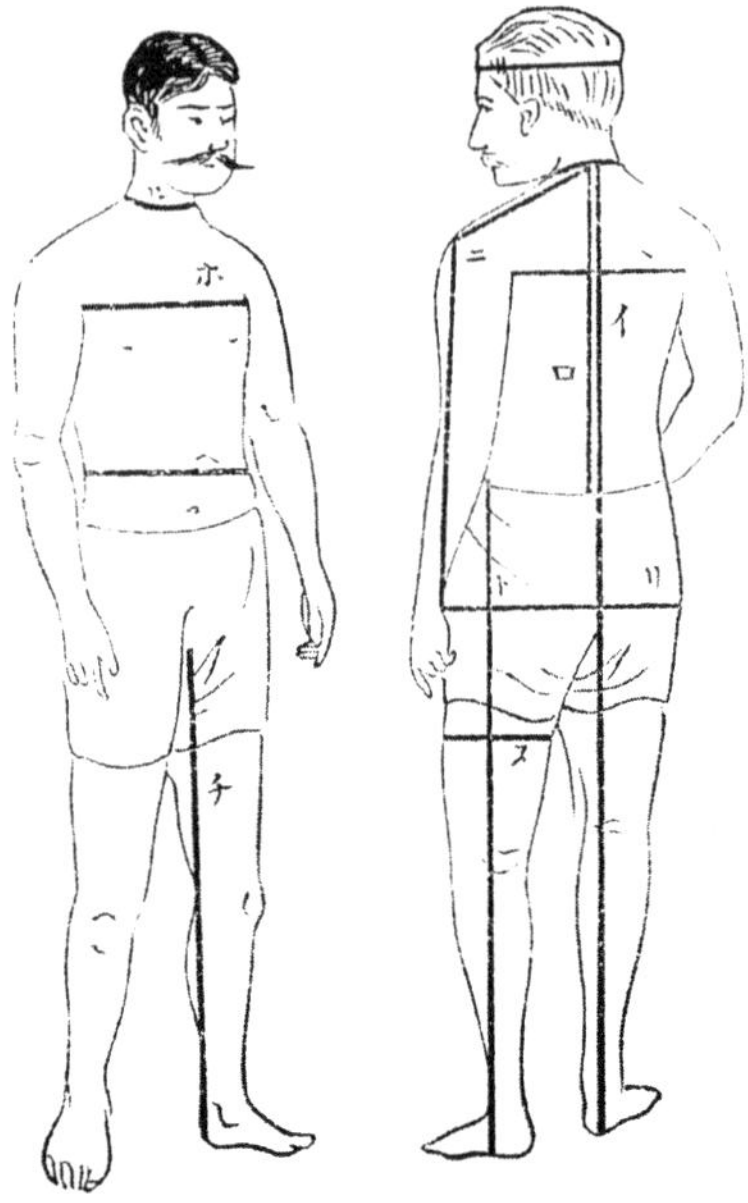

御寸法

イ	總丈	首の付際より足の踵迄	尺　寸　分
ロ	脊丈	首の付際より腹の廻り迄	尺　寸　分
ハ	脊巾	兩手を下げ左腕の付より右腕の付際迄	尺　寸　分
ニ	行	首の付際より肩へ掛け手首骨節迄	尺　寸　分
ホ	上胴	乳の上を廻す	尺　寸　分
ヘ	腹廻り	臍の上を廻す	尺　寸　分
ト	丈	（ヅボン）腰の臗骨より足の踵迄	尺　寸　分
チ	股下	睪丸の脇付際より足の踵迄	尺　寸　分
リ	臀	臀肉の最も高き處を廻す	尺　寸　分
ヌ	股	股の最も太き處を廻す	尺　寸　分
ル	襟廻り		尺　寸　分
ヲ	頭廻り	（但帽子御注文の際御記入のこと）	尺　寸　分

用尺	採寸	體格特徴

注文書

男子女子用衣裳又は羽織等	
年齢	
用途	
品柄	
好みの色	
好みの柄	
紋章幷大さ及び數	
好みの模樣	
惣模樣	
腰模樣	
裾(スソ)模樣	
江戸褄(ツマ)模樣	
奴褄(ヤッコヅマ)模樣	
袘(フキ)模樣	
仕立寸法	
丈	

袖	
ゆき	
口明	
袖幅	
袖付	
前幅	
後幅	
衽(ヲクビ)幅	
衽(ヲクビ)下り	
衿(エリ)幅	
褄(ツマ)下	
袘(フキ)の厚(アツ)さ	
人形	
紐(ヒモ)付	
前下り	
紐下	

備考

右注文候也

住所

明治　年　月　日

姓名

白木屋呉服店地方係中

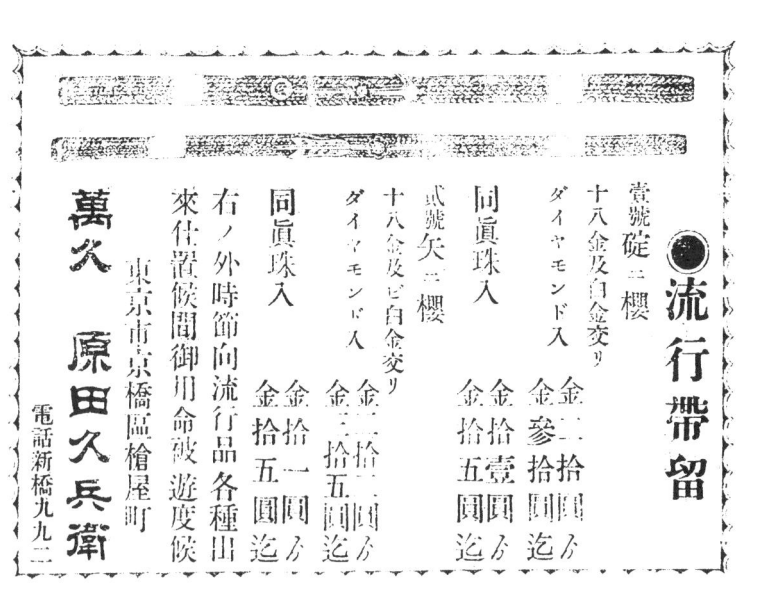

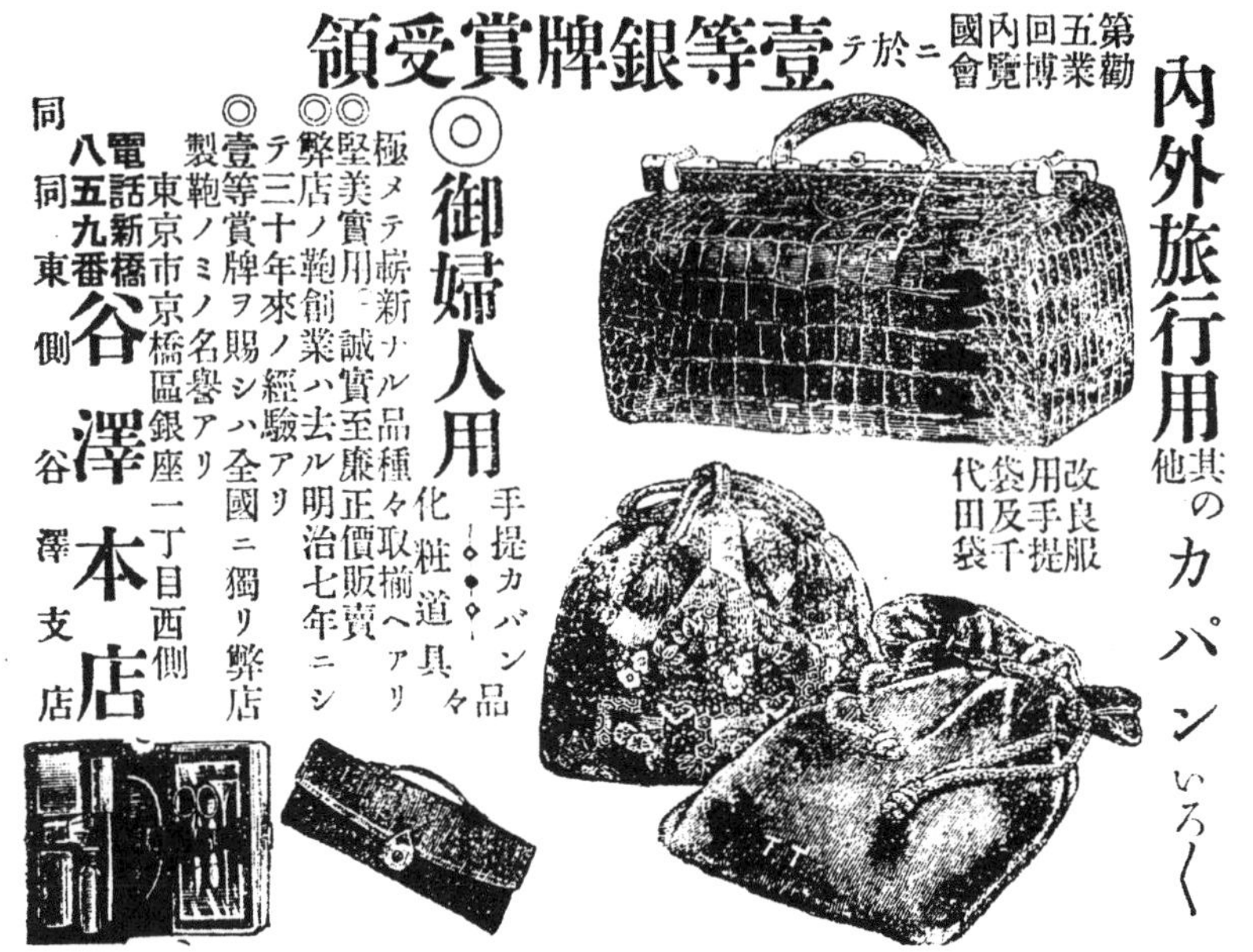
第五回内國勸業博覽會ニ於テ
壹等銀牌賞受領
内外旅行用其の他カバンいろ〱
改良服用手提袋及千代田袋
◎御婦人用
手提カバン品々
化粧道具アリ
極メテ嶄新ナル品種々取揃ヘアリ
堅美實用ニ誠實至廉正價販賣
◎弊店ノ鞄創業ハ去ル明治七年ニシテ三十年來ノ經驗アリ
◎壹等賞牌ヲ賜シハ全國ニ獨リ弊店製鞄ノミノ名譽アリ
東京市京橋區銀座一丁目西側
電話新橋八五九番
谷澤本店
同 同東側
谷澤支店

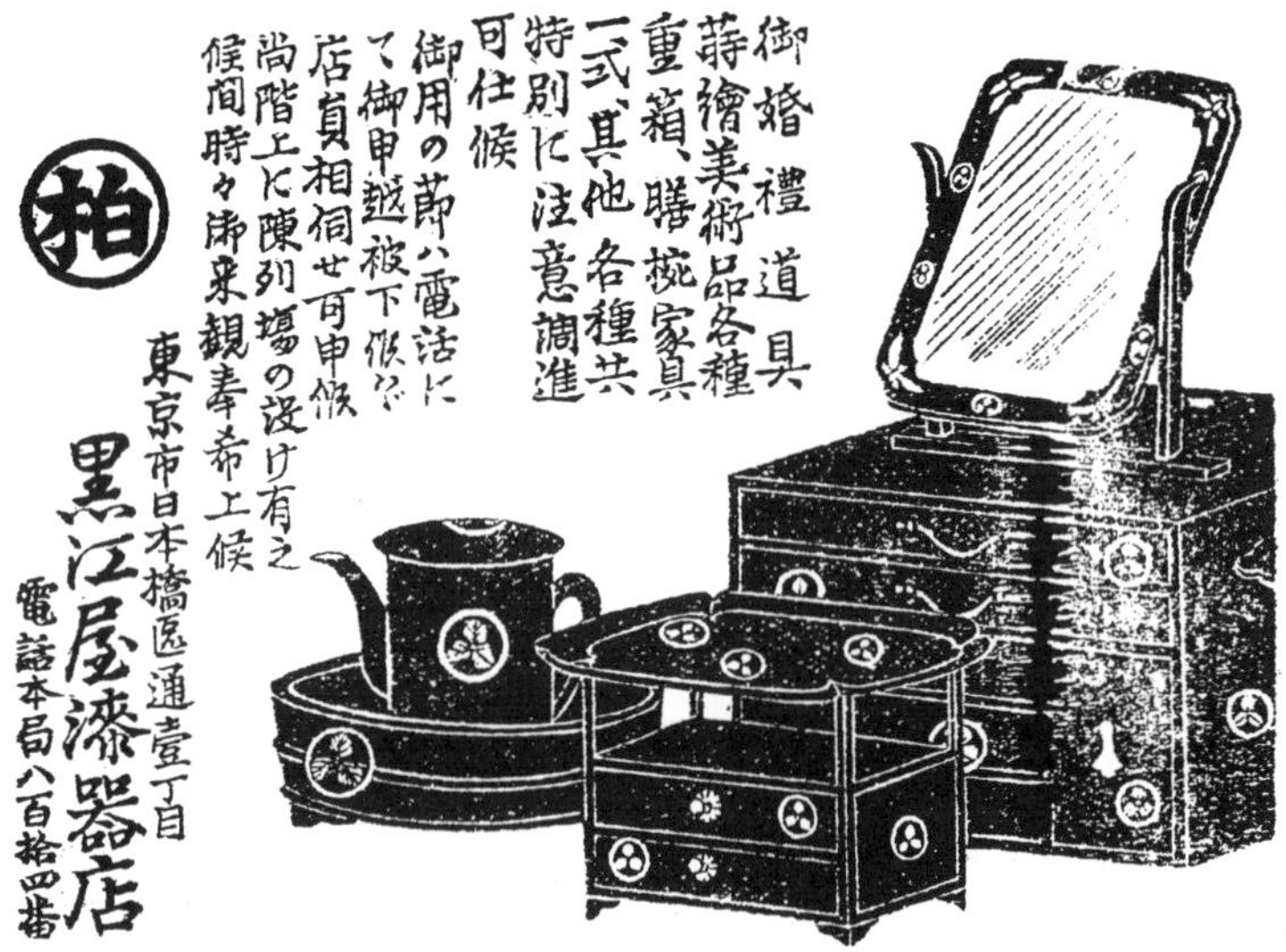
御婚禮道具
蒔繪美術品各種
重箱、膳椀家具
一式、其他各種共
特別に注意調進
可仕候
御用の節ハ電話にて御申越被下候ハヾ
店員相伺せ可申候
尚階上に陳列場の設け有之
候間時々御來観奉希上候
柏
東京市日本橋區通壹丁目
黒江屋漆器店
電話本局八百拾四番

季節向の品着荷

帽子。膝掛。毛布。目利安。
手袋。沓下。ハンカチーフ。
護謨外套。絹傘。流行紙白粉。

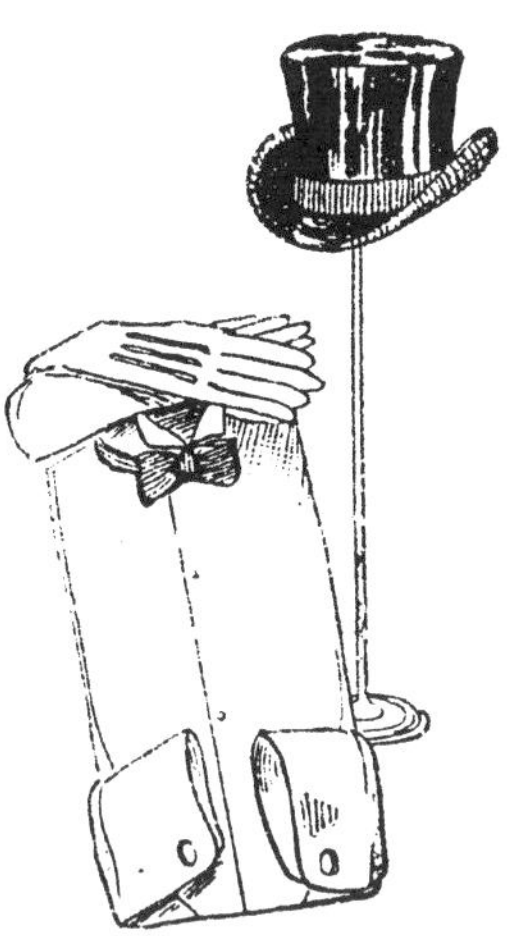

洋服附屬品。旅行用化粧道具。
香水。石鹸。化粧品。其他

東京市日本橋區通三丁目
丸善株式會社洋物店
電話本局十七番

プレスト洗粉

●紳士貴婦人用

米國有功専賣

●プレスト洗粉は皮膚の理を緻密にし色を白くし光澤を艶麗ならしめ自ら精心の爽快を覺ゆると妙なり●プレスト洗粉は（にきび）（あせも）等を治するに特効あり平常使用せらるゝ時は皮膚病に罹るの憂なし●プレスト洗粉は効能顯著なるが故に普通の洗粉の如く多量に使用すべからず故に經濟上却て徳用なり販賣店は全國到る處の化粧品小間物店賣藥店にて販賣す

日本特約一手販賣　**山本玉川堂**
東京牛込西五軒町

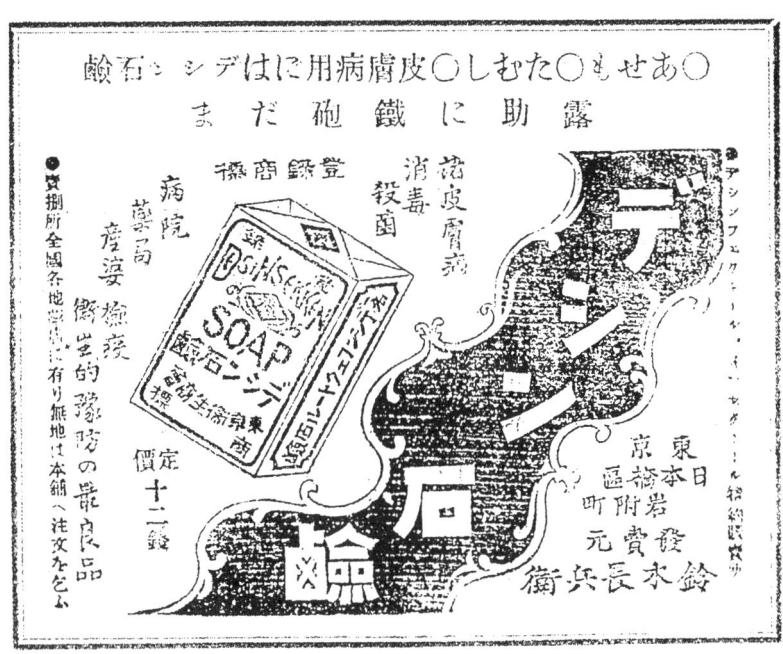

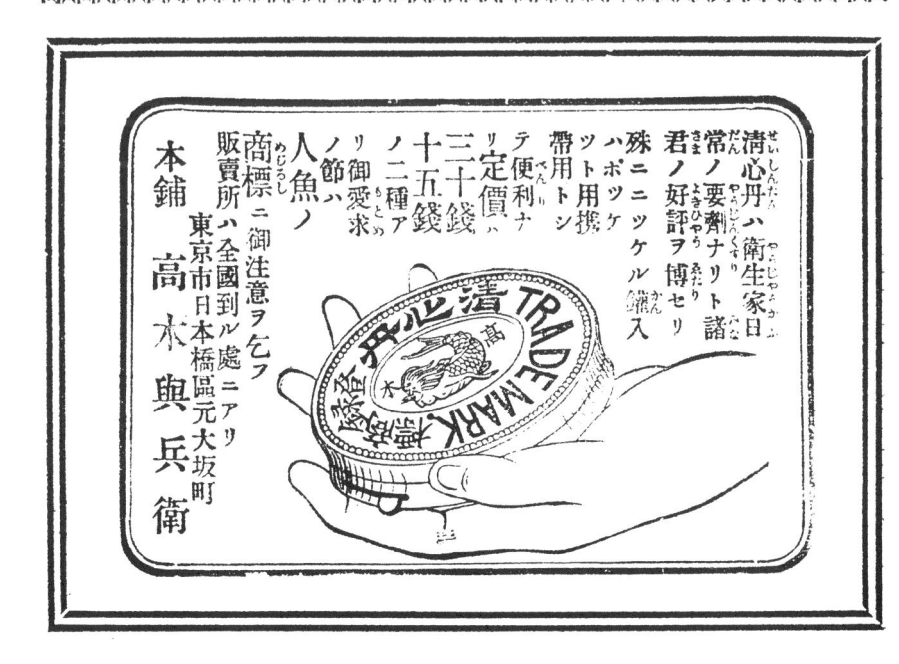

白熱瓦斯燈は光力五十燭光以上を有し瓦斯代は**一時間**

九厘餘に過ぎず石油ランプよりも費用は遙に低廉なり

瓦斯竈は本社の發明品にして專賣特許を得二升の米は瓦斯代僅かに**一錢三厘**時間は**十八分**にして炊くを得べく安全と人手を省き瓦斯と水道は家庭は勿論料理店旅宿其他飲食店の必用缺くべからざるものとなれり

瓦斯七論、燒物器、西洋料理器も使用輕便瓦斯代は木炭よりも遙に低廉なり

燈火及炊事器工事費は極めて低廉にして御申込次第工事費見積書御送付可申上候

▲▲▲瓦斯器陳列所　縱覽御隨意▲▲

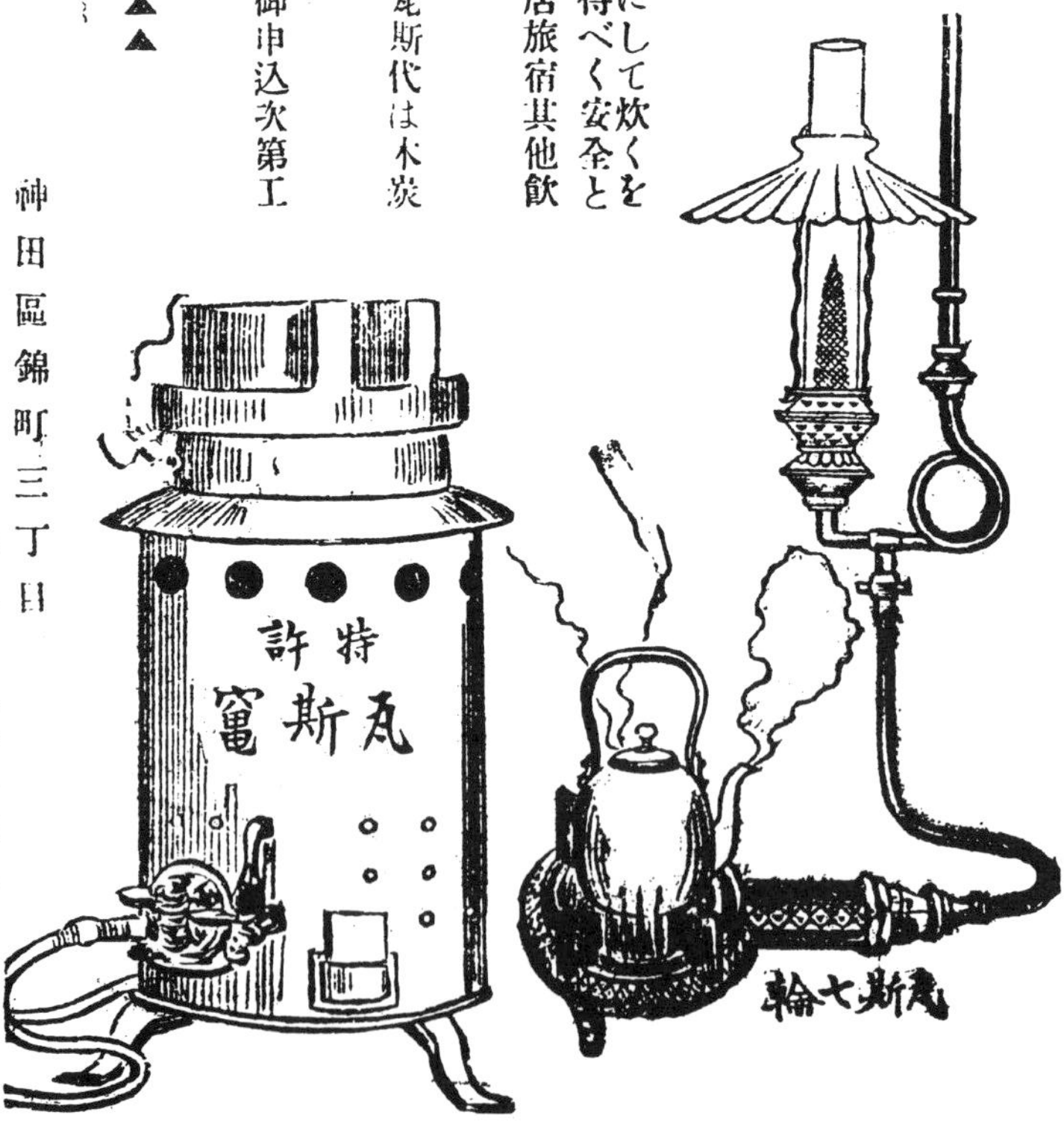

神田區錦町三丁目

東京瓦斯株式會社

電話本局　一三〇。五四八〇。五七〇〇。

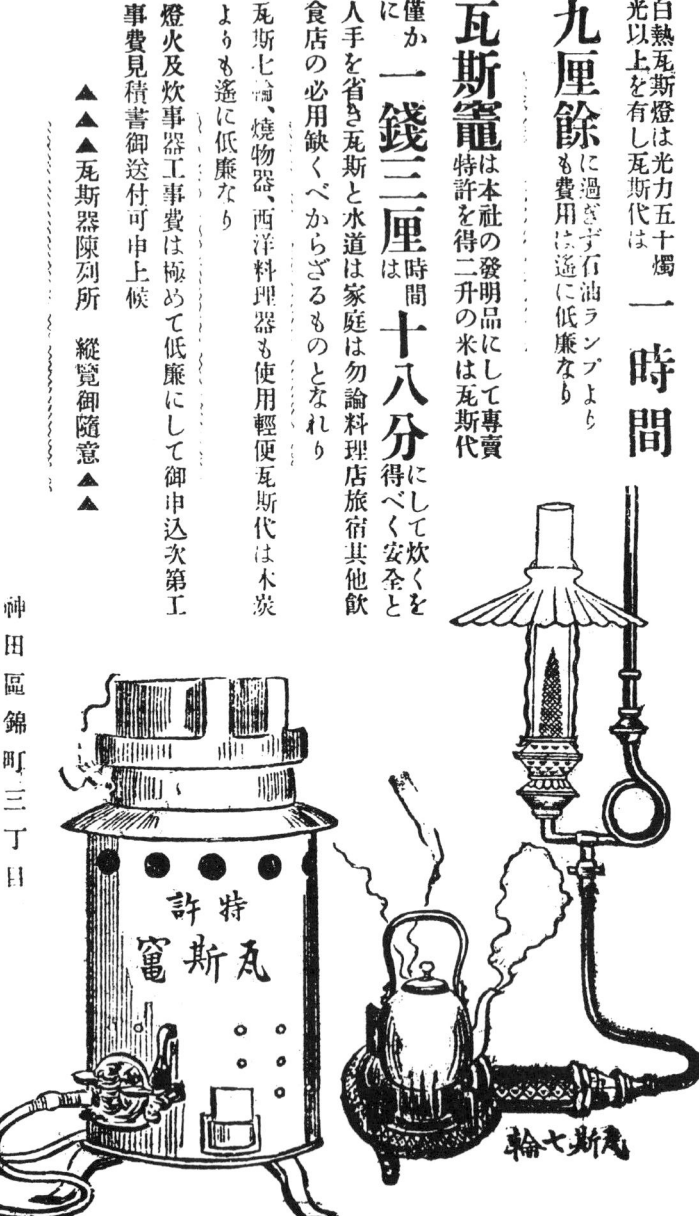

最流行單帶の大王

清涼織

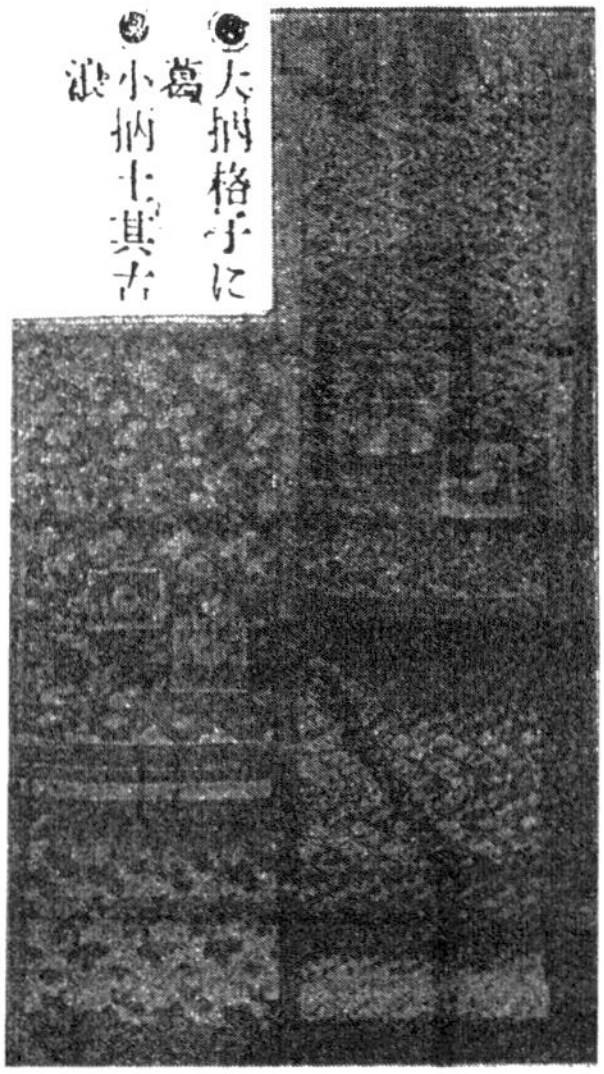

●大柄格子に葛 ●小柄七其古浪

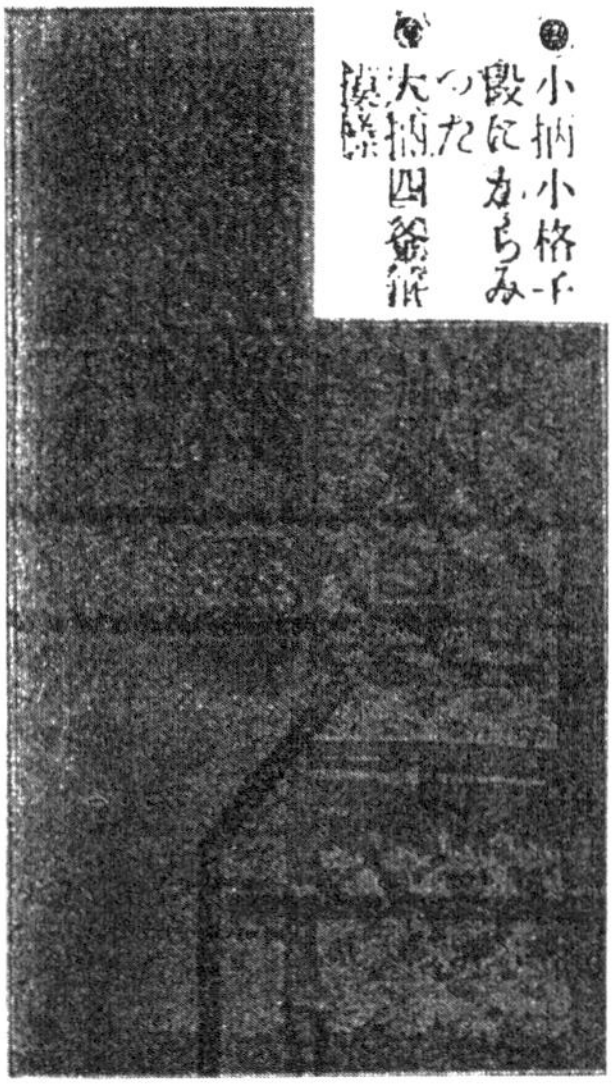

●小柄小格子段にからみつた ●大柄四筋縦縞

近來流行の單帶界に於て流行王の名ある清涼織は絹目と博多に織り上たる新工風にして兩面色變りの無地物もあり清楚愛すべし涼味掬すべし蓋し清涼の名ある所以なり

家庭の志るべ

第十一號

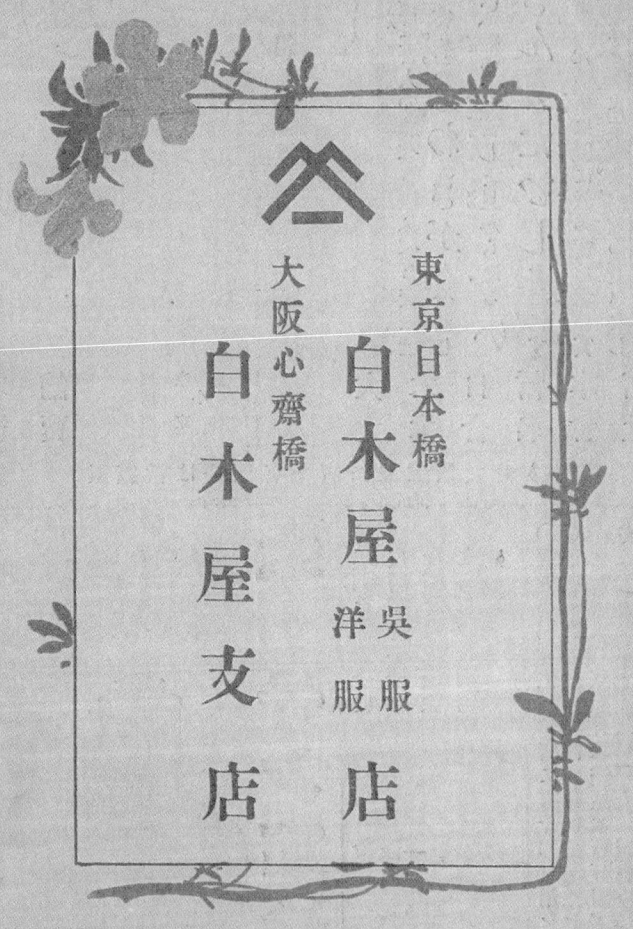

明治三十七年四月七日第三種郵便物認可
明治三十八年五月一日発行（毎月一回一日発行）

『家庭の志る遍』

第一二号（一九〇五〈明治三八〉年六月）

家庭乃志るべ

まつ子亭

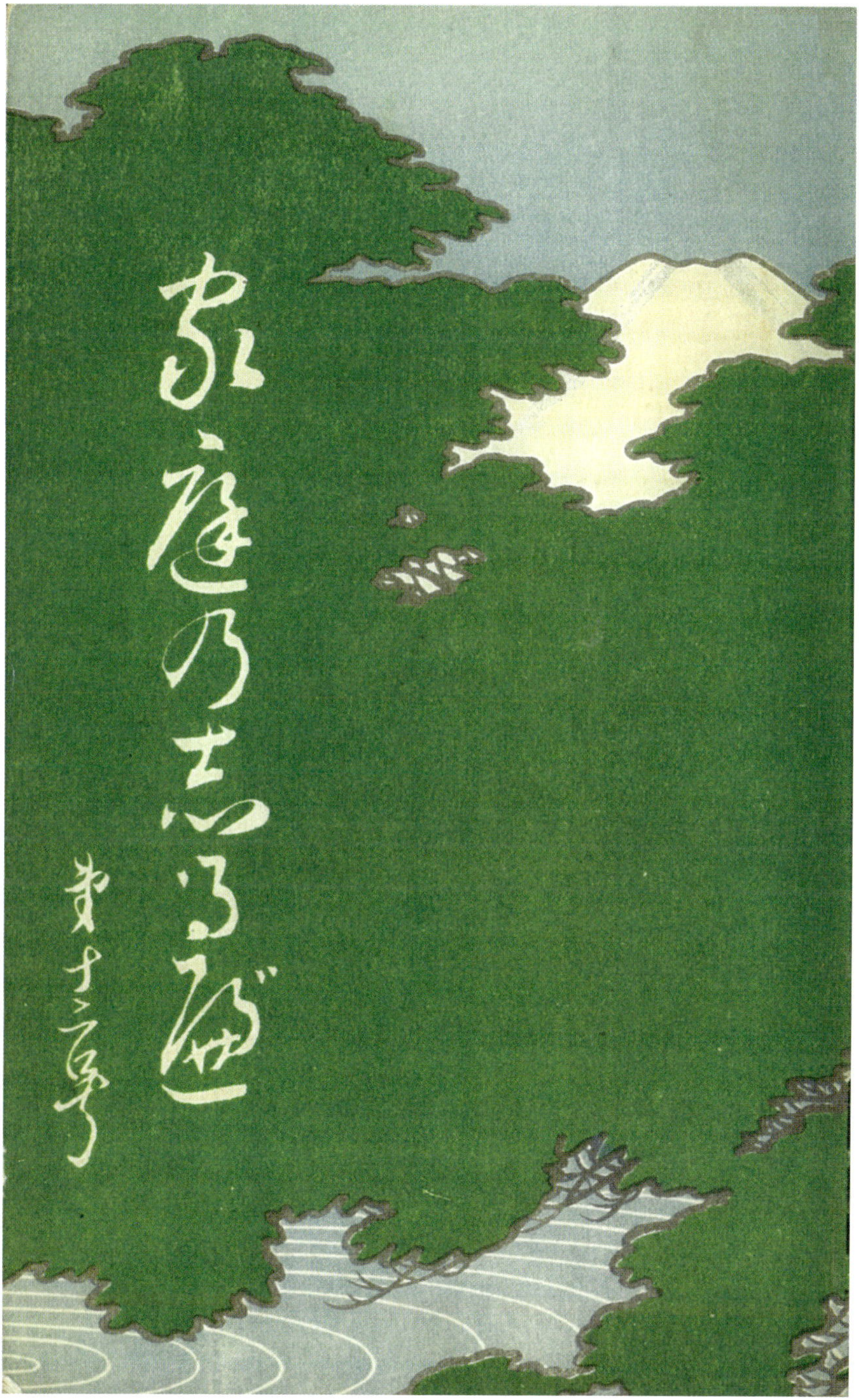

家庭のしるべ目次

壹等

大坂 内山蓉潮

貳等

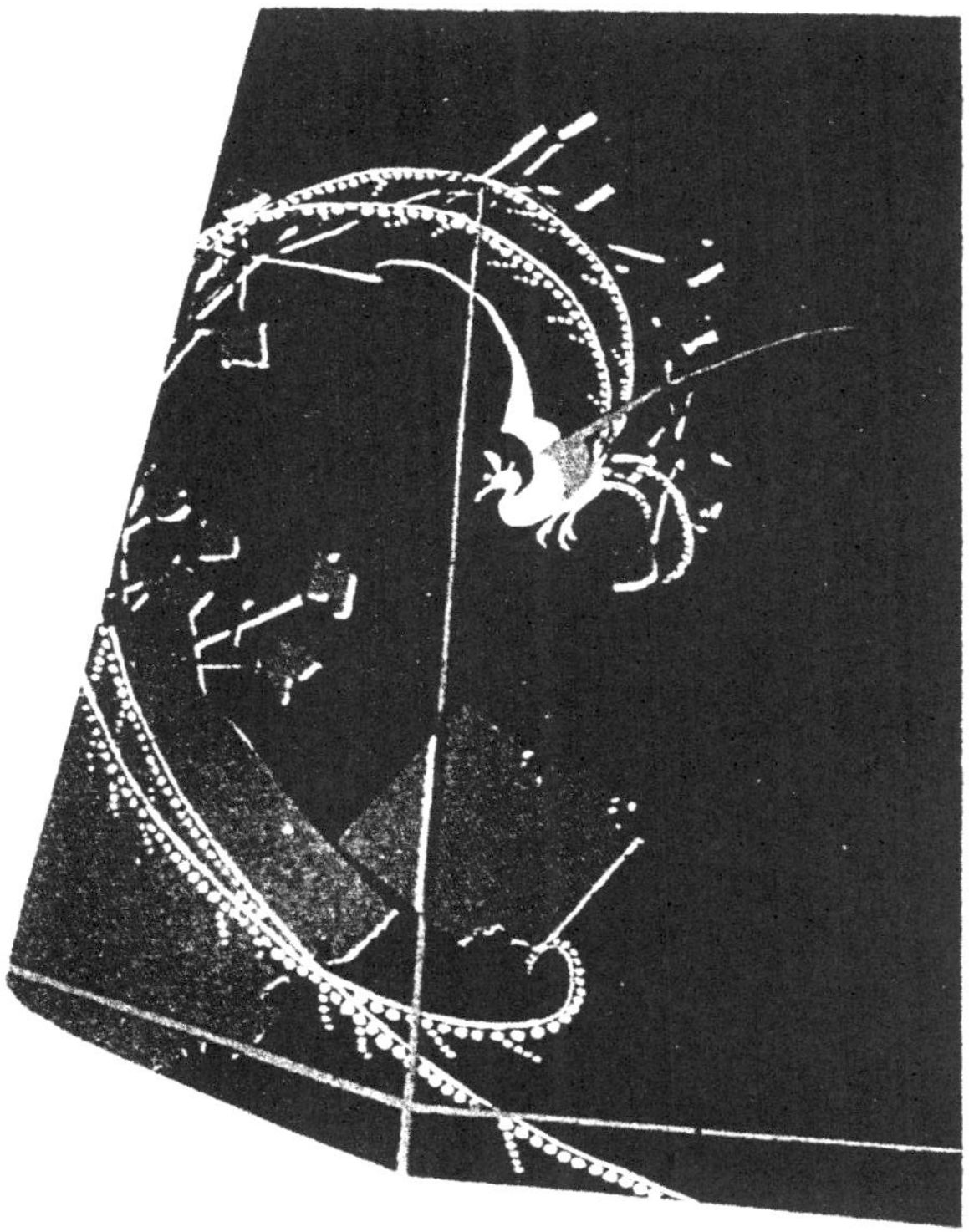

京都 落合利一

白木屋呉服店懸賞裾模樣圖案

參等

京都 井上又九郎

四等

京都 JK生

五等

京都 池恒専助

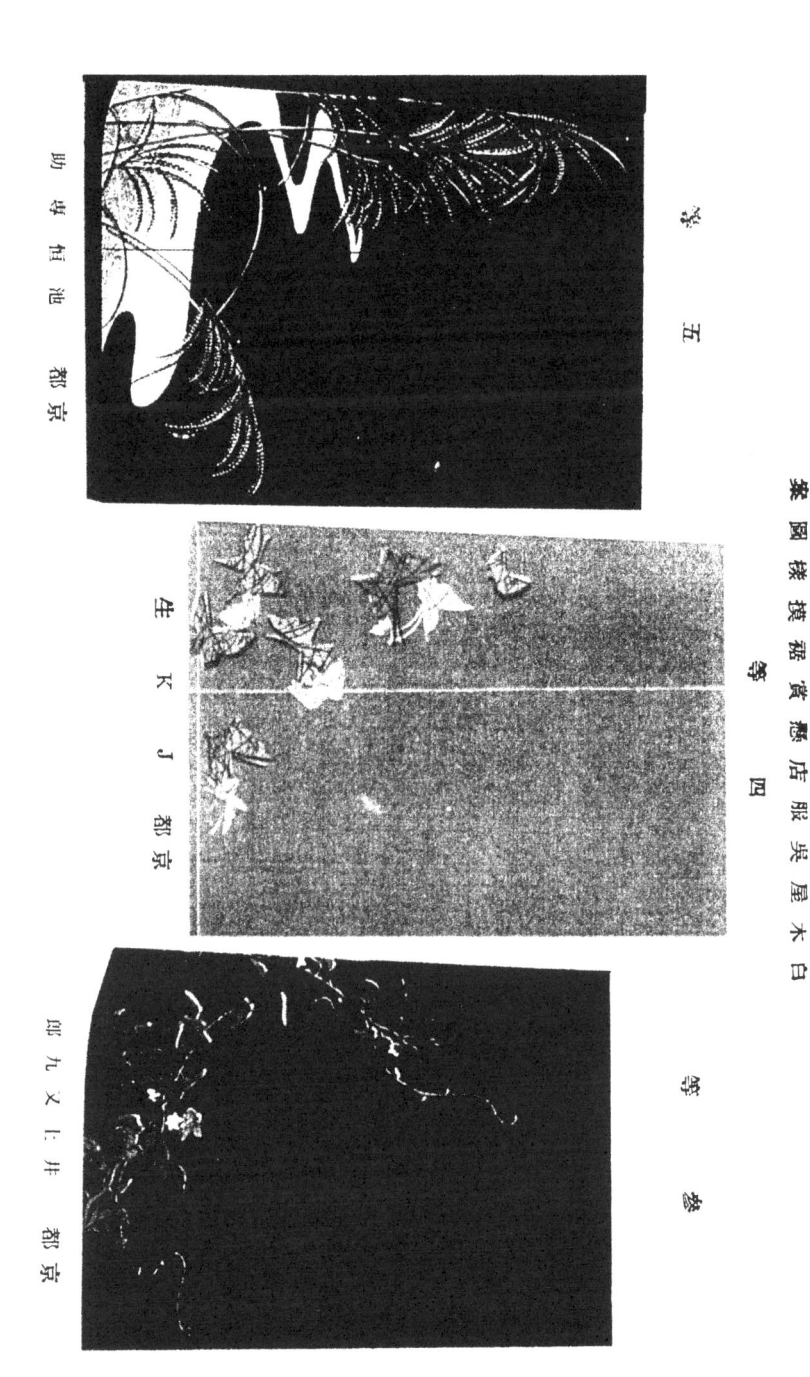

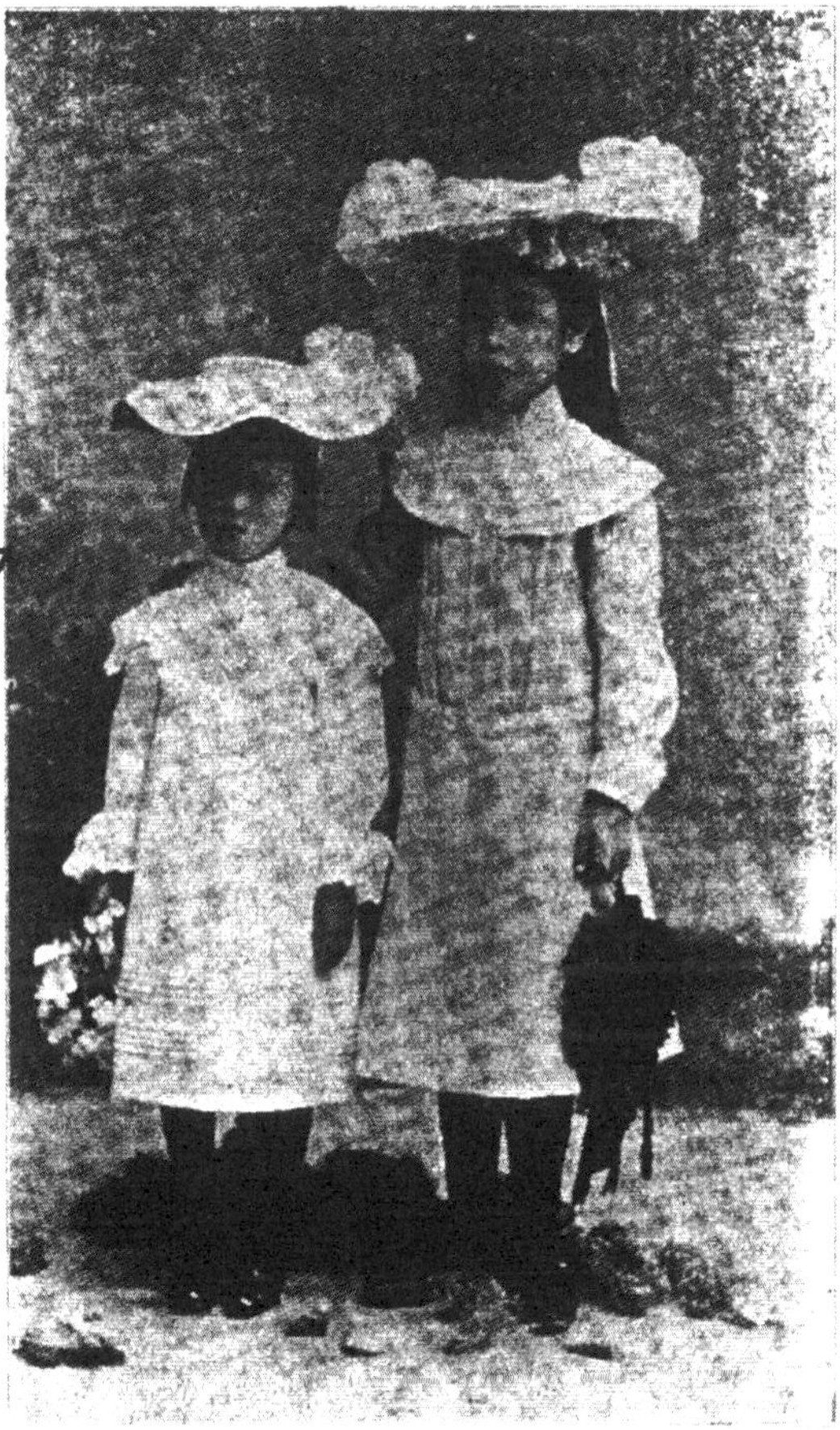

最新式女兒服標本

白木屋洋服店

ライオン
歯磨
香味佳良粉状微細にして歯牙の保全に適するを以て軍隊御用の榮を蒙り居るのみならず恤兵慰問として盛に賞用せらる
慈善券は小袋入にあり
發賣元 小林富次郎
本舗 東京神田柳原川岸 支舗 大阪博労町

高等香油
チエリーオイル
紳士貴婦人令孃用
此香油は無色透明にてさらくとして水の如し、故に紳士は勿論、貴婦人令孃間に目下大いに流行せる彼の束髪用としては最も高評を博しつゝあり
定價 大一本八十五錢 中一本四十五錢 小一本二十五錢 〇郵税十錢
賣捌所は全國到る處の賣藥店小間物化粧品店にあり
東京市日本橋區本町二丁目
芳香藥種問屋
發賣元
高橋初次郎商店
特電本局四一一三番

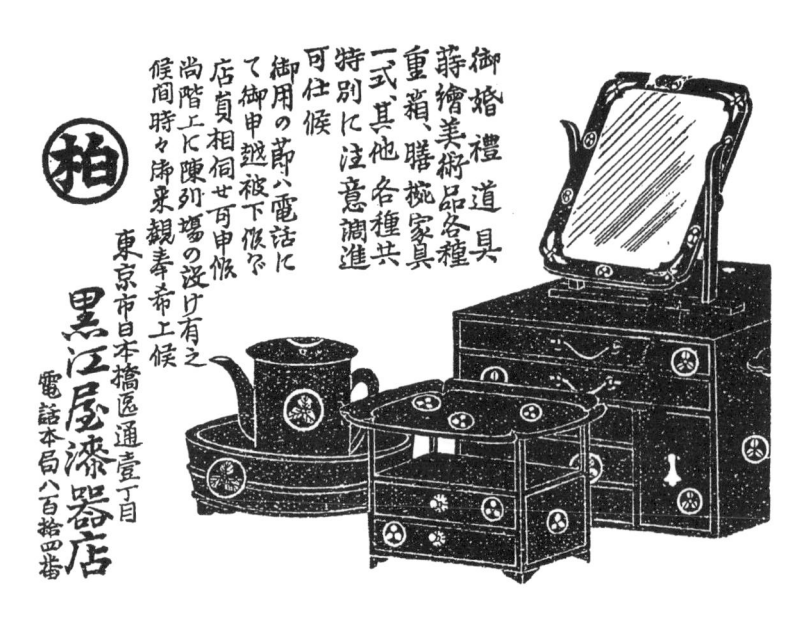

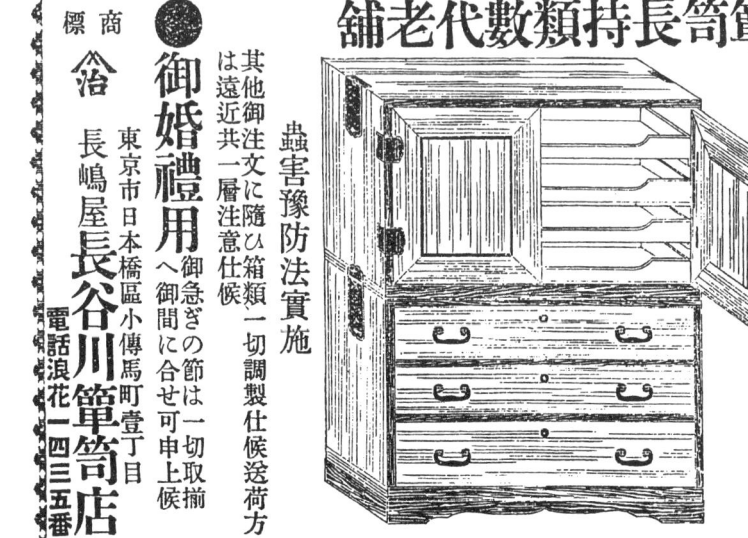

白熱瓦斯燈は光力五十燭光以上を有し瓦斯代は

一時間

九厘餘に過ぎず石油ランプよりも費用は遙に低廉なり

瓦斯竈は本社の發明品にして專賣特許を得二升の米は瓦斯代僅かに**一錢三厘**時間は**十八分**にして炊くを得べく安全と人手を省き瓦斯と水道は家庭は勿論料理店旅宿其他飲食店の必用缺くべからざるものとなれり

瓦斯七輪、燒物器、西洋料理器も使用輕便瓦斯代は木炭よりも遙に低廉なり

燈火及炊事器工事費は極めて低廉にして御申込次第工事費見積書御送付可申上候

▲▲▲瓦斯器陳列所　縱覽御隨意▲▲

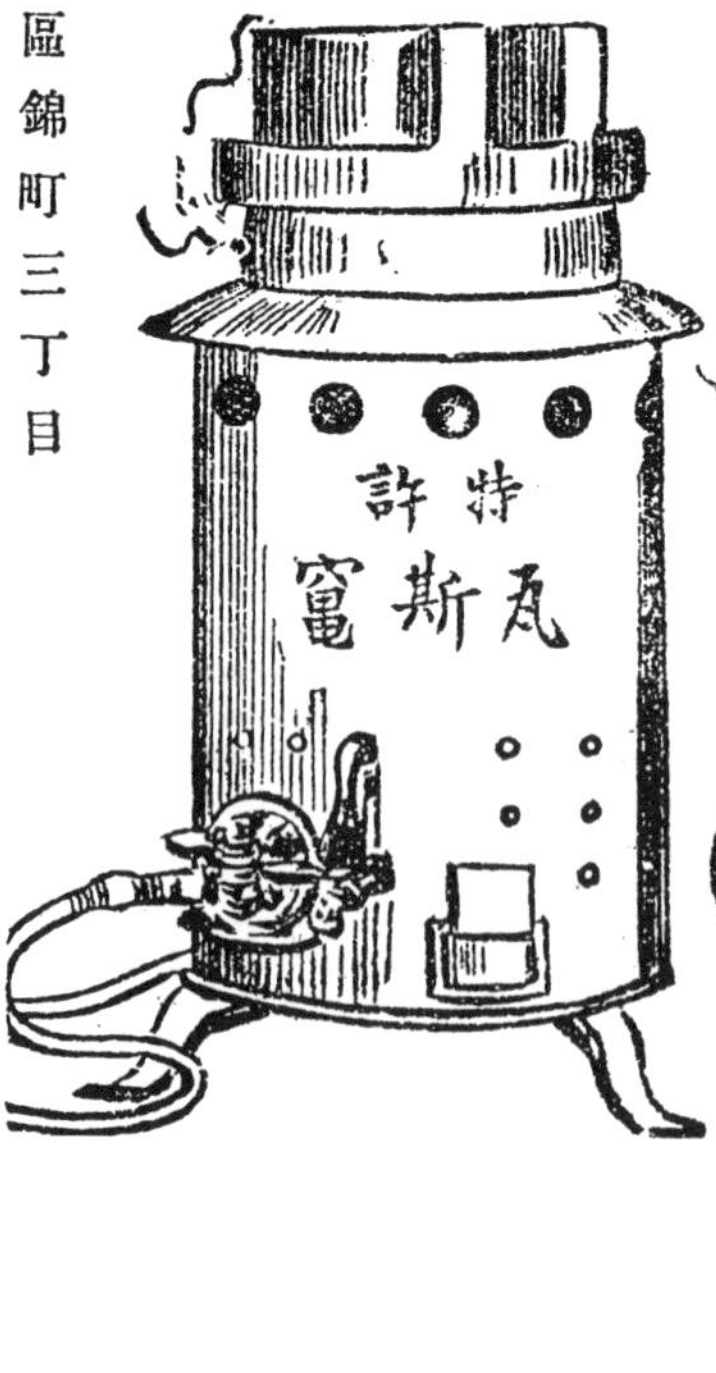

神田區錦町三丁目

東京瓦斯株式會社

電話本局　一三〇　五四八〇　五七〇〇

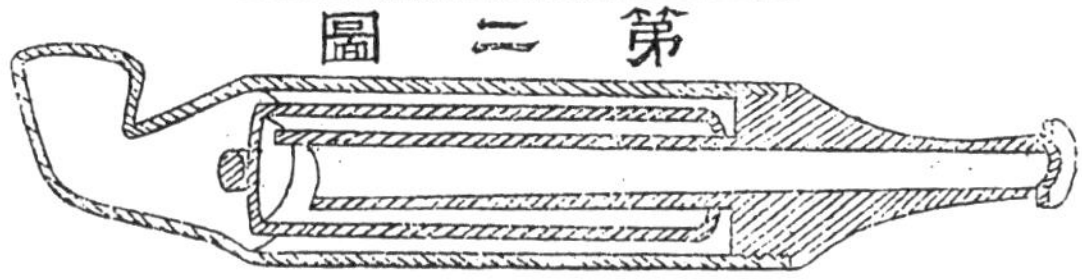

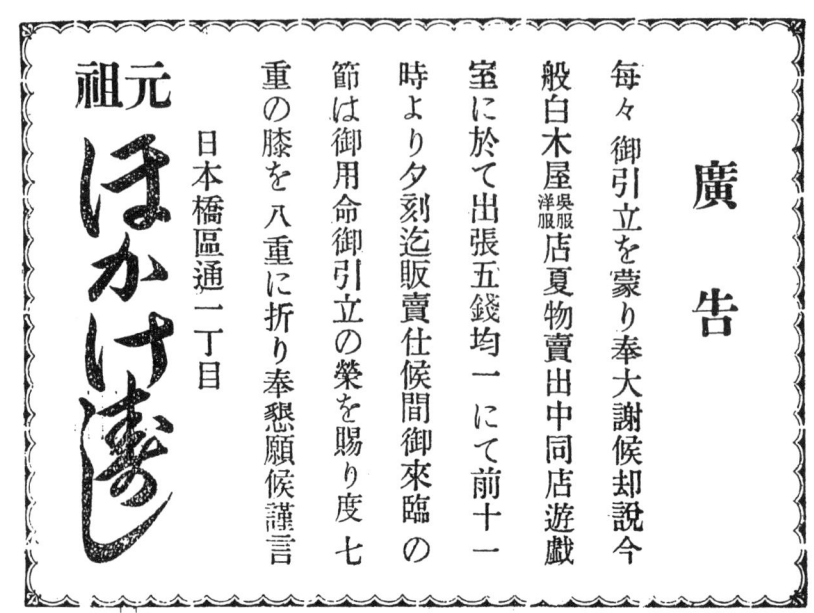

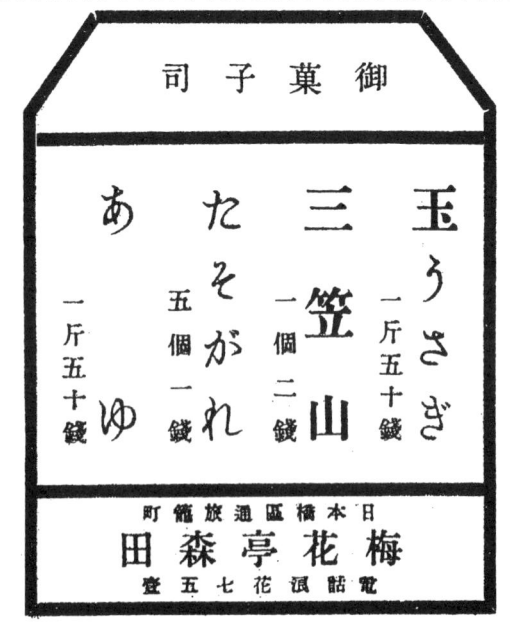

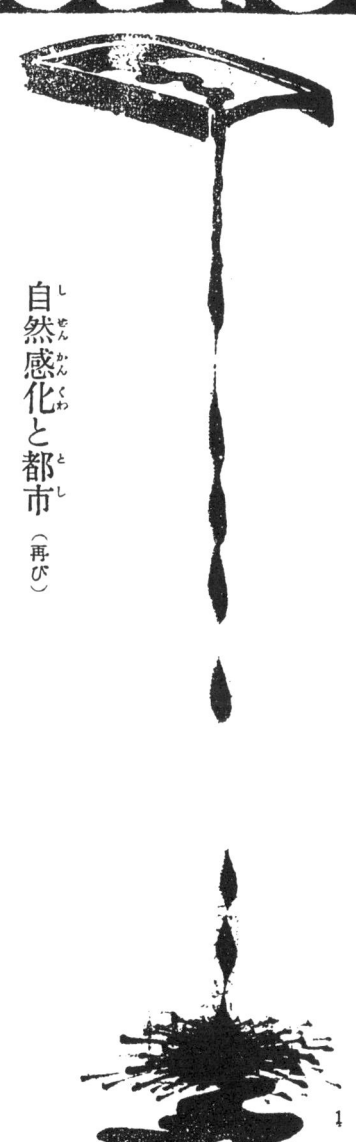

自然感化と都市（再び）

自然感化を受くるの多少は、概して人の心性に大關係を有するが故に、都人士にして苟くも其家永久の繁榮を希はゞ、其子弟をして成るべく多く自然に接觸せしむるの方法を講ぜざるべからずとは、吾輩が前號に詳述したる所なり。

之れが方法は種々あるべしと雖も、要するに兒童をして宇宙萬象の狀態及び變化を會得し而して之れに親炙せしむれば足るなり。試みに雲を仰いで都市の少年に問へ、彼は其蒸氣の凝結なること及び凝結の理由を知らん、然れども彼は果して春の雲、秋の雲、山の雲、平野の雲、曉の雲、夕日の雲の夫れ〳〵に特種の形及び色あるを知れりや。試みに水を望みて都市の少年に問へ、彼は其地より湧出する所以、及び化學的成分を知らん、然れども彼は果して溪の水、河の水、湖の水、海の水の夫れ〳〵に特種の形及び色あるを知れりや彼は巧みにハモリカを吹かん、然れども曾て麥の莖を抽き、其一部を裂きて、長閑に吹奏せしとありや。彼は快く肝癪玉を轟かさん、然れども曾て手製の篠鐵砲に紙丸を装め曉の軒の雀を狙ひしとありや。一室の闇も彼の戰慄して、敢て踏込まざる所なり、一寸の蚯蚓も彼の驚倒して、殆んど氣死せんとする所なり、他なし自然界に疎ければなり。自然界に疎きが故に、彼は自然と共に遊び且つ樂む能はず、春の田甫に蒲公英を摘まんよりは、寧ろ淺草の觀物小舍に玉乘を觀んと希ふなり。斯くして自然界を去ると愈々遠く、平生山の雄大を見ず、原野の平遠を望まず、朝夕人爲界に齷齪して、偏に巧智の支配を受く、都市少年の早熟ありて晩成なく、敏捷ありて堅忍なき、亦た宜ならずや。故に曰く、兒童をして宇宙萬象の狀態及び變化を會得し、而して之れに親炙せしめよと。爰に所謂會得とは、科學的研究の結果をいふに非ずして、事物その儘の觀察より來れる結果をいふなり、理性を養はんとよりは、寧ろ感情を培はんといふなり、詩的感興を以て先づ兒童の性情を陶冶せんといふなり、詩的感興は實に自然界の支配に屬す、願はくは都市の少年をして、詰屈たる理智の苦境に進むの前、先づ容與たる自然界の寵兒たらしめよ。

之れが手段としては、兒童をして電車人車の人工製作物に乘る代りに、成るべくは徒歩せしめよ、而して成るべく多く直接に地球の面に觸れしめよ。觀物芝居小舍の人爲的娯樂場に入る代りに、成るべくは郊外に出遊せしめよ、而して成るべく多く宇宙の大舞臺を見物せしめよ。聞くが如くんば、地方の學校に在りては、戰時の教育的紀念事業として、學林を造り、學校園を起し、果樹花卉を植え、竹林苗圃を設け、又は養魚養蜂を企て、而して町村長、學務委員、學校長及び敎員は、自から是等事業の保護に任じ、或は兒童と共に學林を巡視して、樹木成長の狀態を目擊せしめ、或は除草、施肥、害蟲驅除等の作業を課し、又學校に餘地なきものは、家庭と連絡を通じて苗木を生徒兒童に分配し、各自の庭園に栽培せしめて、職員隨時之れを巡回視察するの風漸く盛なりといふ。是等施設の目的は其一部學校經濟の補助となすに在るべきも、然れども亦た之れを敎育の資料となし、兒童をして益々自然界に親炙せしめんとするに在るや疑ひなし。異なる哉、都市の最も必要とする施設は、却つて比較的必要ならざる地方に於て實行されつゝあるなり。

都市は地方と異なりて、校地の褊小特に甚しく、學林學園等の施設に適せざるや勿論なれども。學校と家庭の聯絡を保ちて、花卉の栽培を生徒に課し、又は校の位置及び經濟の如何によりては、郊外に林園を置くと、必らずしも不可能とすべからず。又目下の實況に徵すれば、全く校の虛飾なり、生徒の虛榮心を挑發するに過ぎざる彼の運動會に代へて、今一層遠足を奬勵し、四季折々の修學旅行を催し、斯くして山に攀ぢ水を渉り、動植物の採集を勉めしめん乎、何れか兒童をして自然界に親炙せしむるの好機會ならざるものぞ。都市に家庭を作るもの、及び敎育に從事する者の一考を要すべき所ならん。

小説

裁縫指南（承前）

物外

目に青葉山杜鵑初鰹の時節とはなれり、紅塵に塗れて木の葉にセピヤ色の粉末をかけたやうな人道兩側の柳までが、玆當分は性來の綠を色どつて居る、況て南畝翁が戯れ歌に、目に青葉耳に鐵砲ほとゝぎすと謳はれた山の手の此所彼所は戸々半頃の庭を集めて綠陰氣爽かに、外濠に蜿蜒たる松を透して赤坂を仰ぎ看れば、青幛起伏の狀を爲して居る。

水の滴るやうな柿若葉と楓のために四邊を蒼々と彩られた小庭を側面にうけて半身に白金臭素紙に肖た光線を浴びて、窮屈な洋袴の股の緊りを怺へて强て膝も頽さずに、底事か說き去り說き來つて宛然席上演說の練習をするかのやうに喃々と喋舌つて居る當世紳士は法學士の曲田直である。

渠に對して俯し目に四十五度の角度に視線を疊に鑴りこんだやうに傍目も觸らず迷惑さう

に默聽して居るのは貞子であつた。

彼の當世紳士は演說口調の齣を切つて、新茶の半盞をグイと嚥んで、

『今お話し申したやうな譯なのです、で實は御當家のことに就いて先日明石君に夫れとなくお聽申したら、御次男の次雄さんを御養子に御約束が締ばれて居るとのこと、然らばです、御當家に就ては貴孃に後顧の憂ひはないといふものです、で、僕がお勸めする要件に付ては最早貴孃に不の字を畫くべき餘地は無いと思ひますが、充分胸襟を披いてお話しを願い度いのです』

『御親切は寔に有り難う厶いますか、……』

『イヤその厶いますがは表面のことで、人情の裡面を探究すると決して女今川的のものでは無いのです、既に御親父さんなども今は元命に近づいて御在で、身體髮膚こと〳〵く青表紙で貼り上げたやうに見えますが、其れはほんの表面、元治慶應の時代には二州江上御用の障子船に水調子を漏らされたこともあつたとは、平常愚父が昔話しの談柄になつて居るです。元來女子は男子と同捿すべきものに出來て居るもの、强て天性の人情を矯めて夫の亡い後は空房を守るのを以て貞操と定めたのは、宗敎否人道の立て前が抑誤謬つて居るので眞に天意に適つたことでは無いと我輩は斷定して居る……、故にです、僕がお勸めする事柄は決して天理人道に悖つたことではないと思ふです』

『御高說は逐一伺ひましたが、御勸誘のことは妾は心に決した所が有りますので、斷じて

御謝絶するのほかはありません』

『解りました、それでは貴嬢は横島君が御意に適はんですな、僕が掌判辯を費すまでもない事ですが、僕とは一期の先進者で法學士中の錚々たるもの、風丰こそ何ですが、國には相當の資産も有るです』

『否、左様なことは委く承はる必要も有りません、大躰におきまして妾がお勸めに從ひません以上は……』

『可しい、最う申しますまい、是で本件は辯論終結としませう、併し念の爲めですが貴嬢は横島君を措いて他に珠數の緒を斷るやうな事があつて、僕に面目を失はせるやうなことは有りますまいな。

『怪しからんことを……』

『君イヤ貴嬢怒つては不可んです、僕元來物を迂路にせん流義で、ツイ露骨にやり過るので、ハヽハヽヽ』

『ナニ怒るなどゝ左様なことはムいません』

『イヤ大いに長座しました、何れ又近日伺ひます』

怱皇シガー入れをポケットに收めて起つた。

貞子が送るまへにお琴は玄關に出で隻手に洋杖を持つて蹲まつに居る、頓て曲田が門外に出て靴音の遠く／＼滅えて、後は外濠の堤に萬籟の颯々たるばかり——障子に身を凭せた

まゝ立ち竦んだ貞子も、ピタリと坐りこんだ琴も無音の三昧に入つたやうに霎時は呼吸の

音も漏れぬ。

稍あつて偶然顔を見合はせると、二人の瞼には露を宿して居た、貞子は耐えきれぬ感を喚び起して、衝と書齋に入つたまゝ寂莫として躬ら心臟の鼓動を聽くほどであつた、蓋し貞子の意には彼れ輕薄男兒が我を斯くまでに侮辱することの如何にしても面憎く、夫亡き後は恁くも人に耻しめらるゝものかと、悔しさと哀しさを混ぜ交て感慨身に迫るので有つた又お琴は今を盛りの貞子が行く末長き身を犠にして女の道を守ることの健氣なるを傷はしく、愍れに思ふて堰きあへぬ涙を漏らしたのである。

＊　＊　＊　＊　＊　＊　＊　＊　＊

有り丈の聲を張りあげて『左樣なら、〳〵』と彼れ一句是れ一句挨拶を交換してトツカワ門内に駈けこんだのは例の快活な俊子である。

玄關の障子を開けながら『婆アやア』の聲を投げこむやうに。

聲聞きつけて迎へに出たお琴は、俊子の例もながら麗はしい笑顔に喚び出されて漸くに我に復つたやう。

『お孃樣唯今お歸りで　』

『然、姉さんは……』

『御書齋に在つしやいます』

『左樣？』

ツカ〳〵書齋に入つて見ると獨り徒爾と机に凭れて居る貞子の貌は、蒼白いうへに柿若葉を透して來る光線の爲めに一倍の色を加へて慘然たる面相に見えた。

勢ひよく來た俊子は急に電氣に打たれたやう、霎時瞬々して居たが唐突に、

『姉さん什麼かして？』

『イヽエ』

『でも容貌の惡いこと……』

『何ともないのよ、今日は滿江さんは……』

『妾學校から直に來たので誘はなくつてよ』

『左樣？、貴孃讀本でもお溫習なさい』

『妾讀本は歸つてから兄さんに溫習つて頂く心算、夫れよりか今日は是非單羽織の裁ち方を敎へて頂くの』

『實はネ、今日は頭痛がして不可ないからネ、妾が問題も裁方圖も書いてあげるから、後で熟く御覽なさい』

『ソラ、だから姉さん什麼かしたのッて聞いたら何ともないつて仰しやつて、厭な姉さんよ』

『何です其の用語は、近頃學校で卑賤な用語を使ふものだから、直に染まつて其樣な口の利きやうを覺えて不可ませんねえ御愼みなさい』

俊子は慚愧て目を瞬つて居る、その躰の何となく滑稽的なので思はず貞子も笑を洩した』

『急に真面目になつて可笑いことホヽホヽヽ——、サア問題を書いてあげませう』
俊子の天然の喜戯に興奮されて貞子は氣輕く問題を書き了せた

◎男物單羽織裁方

並幅物にて長さ二丈六尺四寸の布を以て單羽織を裁つに袖丈一尺五寸に爲せば身丈及び襟丈は何程なる哉其の裁方圖及び積り方を明記せよ。

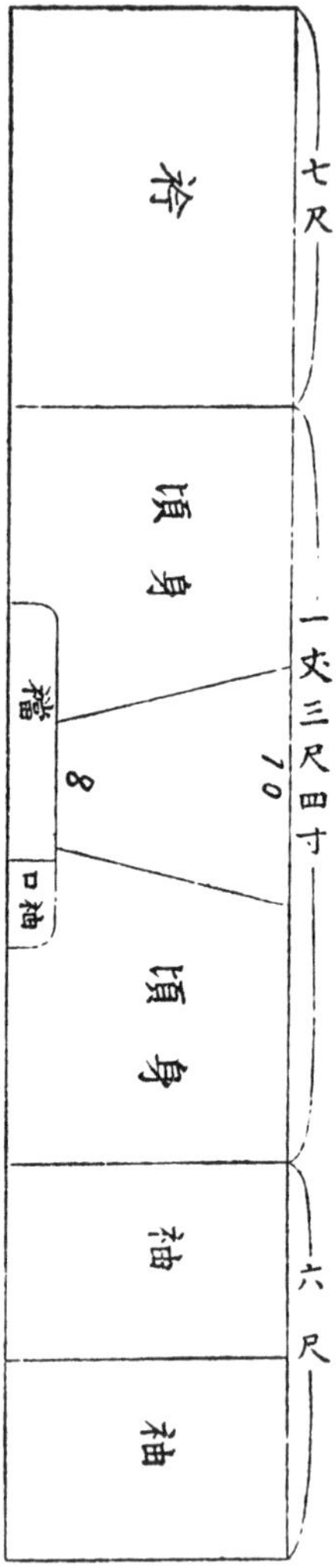

袖丈 15,0 × 4 = 60,0
身丈 264,0 − 60,0 = 204,0
204,0 − 18,0 ÷ 6 = 31,0 身丈
310, + 衿肩廻縫代 4,0 = 35,0
35,0 × 2 = 70,0 衿代

身丈 三尺一寸裁切り
衿丈 七尺

『サア是を持つておいてなさい』
『難有う……、今に滿江さんが來ませうから少し待つて……』
折しも門の開く警鈴の音は滿江で有らうかと、俊子は玄關へ駈け出た

（以下次號）

HER EXPLANATION.

"Women are uncharitable lot," remarked Hawkins as he laid aside his paper.

"Because why?" asked the other half of the matrimonial combination.

"Because," replied Hawkins "every times two of them get together they talk about Some other woman."

"If they do it's Because they are not conceited like the men," replied Mrs. H. "When two men get together they always talk about themselves."

細君の說明

『女と云ふもの程思ひやりのないものはあるまいよ』と本田紳士は讀みかけの新聞を傍らに置きながら云つた
『そりや又なぜで御座いますか』と細君質問に及ぶ
『でもさ、女が二人寄つたとすると直樣他の女の噂さが持ち上がるじやないか』
『そりや女と云ふものは男子のように自惚心がないからですよ』と細君すかさず受太刀に及ぶ『男子が二人寄つて御覽なさいすぐと御自分たちの事ばかりの御話しをなさるじやありませんか』

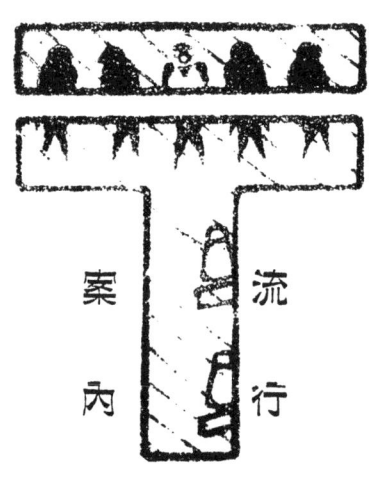

流行案内

都門に於ける流行の報導に就ては、記者は其の知方たることを任じて居る、茲に白木屋呉服店が去る四月中から懸賞で裾文様の圖案を募集した、其の圖案が全國から到着したのを審査したのである。

流行欄受持の記者は特に同店に請ふて一覧したのは五月の十九日であつた、同店事務室の一部を以て審査場に充て、百疊敷程の一室內へ蜘手に架け渡した棧木は縱横に畫されて、その棧木に圖案は整然と貼付されて有つた、記者は當該員に就いて仔細に説明を聞たので、其の圖案の出所が此れは京都、此れは大坂、曰長崎、曰函館といふやうに、全國に於ける裾文様嗜好の程度が大約察せられたのは流行記者の大に觀喜する所で有つた。

又圖案が實に駸々として進む跡が歴然として見らるゝのも悦ばしい所である。茲に記者が一言したいのは圖案家と染工家との技術の相待て進みたいといふ希望である。

併し茲に難かしいのは圖案家が筆頭で縱横に揮はれる所が、縮緬羽二重等に染色することが却々の困難である場合が多い、所が從來此困難なる染技家の側から往々圖案家に對して苦情が出る、竟には此の苦情が積り積つて圖案家の無能といふ事に歸納する傾向があつたやうである、實に歎かはしいことで、斯る場合には染工家が努力一番して研精の實を擧るやうに爲たい、然もなくて從來のやうに圖案家中の所謂文樣師なるものを抑制して自家の誤都合をのみ謀るやうでは圖案染工の進步は期し難い、例へば圖案家と染工家とは劇場に於ける作者と俳優の如きもので、染工家たる俳優が自己の演奏の都合の爲めに圖案家たる作者を抑制して脚色の筋立を彼是するために竟に肝腎の原作を滅茶〳〵にすることは眼前芝居道の通弊に見て鑑みねばなるまい。

や、徒らか〳〵とお噺が岐路へ外れたが、偖白木屋呉服店が彼の圖案審査の摸樣を開くに其の方針は、

○圖案優等に　○直に實用に足り　○地色其他配色の巧みなるもの

此の三點の具備したものを最上乘とすることは勿論。

○圖案は優等に　○直に實用に足べきも

○地色又は配色に多少缺點あるもの

要は地色配色等には自から投稿者所在地方の習慣、流行の傾向等に依て大差あるものなれば、一概に地色配色の如何を以て排斥すべからず。

右の外從前染業者が多少染工に困難なりとの故を以て漫りに意匠の優等なるものも排斥するの傾向あるが如きも、全然染色し能はざるものを除くの外は多少の困難を忍び勉めて成効を期するやうせざれば技術の進步を妨ぐ、故に染工の困難のみを以て排斥すべからず。

先粗と斯ういふ方針で審査したといふことである。又審査の方法は重なる店員一般に

投票せしめて此の點數を調べ、更に此の投票に洩れた分でも審査委員が認めて審査の價値ありとするものを加へ、此のうちから審査委員の投票を以て若干を撰み、又その中から再選して二十個を出し、又此の中から十個を選り、此十個に就て審査員が反復討究の末等級を定めたとのことで、其の結果は

第一等　芒の圖　大阪　内山蓉湖

第二等　桐に鳳凰の圖　京都　落合利一

第三等　酸漿に零餘子　京都　井上又九郎

第四等　夏野の蝶の圖　京都　JK生

第五等　秋野の圖　京都　池恒専助

（口書石版刷參看）

右の外番外として選ばれたるは

いと菊　京都　杉浦龜之輔

透し縫　同　KK生

をとこへし　同　池恒専助

豆　同　同人

萩　同　廣岡伊兵衛

是までが募集の當時から約束の賞を獲たもので、此外選外優等の分數多有つて、是には舶來ハンカチーフ一打づゝを特に贈與したとのこと、又入選の分は勿論選外優等の分も同店の階上に随意縱覽し得るやうに設備してあるから無論一見して參考に資するの價値あることを保證するのである。

茶道

第九號のつゞき

勇猛精進菴

主方　五徳据やうの事

四疊半三疊半等都て外爐の座席には五徳の爪一本を上座の方へ据え、向切の爐には上座下座に搆はず、爪一本を爐の向に据ゆるが法であります、但爪一本上座の方へ据えと申ても爐の角などに爪一本を据ゆるのではなく、亭主の向つて右か左か何れにても上座になる方へ爪一本を眞中になるやうに据ゆるので有ります。

五徳据えやうの高さは釜によつて違ふのは無論のことで有りますが、先輪口刳り口の釜は柄杓の合を釜の中へ入れ、柄先を疊につけて而して爐縁の所柄杓の柄の節ぎわにて疊との間へ人さし指一本入る加減に据えて丁度よい程になります。

姥口雲龍などの釜は、柄杓の合を釜の口にかけて前の調子に仕掛けて宜しい。

但刳り口といふは阿彌陀堂などの類、輪口といふは蒲團など、姥口といふはからげなどの類であります

爐中灰の事

口切の時分には世間もまだ暖でありますから、灰を多く入れてふところを狭くし、炭も少く置いて能いやうにします、隨て隅々も大きくするので、春になつて風呂に揚る時分も此の心得で可しい。

總て灰の仕樣は四隅の形大小高低厚薄等定まらざるやう、堅く見えぬやうにするが肝要で有ります、寒空の時は灰を少く炭を多く入れるは勿論、釜の大さに依りまして炭の多少を計らねばなりませんから隨て灰の多少にも關係があります。

但末流では十月朔日(舊暦)から爐、四月朔日(舊暦)から風爐と暦日によつて定めて有る向きもあるやうでありますが決して然ういふものではありません、暖なれば三月でも風爐に揚げ寒ければ九月でも爐を開いて宜しい。

灰は冬中は霰灰に沙帛灰を交ぜて用ゐ、春になればふくさ灰を篩ひあげて霰灰ばかりを用ゆるが可し、灰は何れも色の濃い煎茶でよく／＼濕して入れます、最も砂氣なく色の黄ばんだ古い灰を好みます、此の灰はよく篩ひまして壺に入れて土中に埋めて置くが宜しい、濕りが不足ですと白灰がたちまして不可ません、又土鍋に入れる灰は猶更濕りの多いほうが可しう厶ります。

爐縁は眞塗、かき合せ塗、あらひ縁の三種を用ゐますが都て塗縁は口切から冬中用ゐまして春になれば陽氣が滿ちて參りますので世間が埃り立つやうになります、で、洗ひ縁を用ゐます、洗縁は澤栗、檜を以て作ります、此のうち塗り縁を用ゐる場合は床縁の格に順ずるものと思へば大差はありません、又掻合塗は詫人の用ゆるものとしてありますから先は冬春の區別はせぬので有ります。

霰灰は爐中の焦灰を摧いて篩ひぬきて用ゐるが宜しい、不斷火を掩はずに焚けば下に焦げ灰がたまる、是を貯へて使つて可い、

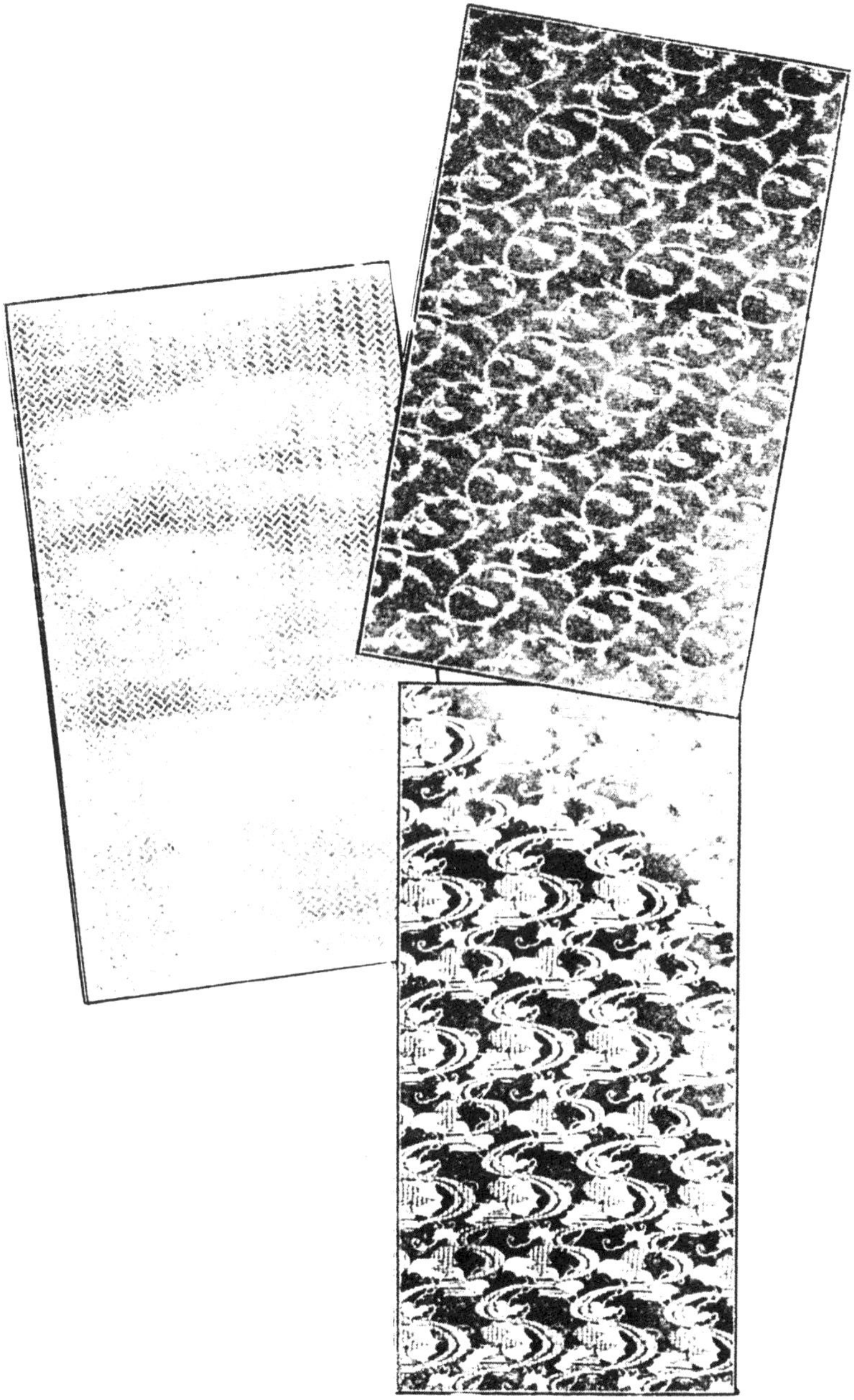

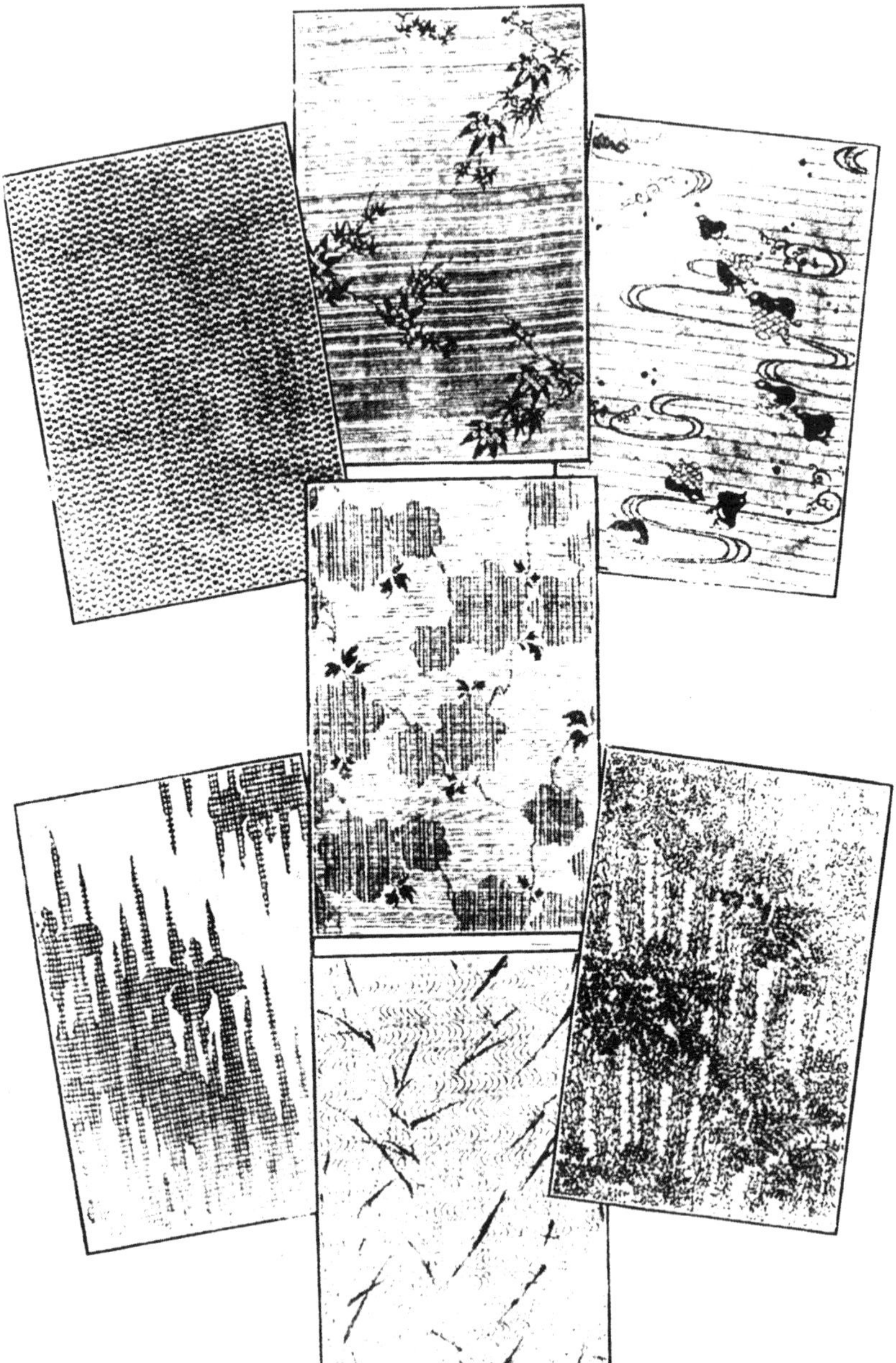

故に侘人は埋み火にするものゆへ焦灰が溜りませんから「霰もたぬ人はふくさ灰ばかり遣ふこと殊勝なり」と利休翁感じられしとのことが或る書に見えました。

爐中の廣さは九寸六分、爐壇は爐椽から出る所が一寸、深さには定まつた式は有りません、昔は四方へ柱を立てゝ塗りたてたもので、今のやうに箱に仕付けて入れることは中頃から初まつた便法であります、又昔は灰も能くして炭も細炭まで置きまして其の間から細かな火をさし入れたとのことで客の案内を聞いてから炭の仕能いやうに下火を入れるなどは甚惡しきことで、夫れでは釜をあげた時客が下火を見て流れの様子までも譽る理に叶ひません、矢張常の如く臺炭、相手炭、細炭まで格好よく置いて釜を掛けて置くべきで、然なくば客が爐中を見るとき椽に溫みもなく甚淺間に見ゆるので有ります、

釜に水の入れ方は、古法は朝茶の湯には釜の半分として有ります、釜の大小、亭主の老若に由て見合せ肝要と心得ます、雲龍やからげの類は九分目も入れて宜しい、末流では濡れ釜のまゝ掛ることが有りますが、能々拭つてかけねば水が落て灰をたて、むさくなるもので、これは忌むことであります。

以下次號

文苑

新體詩

水の響

織月

（一）

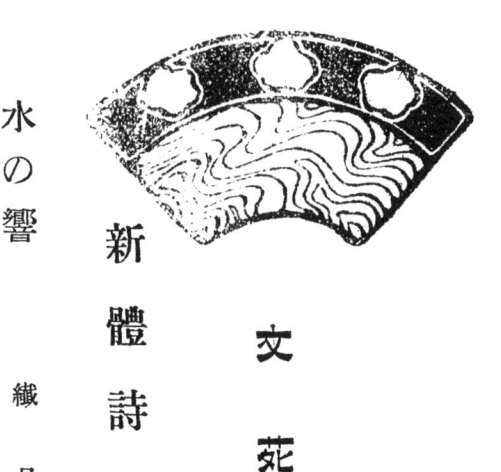

をとこ……　旅の朝
君を得てより、など斯く
我世の幸の、多かるか
我はいま行く旅の空
たゞ、面影を身にそへて。

思へば君を知らぬ日は
此世はたゞに黄金の世
利に趨る世と觀じては
吸ひしよ巷の汚れ塵。

神の攝理か、優婉の
君が情は、利に誇る
眼、盲いたる我が身にも
愛の光の見えそめて。

今朝、我が立を戸に送る
溫情き君が、言の葉を
思ひ出づれば微笑まれ
難路行けども足輕し。

歸り來ん日は君がため
眞心こめし旅土産

澤に與へむ、いざさらば
我は他郷の地にへと入らむ。

をんな……里の夕べ
夫はやさしよ、我夫は
今朝より旅に出でましぬ
門出送りの言の葉は
まだなか〱に足らざりき。
恥しきかな、我夫は
たゞ恐ろしと思ひしを
日は日と經るに溫かき、
強き情の身に泌みて。
うつら〱に冬の日も
早や暮れ行くに、我君は
何處行きます、早くとも
宿りとりませ脊の君よ。
空行く鳥のたゞ一羽
雌か雄かなどて獨り行く
淋しく夫を忍ぶ目は
見ずも涙のあふるゝに。
我爲めならば我夫よ
歸り來ん日を早めてよ
金銀珠玉欲しからず
欲しきは君がやさし言。

（二）

をとこ……旅舍の夕
昨夜また入る妻が夢
今朝は奇しく胸さわぐ
希望あること殘れども

歸り行かんか、我里へ。

利は嘗ての思ひより
多く得しかど倘更に
人の慾をば捨て兼ねて
三月、早經ぬ旅まくら。

山坂越えて、海渉り
淋しく獨り漂遊ふも
たゞに笑ひの多かれと
願ふ心を、君知るや。

今は絶えずよ、我心
いざや歸らむ歸り行き
いとしの妻が驚喜と
うれし涙に我身は浴びん。

をんな……風吹く宵
あゝ如何なれば我夫は
斯く迄おそき歸りぞや
定宿にましまさば
筆に思をまをさむに。

今朝は如何なる山を越え
今宵は獨り薄衾
御風邪召す勿とよぶものも
あらず、寢ますか戀し君。

君なき床の一人寢の
夢醒め易く我が泣けば
花吹く風は暴くして
枕紙とる、幾たびか。

我身悲しき此思ひ

君が情の手にすがり
談りつくして世を泣かむ
あゝ戀しさは我夫よ。

（三）

をんな……花の下にて
向ひ通るは清十郎ぢやないか
笠がよく似た菅笠が

思ひあまりて見る眼には
正しき影の逸るてふは
誠足らずと大神の
訓誨と識らぬ人の言。

我眼、涙に曇るとも
如何でか夫を見忘れん
お夏にあらぬ己が身も
物狂ほしきこの日頃
今日もまた立つ花の下

夫や歸ると見さくれば
をちは靄にと埋もれて
またも暮れんか花こぼる。

淀の川瀬の水車
誰を待つやらくる〱と

世は何故なれば冷やかに
痛手負ひたる牝羊に
死ねとや征矢を投げかくる
人まつさへもつらき身に。

我は君をば夫と呼び
君は我をば妻と呼ぶ
呼ひつ呼ばれて人の世の
密を吸ふ身に今あらず。

君出でまして嫂君の
刺の苔のいや增に
つのれば夜は君が衣

かつぎて髻に忍びしを

思へば君が朝立ちの
門出送りに花櫛の
抜けて落ちしも斯くとても
御告なりしかあゝ愁し。

誰をまつやらくる／＼と—
淀の川瀬の水車
めぐるも水の戀ゆゑと
などて思はぬ、あゝ人よ

我は離縁れて世に泣けど—
燃ゆるばかりに君を戀ふ
心は魑魅も魍魎も
などて去り得ん、去られじよ。

來いと言はずと行かずに置こか
君が見たさの鏡山

離縁とは形の上のこと
心は何か去るを得む
君は永劫我が夫よ
我は永久君が妻。

嘲笑はば笑へ、嘲弄らば
心ゆくまで嘲弄りて
赤き血汐に塊りたる
我が夫戀の念と對せ。

嘲笑、何、輕蔑、何
胸の炎の力には
朝日の前の朝露か
春のはかなき陽炎か。

左はさりながら女氣の

とすれば涙にあやもなく
氣もくづをれて濁に世の
恨めしとこそ思はるれ。

花の吹雪の木綿川
水の響に世をば去り
今の思ひを葬りて
空に輝く星となりたや。

をんな……垣根にて
歸り來しとの君が文
抱きてまた立つ君か門
晝は人目の繁くして
夜はまた暗にあやもなし、
籠の鳥かや歸り來し
夫が逢手の跡澁り
涙にあせし文見ては

（未完）

俳句

雨六

夏ごろも

涼しさの門にたちけり夏衣
絹傘や青葉の寺へもの詣
夏衣關取の腹ふくれけり
うす羽織腰にさしたる扇哉
出征を見おくる人や夏羽織
朝顔をつちこふ人や單もの
サンドウを試す主人の浴衣かな
羅衣に風吹く他所の二階哉
下帶や青葉がくれの長廊下
かたびらや二人うれしき小酒盛

釣床や羅衣かけし小いさき兒
祭禮の綸に
單もの五人揃へを着たりけり

○　沾　衣

志げる芦江の家蠶流しけり
さむしろに護摩木ほす也志ゆろの花
棕梠の花お寺の蠶はづれけり
箒つくる我志ゆろの花咲にけり
水中に溫泉の湧く池や菱の花
大津より船路來にけり傳敎會
笠深く女人なりけり傳敎會
山家會や一千年の木魂泣く

懷　古

傳敎會軍議にうつる篝かな
山家會や三井の小僧の蓼を摘む
門入てまた芍藥の小門かな

育　兒　法

（前號の續）

叢　軒

乳汁の鑑定

善良なる乳汁は白色無臭にして甘味深く、試みに玻璃杯に清水を盛り其の中に滴すときは、髣髴として雲散霧消し、これを震盪するときは能く水と混和して僅少の雲脚も停めぬを最も良しとす。

是に反して不良の乳汁は、凝固して器の底に沈降するものなり。

往昔漢法醫は漆塗の盆に乳を瀉出さして其

の球狀を呈す、その球に據つて善惡を鑑別する法を取れり、是は學術及び器械の進步せざるときに於ての方法にして、今は撿乳器を用ゐ、顯微鏡に照らし、或は分拆してその良否を分つの法あり、猶一層正確を欲せば該乳母の生みたる小兒を撿すること緊要のことゝす。

小兒の身躰强狀に、疾病腫物等なく、性、溫和にして淸潔なれば、其の母則乳母が平素の品行家庭と共に乳汁も亦佳良なること寧ろ乳汁の分拆よりも確なりといふべし、然るに往々乳母に出んとするものは其の主を需むるに汲々たるより遂に不正の手段を爲し、他の强壯にして溫和なる小兒を時借し來ることあり、年齡、持病、畸形を秘し白髮を染め塡齒義齒等を爲して外面を欺瞞すが如き、其の甚しきは自身の小兒が腦膜炎の如き恐るべき疾病の爲めに死亡したるを隱す等のこと往々あることにて、これを看破すること容易の業に非ず、故に萬一雇傭の後託する所の小兒が兎角不機嫌になり下痢腹痛を起し、又口邊等に腫物を生じ、或は成長の度即ち本誌第九號に說きし一定の重量を日々增加するや否に注意し、加ふるに乳母の品性不良にして忿怒し易く、嫉妬深く、喧嘩、口論、饒舌、僞言、放蕩、飮酒の僻あり且哺乳せしむるを御役の如く心得居る者等は容赦なく放逐すべきなり

乳母の取扱方

幸にして善良の乳母を得たるも其の扱方の不良なるが爲に其の目的を誤ること往々にして之れあり、多くは己れが最愛の兒を託するといふ觀念より猥りに其の乳母を大切にするの度に過ることあり、誤りの甚しき

ものと謂ふべし例へば乳母が生來田園生活にして勞働を事とし、麁菜を食し居たるものに日夕何等の課業も與へず、寢るに蒲團を重ね、食するに佳肴に飽かしめ、殆ど彼れが夢想にだも知らざる生活を爲さしむるが如き之なり。

生來の作業と食物の習慣は乳の分泌に大關係あるものなるに前の如く珍客扱ひにせらるゝときは、身躰に異常を來し、精神に感動を發し、乳の分泌量及び性質に大變動を生じ、子兒の大害を誘起するの例少からず故に乳母が生來生活の程度に從ひ、勞働者なれば勝手元の用事、水汲薪割繦褓の洗濯等充分に運動せしむべく、要するに農商工それ〳〵の習慣に近き行動をなさしめ變異なきやうするを佳とす、又食物も平素の常食に多少氣を付けて與ふる位を程度とすべく、併し牛乳、珈琲、茶、砂糖湯の如きものは十分に與ふるを要す。

又餘りに乳の分泌過剩なるときは食餌を加減し又哺乳せしむるとき先一旦搾り出して後に哺ませるを佳しとす。

乳母に對する母親の注意

小兒を乳母に託したりとて百事放任し、安閑として劇場寄席などに遊び、小兒の育養は奧樣の勤めに非ざる如き有樣に流るゝは最も惡し、殊に始めの一週間は仔細に注意を怠たらず、乳母の擧動、小兒發育の摸樣夜中の扱方等規則正しくするや否哉、小兒の扱ひ振りが眞に忠實親切なるや否を充分に調査し、小兒哺乳時間の規則と夜間同衾を禁ずる規則などは、母親たる權能の上に懇ろに乳母に敎諭し、過失なからしむるを期すべく、又乳母を待つに厚情を以てするは可なるも餘りに寵に過ぎるときは往々增長の弊を釀すの恐れあり、然なくも愛兒を與かるといふ所より增長し易きものなれば係る弊を生ずるの徵しあるときは、嚴重にこれを誡め苟くも家法を亂し、規則に反することなからしむるやう爲さざれば、小兒の教育にその害を及ぼすべければ最も愼重の注意監督を要するなり。以下次號

笑門

丈八

昔狂歌師大屋の裏住は俗稱を白子屋孫左衛門と申まして日本橋金吹町の裏店住居をいたして、狹い長屋に唐机をすへて書見をして居つた人でムいます、或る時棚で頭を毆ちまして即吟に

我宿はたとへのふしの火打箱、かまちでうちて目から火が出る

又定家卿の御遠忌のありました時に

鶯も蛙もおなじ歌仲間、經よむもあり只鳴くもあり

實に風流なことでムいます、この歌が或る縉紳家の上聞に達しまして、萩の屋の號を

賜はりましたほどのことで。

或る時町内の自身番に寄合が厶いまして彼の裏住の孫左衛門も家主の事で厶いますから其の席へ臨みました所が、一同の者が待ち構えて居りまして、

『孫左衛門さんトンダ事が出來ましてナ、お仲間の狂歌師米人さんの軒の折釘へ棄子をした者が有りまして其の始末に付いての寄合、全躰棄子は町内の入費で取賄ふ譯ですが、只の棄子とも違ひ米人さんの家を心ざして棄た譯ですから、一人の

賄いにするのが當然で有らうと、概畧評議も整ひました所で……』

『夫は皆様御苦勞様で……、承はれば米人さんの軒下の折釘へ棄子を懸て往たとのこと、無論棄子ならば皆様の御評議通りで可からうと思ひますが、今度のは棄子とは申されません、折釘へ懸けて往たのですから懸子といふもので棄子の例では取扱はれますまい』

言ひ放したまゝ裏住が澄まし切つて居るの

で満座哄笑になりまして到頭町入用で始末することゝなりました。

◎問路　笑林廣記

近視眼といふものはなか／＼愛嬌のあるもので、或日郊外散策と出掛けました所が、田舎道に迷つて里へ出られない、畦の曲り角に封堠が有りまして其の傍に石地藏が建てあるその頭に鴉が捿つて居るのを人が立て居るのと誤へまして。

『モシ／＼、少々お聞き申したいもので……』

二度も三度も訊ねましても朧だとも潰れたとも回答がない、無い筈で對手が石地藏でありますから、近視先生小癪に障つて居る所へ彼の鴉がツイと飛で往つた、

『箆棒めー乃公が道を訊くのに默つて居やァがるから、ヘン乃公も帽子の飛んだのを注意てやらねーぞ』

原文

一近視迷路、道傍石上棲ニ歇一鴉、疑ニ是人一也、遂再三詰レ之、少頃鴉飛去、其人曰、我問レ爾不ニ答應一、爾的帽子被ニ風吹去了一、我也不ニ對レ爾說一

◎明治の郭巨

連日雨は降り續く、工事はなし、米櫃は瓦

多つく、六一銀行へ駈け付けるにも種が無い、

『何てー不景氣な事だらう！實に世が惡いのだ、何か錢儲は無からうか、……、イヤ有る〳〵、郭巨といふ唐人が親孝行の爲めに子供を埋めやうと地を穿つたら金の茶釜が現たといふことを談志の噺で聞たことが有る、一番子供を埋る眞似をして地を穿つて見やう　。』

止せは可いのに子供を負ぶつて鍬を擔いで出掛けて往つたが、頓て掃き溜めの傍を掘り始めた、一尺許りも掘り下げると倏然鍬の頭に物が觸つて錚然と音がした。

『造化精妙〳〵金の茶釜か御在なすつたテ
　ケレツパア』

と子供を負ぶつて鍬を擔いで跳つて居る圖は山案子が狐に誑されたやうで、頓て我に回つて四邊きよろ〳〵、密と指頭で土を掻き出して取つて見ると土瓶の破片。

『噫々、昔は烏渡土を鑿つても金の茶釜が出たといふに、世が惡いと斯んなもんだ諸式ばかり騰つて孝行の下落したこと呆れて了うは　……』

脚もとの惡い人が轉んでペッタリ地平へ兩手をついた、漸とのことで起き上つて二歩三歩進むと又ペタリ轉んだ

『何のこつた、又轉ぶくらゐなら今起きなさやァ可かつた』

痘瘡

目下世上に警報を傳へられ、遂に警視廳令を發せられて豫防嚴戒中なる恐るべき天然痘の事に付き一言すべし

天然痘は一名痘瘡と云ひ「ワリオラ」と稱へます觸接傳染に起因する急性の熱性病で有ります。

其毒は發疹の分泌物中に含んで居りますので就中その内容の溷濁つたときが最も傳染の强烈な時であります

素人に輙すく天然痘の觀別し得られる方法は、幸に此の病の經過が三日づゝ規則だつて居るので、此の順序を覺えれば一番了解り易い。而して此の順序が五つに別れて居る、

第一　發熱　三日（熱が出る）
第二　見點　三日（ぱらりと見える）
第三　起脹　三日（脹らんで來る）
第四　灌膿　三日（膿をもつて來る）
第五　週靨　三日（痂せて來る）

此の五期に規則正しく逐ふて來るのが他の病と異なる特兆であります。

先最初何とも解らず熱が出て三日を經過すうちに徐々前額から發診し始めて、眼圍、口圍、頭髮部に扁平い蕾疹を見るに至りまして一二日中に漸次頸、軀幹と而も上肢から下肢へ蔓延まして、これが六日で疹尖

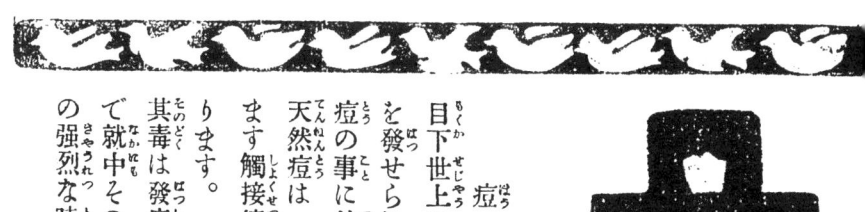

から水疱を生じて漸く増大て九日にして膿はじめ、黄色に變じて其の周圍に廣く赤く暈しを匝らすやうになるこれが灌膿期で有ります。此の順序も最初と同じく顔面から始まつて漸く下肢に及ぶ、而して遲くも此の期から乾涸き始めるので有りますが多くは破潰て內容溢出て膠着し、頗る惡い息を放ち且煩癢に耐えかね、殊に顔面は各顆混合になつて、全身皮膚腫脹て竟に相貌は常態を失つて何人であるかゞ判らなくなるほどである。

此の病は潜伏期といふて十三四日間持續するもので、(其毒を受けてから、)初め三日間戰慄が初めて次に稽留性の劇熱四十度乃至其以上に及ぶこと三日、(三日目の晡には熱が四十二度にも及ぶことがあり、脉が百或は百三十(婦人は猶多く)算することが有り)此際呼吸は頻數なり、身軆疲勞し、口の渴き甚しく、惡心、嘔吐、便秘、衂血を來し、劇頭痛を訴へ同時に譫言を發し、小兒は搐搦し四肢疼痛、特に腰痛强、婦人は月經を多量に來し、妊婦は大抵流產し、胎兒も痘瘡に罹ることが有る。

恁ういう恐ろしい傳染病も幸に數百年前英國のゼンナ氏の發明に依て牛痘を人體に接種て免厄質となる事を得るやうに爲つたのは實に我々同胞の大幸福と謂はねばならない、で即今流行の徵があるので政府が嚴命を下して强制的に種痘を施しつゝあるから、世の父兄たるものは進んで豫防の種痘を爲さることを怠らぬやう切にお勸めするのであります。

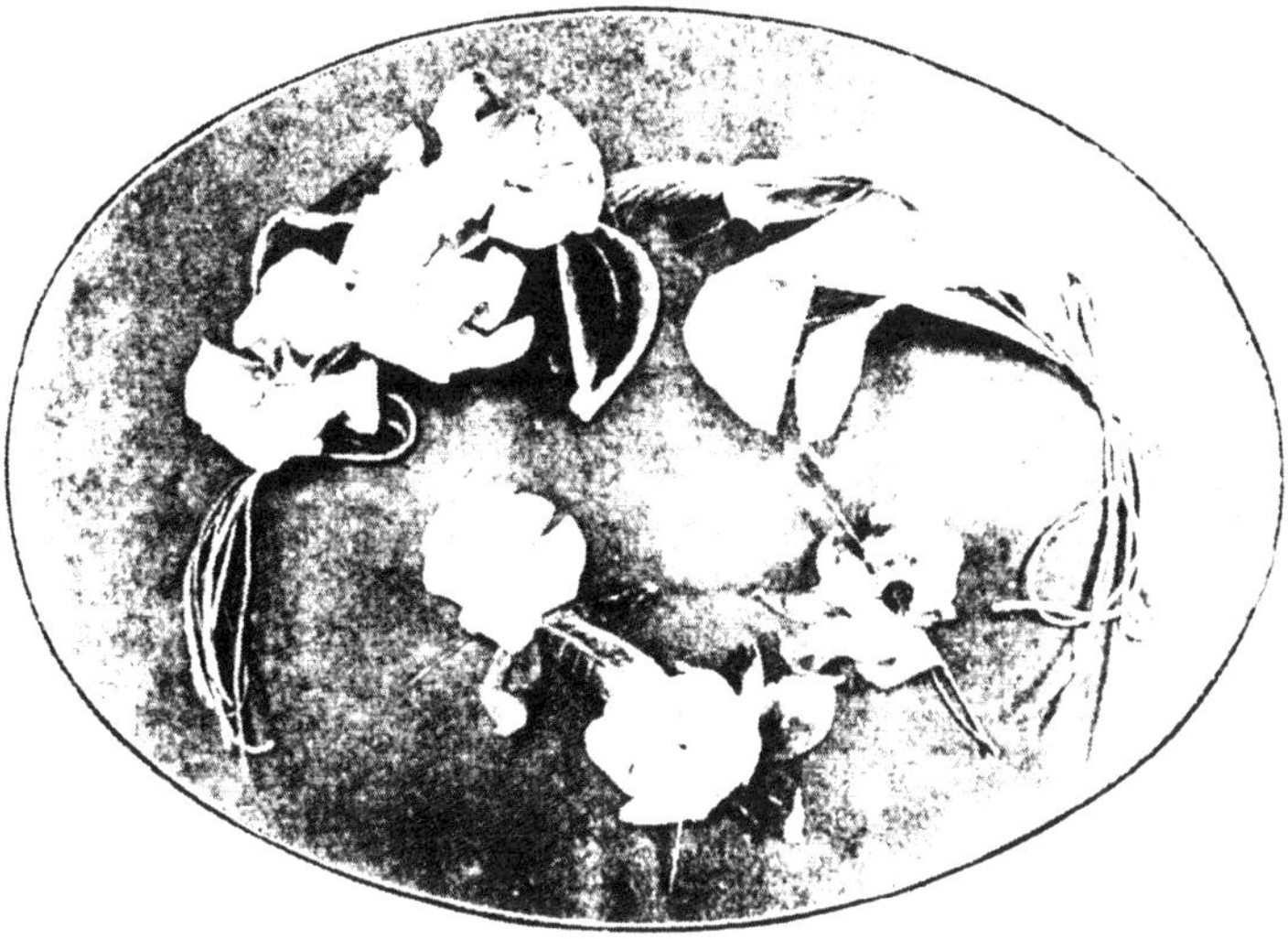

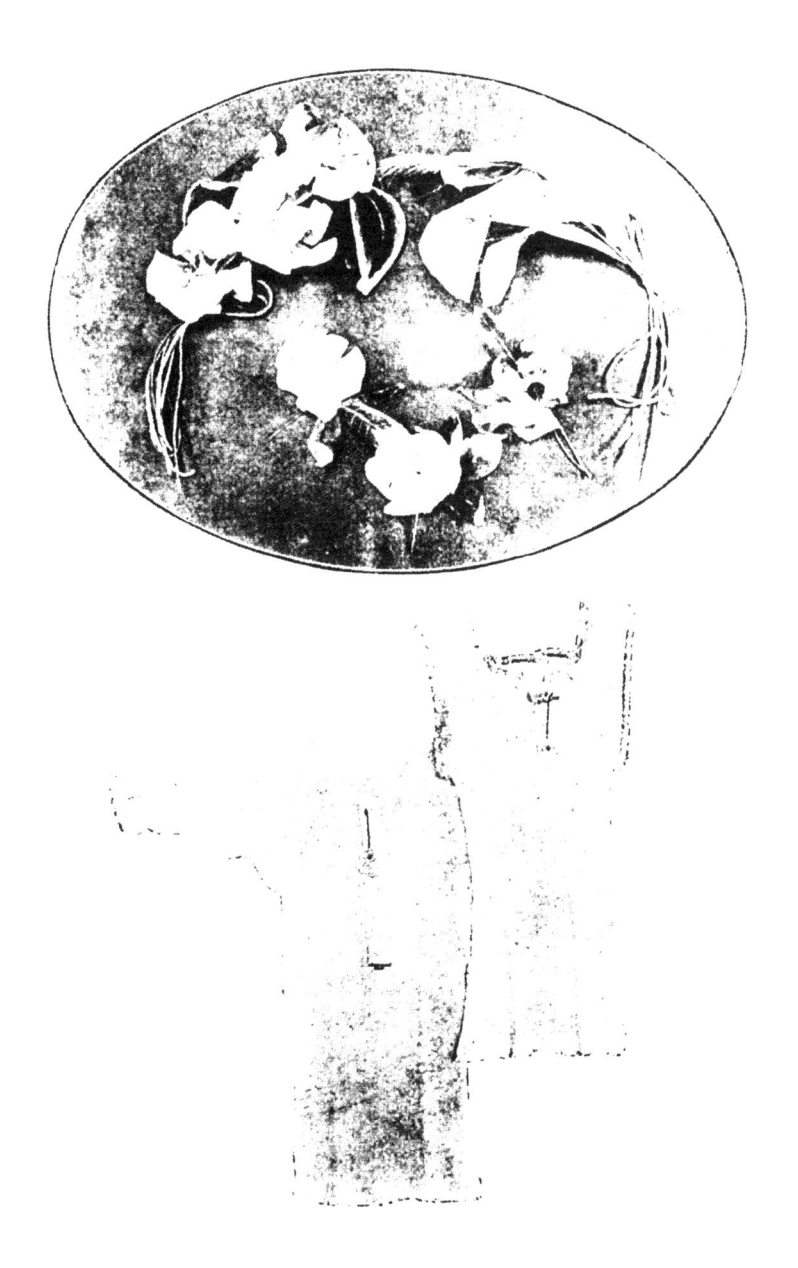

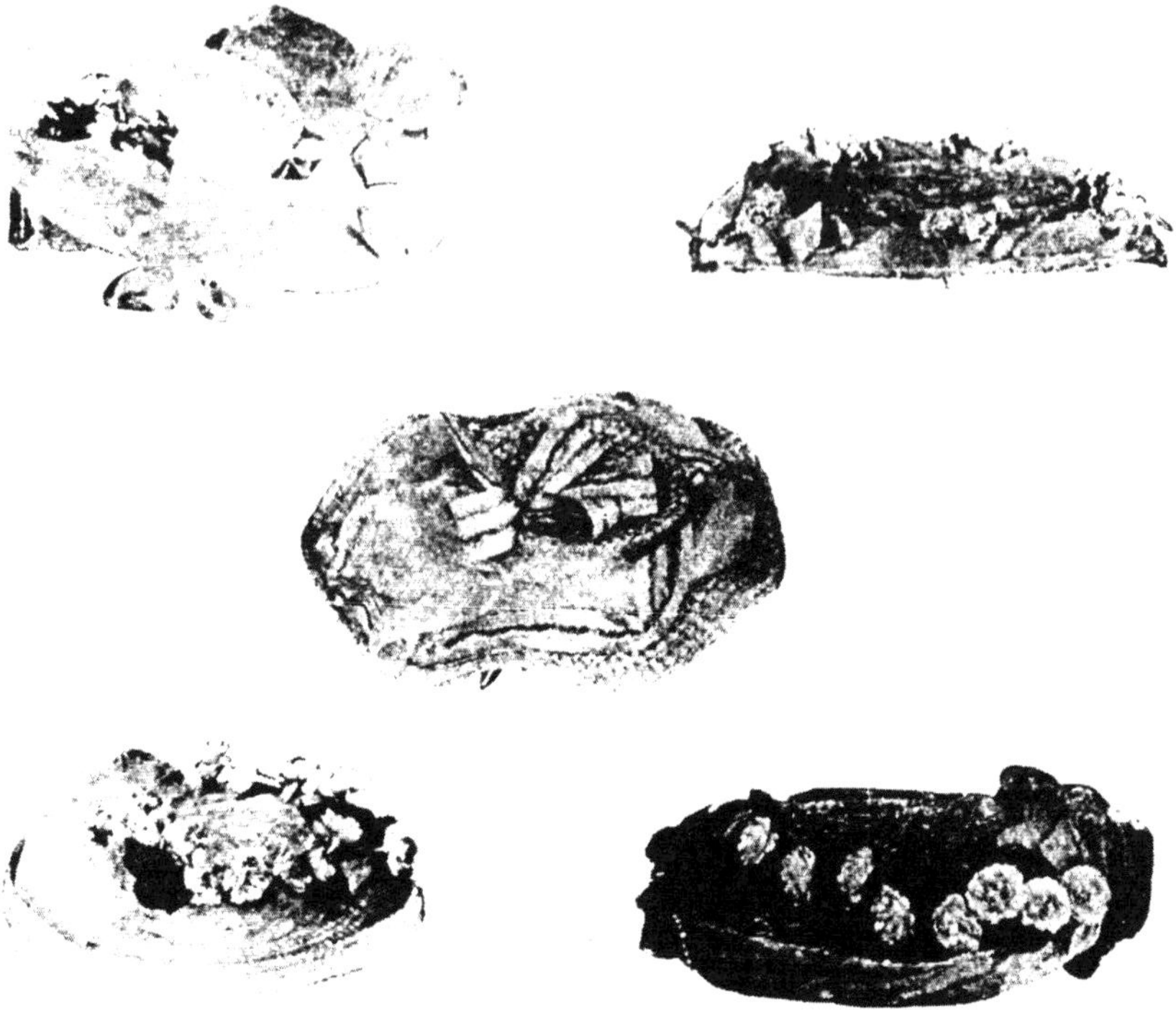

最新形女子夏帽子

經木眞田、麥藁等にて造り、朱鷺色、淡藤、白等のシホン又はリボンにて美麗に飾りたるに生るが如き造花にて色美しく粧ひたる可憐のしな／＼

代一個　三圓九十錢ゟ

五圓五十錢迄

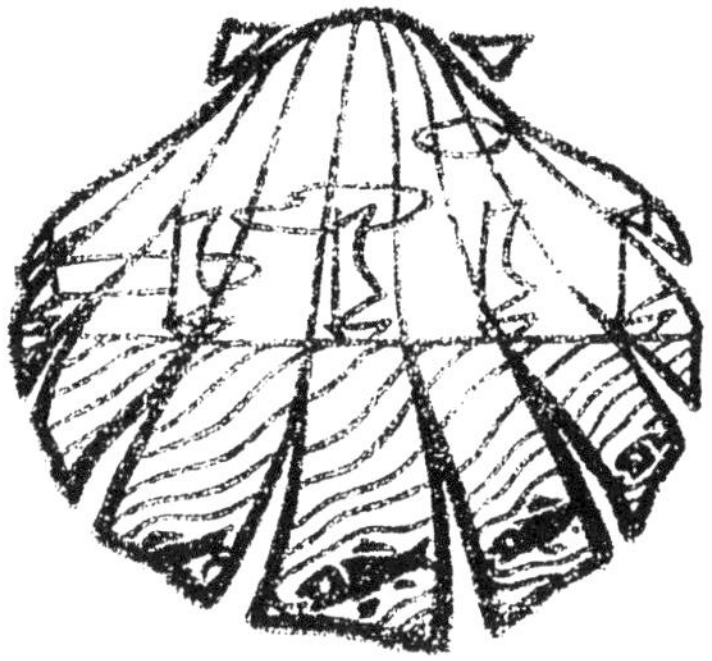

雑録

松呂庵

江戸と東京

東京の前身は江戸であつて、約り江戸吉といつた藝者が落藉されて奥様の京子夫人になつたと同じことだと思ふは抑皮相の速斷で要するに江戸が東京になつたは地理上の名稱に止まるので、其の內容は全然變つて居ると言ふて可からうと思ふ。

◎東京一流の標榜を自ら許し人も亦許して居る割烹店が椀燒式の小皿盛りで、女中に採り箸を巧みに使つて取り分けの出來るものが無い、併し衣裳や容貌はなか〳〵上等だ。

◎冷た椀盛を吸つて鹽の甘い小言をいふ、甚しいのは醬油を取り寄せてムラサキの岡交ぜは大に割烹店に同情を寄せるが、魚軒や酢の物や茶碗盛の類ばかり遠慮なく平げて殘りは折詰の御客を當て込みに、白金巾の風呂敷を出すのが氣の利いたものとは扨も〳〵情なし。

◎何の譯やら意味の解らぬ祝儀を帳場へ遣るのは、宿屋馴れた茶代の習慣が押し擴まつたので有らうが、但料理の風味が氣に適つたと板を呼んで祝儀を遣る御客は一人も無いそうだ。

◎御客に聲曲の素養が無いから此所藝人萬歲で少し良い聲で素人受けのする所だけ派

手に振り舞はせば何時でも大喝采、約り俳優が白眼さへすれば聲のかゝると同じこと併しそうばかりも言へない、近頃はなかなかサノサ節や難波節のお上手な殿樣方があると新橋邊の噂。

◎伊勢の壺屋の紙莨入れへ土谷安親の素銅の金物をつけ、銀臺眞鍮滅金の如眞張りで薩摩の薄舞をパクリ〳〵吸煙したのは昔の通人氣質。香川勝廣彫金象眼の卷莨入から山櫻を出して吸煙すのが今のハイカラ氣質

◎七月五日に吉原幇間の惣揚げをして自家へ呼び寄せ、家内中で書いた色紙短冊を竹の枝へ結ひ付ける紙撚りを作らせたほどの贅澤を極めて一代に身上を潰した山城河岸の津藤や、荻江露友と成り下つても生涯錢湯へは入らねえと借金で首の廻らないなかで内風呂をたてゝ寐起きからお爨に脊中を流させて、アゝ好い心持だと嬉しがつて居た北川町の近喜のやうな阿呆は今は無い。其の代り鼻を撮まれながら長火鉢の向ふへ坐りこんで威張つて居る從五位樣の丹次郎が有れば、未來の子爵夫人を當て込みに養つて置く米八も有る。

鰻は素燒に限りやすとか、蕎麥は玉露で喰ふと妙でげすなどゝ齒の浮くやうな半可を振り廻はす猪尾助は箱根から此方に無くなつた代りに、黴の生えたチースを旨味そうに嚙つて巴里で蝸牛や雨蛙の御馳走になつた噺を英語交りで吹き立てるハンカツーはます〳〵殖るやうだ、烏渡上海の英租界を踏で來た丈けで舶來のハイカラとは至極手ツ取り早い世の中

轞

（上）

なにがし

眉毛の竪つた角額の、矮然むつくりとした横から來いの大年増、海老茶袴の膝縫をば、注連かとばかり廣やかな腰に引亙し、縮髪の日笠要らずを引被つて、眞中を二〇三高地に巻上げたのが、やをら鞭を執つて、昇口側の椅子から立ち上ると、

『ソレ、先生さんの御說敎が始まるんだい、避けろ〳〵、ヤイ馬だ。ヤーンレー。』

勇み肌の哥兄ツイと出て、末を黄色な木檜音頭の節に曳きながら、賴まれもせぬ露拂ひを勤めた、看客は颯と二つに割れて、其中を先生濟ましたもの、萬事心得顏の悠揚として側目も觸らず、スツと拔けて欄干外の細椽へ出る。

眼下は一面の彈雨砲煙、遠い山から近い谷間、敵と味方が入り亂れて、名にし負ふ奉天の大會戰、今を酣と見たが僻目か。

左手を袴の脇に突入れて行儀正しく、右手なる鞭を狐疑なく揚げて紅い袖口を飜した。明

るみへ出たので、襟の白粉垢が淺ましく目に立つ。この處先生、司令部附の副官が、觀戰記者に說明といふ身の搆へで、先づ仔細らしい咳拂ひを一つ。

『エヽ、これより說明を申し上げます。此方に見えまするのが、撫順の市街でございまして、向ふの遠い森の蔭に、只今我聯隊旗の見え出しましたのが、乃木軍の先鋒でございます。』

寛りと疳高の聲を張り揚げて、扨て早口に註を加へる。

「乃木軍の襲擊は、思ひも寄らぬとでありましたから、御覽なさい敵の狼狽やうを。アレ〱砲門も何にも打棄つて、生命から〲逃出す處が、手に取るやうでございます。』

『フム。』と五六の鼻聲が、申し合はせた如く、近間で感歎を合奏した。二〇三高地は搖ぎ出して、次ぎの場面へと移つて行つたが、恰も欄干の下に砲壘があつて、大砲も機關砲も口に碧火を吐いて居る。その左右の丘の切岸に橫孔を堀つて三段に並べ、孔口には土手を築いて、一個の孔には一個の首あり、土蜘蛛の如く突出して、碧い眼を晃然と光らせ、小銃揃へて拳下りに射ち出した、その的に立つ日本兵は、廣い野原に展開して、全身を暴露しながら、殪るゝ戰友を踏み越え乗り越え、寄せて〱、鹿砦を踏み碎き、尖兵は既に鐵條網の彼方に進んで、壯絕凄絕の光景に擊たれて、看客は只だ森と控へる。

『危ねえぞ、狼穽に落込つて呉れるなよ。』と彼の哥兄は拳を握つた。餘り眞面目なので、笑ひ聲が吶となると、

『何うぞお靜かに。』と先生苦い顔を振り向けた。眉間の皺が竪に寄つて、いとゞ稜く尻切れの眉を跳ねたが、忽ち何にものかを認めたらしく、

『オヤまた來て、また泣いてるんだよ、妙な女だね。』

看客に押し詰められて、犇と欄干に靠れかゝり、六七歳の男の兒をば、吾膝で挾み氣味に庇護ひながら、凝と前方を見詰めて居る女房があつた。年齢は二十四五にもならう、小瀟洒した紡績ものに、引懸帶も相應しく、頽れかゝつた丸髷をそのまゝ、横櫛の鬢の亂れを唇に受けて、やゝ窶れた顔の中ゝに美しいのが、黑瞳勝ちの情けらしい眼に愁ひを籠めて、血の氣の褪めた頰のあたりに手帕をあてゝ居た。

色白のすらりとした、粋な姿が氣になるかして、先生は再びジロリと視たが、返へす眼に修羅の巷を見込んで、又た高々と說明に及ばれる。

『眞先きに進んで、今銃劍を鐵條網へ突込んで居りまするのが、鷲山軍曹、此時大層な手柄を致しまして、後に師團長から感狀を戴いたのが、此お方であります。』

『フム』と再び鼻聲が合奏した。

『あの二番目の脚を撃たれて、向ふ伏しに、アレ倒れやうとして居るのは、彼れは何誰なんですの？』と此時不意に女房は訊くのであつた。

『何十萬といふ人の數てすからね、一々名前を知る譯にやア行きませんよ。』と先生極めて素氣なく、匆々に次の場面へ去つて了ふ。その影を追つて看客も欄干の内を圓く進んだ。

女房は尚ほ舊の位置に殘つて、穴の開く程二番目の兵士を眺めて居たが、見る〳〵熱い涙か頰を傳つて、吾れにもあらず歔欷げると、思ひも寄らぬ頭の上で、

『何うなすつたり・』と男の聲が優しく聞ゑた。喫驚して、左も極り惡げに見上げると、色の青黑い骨格の逞ましいのが、繃帶のある右の手を吊つて頸にかけ、ヌッと傍に立つて居た。

『何處か踏まれでもしたですか。』と男は重ねて尋ねたが、顴骨高く、ゲッソリと肉の落ちた尖り腮に、疎らな鬚髯が三四分ばかり、むさぐろしく芽を萌いて居る。病後の疲勞であらう、此偉丈夫にして其氣力の乏しさは、強ゐて笑ひを作つたのが、中々淋しく物凄く見られたので、男の兒は怯ゑたやうに、母の袖に身を隱した。

『イヽエ、別に。』と女房も薄氣味惡く、一寸會釋して眞向の身を振り換へると、偉丈夫は再び淋しく笑つて、

『ハヽヽ、左う怖がらんでも好いですよ。手の傷は露助の彈丸の紀念です。』

『エッ、ぢや、あの何んでございますか、貴客、戰爭へ行きなすつたんですか。』

『ハア、丁度この憕の奉天まで行つたです。』

『奉天?!……マア左うですか。』と俄かに甦つたやうに活々として、

『定めし大變でございましたらうね?』

『何んにしても、戰線が十餘里も擴がつて居たのですから、憕なんぞぢや見當も何にも付

きやしないですがね、併し丁度この下のやうな敵の砲壘を攻めた時でした、私共の一小隊が、尖兵といふのになつて、眞先に進んだです。漸う鐵條網まで漕付けたと思ふと、この右の手が痲痺れたですよ。』と自分下墨むやうに苦笑ひした。

『撃られたんですか。』

『左うです。』と重さうに肩を一搖り搖つて、『それから病院に收容されて、係の人も非常に心配して吳れたですが、肝腎の神經を切つて了つたので、もう役に立たんです。』

『マア、お氣の毒でございますとね。』と女房は心底から劬るのであつたが、頓てホッと溜息して、恐る〳〵欄干の下を瞰下しながら、

『私、私ン許も、矢張り奉天で、貴客戰死したんです。』と一聲血を吐くやうに迸らした。押へ兼ねた胸の悲痛を訴へるのであらう。

（下）

『アッ左うですか、そりや飛んだ事を……　何の隊でした？』

『一師團の六中隊……。』

『六中隊！　私は二中隊でした　』

『ぢや、私ン許と同じ師團でしたのね。』

女房の睫毛に露が光つた。

『ハア、けれど始終一所に働いたといふ譯でもないです。』

『でせうねゑ。』

復た力なげに頭垂れて、

『ぢや貴客にも解りませんでせうね。』

『何にがですか。』

『わ、私ン許の戰死した時の……。』

『名は何んといふですか。』

『杉山德三ッていふ上等兵なんですが。』

『聞かんでしたなア。』

『でせうねゑ。』と女房は落膽した樣子で、

『だから私、もう何うでも管ひませんわ。私一人で極めて、私一人で左う思つてれば可いんですから。』

『何にをですか。』

『イエ、詰らないとなんです』と、初心らしく顏を赧くして、左も眩しげに俯向いた。襟脚の美しいのが、艶めかしくも見られるのであつた。

『詰らんと?! 何んですか。』

『實はあの……。』と女房は、書いたやうな眉を昂げたが、また一寸躊躇つて、

『笑つちやァ厭ですよ、御親切に訊いて下さいますから、私、思ひ切つて言つて了ひます

あの二番目の、今倒れかゝつてる、彼れ、彼の人が、私ン許とそつくらなんですわ。』

『ア、左うですか。』と病兵士は微笑んだ。

『それ御覽なさい、だから私、言はない方が可かつたんです。』

不機嫌らしく口を噤んだので、少し周章て、

『イヤ、笑ふどころぢやないです。……ア、左うですか。』と言ひ直すのであつた。

『笑はれたつて、もう管ひませんわ。』と思ひ切つて、嬌然として、『だつて、背格好から顔容まで、眞個に貴客、そのまゝなんですもの、仕樣がないぢやありませんかねえ、私には何うしても他所の人とは思へませんのよ。ですから私、もうこの幢を眞個の戰爭だと思つて、そして私ん許は、こゝで斯うして戰死したんだと……。』

後れ毛と見せて瞼のあたり、半帕で輕く拂つて、流石に聲を曇らして、

『私、これでもう三度逢ひに來ました。』

『阿母、阿父は死にやアしないんだらう、強いんだもの、今に起き置つて、露助の奴を叩つ切つてやらア。』と男の兒も何にを感じたのか。

『吁。』と病兵士は長く呻いて、『死んだ人が羨ましいなア。』

『エッ、死んだ人が?!』と女房は眼を瞬つたが、揶揄はれると思ひ取つたらしく、『ホヽホ笑談ぢやありませんわ。』

『全くです、笑談ぢやないです、生中助かつたのが殘念です。』

餘り思ひがけぬので、

『私は又た何んな身躰になつても、生きてさへ居て呉れゝば可いと思ひますがね。』

『左うです、左う思つて呉れる人があつてこそ、生きて居る甲斐もあるですが……。』と左手を青黒い頸に加へた。

『何うしたんです。』と氣遣はしさう。

『ア、もう訊かんで下さい、この頭が割れさうです。』と悲痛な聲を絞り出して、『實際露助よりも、薄情女が憎いです。貴女の御亭主は身躰こそ死んで了つても、精神は貴女と一緒に生きて居るのですが、私は身躰が生きて、精神はもう死んで了つたです。』

『何ういふ譯なんです？』

再び女房が訊き返へした時、背面に廻つて居た先生の説明は漸う濟んで、又たドヤ〳〵と看物が戻つて來た。そこへ兄哥が突然と顔を出して、

『皆さん、素晴しいとが起つちやつたい。』

女房と病兵士を頤で指して、

『全く憕どころの次第柄ぢやアねえ、あの繃帶のある方が、奉天でチャン〳〵バラ〳〵をやつて來なすつたんだ、傷も電車で轢かれたのや、足場から落込つたのたア譯が違つて何うだい、この憕が活動するんだ、ドンと鳴つて、ブツーリと來た、あれがその露助の丸彈の痕なんだぜ、素晴らしいぢやありませんかえ。それから内儀さんの御亭主も、奉天で

名譽の戰死つて奴をやつたんだ。それが此幢の中に居なさるてえ譯さ。

病兵士は苦笑ひして佇んだ。女房は其處に堪らず逃げにかゝると、他の一人は追ひ縋つて
『マアお待ちなすつて下さい。』と恭しく、廣場の眞中に請じたのである。

『何處にその御亭主が居なさるんだ。』と欄干の上に輝く眼。

『序に一つ御苦勞でも、此お方の實戰談を願はうぢやないか。』と病兵士を取圍く口々。奉天の觀戰臺に身を置いて、活きた實戰の人に逢ひ、死んだ勇士の女房を前にしたので、やがて四面の砲煙は舞い上り、吶喊天地を撼すかと想はれた。看物は唯だ醉心地の、中には武者振ひするのがあつた。

『內儀さん、飛んだ失禮を致しました、全く少しも存じなかつたものですから。』

海老茶袴は何時の間にかやつて來て、二〇三高地の高い頭をば、女房の前に低げるのであつた。

『此幢の主人に聞きましたらね、二番目の御方は、矢張貴女の御亭主なんでございますとさ。で、主人から之れを貴女に上げますから、毎日でも來てお逢ひなさるが可いつて、左う申しますの。』

渡したのは開場中の通券であつた。

その後、この女房が、毎日亭主を見に來るのが評判となつて、幢は千客萬來の大繁昌であつたといふ。

本誌定價表

一冊	金十二錢	郵稅一錢
六冊	金六十五錢	郵稅六錢
十二冊	金一圓二十五錢	郵稅十二錢

本誌廣告料

一頁	半頁	四半頁	
金二十圓	金十二圓	金七圓	

○郵劵を以て購讀料の代用を希望せらるゝ向は其料金に一割を加へて申受べし（但郵劵代用は一錢切手に限る）

○本誌廣告扱所

京橋區南佐柄木町二番地

日本廣告株式會社

明治三十八年五月廿八日印刷

明治三十八年六月一日發行

編輯兼發行者　東京市下谷區西黒門町四番地　山口笑昨

印刷者　東京市京橋區西紺屋町廿六七番地　太田音次郎

印刷所　東京市京橋區西紺屋町廿六七番地　株式會社秀英舍

大賣捌所　東京市神田區表神保町　東京堂

大賣捌所　東京市京橋區尾張町二丁目　東海堂

大賣捌所　京都市上京區寺町通御池北入上本能寺前町卅七番戸　太田雲錦堂

新柄浴衣地

六月一日より新柄浴衣地并に帷子地等都て薄地物類澤山陳列致し置候間御散歩かた〲御來觀被成下度伏て奉希上候

よせぎれ見切反物は例の通り日々澤山取揃置き申候

今回募集仕候懸賞夏秋裾模樣圖案優等のもの御觀覽に奉供候

日本橋區通り壹丁目

白木屋呉服洋服**店**

白木屋呉服店御注文の栞り

白木屋呉服店は　寛文二年江戸日本橋通一丁目え開店以來連錦たる老舗にして呉服太物一切を營業とし傍ら洋服部を設け歐米各國にまで手廣く御得意樣の御愛顧を蒙り居り候

白木屋呉服店は　呉服太物各産地に仕入店又は出張所を設け精良の品新意匠の柄等澤山仕入有之又價格の低廉なるは他に比類なき事と常に御賞讃を蒙る所に御座候故に益勉强販賣仕居候且洋服部は海外各織物産地へ注文し新柄織立させ輸入致候間嶄新なる物品不斷仕入有之是等は本店の特色に御座候

白木屋呉服店は　數百年間正札附にて營業致居候間遠隔地方より御書面にて御注文被下候とも値段に高下は無之候

白木屋呉服店は　店內に意匠部を設け圖案家畫工等執務致居候に付御模樣物等は御好に從ひ嶄新の圖案調進の御需めに應じ可申候

白木屋呉服店は　御紋付用御着尺物御羽織地御裾模樣物等急場の御用に差支無之樣石持にて染上置候に付何時にても御紋章書入れ迅速御間に合せ調進可仕候

白木屋呉服店へ　染物仕立物等御注文の節は御注文書に見積代金の凡半金を添へ御申越可被下候

白木屋呉服店は　前金御送り被下候御注文品の外は御注文品を代金引換小包郵便にて御

送附可仕候

但し郵便規則外の重量品は通常運送便にて御届け可申候

△白木屋呉服店は　當分の内絹物の運賃は負擔仕候但清國韓國臺灣は半額申受候

△白木屋呉服店へ　爲換にて御送金の節は日本橋區萬町第百銀行又は東京中央郵便局へ御振込み可被下候

△白木屋呉服店へ　電信爲換にて御送金の節は同時に電信にて御通知被下候樣奉願上候

△白木屋呉服店へ　御通信の節は御宿所御姓名等可成明瞭に御認め被下度奉願上候

東京日本橋通一丁目

白木屋呉服洋服店

電話本局（八十一　八十二　八十三　特四七五）

大阪心齋橋筋二丁目

白木屋支店

電話特東五四四

京都堺町通二條上

白木屋仕入店

電話特六六四

白木屋呉服店販賣
呉服物代價表

●白地御單羽織幷薄羽織類

白絽	八圓より十五圓位
白壁絽	八圓より十五圓位
白絽縮緬	十圓より十五圓位
白明石	六圓五十錢方八圓五十錢位
白透綾	四圓より六圓位
白壁上布	五圓より七圓位
白官紗	五圓より七圓位
白綾紗	六圓より七圓位
白壁紗	六圓より八圓位
白斜子	七圓より拾壹圓位
白羽二重	八圓より拾五圓位

●白地御着尺類

白絽縮緬	十二圓より廿圓位
白縮緬小巾（四丈物）	十圓より廿圓位
白絽絹縮（四丈物）	十三圓より十八圓位
白絹縮	十圓より十五圓位
白絽	九圓より十五圓位
白明石	八圓より拾圓位
白絽明石	九圓より十圓位
白壁絽	十三圓より十五圓位
白紋絽縮緬	十六圓より廿圓位
白壁上布	六圓より八圓位
白越後縮	七圓より十一圓位
近江晒	一圓五十錢方二圓五十錢位
白透綾	六圓位
白紋羽二重	八圓より十三圓位
白壁羽二重	十圓より十三圓位
白羽二重	八圓より十五圓位
白鹽瀬羽二重	十五圓より廿圓迄
白絽（四丈物）	十圓より廿圓位
白紋絽（四丈物）	十三圓より十五圓迄
白霞絽（四丈物）	十四圓より十八圓位
白壁絽（四丈物）	十六圓より廿圓位
白絽絹縮（四丈物）	十六圓より廿一圓位
奈良晒	三圓より六圓位
白近江晒	二圓位
白斜子	七圓より十五圓位
白米澤糸織	八圓より十圓位
白琥書紬	四圓五十錢方五圓五十錢位
白銘仙	四圓より六圓位
白四ツ入青梅	三圓五十錢方四圓五十錢位
白米澤透織	五圓五十錢方七圓位

●御單羽織地類

薄御召	九圓より十二圓位
好貫織	八圓より十一圓位
縞市樂	十圓より十三圓位
壁市樂	十圓より十三圓位
桑都織	十圓より十四圓位
東華織	十一圓より十四圓位
清綾織	十一圓より十四圓五十錢位
平御召	十圓より十四圓位
壁糸織	十圓より十三圓五十錢位
京羽諸糸	八圓より十圓位
本糸織	八圓より十三圓五十錢位
米澤糸織	七圓より八圓五十錢位
縞銘仙	四圓五十錢方六圓位
節糸織	五圓より六圓五十錢位

●御薄羽織地類

縞絽	七圓より十三圓五十錢位
市樂上布	四圓より六圓五十錢位
燃上布	四圓五十錢方六圓五十錢位
壁上布	三圓五十錢方六圓位

絹上布	四圓五十錢方六圓五十錢位
透綾上布	三圓より四圓位
縞絽縮緬	十圓より十二圓位
縞明石	六圓より十圓位
縞染絽	八圓より十圓位

●御單衣地並帷子類男女共

縞御召	十一圓より十四圓五十錢位
紋御召	十三圓より十八圓位
楊柳縞御召	十二圓より十四圓位
楊柳縮紋御召	十五圓より十八圓位
静波御召	十一圓より十三圓五十錢位
縞養老御召	十二圓より十三圓五十錢位
花佐織御召	十二三圓位
清綾御召	十二圓より十三圓五十錢位
玉だれ御召	十四五圓位
緋御召	十二圓五十錢方十四五圓位
壁御召	十一圓より十三圓位
山科御召	十一圓より十四圓位
扶桑御召	十二圓より十五圓位
壁市樂	十二圓より十五圓位
壁糸織	十一圓より十四圓位
京華織	十圓より十三圓位
清綾織	十二圓より十六圓位
東華織	十二圓より十五圓位
富國セル	十一圓より十二圓位
絹セル織	十一圓より十二圓位
新好喜	八九圓位
好貴織	八圓五十錢方十一圓位
紅梅絲織	七圓より八圓五十錢位
縞結城紬	九圓より十二圓位
緋結城紬	十一圓より廿五圓位
壁銘仙	六圓より八圓位
縞銘仙	五圓より八圓位
紅梅織銘仙	六圓より七圓位
緋銘仙	四圓五十錢方九圓位
節糸織	五圓より八圓五十錢位

秩父縞	三圓五十錢方五圓位
本上布紺絣	十四圓より五十圓位
同白絣	九圓より十二圓位
越後上布紺絣	十二圓より廿五圓位
同白絣	十圓より廿圓位
縞絽縮緬	十一圓より十三圓五十錢位
縞絽	八圓より十二圓位
縞染絽	十圓より十三圓位
小紋染絽	十圓より十三圓位
縞並絣明石	八圓より十三圓位
縞並絣絽明石	九圓より十三圓位
縞染羽二重	十圓より十三圓位
紋上布	八圓より十五圓位
絹上布	五圓五十錢方十圓位
市樂上布	五圓より七圓五十錢
透綾上布	五圓より七圓位
壁上布	六圓より十圓位
撚上布	六圓五十錢方十二圓位
大和上布	六七圓位
静波上布	五六圓位
花波上布	七圓より八圓五十錢位
志々良上布	七圓より八圓位
吉野上布	五圓五十錢方七圓位
絣越路上布	十二圓より廿五圓位
縞越路上布	十圓より十三圓位
常盤上布	七圓より八圓五十錢位
紺縞越後縮	七圓より十圓位
紺絣越後	八圓より十二圓位
白縮越後縮	七圓より九圓位
白絣越後	七圓より十二圓位
紺縞越後	七圓より十圓位
白縞越後	七圓より十圓位
阿部谷（紺絣又ハ縞）	二圓五十錢方五圓五十錢位
生越後	四圓五十錢方六圓五十錢位
錆縞越後	五圓五十錢方七圓位
近江（紺絣又ハ絣）	一圓廿錢方三圓位
近江（白縞又ハ白絣）	一圓廿錢方三圓位
縞染青梅	四圓より五圓位

●御袴地類

- 仙臺平　十圓より十七圓位
- 博多平　十二圓より十七圓位
- 八千代平　十三圓より十八圓位
- 茶宇平　十五圓より廿圓位
- 極暑平　八圓五十錢方十圓位
- 紗織平　十二三圓位

- 絽織平　十二圓より十四圓位
- 村上平　十圓より十七圓位
- 五泉平　八圓より十圓位
- 武藏平　五圓より七圓位
- 節糸平　四圓より七圓位
- 嘉平次平　二圓七十錢方三圓五十錢位

●男御帯地類

- 博多織　四圓五十錢方九圓位
- 紋博多織　七圓より十圓位
- 繻珍織　八圓より十三圓位
- 綴錦織　十七圓より廿五圓位
- 明珍織　七圓八十錢方九圓位
- 和蘭陀織　七圓五十錢方八圓五十錢位
- 絽博多　六圓五十錢方八圓五十錢位

- 節糸織　三圓より四圓位
- 博多袋帯　七圓より十圓位
- 綴錦單帯　十圓より十五圓位
- 紋博多單帯　三圓より五圓五十錢位
- 博多單帯　二圓八十錢方四圓五十錢位
- 清涼織單帯　七八圓位

●御婦人御丸帯地類

- 紀繻珍　十三圓より三十圓位
- 綴錦織　二十三圓方三十圓位

- 綵紙織　十五圓より三十圓位
- 透紗織　十七圓より廿圓位

- 繻珍織　十圓より二百五十圓位
- 厚板織　十五圓より五十圓位
- 綴錦織　八十圓より二百五十圓位
- 錦上織　七十圓より二百五十圓位
- 幽谷織　二十五圓方百圓位
- 紬錦織　二十五圓方八十圓位
- 厚板地縫摸樣　三十圓より五十圓位
- 絽博多　十三圓より十八圓位
- 絽博多織　十七圓より三十圓位

- 博多袋織　十八圓より三十圓位
- 博多織　十二圓より二十圓位
- 友禪染絽　十三圓より二十九圓位
- 色繻子　七圓より十八圓位
- 黑繻子　五圓より十七圓位
- 黑木唐繻子　十三圓より十五圓位
- 唐緞子　十圓前後
- 唐織　三十圓より百圓位

●御婦人單帶地類

- 綴錦織　三十圓より五十圓位
- 繻珍兩面織　十五圓より廿五圓位
- 紋博多　十圓より十五圓位
- 明紗織　十一圓より十五圓位

- 絽博多　五圓五十錢方八圓位
- 錦上織　二十圓より三十圓位
- 風通畝織　六圓五十錢方十圓位
- 幸博織　十五圓より廿二圓位

●御婦人片側帯地類

- 繻珍織　五圓五十錢方十二圓位
- 厚板織　六圓より十一圓位
- 綴錦織　二十五圓方四十圓位

- 絽博多　五圓五十錢方八圓位
- 綵紙織　六圓五十錢方八圓位
- 紬錦　八圓より十二圓位

博多織（四圓五十錢方八圓位）　友禪染羽二重（四圓五十錢方八圓五十錢位）
紋博多（六圓より十圓位）　風通織（二圓五十錢方四圓位）
友禪絞絽（四圓五十錢方七圓五十錢位）　絽縮珍（六圓より八圓五十錢位）
友禪染絽（五圓より七圓五十錢位）　黑木唐繻子（六圓より七圓位）
友禪染絽絹縮（五圓より七圓五十錢位）　黑繻子（一圓五十錢方六圓位）
友禪縮緬（四圓五十錢方六圓五十錢迄）　色繻子（二圓五十錢方六圓位）
友禪染絹縮（四圓五十錢方六圓五十錢位）　都織（四圓五十錢方七圓位）
友禪絞羽二重（四圓五十錢方七圓五十錢位）　山吹織（三圓より三圓五十錢位）
友禪染紋羽二重（四圓五十錢方八圓五十錢位）　吾妻繻珍（二圓より四圓位）

●御后室御丸帶

繻珍織巾一尺五寸（十二三圓位）　繻子類　巾仝上（八九圓位）

●染合品之類（反物模樣紋付ノ部）

絽詰袖模樣（十四圓より廿五圓位）　明石透シ模樣（十七圓より廿五圓位）
同　靜付（十八圓より廿五圓位）　絽一ツ身（七圓より十五圓位）
絽透し模樣（十八圓より廿七圓位）　絽縮緬一ツ身（八圓より十六圓位）
絽振袖模樣（廿四圓より三十五圓位）

●詰袖裾模樣八掛付

濱縮緬地（十八圓より三十四圓位）　紋羽二重（十八圓より三十圓位）
羽二重（十七圓より三十圓位）　斜子地（十六圓より二十圓位）

●振袖袖下模樣八掛付

濱縮緬地（三十五圓方五十五圓位）　紋羽二重（三十五圓方四十三圓位）
羽二重地（三十圓より五十圓位）　斜子地（十八圓より四十圓位）

●振袖總模樣
留袖總模樣

濱縮緬地（三十四圓方四十圓位）　綸子地（二十八圓方三十五圓位）

●男子向一ツ身腰熨斗目模樣羽織付但し共紐付

斜子地（二十圓より三十圓位）　八ツ橋地（十七圓より廿二圓位）
羽二重地（二十五圓方三十五圓位）　奉書地（十二圓より十七圓位）

●男子向一ツ身腰熨斗目模樣付但し共紐付

羽二重地（十四圓より二十圓位）　斜子地（十一圓より二十圓位）
八ツ橋織地（十圓より十三圓位）　奉書地（六圓より十圓位）

●女子向一ツ身袖下模樣八掛付但し共紐付

濱縮緬地（十五圓より廿四圓位）　紋羽二重地（十二圓より廿五圓位）
斜子地（十二圓より廿五圓位）　奉書地（八圓より十三圓位）

●紺下本檳榔子染石持八掛付

- 濱縮緬地　十五圓より廿三圓位
- 斜子地　十四圓より十九圓位
- 羽二重地　十五圓より二十圓位
- 奉書地　八圓五十錢方十一圓位
- 黑羽二重地　十五圓より十八圓位

●紺下本檳榔子染石持羽織又は着尺

- 濱縮緬地　十二圓より十八圓位
- 斜子地　八圓より十六圓迄
- 紋羽二重地　十一圓より十三圓位
- 奉書地　六圓より七圓五十錢位
- 羽二重地　十一圓より十八圓位

●九重染石持羽織又は着尺

- 縮緬地　十五圓より廿三圓位
- 斜子地　十圓より二十圓位
- 羽二重地　十三圓より廿三圓位

●最新發明本黑堅牢九重染單羽織の類

- 斜子　十二圓より十五圓位
- 絽　十圓より十八圓位
- 羽二重　十二圓より十八圓位

●紺下本檳榔子石持單又は薄羽織の類

- 羽二重　十圓より十八圓位
- 奉書　八圓五十錢方十一圓位
- 絽　八圓より十五圓位
- 官紗　六圓より七圓位
- 斜子　八圓より十二圓位

●小紋染石持

- 濱縮緬八掛付　十四圓より廿三圓位
- 縮緬地羽織又は着尺　十圓より十六圓位
- 羽二重地羽織又は着尺　十二圓より十七圓位

●男女向繪羽并に長襦袢類

- 絽縮緬　十五圓より三十圓位
- 縮緬　十五圓より三十圓位
- 絽絹縮　二十圓より三十五圓位
- 絽　十五圓より廿五圓位

●同　浴衣地

- 絽縮　十五圓より廿五圓位
- 絽紬紋　十二圓より十八圓位
- 明石縮　十七圓より廿五圓位
- 濱縮緬　十七圓より廿五圓位

●友禪并に絹類

- 友禪絽　十三圓より十七圓位
- 友禪八つ橋　八圓より十二圓位
- 友禪縮緬　十二圓五十錢十七圓位
- 友禪紋羽二重　十二圓より十五圓位
- 友禪絽縮緬　十四圓より十七圓位
- 友禪青梅　五圓より六圓位
- 友禪絹縮　十二圓より十七圓位
- 絞り紋羽二重　十二圓より十五圓位

色絞り絽　十二圓より十五圓位
絞り絹縮　十一圓より十五圓位
更紗縮緬　八圓五十錢方十二圓位
色絹縮　八圓より十二圓位

●夏坐布團地類

●夏夜具地并に座布團類

御納戸大形絽　十圓より十五圓位
御納戸大形縮緬　十五圓より十六圓位
御納戸大形絹　四圓より五圓位
御納戸大形麻　三圓より四圓位
大形麻座布團（一枚分）　六十錢より八十錢位
縞錦越後座布團（一枚分）　七八十錢位
近江平座布團（一枚分）　六七十錢位
白獻純座布團（一枚分）　八十錢より一圓十錢位

●御兵兒帶地類

大巾絽兵兒帶　十圓より十五圓位
中巾絽兵兒帶　三圓五十錢方七圓五十位
大巾絹縮兵兒帶　五圓より八圓位
中巾絹縮兵兒帶　三圓より五圓位
大巾縮緬兵兒帶　七圓五十錢方十六圓位
中巾縮緬兵兒帶　四圓五十錢方十圓位
絽紺絞兵兒帶　四圓五十錢內外
羽二重紺絞兵兒帶　五圓內外
獻純兵兒帶　一圓廿錢方一圓六十錢位

●半襟帶上裾除類

友禪縮緬半衿　五十錢より三圓五十錢位
友禪絹縮半衿　五十錢より三圓位
友禪絽半衿　五十錢より二圓位
友禪絽絹縮半衿　五十錢より二圓位
友禪絽縮緬半衿　五十錢より二圓位
縫入絽縮緬半衿　五十錢より二圓位
絽縮緬兒半衿　四十錢より六十錢位
縮緬裏衿　五十錢より一圓位
友禪絹縮帶揚　一圓七十錢方三圓五十錢位
友禪縮緬帶揚　一圓八十錢方四圓位
友禪紋羽二重帶揚　一圓五十錢方三圓位
絞り絽帶揚　一圓十錢方二圓位
友禪縮緬裾除　三圓より五圓位
友禪絽裾除　三圓五十錢方五圓位
友禪絽縮緬裾除　三圓より五圓位
絞り縮緬しごき地　四圓より六圓位
絽裏衿　六十錢より一圓位
練裏衿　三十五錢方四十錢位
總絞りしごき地　一圓五十錢方三圓位

●夏用木綿物并に絹綿交織類

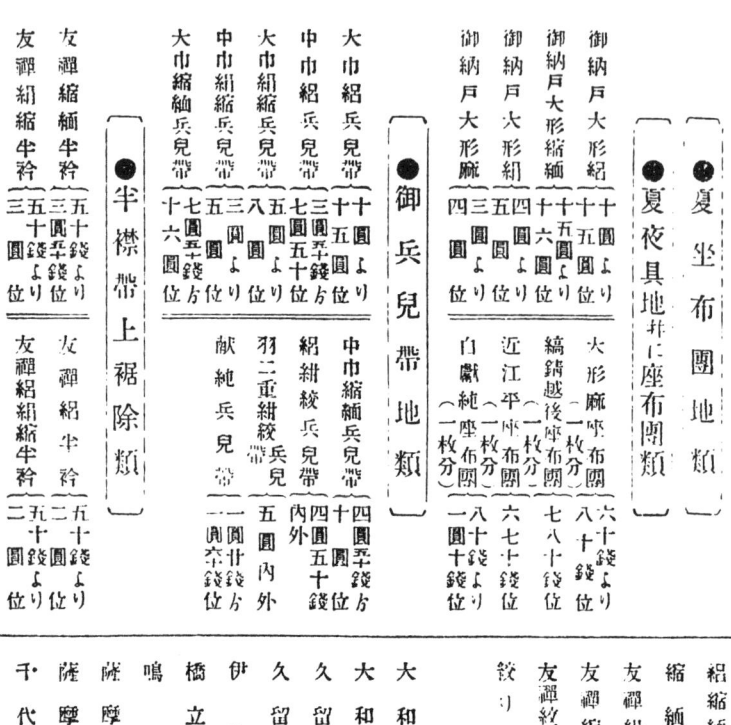

大和紺縮　一圓五十錢方二圓位
大和白縮　九十錢より一圓三十錢位
久留米縮　一圓八十錢方三圓五十錢位
久留米縞　一圓五十錢方二圓位
伊豫絣　一圓五十錢方二圓位
橋立白絣　二圓より二圓五十錢位
鳴戸絣　一圓八十錢方三圓五十錢位
薩摩紺絣　三圓より六圓五十錢位
薩摩白絣　二圓より三圓位
千代田縮　二圓內外
玉川縮　七八十錢方一圓十錢位
瓦斯明石縮　二圓より三圓位
阿波縮　七十錢より一圓卅錢位
瀧川縮　一圓五六十錢方二圓位
本銚子縮　一圓五十錢方二圓位
好華御召　四五圓位
月浪御召　五圓位
浮島上布　二圓廿錢方三圓位
日進御召　六圓五十錢位
春日御召　四圓五十錢位

養老御召	五圓五十錢位
意匠御召	一圓三四十錢位
養老御召	五圓五十錢位
風光御召	五圓廿錢位
岩國縞	八十錢位
紅梅織	一圓四十錢方三圓四五十錢位
日の出御召	一圓七八十錢方二圓三十錢位
利久縞	九十錢より一圓廿錢位
縞瓦斯縮	一圓五十錢方二圓位
吉野上布	一圓四十錢位
瓦斯阿波縮	一圓八十錢方二圓廿錢位
すきや絣	一圓八九十錢位
さゞれ上布	一圓五十錢方一圓八十錢位
つゞみ織	一圓六七十錢位
中形紅梅織	一圓五十錢方二圓位
吾妻せろ	一圓五十錢方二圓位
白阪絞	六十錢より七八十錢位
同盟セル	四圓より四圓五十錢位
唐草眞岡	七十錢より一圓位

更紗眞岡	八十錢より一圓位
縞絹絽	一圓廿錢方二圓位
柳上布	壹圓より一圓六十錢位
千鳥縞	一圓五十錢方一圓七十錢位
熨斗目織浴衣	一圓五十錢方三圓位
小倉男帶	七八十錢方二圓位
白毛斯倫兵兒帶	九十錢位
紛風通男帶	一圓より二圓位
シルケット男帶	一圓廿錢方二圓位
綿風通片側	一圓より一圓四五十錢位
帆縞	五六十錢位
中形絽縮	一圓七八十錢方二圓廿錢位
中形明石縮	一圓九十錢方二圓廿錢位
中形眞岡	一圓より一圓五六十錢位
中形木綿縮	一圓四十錢方二圓位
白四つ紅梅	三圓五十錢方四圓位
先島紺絣	五圓より八圓位
木場結城	一圓七十錢方三圓位
博多結城	一圓五十錢方二圓八十錢位

愛知結城	一圓より三圓位
結城木綿	八十錢より一圓三五十錢位
双子縞	八十錢より一圓位
松阪縞	七八十錢方一圓位
八重山上布	一圓より一圓六七十錢位
都縮	二圓より二圓五十錢位
糸入木綿縮	一圓六十錢方二圓位
瓦斯風通白地	一圓五十錢方二圓位
同紺地	一圓五十錢方二圓位
新節糸織	三圓三四十錢位
瓦斯壁更紗縮帶側	五十錢より一圓位
橋立白絣	二圓より二圓五十錢位
陸學縞	二圓より三圓位
大和鼠絣	一圓より二圓位
位々絣	二圓より三圓位
白うずら絣	一圓より一圓五十錢位
常盤縞	一圓廿錢方一圓八十錢
糸入木綿縮	一圓五十錢方三圓位
大和上布	一圓廿錢方一圓五六十錢位

瓦斯上布	一圓廿錢方一圓五十錢位
鼠木綿縮石持	八九十錢方一圓卅錢位
博多絞り	一圓五十錢方二圓五十錢位
有松絞り	六七十錢方一圓五十錢位
有松白絞り	八十錢より一圓位
三浦絞	一圓より二圓位
養老絞	一圓より一圓五十錢位
鳴海絞	八十錢より一圓五十錢位
白瓦斯縮	一圓五六十錢前後
白木綿縮	七十錢より一圓位
白阿波縮	一圓より一圓五十錢位
白銚子縮	一圓より一圓廿錢位
白綿絽縮	一圓より二圓位
白畦織	六十錢より七十錢位
白綿絽	七十錢より一圓廿錢位
木摺眞岡合羽地	一圓前後
色眞岡合羽地	八十錢前後
小倉袴地	七八十錢方二圓位

●毛織物、モスリンの類

縞セル	六圓七十錢方
縞ネル	七圓三四十錢位
絽セル	五圓より五圓五十錢位
伊太利ネル	七圓前後
友禪モスリン（一尺二付）	一圓六十錢方
	二圓位
	十八錢より三十錢位

色モスリン（大巾一尺）	十六錢位
生白モスリン（大巾一尺）	十七錢位
友禪絹モスリン（仝）	三十錢位
絹毛モスリン（仝）	廿四錢位
カシミヤ袴地（一ヤール）	一圓四十錢位

御衣裳仕立上り見積表

●襠

		上等ノ部	中等ノ部	並等ノ部
繻珍織御振袖紅羽二重付總裏	一	百五十圓	百圓	六十圓
地白綸子振袖總模様	一	五十圓	三十八圓	三十二圓
同　地赤	一	五十五圓	四十圓	三十三圓
同　地黑	一	五十五圓	四十圓	三十五圓
地白綸子留袖總模様	一	四十五圓	二十五圓	三十圓
同　地赤	一	五十圓	三十七圓	三十三圓
同　地黑	一	五十圓	三十七圓	三十二圓
色縮緬振袖總模様	一	六十圓	四十圓	三十二圓
同　留袖	一	五十五圓	三十五圓	三十圓
色縮緬振袖總模様	一	五十五圓	三十六圓	三十二圓
同　留袖	一	五十三圓	三十五圓	三十圓
色縮緬御紋付振袖腰模様	一	五十三圓	三十五圓	三十二圓
同　留袖	一	四十七圓	三十三圓	三十圓
色縮緬御紋付振袖裾模様	一	四十六圓	三十三圓	三十圓
同　留袖	一	四十圓	三十二圓	二十八圓

●間着

本紅疋田絞り上紋入綸子振袖	一	百圓		
紅縮緬振袖無垢	一	二十五圓	二十一圓	十九圓
同　留袖	一	二十二圓	十九圓	十七圓
紅紋縮緬振袖無垢	一	二十七圓	二十一圓	十九圓
同　留袖	一	二十四圓	十九圓	十七圓
白綸子振袖無垢	二	四十八圓	三十三圓	三十圓
白綸子留袖	二	四十三圓	三十圓	二十八圓
白紋羽二重振袖無垢	二	四十七圓	四十圓	
同　留袖無垢	二	四十三圓	三十七圓	
白羽二重振袖無垢	二	四十五圓	三十二圓	二十四圓
同　比翼	一		二十六圓	二十二圓
白羽二重留袖無垢	二	四十七圓	二十七圓	二十一圓
同　比翼	一	三十五圓	二十二圓	十八圓

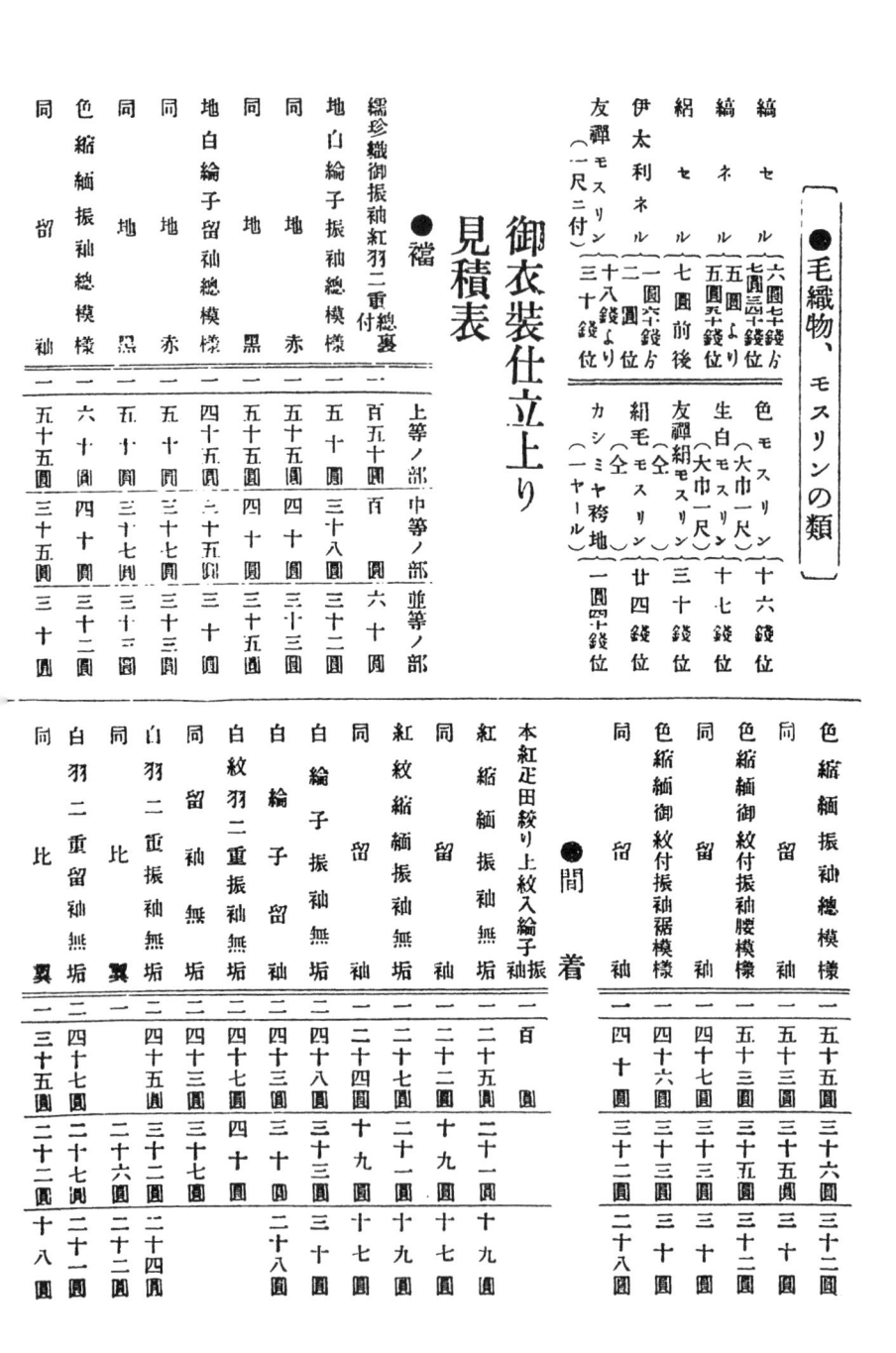

●小袖

色縮緬留袖引返付三枚重裾模様	一組	八十五圓	七十五圓	六十圓
小紋縮緬引返付三枚重	一	六十五圓	六十圓	五十五圓
板〆絹胴抜更紗縮緬廻下無垢着	一枚		三十五圓	三十二圓
風通御召綿入小袖	一	二十七圓	二十四圓	二十二圓
御召縮緬小袖	一	二十圓	十八圓	十六圓
糸織小袖	一	十六圓	十三圓	十二圓
八丈小袖	一		十二圓	九圓

●羽織

黒縮緬御羽織	一枚	三十圓	二十三圓	十七圓
鼠縮緬御羽織	一	二十八圓	二十圓	十五圓
小紋縮緬御羽織	一	二十三圓	十八圓	十五圓
紋御召御羽織	一	二十八圓	二十三圓	二十圓
琉球紬御羽織	一	三十圓	十五圓	十圓

●長襦袢

紅縮緬振袖長襦袢	一枚	二十三圓	十八圓半	
同留袖	一	二十一圓	十七圓	十一圓
紅紋縮緬振袖長襦袢	一	二十三圓	十八圓半	
同留袖	一	二十一圓	十七圓	十一圓
白羽二重振袖長襦袢	一枚	十八圓	十二圓	十圓
同留袖	一	十六圓	十一圓	七圓
白紋縮緬振袖長襦袢	一	二十三圓	十八圓	
同留袖	一	二十一圓	十七圓	
白紋羽二重振袖長襦袢	一	十八圓	十三圓	十一圓
白紋羽二重留袖長襦袢	一	十六圓	十二圓半	十一圓
友禪縮緬長襦袢	一	廿三圓	十八圓	

●帯

襠下帯	一	七十圓	三十五圓	二十五圓
綴織丸帯	一	二百五十圓位	百廿圓片 二百圓位	
繻珍丸帯	一	五十圓以上 百三十圓位	三十圓以上 五十圓位	十圓以上 廿五圓位
吾妻綴丸帯	一	八十五圓	六十圓	
黒繻子丸帯	一	十八圓	十二圓	七圓
博多織丸帯	一	二十五圓	二十圓	十五圓
厚板丸帯	一	六十圓	二十五圓	十五圓
腹合帯	一	二十圓	十五圓	七圓
腰帯	一	四圓	三圓	一圓五十錢

●男物

黒羽二重御紋付男物小袖	一			

白羽二重御下着無垢	二			
白羽二重胴着	一	一組 九十圓	六十八圓	
同 襦袢	一			
黒羽二重紋付替裾	一			
鼠羽二重御下着無垢	二			
鼠羽二重胴着	一	一組 九十圓	六十八圓	
同 襦袢	一			
黒斜子御紋付小袖	一	二十圓	十七圓	十四圓
黒奉書御紋付小袖	一		十二圓	十圓
風通織御下着	二	四十三圓	三十八圓	
小紋縮緬御下着	二	三十四圓	二十八圓	
糸織市樂織小袖	一	二十三圓	十七圓	十四圓
大島紬小袖	一	三十圓	二十五圓	二十圓
八丈小袖	一	十四圓	十三圓	十一圓

●男物羽織

黒鹽瀬羽二重無双羽織	一枚	四十五圓	三十五圓	
黒羽二重袷羽織	一	二十五圓	十九圓	十六圓
黒斜子袷羽織	一	二十五圓	十七圓	十三圓
黒奉書袷羽織	一		十二圓	九圓

諸糸織羽織	一	三十一圓	二十三圓	十七圓
市樂織御羽織	一	二十七圓	二十圓	十七圓
糸織御羽織	一	二十一圓	十五圓	十二圓
風通織書生羽織	一	二十五圓	二十圓	十四圓
大島紬書生羽織	一	三十一圓	二十三圓	十八圓

●袴

八千代平	一具	三十圓	二十五圓	廿二圓
仝 單	一	廿四圓	二十圓	十六圓
仙臺平袷	一	二十五圓	廿二圓	十六圓
仝 單	一	二十圓	十五圓	十圓
博多平袷	一	二十八圓	二十三圓	二十圓
仝 單	一	二十圓	十六圓	十三圓
五泉平單	一	十圓	八圓	七圓
嘉平治平單	一	四圓五十錢	四圓	三圓五十錢

●帯

博多織	一筋	十圓	七圓	四圓
繻珍織並ニ厚板	一	十五圓	十圓	七圓

●夜具蒲團

緞子（夜具一、搔巻一、蒲團二、）一組		百五十圓	百三十圓	百圓

縮緬（夜具一、搔卷一、蒲團二、）一組		百圓	九十圓	八十圓
八丈、郡内、銘仙、同、同上	一組	七十圓方八十圓位	五十五圓方六十五圓位	
木綿類	一	二十二圓	十七圓	十三圓
飾枕	一對	十八圓	十三圓	八圓
座布團	一枚			五十錢方壹圓位

●雜類

緞帛紗	一枚	二十五圓	十八圓	十五圓
鹽瀨壁帛紗	一	二十圓	十二圓	五圓
縮緬蹴出シ	一	五圓	四圓	三圓
眞田帶留	一	二圓	一圓	五十錢
羽織紐	一	二圓	一圓	廿五錢
頭巾	一	五圓	四圓	三圓
練帽子（俗にツノカクシ）	一			三十七錢
綿帽子	一			十五錢

●油簞

		長持用	箪笥用	釣臺用
萌黄惣唐草御定紋付		三圓三十錢	二圓五十錢	二圓廿錢
全大紋付		二圓七十五錢	二圓十錢	一圓九十錢
萌黄惣唐草無紋		一圓六十錢	一圓六十錢	一圓十錢
挾箱油簞		十三圓	八圓	三圓

●小裁物

縮緬一ッ身（裾摸樣）	一	十八圓	十五圓	十二圓
友禪縮緬一ッ身	一	十五圓	十二圓	十圓
黑紋羽二重斜子（熨斗目）	一	十五圓	十二圓	十圓
淺黄白茶羽二重（下着）	一	十圓	八圓	六圓
御召糸織一ッ身		十三圓	十圓	八圓
一ッ身襦袢（袖縮緬）		五圓	四圓	三圓
袍衣		二圓	一圓五十錢	一圓

●中裁物

鼠縮緬裾摸樣（八掛付）	一	二十八圓	二十五圓	二十圓
友禪縮緬小袖（四ッ身）	一	二十五圓	二十二圓	十八圓
糸織、八丈小袖（仝上）	一	十五圓	十三圓	十圓
黑斜子紋付小袖男物（仝上）	一	十五圓	十三圓	十一圓
更紗斜子下着	一	十三圓	十二圓	十圓
斜子羽織	一	十三圓	十一圓	九圓

●帶

糸錦、繻珍、中帯(女子)	一筋	三十圓	十五圓	五圓
博多、紋博多兒帯(男子)	一	七圓五十錢	四圓	一圓五十錢
縮緬紋羽二重シゴキ(女子)	一	六圓	五圓	四圓

●染代(各一反)

一 紺下本檣椰子染
八掛付着尺	四圓五十錢		
着尺袷羽織地	優等三圓五十錢	一等三圓	二等二圓五十錢
單羽織地	優等三圓	一等二圓五十錢	二等二圓

一 アリザリン應用木黒八丈代染
着尺及袷羽織地	三圓九十錢
單羽織地	三圓
八掛付着尺地	四圓五十錢

一 薄色
着尺及袷羽織地	八十五錢
單羽織地	七十五錢
八掛付着尺地	一圓廿錢

●夏御紋付

色縮緬振袖摸様白羽二重重付	一	四十圓	三十五圓	二十八圓
色縮緬振袖摸様白羽二重重付留袖	一	三十七圓	三十二圓	二十五圓
色絽振袖摸様練重付	一	三十八圓	二十四圓	二十二圓
同 留袖	一	二十六圓	二十三圓	二十圓
鼠絽紋付白絽重付	一	三十圓	二十二圓	十七圓
鼠明石御紋付白練白麻紋付	一	十八圓	十六圓	

●夏男物

黒絽御紋付御羽織	一枚	十七圓	十二圓	九圓
水淺黄越後帷子	一	十四圓	十一圓	
鼠麻御紋付帷子	一		六圓	三圓

西洋人向服地幷室内装飾品 二

一 美術製作品

刺繍、天鵞絨友禪其他ノ扁額

窓掛、卓被及敷物類等

一 婦人洋服地

緞子、紋琥珀、紅梅絹、色中斐絹、縞甲斐絹、色羽二重等

一 西洋人向特別仕立和服(女物)

一 雜品

肩掛(縮緬縫入 白紋壁繍入)煙草入、財布、櫛、簪、笄、香油、白粉、絹ハンカチーフ、襟飾、靴下等品々

右は大畧を記載したるものにして御模様其他は御注文之際詳細申べし

●蚊帳直段表

極宮村	四五	四圓
	五六	四圓八十錢
稀宮村	四六	四圓二十錢
	五六	五圓

六	七	五圓九十錢
六	八	六圓五十錢
六	九	六圓九十錢
七	八	七圓
七	九	七圓五十錢
七	十	七圓九十錢
八	九	八圓三十錢
八	十	八圓九十錢
十	十	十圓二十錢

極沖風

五	六	六圓
六	七	七圓九十五錢
六	八	八圓六十錢
六	九	九圓廿錢
七	八	九圓四十錢
七	九	十圓廿錢
七	十	十圓八十錢
八	九	十一圓
八	十	十一圓八十錢
十	十	十二圓五十錢

六	七	六圓廿錢
六	八	六圓八十錢
六	九	七圓廿錢
七	八	七圓三十錢
七	九	七圓八十錢
七	十	八圓三十錢
八	九	八圓六十錢
八	十	九圓廿錢
十	十	十圓五十錢

稀沖風

五	六	六圓廿錢
六	七	八圓二十錢
六	八	八圓九十錢
六	九	九圓五十錢
七	八	七圓九十錢
七	九	十圓五十錢
七	十	十一圓廿錢
八	九	十一圓五十錢
八	十	十二圓三十錢
十	十	十二圓九十錢

極卯之花

五	六	八圓七十錢
六	七	十圓五十錢
六	八	十一圓五十錢
六	九	十二圓五十錢
七	八	十二圓五十錢
七	九	十三圓三十錢
七	十	十四圓三十錢
八	九	十四圓八十錢
八	十	十五圓七十錢
十	十	十七圓八十錢

極曙

五	六	十二圓三十錢
六	七	十六圓
六	八	十七圓廿錢
六	九	十八圓五十錢
七	八	十八圓五十錢
七	九	十九圓八十錢
七	十	二十一圓

稀卯之花

五	六	九圓廿錢
六	七	十一圓廿錢
六	八	十二圓
六	九	十二圓九十錢
七	八	十三圓廿錢
七	九	十四圓
七	十	十五圓
八	九	十五圓五十錢
八	十	十六圓五十錢
十	十	十八圓八十錢

稀曙

五	六	十二圓五十錢
六	七	十六圓三十錢
六	八	十七圓五十錢
六	九	十八圓八十錢
七	八	十九圓
七	九	二十圓三十錢
七	十	廿一圓五十錢

糸錦、繻珍、中帶（女子）	一册	三十圓	十五圓	五圓
博多、紋博多兒帶（男子）	一	七圓五十錢	四圓	一圓五十錢
縮緬紋羽二重シゴキ（女子）	一	六圓	五圓	四圓

● 染代（各一反）

一 紺下本檜梛子染 八掛付着尺	四圓五十錢		
着尺袷羽織地	優等二圓五十錢	一等三圓	二等二圓五十錢
單羽織地	優等三圓	一等二圓五十錢	二等二圓

一 アリザリン應用 本黒八千代染 着尺及袷羽織地	三圓九十錢
單羽織地	三圓
八掛付着尺地	四圓五十錢
一 薄色 着尺及袷羽織地	八十五錢
單羽織地	七十五錢
八掛付着尺地	一圓廿錢

● 夏御紋付

色縮緬振袖摸樣白羽二重重付	一	四十圓	三十五圓	二十八圓
色縮緬振袖摸樣白羽二重重付留袖	一	三十七圓	三十二圓	二十五圓
色絽振袖摸樣練重付	一	三十八圓	二十四圓	二十二圓
同　留袖	一	二十六圓	二十三圓	二十圓
鼠絽紋付白絽重付	一	三十圓	二十二圓	十七圓
鼠明石御紋付白練白麻紋付	一	十八圓	十六圓	

● 夏男物

黒絽御紋付御羽織	一枚	十七圓	十二圓	九圓
水浅黄越後帷子	一	十四圓	十一圓	
鼠麻御紋付帷子	一	六圓	三圓	

西洋人向服地幷室內装飾品

一 美術製作品

刺繡、天鵞絨友禪其他ノ扁額

窓掛、卓被及敷物類等

一 婦人洋服地

緞子、紋琥珀、紅梅絹、色中斐絹、縞甲斐絹、色羽二重等

一 西洋人向特別仕立和服（女物）

一 雑品

肩掛（縮緬縫入）（白紋壁繡入）煙草入、財布、櫛、簪、笄、香油、白粉、絹ハンカチーフ、襟飾、靴下等品々

右は大畧を記載したるものにして御模樣其他は御注文之際詳細申べし

● 蚊帳直段表

	四	五
極宮村	五 四圓	六 四圓八十錢

	四	五
稀宮村	六 四圓二十錢	六 五圓

六	七	五圓九十錢
六	八	六圓五十錢
六	九	六圓九十錢
七	八	七圓
七	九	七圓五十錢
七	十	七圓九十錢
八	九	八圓三十錢
八	十	八圓九十錢
十	十	十圓二十錢

極沖風

五	六	六圓
六	七	七圓九十五錢
六	八	八圓六十錢
六	九	九圓廿錢
七	八	九圓四十錢
七	九	十圓廿錢
七	十	十圓八十錢
八	九	十一圓
八	十	十一圓八十錢
十	十	十二圓五十錢

六	七	六圓廿錢
六	八	六圓八十錢
六	九	七圓廿錢
七	八	七圓三十錢
七	九	七圓八十錢
七	十	八圓三十錢
八	九	八圓六十錢
八	十	九圓廿錢
十	十	十圓五十錢

稀沖風

五	六	六圓廿錢
六	七	八圓二十錢
六	八	八圓九十錢
六	九	九圓五十錢
七	八	七圓九十錢
七	九	十圓五十錢
七	十	十一圓廿錢
八	九	十一圓五十錢
八	十	十二圓三十錢
十	十	十二圓九十錢

極卯之花

五	六	八圓七十錢
六	七	十圓五十錢
六	八	十一圓五十錢
六	九	十二圓五十錢
七	八	十二圓五十錢
七	九	十三圓三十錢
七	十	十四圓三十錢
八	九	十四圓八十錢
八	十	十五圓九十錢
十	十	十七圓八十錢

極曙

五	六	十二圓三十錢
六	七	十六圓
六	八	十七圓廿錢
六	九	十八圓五十錢
七	八	十八圓五十錢
七	九	十九圓八十錢
七	十	二十一圓

稀卯之花

五	六	九圓廿錢
六	七	十一圓廿錢
六	八	十二圓
六	九	十二圓九十錢
七	八	十三圓廿錢
七	九	十四圓
七	十	十五圓
八	九	十五圓五十錢
八	十	十六圓五十錢
十	十	十八圓八十錢

稀曙

五	六	十二圓五十錢
六	七	十六圓三十錢
六	八	十七圓五十錢
六	九	十八圓八十錢
七	八	十九圓
七	九	二十圓三十錢
七	十	廿一圓五十錢

	極曙	稀曙
八 九	二十二圓	廿二圓五十錢
八 十	廿三圓五十錢	二十四圓
十 十	廿六圓五十錢	二十七圓

一番丹衣、蚊帳緋モス。金壹圓四十五錢。紅金巾緣

竹付、金壹圓拾錢。竹代、金拾六錢。

一緣リ紅麻三ッ割角紐練緣ニテ長鯨上欄宮村及沖風四六、五六、ヨリ五尺五寸、他ハ六尺

一此ノ外紗養老、曙印等ノ特別上等品並ニ寸緣リ紐等の品質は御好により調製可仕候

白木屋洋服店洋服目録

品名	地質	製式	價格
勅任官御大禮服	表、最上等黑無地絨 裏、白綾絹	銀臺金消モールにて御制規の通、繡、帽子、劍、劍釣、正緒共	金二百七十圓
奏任官御大禮服	表、同上 裏、同上	同	金百八十圓
爵位御大禮服	表、同上 裏、同上	同上外に肩章付	金二百圓
陸軍御正服	表、上等濃紺無地絨 裏、黑毛朱子	御制規の通 將官 佐官 尉官	 金八十圓 金五十五圓 金四十圓
同略服	表、同上 裏、同上	同 將官 佐官 尉官	 金三十圓 金二十七圓 金二十三圓
同外套	表、同上（但將官ハ紅絨） 裏、同上	同 將官 佐官 尉官	 金三十五圓 自金二十三圓 至金二十五圓
海軍御正服	表、濃紺無地絨 裏、黑佛蘭西絹及綾絹	同 將官 佐官 尉官	 金八十五圓 金七十五圓 金六十五圓

同軍服	表、同上 裏、黑毛朱子	同	將官 金六十圓 佐官 金五十圓 尉官 金四十五圓
同上通常軍服	表、同上 裏、同上	同 將官 佐官 尉官	自 金二十三圓 至 金二十八圓
同外套	表、同上 裏、同上	同 將官 佐官 尉官	自 金二十三圓 至 金三十圓
燕尾服	表、上等黑無地絨 裏、黑佛蘭西絹	三ツ揃琥珀見返付	自 金四十五圓 至 金六十五圓
トキシード	表、黑朱子絨及無地絨 裏、黑佛蘭西絹	三ツ揃琥珀見返付	自 金四十圓 至 金四十五圓
フロックコート	表、黑無地絨或は朱子目綾絨、 裏、綾絹	同	自 金三十五圓 至 金六十五圓
モーニングコート	表、黑、紺、斜綾絨或はメルトン、 裏付朱子及ビ綾絹 裏、黑毛朱子及綾 表、相鼠、濃鼠、霜降メルトン、スコチ或は綾絨	上衣、チヨキ、黑及紺ヅボン立縞	自 金二十八圓 至 金四十五圓
片前背廣	裏、同色毛朱子或はアルパカ 表、黑、紺、綾メルトン或は玉ヘル及霜降太綾絨	三ツ揃	自 金十八圓 至 金三十三圓
兩前背廣	裏、縞サーヂ	三ツ揃	自 金二十圓 至 金三十五圓
チーパコート	表、鼠、茶、霜降絨、同斜子綾絨 裏、共色綾絹	カクシ釦絹天鵞絨衿付	自 金二十八圓 至 金三十五圓
同中等	表、同上 裏、共色毛朱子及綾アルパカ	カクシ釦共ゑり	自 金十八圓 至 金二十五圓
ロングコート	表、ラクダ玉絨、厚地綾メルトン 裏、佛蘭西絹	ゑり及見返し袖先獺毛皮付裏綿入菱形さし縫	自 金八十圓 至 金百十圓
同中等	表、玉絨、厚地スコッチ 裏、縞サーヂ	頭巾付兩前	自 金三十圓 至 金四十五圓

インバチス	表、茶鼠霜降綾絨 裏、共色毛朱子、或は甲斐絹	和洋兼用脇釦掛	自金十八圓 至金三十圓
銃獵服	表、枯葉色スコッチ 裏、共色毛朱子	半ヅボン脚胖付三ツ揃	自金十八圓 至金三十圓
小裁海軍形	表、紺天鵞絨及紺絨 裏、毛朱子	五才位より八才迄錨縫箔付	自金六圓 至金九圓
和服用外套	表、黒、紺綾絨及霜降 裏、緞子及綾絹	英形(一名ダルマ形)(帯ヒダなし)頭巾付	自金三十五圓 至金四十八圓
同中等	表、同上 裏、甲斐絹及毛朱子	同上	自金二十圓 至金三十五圓
同角袖外套	表、同上 裏、甲斐絹	頭巾付	自金十八圓 至金二十五圓
吾妻コート	表、紺、黒紋織綾絨 裏、緞子及繻珍	被布ゑり及道行ゑり共色糸飾紐付	自金二十圓 至金三十圓
同	表、同上 裏、甲斐絹及綸子	同上	自金十五圓 至金二十圓
同	表、風通紋織、綾絲織 裏、綾綸子、紋羽二重	同上	自金二十三圓 至金三十圓
判、檢、辯護士法服	表、黒絹セル、及珀琥 裏、黒甲斐絹スベリ	正帽付制規の縫箔	自金十六圓 至金二十八圓
學校用御袴	表、海老色カシミヤ、セル	單仕立太白糸腰紐	自金三圓五十錢 至金五圓五十錢

夏服

フロックコート	表、黒絹絨薄綾絨メルトン、ヅボン縞絨 裏、佛蘭西絹、綾絹	上衣チヨツキ黒(但シ脊抜キ)ヅボン立縞	從金三十五圓 至金四十二圓
仝中等	表、黒薄綾絨仝絹セルメルトン、ヅボン縞セル 裏、アルパカ	仝	從金二十五圓 至金三十圓

モーニングコート	表、黑紺絹絨仝薄綾絨メルトン 裏、佛蘭西絹、綾絹	仝	從金三十三圓 至金三十八圓
仝中等	表、黑絹薄綾絨仝絹セル、メルトン 裏、アルパカ	仝	從金二十五圓 至金三十圓
脊廣	表、茶鼠霜降薄綾絨縞綾絨、色綾メルトン 裏、共色アルパカ	三ツ揃	從金二十二圓 至金二十五圓
仝中等	表、茶鼠霜降セル、仝縞セル 裏、共色アルパカ	仝	從金十七圓 至金二十圓
チーバコート	表、茶鼠霜降メルトン仝薄綾絨セル 裏、絹アルパカ	カクシ釦脊拔キ	從金十四圓 至金二十圓
仝單	表、茶鼠アルパカ白獻純	カクシ釦	從金十圓 至金十三圓
雨具外套	ゴム絨頭巾付		從金十九圓 至金二十六圓
白チヨッキ	表、紋リンチル	貝釦取ハズシ付	從金三圓 至金四圓
單脊廣上衣	表、黑紺鼠絹絨仝アルパカ白獻純	上衣一枚	從金七圓五十錢 至金十五圓
インバネス	表、鼠茶霜降綾絨縞セル仝アルパカ スベリ絹かいき	和洋服兼用	從金十一圓 至金二十三圓
半チヨッキ	表、黑琥珀、白羽二重		從金二圓五十錢 至金五圓
和服外套	表、茶鼠霜降及ビ縞薄絨、セルアルパカ、 裏、スベリかいき	無頭巾折エリ立エリ	從金十二圓 至金二十圓
仝角袖外套	仝上	無頭巾カクシ釦	從金十一圓 至金十七圓
東コート	表、淡色絹絨仝セル及縞アルパカ 裏、スベリかいき		從金十圓 至金二十圓

單羽織	表、縞セル、霜降セル 裏、ベリかいき		從金七圓五十錢 至金十一圓
和服單衣	表、縞絹セル絽セル共		從金七圓八十錢 至金九圓
仝	表、縞英フランネル		從金四圓六十錢 至金六圓五十錢
判、檢、辯護士法服	表、黑紋絽仝紋紗絹セル、アルパカ	正帽付制規の縫箔	從金十四圓 至金二十五圓
學校用御袴	表、海老茶紫其他淡色各種	單仕立太白糸腰紐	從金四圓 至金五圓五十錢
小兒服	表、グレナヂン、キャンブリック、アートマスリン等	二才から五才迄	從金二圓五十錢 至金四圓五十錢
		六才から十才迄	從金四圓 至金八圓

右之外陸海軍各學校御制服等御好ニ應シ入念御調製可仕候

◎白木屋呉服店　大阪支店ハ當分呉服類而已取扱居リ候間洋服御用ノ際ハ東京本店洋服部ヘ御注文願上候

◎白木屋呉服店　大阪支店ヘ爲替ニテ御送金ノ際ハ大阪今橋貳丁目鴻池銀行又ハ大阪心齋橋局ヘ御振込願上候

白木屋洋服店販賣
小間物目録

●ズボン釣、胴締メ

並物　一本に付　自八十五錢　至一圓廿錢
ゴム引　一本に付　自一圓　至三圓五十錢
絹製　一本に付　自一圓八十錢　至三圓
革製胴メ　一本に付　自一圓五十錢　至十五圓四十錢

●メリヤス類

鼠毛メリヤスシヤツ　一枚に付　自一圓三十錢　至四圓七十錢
全ズボン下　一足に付　同斷
白毛メリヤスシヤツ　一枚に付　自二圓七十錢　至三圓三十錢
全ズボン下　一足に付　同斷
白綿メリヤスシヤツ　一枚に付　自一圓　至一圓三十錢
全ズボン下　一足に付　同斷
白麻メリヤスシヤツ　一枚に付　自一圓七十錢　至二圓
全ズボン下　一足に付　同斷
縞メリヤスシヤツ　一枚に付　自二圓二十五錢　至二圓五十錢
網目メリヤスシヤツ　一枚に付　自一圓二十錢　至二圓三十錢
全ズボン下　一足に付　同斷
クレープシヤツ　一枚に付　自一圓　至二圓五十錢
全ズボン下　一足に付　自一圓五十錢　至一圓九十錢
全婦人用　一枚に付　自一圓九十錢　至二圓十錢
婦人海水浴着　一枚に付　自一圓三十五錢　至一圓六十錢
メリヤスサルマタ　一足に付　自一圓十錢　至一圓三十錢

●手袋類

女物絹製　一組に付　自九十錢　至二圓三十錢
同半手　一組に付　自七十五錢　至一圓三十錢
同綿製　一組に付　自四十三錢　至九十五錢
女物半手　一組に付　自二十八錢　至三十八錢
男物　一組に付　自四十八錢　至一圓五十錢

●ハンカチーフ類

麻製　一ダース　自三圓五十錢　至五圓
キヤンブリツク製　一ダース　自八十錢　至一圓五十錢
同大判物　一ダース　自三圓五十錢　至四圓八十錢
同婦人物　一ダース　自二圓十錢　至三圓二十五錢
同模様付　一ダース　自一圓五十錢　至一圓五十錢
姓頭文字入　一ダース　二圓九十錢
洋羽二重色物　一ダース　自一圓十錢　至一圓三十錢
同美人寫眞入　一ダース　一圓四十錢
體育模様　一ダース　七十五錢
舞蹈模様　一ダース　七十五錢
絹製　一枚に付　自四十五錢　至八十錢
同大判物　一枚に付　自一圓　至一圓八十五錢
縫模様　一枚に付　自一圓　至一圓五十錢
戰捷紀念　一枚に付　四十五錢

●タヲール（入浴用）

和製　一枚に付　自十四錢　至三十二錢
舶來模様入　一枚に付　八十錢
舶來物　一枚に付　自三十三錢　至九十錢

●レース類

細物　一ヤード　自十錢　至三十錢
巾廣　一ヤード　自十錢　至一圓十錢
縫ラツプ　一ヤード　自二錢五厘　至十七錢

●毛布類

白毛布二枚續き　自十五圓　至十七圓五十錢
鼠毛布二枚續き　十一圓

●ホワイトシヤツ

並物　一枚に付　一圓八十錢
上等物　一枚に付　二圓八十錢

總腑に　一枚に付　自六圓　至九圓
縞物に　一枚に付　二圓五十錢

● 膝掛類

縞格子セル製　自八圓五十錢　至十二圓

● ショール類

綿物に　一枚に付　自一圓四十錢　至一圓八十錢
絹製に　一枚に付　自二圓三十錢　至三圓五十錢

● 櫛、簪、造花、類

ゴム製櫛其他　一個ニ付　自八十錢　至九十錢
造花簪　一個ニ付　自十二錢　至八十錢
製花帽子飾　一個ニ付　自四十五錢　至二圓

● 化粧品類

香水　一個ニ付　自四十七錢　至五圓
香油　一個ニ付　自四十五錢　至一圓三十五錢
ブリランチン（油ニ香水ヲ交ゼシモノ）　一個ニ付　自二十五錢　至一圓十錢
石鹼　一個ニ付　自十二錢　至一圓廿錢
齒磨　一個ニ付　自二十五錢　至五十三錢
コスメチツク　一本ニ付　自二十錢　至八十五錢
バンドリン及リスリン　一個ニ付　自二十錢　至三十二錢
楊枝　一本ニ付　自十二錢　至三十八錢
洗面香水　一個ニ付　自五十八錢　至一圓五十錢
水白粉　一個ニ付　自三十九錢　至四十五錢
練白粉　一個ニ付　十二錢
紙白粉　一個ニ付　三十八錢
粉白粉　一個ニ付　自二十五錢　至八十八錢
洗粉　一個ニ付　三十三錢
ポツト　一個ニ付　自三十八錢　至五十錢
櫛　一枚ニ付　自十八錢　至三十五錢

● 女兒服、飾帽子

キヤンブリツク製　一枚ニ付（二三才より十才迄）　自二圓五十錢　至四圓
アートマスリン製　一枚ニ付（二三才より十才迄）　自三圓八十錢　至五圓五十錢
生地モスリン製　一枚ニ付（二三才より十才迄）　自三圓三十錢　至五圓
飾帽子　一個ニ付　自三圓九十錢　至五圓五十錢

● 雜品之部

空氣枕　一個ニ付　自二圓三十錢　至三圓廿錢
小兒涎掛　一枚ニ付　自三十五錢　至二圓十錢
國旗モスリン製（巾ハ一布、一布半、二布）　一枚ニ付　自四十八錢　至三圓
木綿縮シヤツ組　上下一ニ付　自二圓三十錢　至四圓八十錢
半チヨツキ　一枚ニ付　自二圓五十錢　至五圓
インバネス　一枚ニ付　自七圓五十錢　至十二圓

● 襟飾

舶來結び下げ　一本ニ付　自一圓五十錢　至二圓
同蝶形　一本ニ付　自一圓三十錢　至一圓八十錢
ダビー（フオーアインハンド）　一本ニ付　自一圓八十錢　至三圓五十錢
縮緬製ダビー　一本ニ付　自九十錢　至一圓五十錢
和製結び下げ　一本ニ付　自五十錢　至八十錢
同蝶形　一本ニ付　自三十五錢　至六十錢
同ダビー（フオーアインハンド）　一本ニ付　自六十錢　至九十錢

● 釦、飾ピン類

カフスリンシ釦　一組　自六十錢　至二圓八十錢
同白金、金及ビ金製　一組　自十圓　至二十五圓
飾ピン　一本ニ付　自五十錢　至五圓
胸釦　一組　自五十錢　至一圓八十錢
カラ釦　一個ニ付　自十錢　至四十五錢

● 靴下類

メリヤス長物　自八十錢　至一圓五十錢
並物　自三十五錢　至七十錢
麻製　自五十錢　至一圓
絹製　自一圓九十錢　至二圓五十錢
小兒物　自三十錢　至九十錢

● リボン類

一吋半巾模樣物　一ヤード　自三十錢　至五十錢
同水波　一ヤード　自三十五錢　至五十五錢
細目各種　一ヤード　自八錢　至二十錢
一吋巾模樣物　一ヤード　自二十錢　至三十五錢
同水波　一ヤード　自二十錢　至三十五錢

御注文用箋

白木屋洋服店

明治卅　　年　　月　　日

御宿所貴名	服名	地質見本番號	見積金額

摘要

御寸法

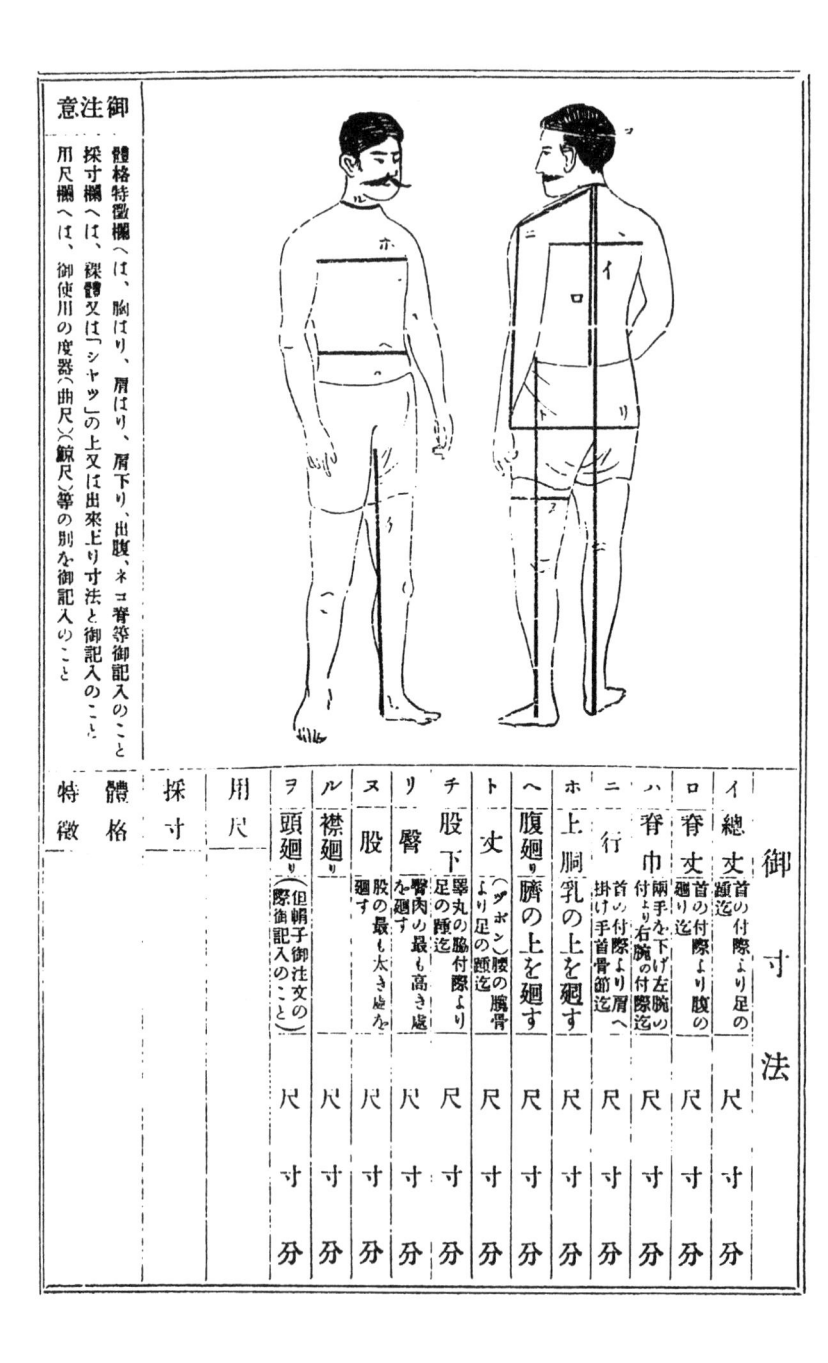

イ	總丈	首の付際より足の踵迄	尺　寸　分
ロ	脊丈	首の付際より腹の廻り迄	尺　寸　分
ハ	脊巾	兩手を下げ左腕の付より右腕の付際迄	尺　寸　分
ニ	行	首の付際より肩へ掛け手首骨節迄	尺　寸　分
ホ	上胴	乳の上を廻す	尺　寸　分
ヘ	腹廻り	臍の上を廻す	尺　寸　分
ト	丈	（ヅボン）腰の髖骨より足の踵迄	尺　寸　分
チ	股下	睾丸の脇付際より足の踵迄	尺　寸　分
リ	臀	臀肉の最も高き處を廻す	尺　寸　分
ヌ	股	股の最も太き處を廻す	尺　寸　分
ル	襟廻り		尺　寸　分
ヲ	頭廻り	（但帽子御注文の際御記入のこと）	尺　寸　分
用尺			
採寸			
體格特徴			

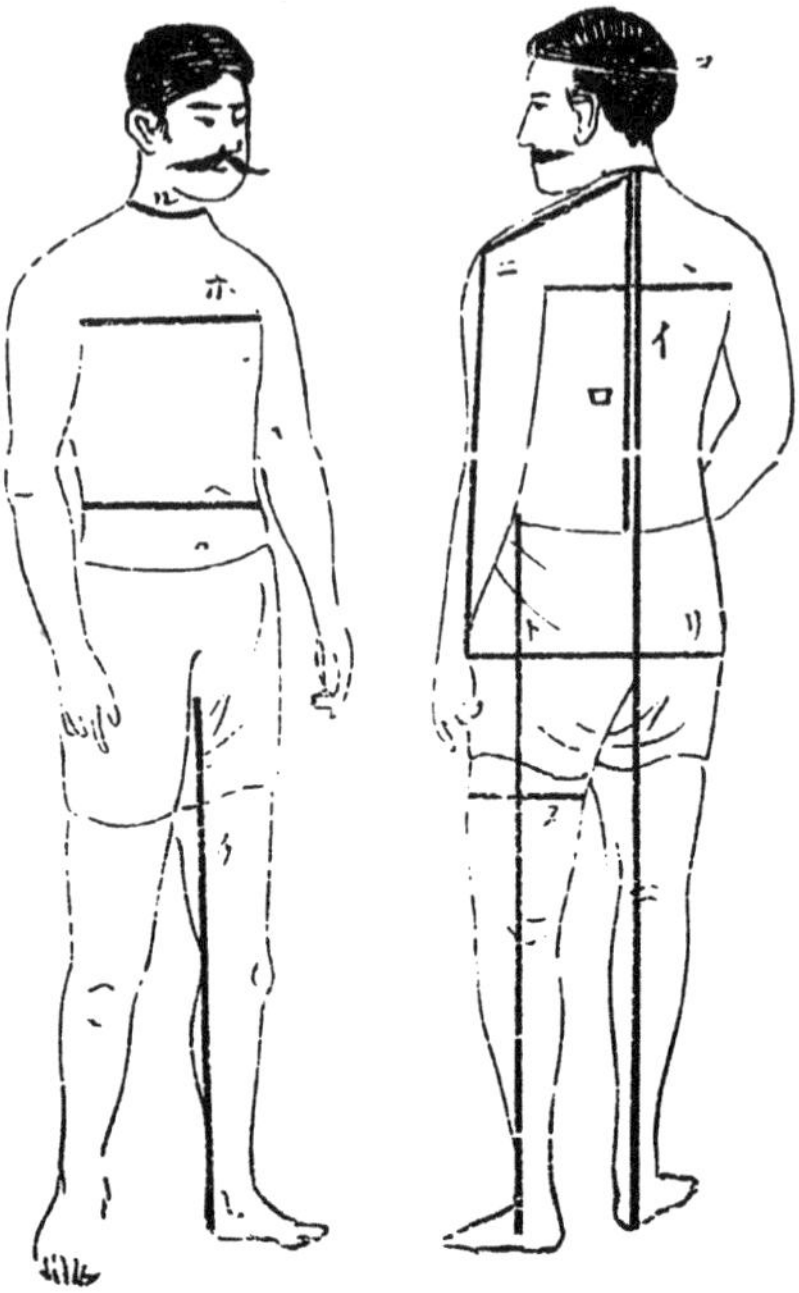

御注意

體格特徴欄へは、胸はり、肩はり、肩下り、出腹、ネコ脊等御記入のこと

採寸欄へは、裸體又は「シャツ」の上又は出來上り寸法と御記入のこと

用尺欄へは、御使用の度器（曲尺）（鯨尺）等の別を御記入のこと

注文書

男子女子用衣裳又は羽織等	袖
年齢	ゆき
用途	口明
品柄	袖幅
好みの色	袖付
好みの柄	前幅
紋章并大さ及び数	後幅
好みの模様	衽幅
惣模様	衽下り
腰模様	衿幅
裾模様	褄下
江戸褄模様	袘の厚さ
奴褄模様	人形
袘模様	紐付
仕立寸法	前下り
丈	紐下

備考

右注文候也

住所

明治　年　月　日

姓名

白木屋呉服店地方係中

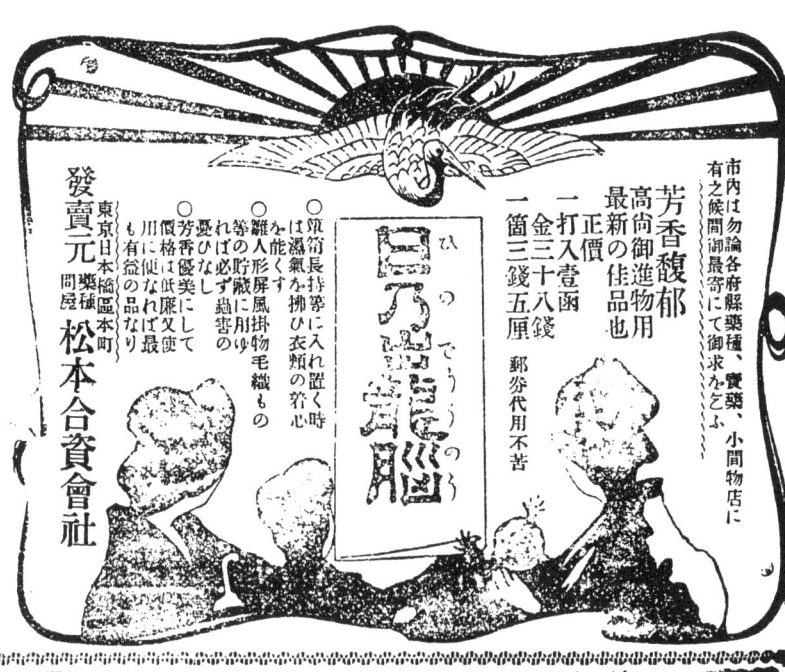

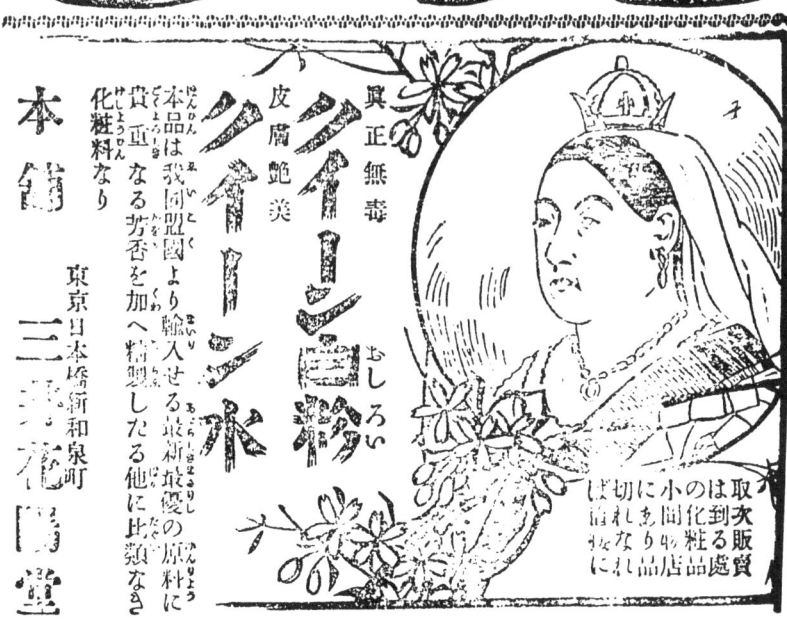

●福原有信 歯磨石鹸

煉製 大廿五錢 粉製 十五錢
同 小十五錢 袋入 三錢

●新製 携帯用 旅行衛生歯磨

ゴム器入一個三十錢

●新製 洗浴化粧液（エリノイン）（花の露）一瓶八十錢

本品は高尚なる芳香薬及び軟和剤の配伍し有れば朝夕盥嗽及び洗浴に際し此液を用ゆれば如何なる水と雖も皮膚をあらし肌色を損ずるとなく色を白くし天性よりも麗はしき色つやを生ず殊に殺菌消毒の効力を有せば當季衛生上缺く可からざる逸品也

本品は高等化粧料中の化粧品なれば貴婦人令嬢方

高等化粧水（フイデルミン）

の御常用に適し皮膚を艶美滑澤ならしむる効あり

三個箱入七十五錢

●凡て美麗なる箱入としたれば御進物用には至極適當の良品なり

●取次販賣店は全國化粧品店小物店藥店に販賣致居候

●ひげ油（ブロチミン）（住の江）三個箱入九十錢

髯毛に用ひ給へば適當の粘力を生じ随意の形状を保ち且在來の品とは異り洗去ること容易なり

●ふけとり香水（ラウリン）（花たちばな）三個箱入一圓八十錢

本品を常に御用ひたまわらば第一剛き毛髪を柔軟たらしめ且つ汚れを滌め永く清潔の状を保たしむ

●あかとり香油（アチモシン）（春風油）三個箱入一圓二十錢

頭髪の汚れを容易に梳き去るが故に髪を洗ふの煩勞なし故に病中病後御使用には至極好適の良品也

●うがひ水（エオソン）（しのゝめ）三個箱入九十錢

第一口腔を清潔にし粘液を去り臭氣を防止し黴菌を撲滅し虫歯を豫防し出血しやすき歯齦を固め且つ咽喉加答児を豫防す一名水はみがきとも云ふ

●改良水油（オイトリキシン）（花かづら）三個箱入一圓二十錢

在來の香油の如く髪にねばりを生ぜず毛髪の光澤を艶美ならしめ脱落を制止し疾患を豫防す

處方調劑・藥品器械・衛生材料・化粧品問屋

本舗 東京市新橋出雲町角 電話新橋三二四番 資生堂 福原有信

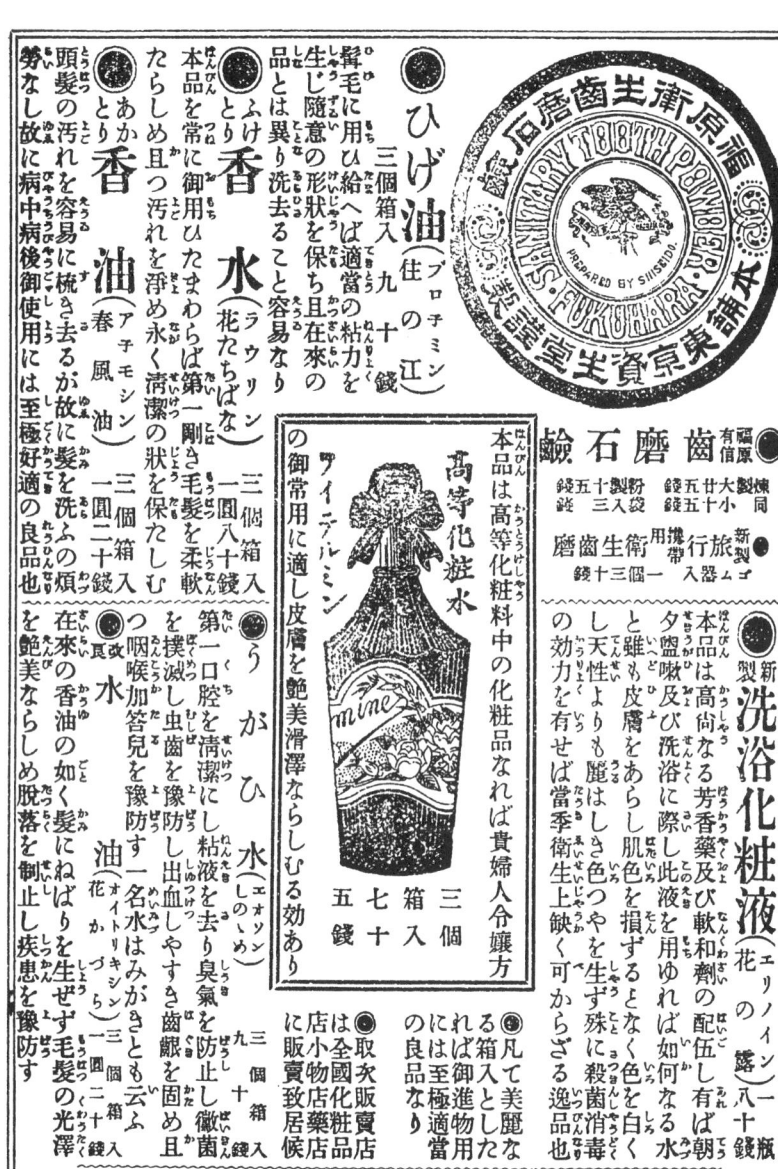

銀側片硝子拾五形中蓋附石入シリンドル
正價金七圓五拾錢

銀側片硝子拾六形中蓋石入向爪アンクル
正價金八圓也

銀側兩蓋拾七形中蓋石入薄手シリンドル
正價金八圓也

銀側兩蓋拾五形中蓋附流金爪石アンクル
正價金拾貳圓也

銀側兩蓋拾七形裏三枚本ニッケル總卷巴
正價金拾三圓也

米國製金着縁最上等蔓掛眼鏡
正價金貳圓八拾錢

米國製金着縁最上等鼻掛眼鏡
正價金參圓貳拾錢

米國製金着縁最上等差込眼鏡
正價金參圓五拾錢

拾八金製甲附最上等蔓掛眼鏡サック附
正價金拾壹圓也

貳拾金製甲附最上等蔓掛眼鏡サック附
正價金拾四圓也

其他各種市内ハ御報次第御見本品持參可仕地方ハ代金引換小包便ニテ御送品申上候

各種時計同附屬品
雙眼鏡金縁眼鏡
寳玉入金製指輪
貴金屬製美術品類

東京市日本橋區通壹丁目角

商
柳古堂

岡野時計店

（電話本局貳八參壹番）

●商品案内御入用之御方ハ郵券四錢御送附ヲ乞フ

●秘密探偵は社會の照魔鏡なり

秘密探偵囑託に應す

東京市日本橋區新右衛門町三

岩井三郎

（電話本局二一四三番）

（創業滿拾年）

不肖時世の趨勢に鑑み去る明治貳拾九年八月官を辭し多年の經驗と各位の賛助に基き歐米諸國に行はるゝ秘密探偵業を開始爾來專心從事したる結果漸次好評を博し諸會社銀行貴紳豪商辯護士を始め其他一般諸彥の信任を辱ふし今日の盛運に達せり茲に於て今般業務擴張の爲事務所を新築し尙ほ着實にして機敏老練の聞へある者數名撰任し如何なる重大事件と雖も敏活に之を處理し得るの設備を整へ本業の模範として熱誠努力其職分を盡さん事を期す

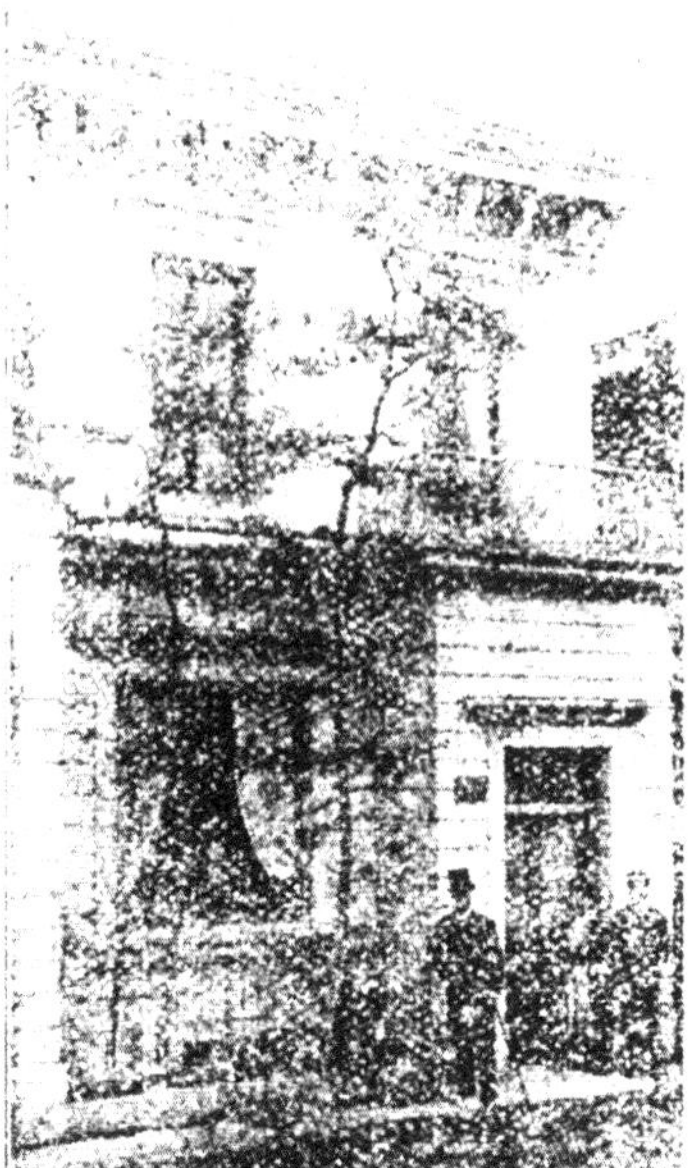

岩井三郎 新築事務所寫眞

○當所は時勢の必要に伴ひ公衆の機關となり各位の囑託に應じ社會萬般の內偵調査を爲すを以て業務とす

○左記の簡易なる事項は特に料金を規定す

○緣談先の調査　金拾圓

●是を百般の事に利用せば何事も其眞相を知り損害を防ぐ

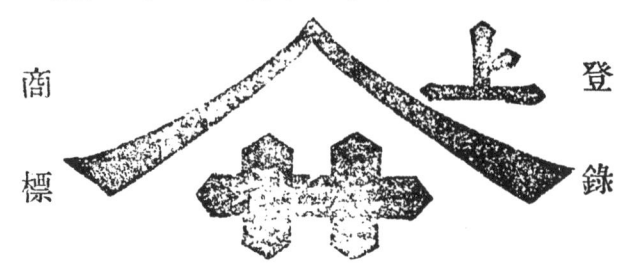

デシン石鹸
消毒殺菌
發賣元
東京日本橋區岩附町
鈴木長兵衛
SOAP

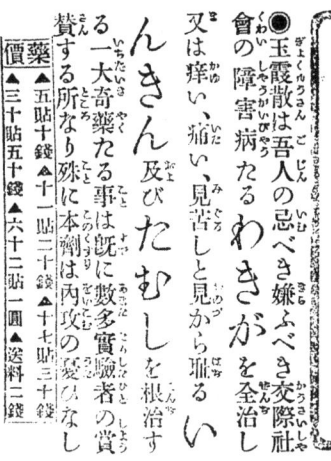

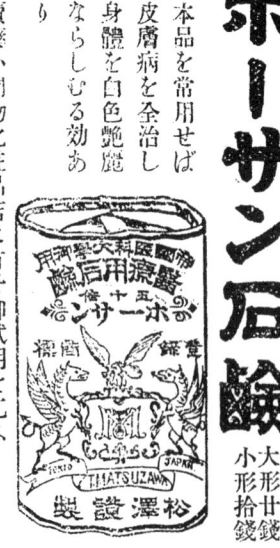

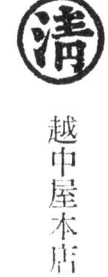

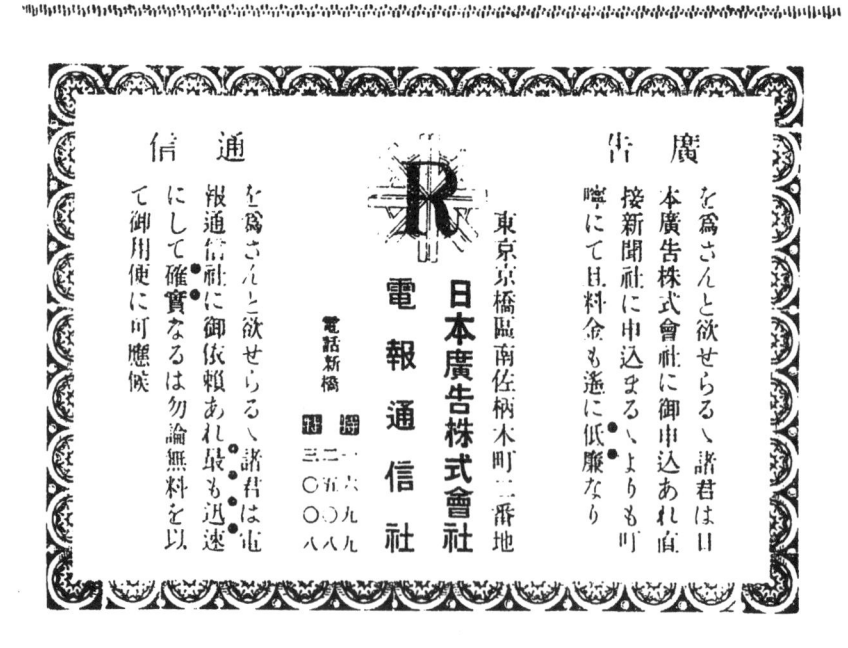

商品略目
鼈甲櫛笄簪
蒔繪附櫛笄
珊瑚珠根掛
鼈甲生地類
弊店販賣の諸品は品質の精良と製作の巧妙なるを特色と致し二百餘年來の御愛顧を蒙り居り候所にて猶一層着實に調進仕候間倍舊多少共御用命之程奉希上候
すみや號
川尻彦兵衛
東京日本橋區通油町
電話浪花二三六一番

寶丹の類似に付戰地よりの御報知

余は目下出征中也貴下に書を呈するは甫めてなりと雖ども貴店發賣の寶丹は余の愛用して止まざる所なり去年六月征途に付持參せしが已に絶藥せしより海城の某酒保商人に寶丹の販賣しあるを聞き喜んで買求め（十錢包十個）我守備地に歸り相用ゐんとするや錫器のやゝ不器用なるに心付包紙を取調たるに何ぞ計らん貴店の發賣品にあらず其藥品の良否は元より余の如き素人にては不分明なるも粗惡品なるは言を要せず他は推了に任し候不取敢包紙封入御注意に及候也

三月十一日　　出征遼東守備軍　某

右は本舖へ戰地より御報知を辱ふせしものにて小生特に恩客諸君の爲め請ふてこれを江湖に稟告し併せて擬似寶丹の種類を左に列記いたし以て本家寶丹御恩求の際御檢定の便宜たる一助に供せんと爾云

寶丹本舖　東京市池之端仲町二十七號所有地　守田治兵衛出店　東京湯島天神町一丁目八十七番地　柳澤鉚藏謹白

にせもの

（起死回生）寶丹　日本帝國淡路洲本　守田堂謹製（トアルモノアリ）

（起死回生）寶丹　東京池之端七軒町廿壹番地　守田治兵衛（トアルモノアリ）

（起死回生）眞寶丹　東京下谷區池之端七軒町三拾一番地　守田治兵衛（トアルモノアリ）

（起死回生）正眞寶丹　東京下谷區池之端七軒町三拾貳番地　守田治兵衛（トアルモノアリ）

（起死回生）寶丹　東京池之端七軒町卅二番地　守田治兵衛支店（トアルモノアリ）

（起死回生）寶丹　東京深川區富岡仲町貳拾七番地所在　守田治兵衛（トアルモノアリ）

（起死回生）寶丹　大坂府西成郡海老江　守田堂謹製（トアルモノアリ）

（起死回生）寶丹　守田堂藥房（此分静岡ニアリ）

以上同姓名以外猶體裁を摸擬したる寶丹數種ありこれ本家寶丹の偉効を證するものにて眞に本家の名譽と云ふべし啻その類似藥製造者が本家寶丹の體裁のみを摸造する處を察すれば大に濟世の爲め本家寶丹御愛顧の諸君へ御注意を仰ぐ所なり

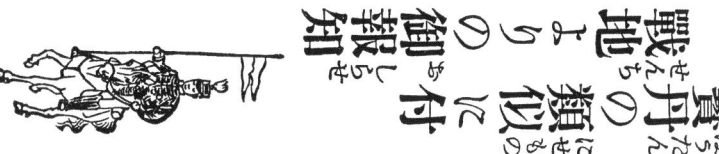

家庭のしるべ

第十二號

明治三十七年七月四日第三種郵便物認可
明治三十八年六月一日発行　毎月一回一日発行

『家庭の志る遍』

第一三号（一九〇五〈明治三八〉年七月）

家庭乃志るべ

家庭のしるべ目次

本誌定價表

一冊	金十二錢	郵税一錢
六冊	金六十五錢	郵税六錢
十二冊	金一圓二十五錢	郵税十二錢

本誌廣告料

一頁	金二十圓
半頁	金十二圓
四半頁	金七圓

○郵劵を以て購讀料の代用を希望せらるゝ向は其料金に一割を加へて申受べし（但郵劵代用は一錢切手に限る）

○本誌廣告扱所　京橋區南佐柄木町二番地　日本廣告株式會社

明治三十八年六月廿八日印刷
明治三十八年七月一日發行

編輯兼發行者　東京市下谷區西黒門町四番地　山口笑昨

印刷者　東京市京橋區西紺屋町廿六七番地　太田音次郎

印刷所　東京市京橋區西紺屋町廿六七番地　株式會社秀英舍

大賣捌所　東京市神田區表神保町　東京堂

大賣捌所　東京市京橋區尾張町一丁目　東海堂

大賣捌所　京都市上京區寺町通御池北入上本能寺前町廿七番戸　太田雲錦堂

六月一日にて装置されたるものにして木綿中形浴衣地其他の商品にて作りたるもの其の高さ三十五尺

白木屋呉服店内の大海戦祝捷紀念塔

台[illegible]地方係事務室の實景

福原衛生歯磨石鹸
FUKUHARA'S SANITARY TOOTH POWDER
PREPARED BY SHISEIDO
本舗東京資生堂製

●福原有信 歯磨石鹸
煉製 大廿五錢 同 小十五錢
粉製 十五錢 袋入 三錢

●新製 携帯用 旅行衛生歯磨
ゴム器入 一個三十錢

●新製 洗浴化粧液（エリノイン）（花の露）一瓶八十錢

本品は高尚なる芳香薬及び軟和劑の配伍し有ば朝夕盥嗽及び洗浴に際し此液を用ゆれば如何なる水と雖も皮膚をあらし肌色を損ずるとなく色を白くし天性よりも麗はしき色つやを生ず殊に殺菌消毒の効力を有せば當季衛生上缺く可からざる逸品也

●ひげ油（プロチミン）（住の江） 三個箱入九十錢

髯毛に用ひ給へば適當の粘力を生じ随意の形状を保ち且在來の品とは異り洗去ること容易なり

●ふけとり香水（ラウリン）（花たちばな） 三個箱入一圓八十錢

本品を常に御用ひたまわらば第一剛き毛髪を柔軟たらしめ且つ汚れを淨め永く清潔の状を保たしむ

●あかとり香油（アチモシン）（春風油） 三個箱入一圓二十錢

頭髪の汚れを容易に梳き去るが故に髪を洗ふの煩勞なし故に病中病後御使用には至極好適の良品也

高等化粧水
ワイテルミン

三個箱入七十五錢

本品は高等化粧料中の化粧品なれば貴婦人令嬢方の御常用に適し皮膚を艶美滑澤ならしむる効あり

●うがひ水（エオソン）（しのゝめ） 三個箱入九十錢

第一口腔を清潔にし粘液を去り臭氣を防止し一名水はみがきとも云ふ

●改良水油（オイトリキシン）（花かづら） 三個箱入一圓二十錢

在來の香油の如く髪にねばりを生ぜず毛髪の光澤を艶美ならしむ

●凡て美麗なる箱入としたれば御進物用には至極適當の良品なり

●取次販賣店は全國化粧品店小物店薬店に販賣致居候

處方調劑・薬品器械・衛生材料・化粧品問屋

本舗 東京市新橋出雲町角 電話新橋三二四番 資生堂 福原有信

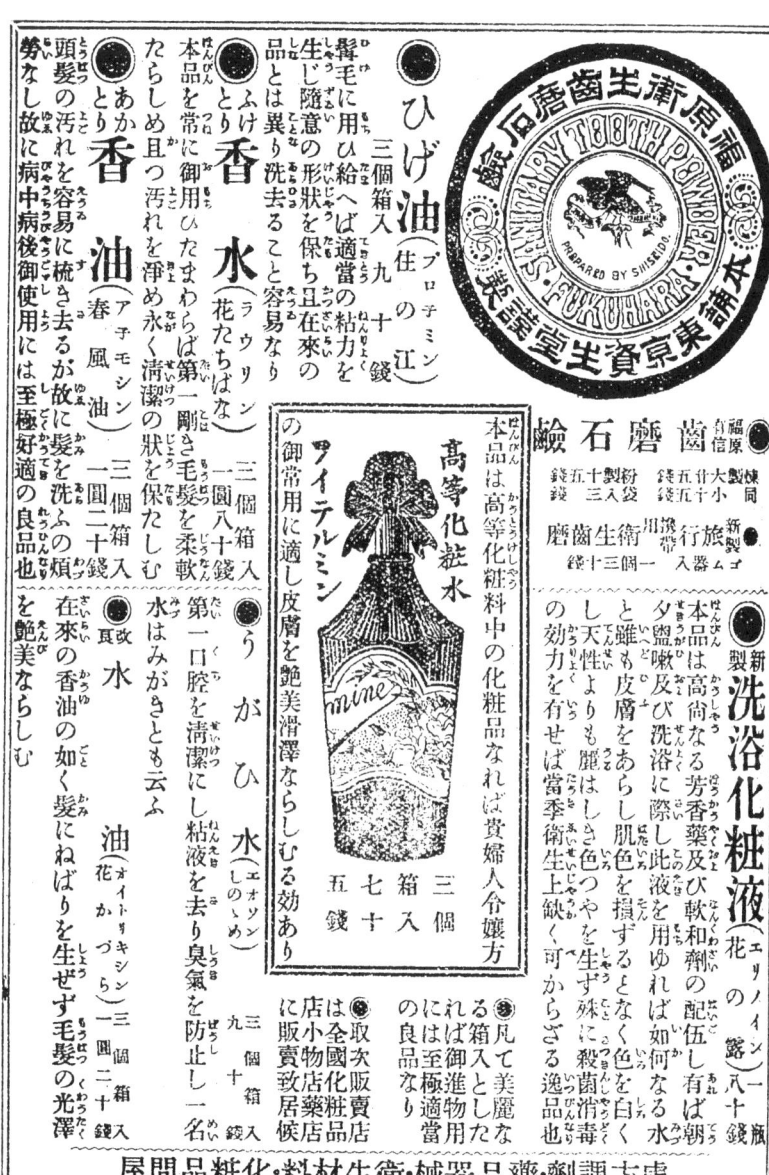

貴婦人用時計、鎖類新柄着荷

一金七圓五拾錢　銀兩蓋中蓋附拾三形石入シリン
一金拾圓八拾錢　同中硝子本傳石入向爪アンクル
一金拾四圓也　同中蓋附彫刻側爪石入アンクル
一金拾八圓也　同中蓋附拾四形梨地側米利堅製
一金貳拾四圓也　同彫刻附金色象眼入米利堅製
一金貳拾六圓也　拾四金片硝子拾形彫刻附シリン
一金參拾貳圓也　拾八金兩蓋中蓋附拾貳形シリン
一金參拾九圓也　同片硝子拾三形爪石入アンクル

一金壹圓四拾錢（持鎖　純銀製角、喜平、〆縄形御婦人
一金壹圓六拾錢　極上等赤銅製前同形御婦人持鎖
一金貳圓五拾錢　同赤銅金張分前同形御婦人持鎖
一金八圓六拾錢（持鎖　九金製角、喜平、〆縄形御婦人
一金拾六圓也（鎖　拾八金製喜平、〆縄形御婦人持
一金參拾壹圓也　同サザイ形眞球入緒〆附頸掛鎖
一金參拾貳圓也　同上喜平形眞球入緒〆附頸掛鎖
一金參拾九圓也　同上白金交眞珠入緒〆附頸掛鎖

其他流行品各種●販賣品目●

各種、時計、同附屬品、雙眼鏡、金縁眼鏡類
寶玉入金指環　貴金屬製美術品類一式

東京日本橋區通一丁目白木屋横丁角

岡野時計店

（電話本局一八三一番）

柳古堂

○地方御注文は代金引替小包便にて御取扱可申上候（但三分ノ一前送金の事）商品案内御入用之方は送費四錢御送附を乞ふ

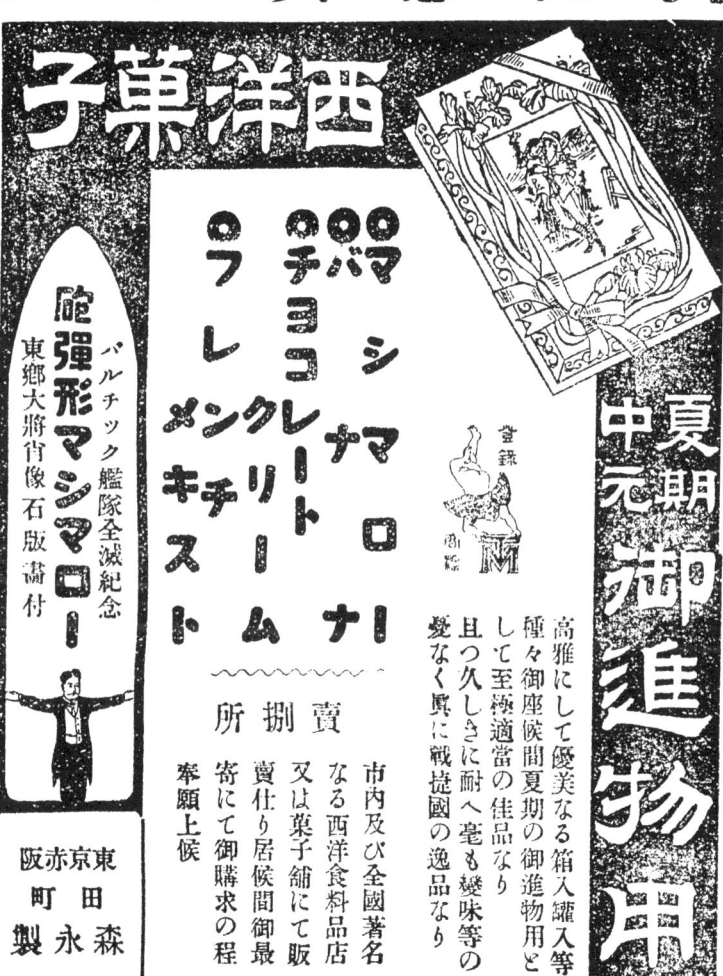

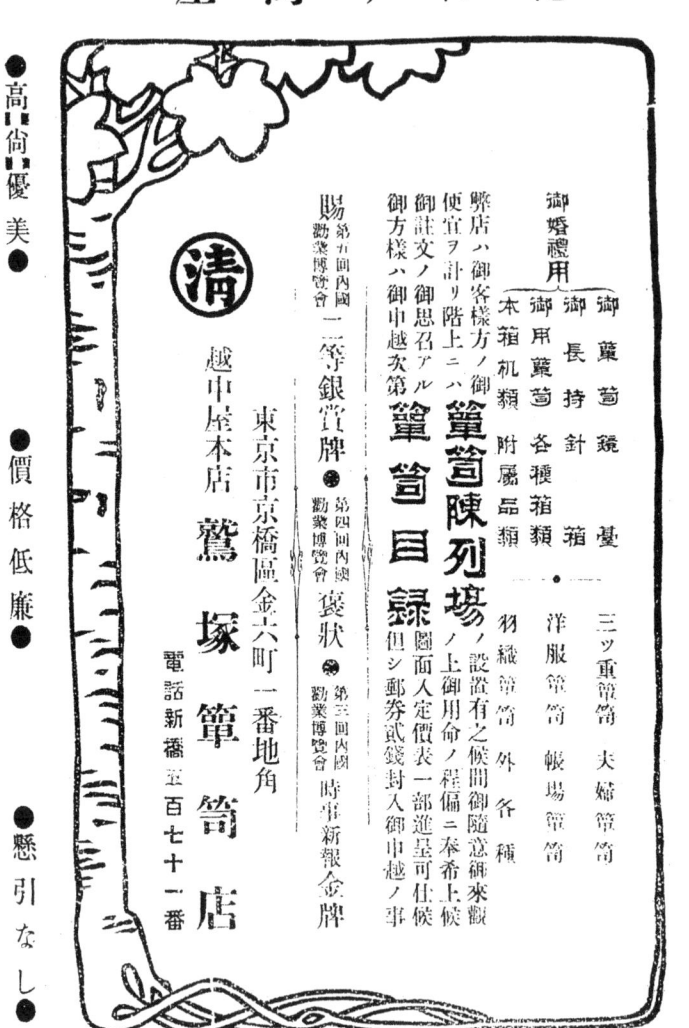

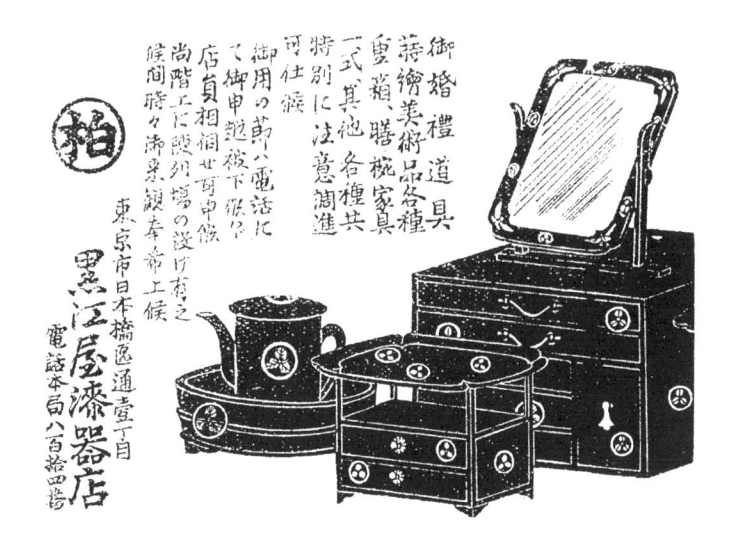

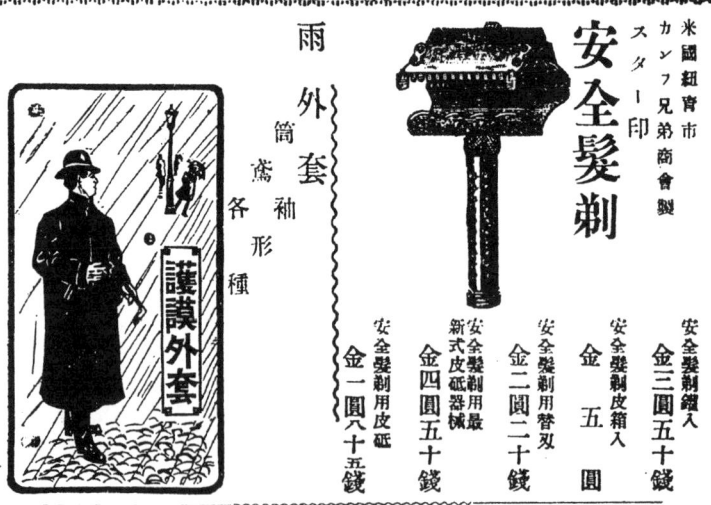

宮內省御用
名譽銀牌受領
最上醬油元祖

登録商標

醸造元 濱口儀兵衛

●醤油の鑑定法
素人や御婦人方に手軽なる醤油の良否判別方は二個のガラス徳利へ二種の醤油を入れ沸騰せる湯の中に五分間浸し置くときは鶏卵の白身が固形すると同じく醤油に含みたる滋養分も凝結して蛋白質を示す此質多き醤油は良品と識らるべし

は開業二百六十一年
は品質の吟味嚴重也
は風味他品に超絶す
は最高の賞牌を有す
は日本一の醸造高也
は全國到所に販賣す

!!! NOTICE !!!

●醤油の保存
最上の醤油は決して腐敗する事なけれども夏季に置場所よろしからざる時は稀に白カビの發生する事あり之れを防ぐには醤油を攝氏七十度にて四五分間温め置けば去る氣遣なしあまり高き温度は風味と滋養分を害すべし

荷扱所
東京北新堀町七番地
濱口支店
（電話浪花二五九四）

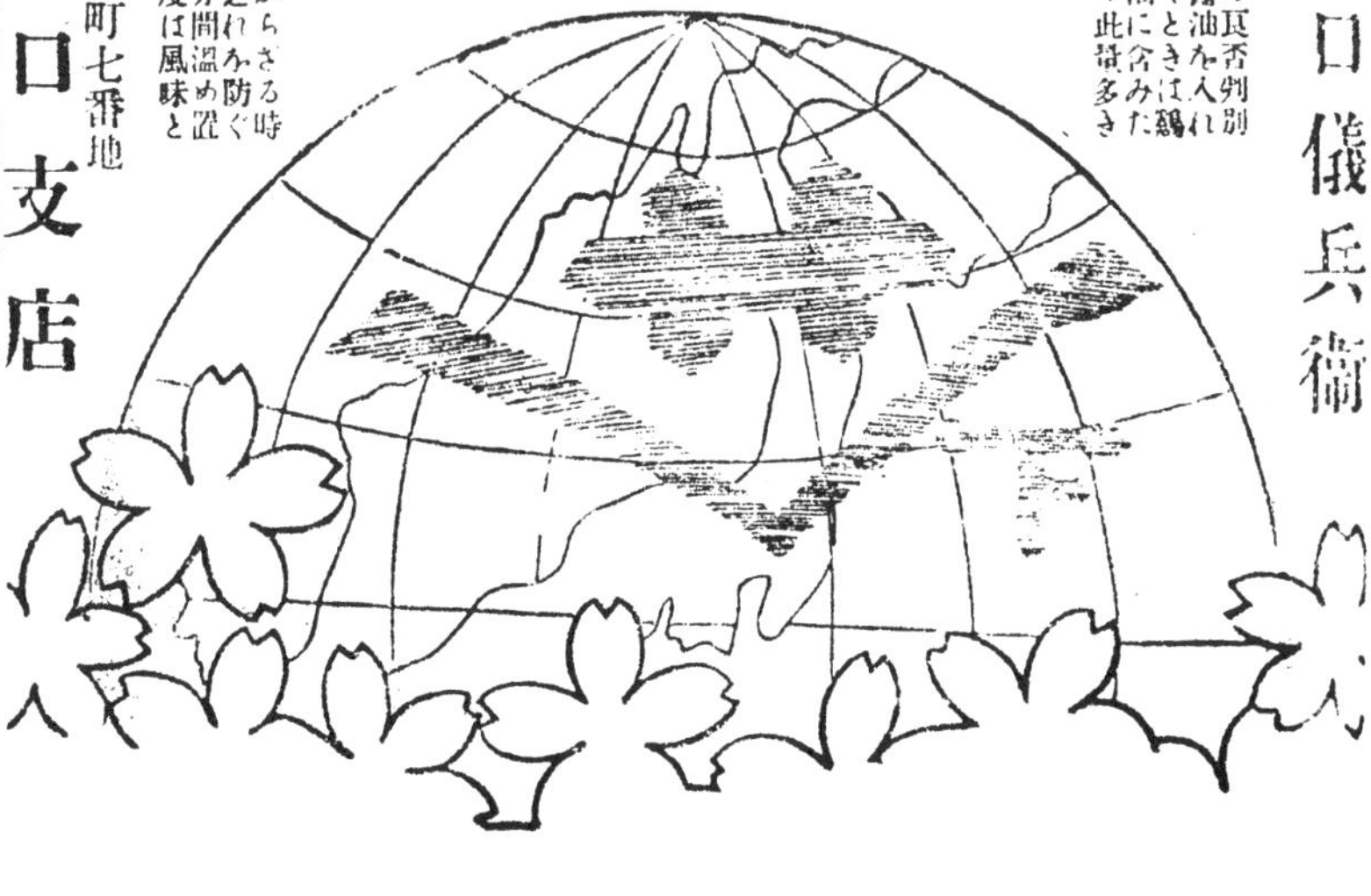

商品略目
鼈甲櫛笄簪
蒔繪附櫛笄
珊瑚珠根掛
鼈甲生地類
弊店販賣の諸品は品質の精良と製作の巧妙なるを特色と致し二百餘年來の御愛顧を蒙り居り候所にて猶一層着實に勵進仕候間倍舊多少共御用命之程奉希上候
すみや號
川尻彦兵衛
東京日本橋區通油町
電話浪花二三六一番

時事小觀

△元祿姿

外征の同胞が、腥風血雨の慘を演じつゝあるの時、內國の同胞は、元祿姿の粹に醉はんとす。是れ何の象ぞや。

庇髮、リボンの括り袖、只管西洋式の新を爭ふの時、鹿の子の模樣、伊達姿、突如として德川の昔に復らんとす。是れ何の象ぞや。

源氏節の手踊差止められんとし、淺草公園內の見世物小屋すら、釘付けの板塀を以て、外見を遮斷すべく命ぜらるゝの時、元祿の小舞艶めかしく、紅燈綠酒の間に演ぜられんとす是れ何の象ぞや。

對照の奇に過ぐる處、誰れか人間萬事戲れの諺を繰返へさゞる者ぞ。戰爭繼續中に於て猶ほ斯くの如し。平和克復の曉に於ける社會の狀態を豫想して、誰れか慄然として恐れ、慘然として憂ひざる者ぞ。

△繪端書

戰爭の副產物は種々あるべし、繪端書も亦た其一なり。起源は勿論戰爭前に在れども、其今日の流行を致せるは、實に開戰以後なるを以てなり。繪端書は初め外征將士に對する恰好の慰藉物として用ひられき。需用の急進せしは之れが爲めなり。其終りや乃ち內地人自からの玩弄物として用ひらるゝに至る。需用の更に急進せるは之れが爲めなり。

凡そ物の發達の急なるもの、この繪端書の如きは蓋し稀ならん。製造者は日を逐うて其數を增し、販賣店は到る處に開かれ、學校用器具又は小間物類、甚しきは銘茶賣る店に至る迄も、この繪端書の麗々と店の片隅に幷べらるゝを見る。商賈は今繪端書の世なる哉。凡そ物の流行の美しさ、この繪端書の如きは亦た蓋し少なかるべし。畫界の鉅匠皆こゝに毫を染め、印刷界の名工皆こゝに術を練る。山川花鳥人物諷刺滑稽の丹靑、寫眞透影あぶり出しの奇巧、亦た一としてこの繪端書に妍を呈し、美を弄さゞるなし。美術工藝は今繪端書の世なる哉。

一葉三錢、その價既に廉ならず、若し夫れ十錢以上の物あるに至つては、誰れか其贅澤に一驚せざらん。而かも世は其高價なるを忘れ、且つ特に一錢五厘の郵劵を貼付するの煩をさへ忘れたるは何ぞや。美を愛する念厚ければなり、是れを之れ美の魔力とはいふ。然れども此魔力を濫用し、人の弱點に乘じて如何はしき畫樣のものを作る奸商の、近頃漸く多からんとするは惜むべし。其筋の取締よく行屆くや否や。アヽ是れも亦た遂に元祿姿と相呼應する一現象たらんとするか、彩箋霏々として天下に滿つるの時、毒氛深く人の膏肓に入らずんば幸いなり。

△避暑の利用

炎帝は特に都市に殘酷なり。彼は白壁に光を授け、碧瓦に熱を與へて、四方八方より都人士を射させ、辜なきに炮烙の刑を宣告せんとす。斯くして山間避暑若くば海水浴の時代は至れり。

自然感化の効力の大なるとは既に論じぬ。西人曰るあり。人は常に天地山川等より催眠的影響を受けつゝあるなりと。左らば此避暑を利用して、兒童をして大に山川の間に採集せしめよ、大に海水浴場に縱遊せしめよ。歐洲大陸沿岸の海水浴場にては、浴客中の有志者懸賞して、潮の退きたる時、兒童をして隊を分ちて沙上に堡壘を築かしめ、其再來の潮に崩されざるものを勝として、之を築きたる隊に賞與するよし。體育上、精神上、洵に絕好の趣向といふべし。

是等有益の遊戯の方法は、場所に臨み、事情に應じて隨時發見するに難からざるべく、要は天地山川の授くる催眠的影響をば、成るべく多く享受するに便なるものを擇ぶべきのみ

> 人各その性の能する所の職業を勉むべし。而して死する時に、善く職分を盡したりと、自らその良心に滿足するを得るを期すべし
>
> シドニー、スミス、
>
> 一の朋友をも敵をも有せぬ者は、才智もなく勢力もなき凡人なり。
>
> ラウエートル

小説 **裁縫指南**（承前）

物外

門に響く警鈴の音は、必定滿江と思つた俊子が玄關の二枚障子に並んだ三尺の小壁を小楯に取つて、滿江が障子を開けたらば突如にワッと驚かさうと見構えして居るとは知るや識らずや、入り來る足音は悠然と、然も靴音の忽々と、戞然障子が開くとニューッと顯はれた八字髭に、拍子脫けのした俊子は立ち悚んだまゝポカンとして居る、

『俊、何を爲て居る？』

と言はれて漸く我れに返つて、

『アレ兄さん……』

振り向きざま足早に例の書齋に報ずべく、

『兄さんが御入來になりました』

未だ書齋に行かぬうちに言ひ了つた、
此の聲に先玄關に先登したのは濡手を拭き〳〵琴が跼く、書齋からは貞子が、その前へ再び俊子が駈てゆくのであつた。

編み上げの靴を車夫に脱がせて悠々と上つて來た明石祐一、

『久濶御無沙汰しました、今日は佳く御在で、僕も今日は陸戰大捷利の御祝ひで宮中から役所へ酒饌を賜はつたので一同頂戴しての歸りがけ、散歩かた〳〵車に乘らずにぶらぶらとやつて來たので……』

『善く入らつしやいました、昨今は大分お暑くなりまして、宅は狹隘いから一倍お暑いでせう、琴や、冷い水を庭から持つておいで』

山の手の名物と聞こえた堀り貫きの冷水を小手桶に、隻手には銅盥を提げて庭傳ひに竹縁へ運んだ、惜氣もなくざぶ〳〵と溢るゝ盤の水は縁を滴つて捨石の濡るも凉氣に、新らしい手拭は貞子の手から水面に映る庭樹の緑を蔽つた。

『サア溫まないうちにお汗をお拭き遊ばせ』

『コレは有り難い、暑いうちは冷水が何よりの御馳走だ……』

起て縁先へ出やうとするを、

『お席にお上衣をお脱ぎ遊ばしたら可うムいませう』

『然らは御免を蒙ると仕るかナ』言ひながらコートを脱いで縁端に出て手の切れるほどの

冷水に浸した手拭で顔を洗ふた愉快さはえも言はれぬのである、

『ア、可い心持ちだ、お互に此の水ばかりは下町の人の羨む所だ、』

『先刻曲田さんがお入來になりまして妾のことに付いていろ〳〵お話しがムいました』

『フーン曲田が……、何を？……』

『ハイ妾の前途のことで種々お勸誘になりまして……』

『ハヽア縁談かナ、夫で解つた。道理で頃日僕の所へ來て次雄の事など變に迂路に聴きおつて、其の語氣が何だか妙だと思つて居たが彼奴直接談判と出掛けたナ、で對手は誰だ？……』

『横島法學士……』

『成程、左樣か、彼奴も頗る品行に於て非難ありさ、併し多少國許に資産が有るといふ所から彼れ曲田が學生時代から大に取り卷いて、何か一投機といふ塲合の金穴にする目的で、常に彼れの甘心を買ふことに汲々として居といふ噂で有つたが果して然りか、恰度好い取組だ、横島の駄法螺に曲田の狡獪と來ては行事も團扇の上げやうに困むだらうハヽハヽヽヽ』

『厭な曲田さんだ、夫で姉さんの御機嫌の惡かつた理由が解つた』と、俊子は側から口を出した、貞子が思はず失笑たので祐一も堤を決たやうに例の快活な笑ひを一時に投出したのであつた。

霎時して祐一は更に語を轉じて、

『緣談と言へば滿江さんよ、僕等は彼の子が稚幼園へ通ふ時分から識つて居るものだから何までも小兒のやうに思つて居たが最う妙齡なので、頃日母親が來て緣談のことで家嚴君に噺が有つたが、都合好く纏つたらしい、所が其の緣談を急ぐには理由が有つて、ソラ和孃の往く萩園子爵の子息殿が人を介して滿江の所へ失禮なことを言ひ込んだそふだ、夫が動機と爲つて急に緣談を進めることになつたとのことだが、實に父親は維新の大業に勳功が有つて爵位まで授けられた希世の人物であるが彼の公達の不品行には驚くよ、併し見渡した所父親の顏に泥を塗らない從五位樣は少いやうだハヽヽヽ、』

祐一の高聲に消されて何時の間にか滿江が玄關へ上つて來たのが解らなかつた、捷耳の俊子が聞きつけて走つて往つたが頓て滿江と伴れだつて座敷へ來た。常磐明石の淡葡萄地に白く堅長の格子縞を織つた平常着の單衣に、白合を光琳の浪文樣に織り出した京博多の單帶を嵩底にしめて、銀杏返しも薄すりと、年齡には成熟た拵へ、相變らず物に屈託の無い婉客な貌は、縹致の幾分を上げて居る。俊子と手を引き合つて來たが簀戸の際で蹲まつて祐一と貞子へ慇懃に挨拶した。祐一は團扇で招きながら、

『サア此方へ入り給へ、隨分屋外は暑いでせう、俊、團扇をあげないか』

『滿江さん四五日見えないから甚麼成すつたかと思ひました、御用でも有つて？』

『伯母の方へ參つて裁縫を爲て居りましたので意外御無沙汰しました、』

『此の暑いのに能くお出になりましたねへ、』

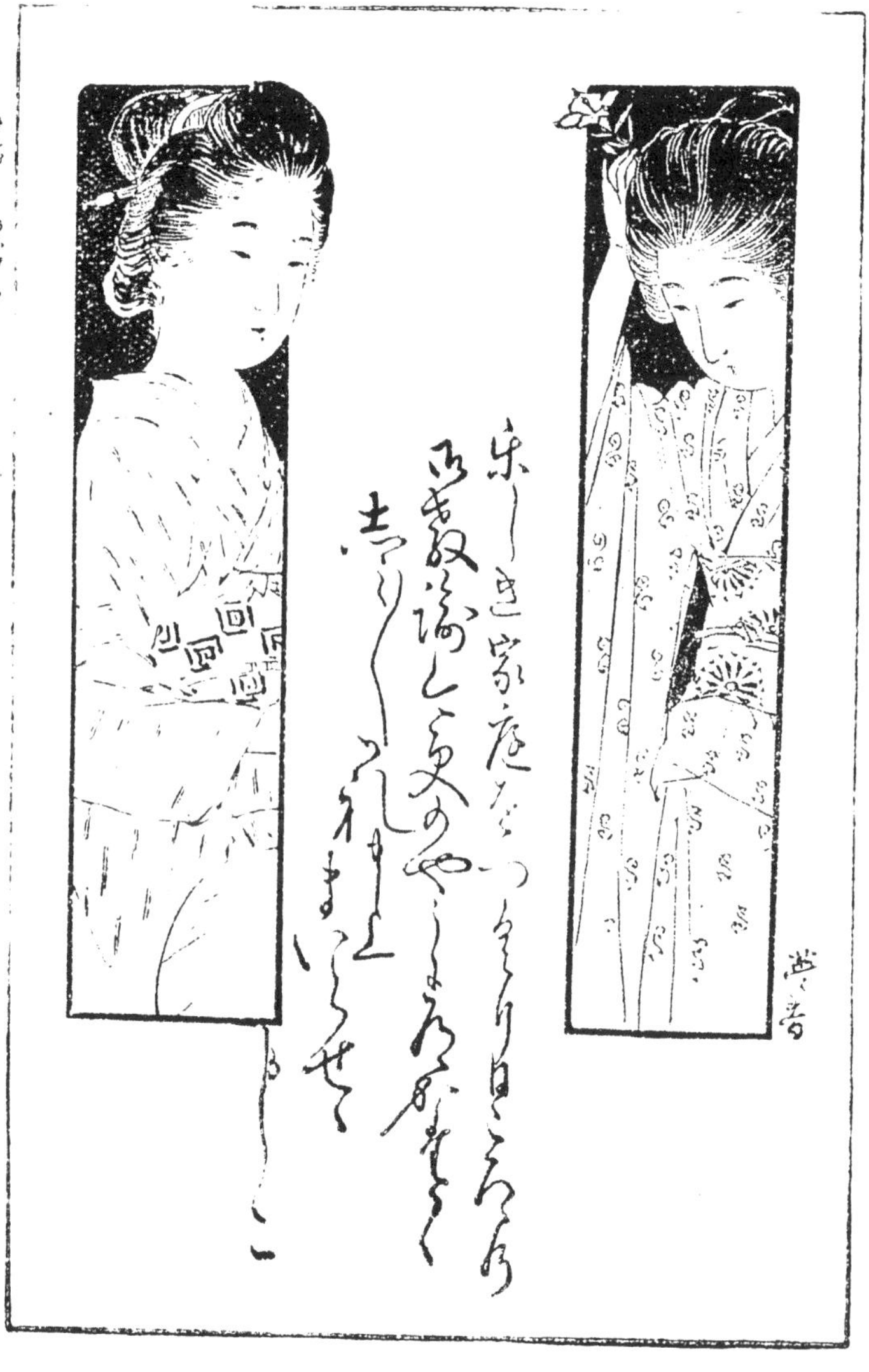

『ハイ、差向き伺ひ度いことが有りまして……』

『お裁縫のことですか？』

『ハア、……、絽の重ねを縫ひますのに順序が解りませんから伺ひに參りました、尤も伯母に手傳つて貰ひますが、伯母は昔風の裁縫でありますから順序だけ先生に伺つて置き度いと思ひまして……』

『爾うですか、伯母さんは大層お達者にお縫ひ遊ばすさうで、何でも手藝は實地が良く出來ませんでは不可ません』

『ですが伯母などの仕ますことを見て居りますと隨分億劫なことを致して居りまして、それで極り所が整然と參りませんやうで……』

『昔しの素人裁縫では箆を使はずに標ばかりで致ますから肝腎の所へゆくと規矩の付かない所が出來るのです、又裁ち方は用布に就いて一々度つて積つたものですが、今は用布の丈と幅さへ度れば後は圖の上で積りかたが出來るから夫で便利なのです』

祐一は徐々座邊に取り散らした雜品を衣嚢に收めて』

『大分涼くなつた徐々歸るとしやう、俊、源藏が又睡て居るだらう起してお呉れ』

俊子は衝と起て玄關へ往つたが直ぐ立ち戻つて、

『新聞を見て居ました』と復命した。

『大きにお世話でした、滿江さんちと遊びに來たまへ』

『寂う少時お涼みになつたら好うムいませう』

『イヤ爾うしても居られん、……、左樣なら……』祐一は身を起して立ちかけた、貞子は俊子と共に送り出す後に尾いて滿江も玄關まで送つていつた、倉皇新聞をたゝんで俥蒲團と前掛を以つて手速く門外に出た車夫の源藏、祐一が門を出ると思ふと早くも轅棒が上つて俥の音は忽ち外濠の松風に吹き散つて聞えずなつた。

『滿江さん失禮しました、サア此方へ……、縫方順序をお話しませう、エー絽の重ねでしたね？』

『ハイ、忘れると不可ませんから書き取りませう』

帶の間から用意の手帳を取り出して貞子の授けた縫方順序を書き取つた。

〇單重ね縫方順序

一上着の袖口裂を掛け口明きの止りを留め、夫より一寸ほど下迄縫ひ、又下着も上着同樣に爲し其の縫ひ止りの糸ぎわに切り込みを入れ、夫より上着と下着の袖を合せ總て袷袖と同樣に縫ひ其の儘たゝみ置くなり。

二上着の身頃を取り、一枚づゝ普通の單物の如くに四裾を三つ折り絎になし、次に脊縫ひを爲し、後幅肩幅の標を付け腋を縫ひ、折り付け方は前布の方へ返し、更に下着を取り四裾を上着の通りに絎け脊筋を縫ひ、縫ひ目は表と反對に爲す、上着と同樣に幅の標をつけ、夫より腋縫ひを爲し、上着と下着の脊腋の縫代及び縫込を裾口の所にて斜に折り込み脊腋を袷の如くに綴ぢ、腋明きを縫ひ、次に袖をつくるなり。

三袖付方は普通の袷と同樣なり故にこれを省く。

四衽付方は上着の衽をとり褄下を折り、衽の裾口を三折り絎にして褄先は單衣と同樣なり夫より更に下着の褄下且褄口を絎け、次に上着と下着の前幅を揃へ假に綴を爲し、前幅と抱の幅又その眞中に標をつけ、身頃を衽にてはさみ四ツ縫に爲し、又その縫込の裾口を斜に折り込み、次に褄下を下着を絎けると共に上着の褄下を絎け、次に上着と下着を揃へ、衽の裾口より褄下の絎け目の方へ斜に極めて細く三針つゝ出しすくひ置くなり。

五衿付け方、下着の衿幅を度り裏衿を付け衿先を縫ひ上着衿の裏表にて下着の衿を身頃と共に狹みこれを縫ひ、次に上着の衿先を縫ひ衿幅を付けこれを絎け仕上を爲し丁寧にたゝみ置くなり。


『此の順序にお縫ひになれば可うムいます、て極り所は伯父さんが手が枯れておいでのやうですから、縫てお頂きのほうが出來上りが宜からうと思ひます』

『有り難う……、重ねなどは人中へ着て出るものですから被仰るとふり極り所が惡ひと直に笑はれますから……』

『今兄から御目出度い噂を伺ひましたが嘸御母堂さんもお悅びで……』

これを聞くと滿江は忽ち貌を時ならぬ花紅葉にして挨拶もそこ〳〵に皈つて往つた、續いて俊子も追ひかけるやうに尾いて往つた。


（以下次號）

流行案内

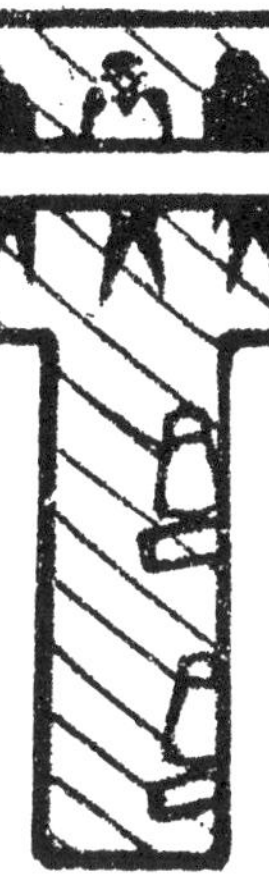

帷子の流行

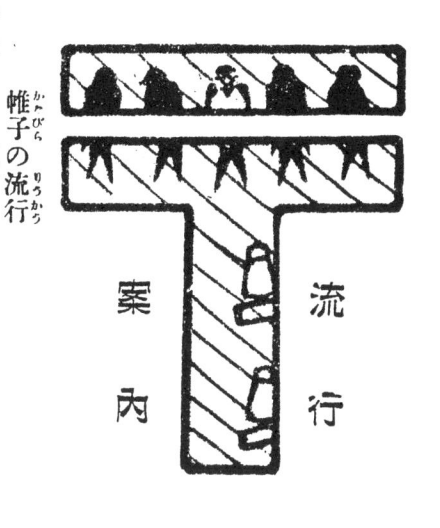

由來東京は盛夏の候と雖も帷子を着ることが割合に少く、大抵は薄地の單衣で押し通す風て有た、所が一二年已來本上布越後縮等の帷子を歡迎する傾向が有たが殊に本年は其の需用を增して來たやうに思はれる、蓋し東京の風は渾て洒落を好み、儀式張つた時の外は成るたけ樂着的のもので事を濟すを好む有様で有つたが、社會の都てが秩序的になるに隨つて各人が品位を上ることに意を注ぐ所から此の流行を來したので有らう、自體如何に薄地に造つたものと雖も絹糸で織つたものは涼しいといふ程度に於て麻、苧麻に及ばざること遠いのであるから此の點に於ても又耐久の點に於ても益行はるゝて有らうと思はれる。

染業の發達

色染に於て近來種々新案の混合色を出し、彌進步の趨向あるは歡ぶ可きことであるが、單純にして尤も難しいのは黑染で有らう、從來黑染に於て缺點とする所は織物の實質を傷むること、紋の汚るゝこと、變色の速なること其他數點であるが、玆に八千代染といふ黑染最上品は近年甲州といふ僻陬の一地方に旗を揚げて彌成効の實を擧げたのである、元來紋の汚れるは從來染料の分子が織糸の中心まで沁み渡らず、謂はゞ上部に粉末となつて附着して居るので有るから、此の遊動する粉末が純白の紋章に擦れつくために汚れる譯である、試みに從來の染方を以てするときは其の結果必ず生地の量目より增すこれが分子の附着して居る證據である、又變色の速なのは約り上部に附着して居る仕上げの色が剝落ちるからのことで眞の中心まで同じ色に染つて居れば剝る憂ひはない筈である、此の點は染工が充分保證するとのことで、若し八千代染の色が變つたらそれは變色ではない汚れたのであるから、洗濯を善くすれば元の色澤に復すと誇つて居る、兎に角、一見して染色の美、光澤の麗紋章の歷然と良く顯れて居る點は他に比して優等である、爾して價格が通常二圓半から上染で三圓位で出來るから實に兩全と言つて可からう。

新案金製透し彫根掛

夏向は何品によらず涼し氣に見ゆるものを好むは人情であるが、殊に髮飾りなどの暑くるしいのは打ち見にも厭はしく思はれる茲に銀座尾張町の白牡丹本店が考案して作つた根掛けは十八金の透し彫りで下の圖に示す通り、夏季の髮飾りに適當なるは勿論澹泊を好む向には四時を通じて愛用されるで有らう、現に賣行多きため製造に逐けれる程なりと

立田

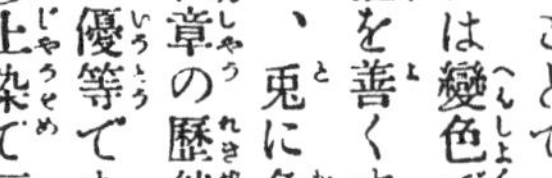

六圓三十錢

空ゆく雁

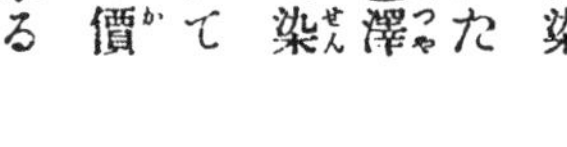

六圓也

素人醫者

種痘に就て（前號のつゞき）

痘瘡の恐ろしいこと、又種痘の利益多大なることは前號に充分申して置きましたから御會得のことゝ存じます。て、本號には種痘に就ての心得を御話し致さうと思ひます、暫く御高覽を願ひます。偖種痘には痘苗の善良と、術者の熟練と、種痘法の完全と三拍子揃はなければ十分とは申されません、其の三者を撰むことは甚必要の條件で有ります。

我國でも内務の衛生局や警察署の盡力に依りまして漸々人民が其の必要を感じたやうで有りますが、遺憾ながら未だ充分種痘の鴻徳を念はず、動もすれば法律規則を遵奉しないで深切の勸誘に應じない而已ならず寧ろこれを避けるの傾向ある實に嘆かはしいことで、此の明治の昭代に在て猶天然痘流行の跟を斷たないのは列國に對しましても誠に赤面の至りでは有りますまいか。又往々僻陬の片田舎では人痘苗を種るといふことを聞きまするが是は隨分危險なことで、これが爲め結核、梅毒、癩病、皮膚病等を折角健全な身躰に種え込まれて生涯を誤るの例が澤山有ることであります。尤も法律に於ても是等の病に罹つて居る小兒から痘苗を採ることは禁じて有りますが詰り技術者の無能からして小兒に斯る病根のあることを知らずに輕忽に其の痘苗を採て他に植るから起つた危險であります。故に第一精良の牛痘苗を精査し、老練の施術者を撰び、而して種痘法は切種法と謂ひまして切創を左圖の如くに作つて種ますときは、少も痛がなくて必ず感じるものであります

元來種痘の目的は天然痘を撲滅するに在るのは言ふまでも有りませんが、一般人の中には種痘を嫌ふやうな頑冥不靈の徒が有りますので未に天然痘に罹つて可憐兒を不幸な惡病に呻吟せしむるとは、親の不心得も亦甚しいので有ります。

小兒に種痘すべき機は如何なる時を選んで可からうといふに、

生れて六ヶ月以内には必ず一回種痘を爲ねばならぬことを忘れてはなりません、又其の好時機は、生後七十日以上三四ヶ月位の間を最も良しと致しますが、其の期限の内でも成丈早い程が感じも良く、熱も出ず、小兒も知らぬ間に終るものでありますから此の時を選ぶのが肝要であります、而して一回で感じませなんだら數度も繰り返して種るが可しう厶います。

又初めの種痘が良く感じたとしても出來得るなれば毎年一回づゝ種痘するのが安全で有ります、と云ふのは未だ種痘が何年間有効といふことを確實に證明することが出來ません、現に初種全感の小兒が九ヶ月後に種痘しまして、一顆善く感染した例も有ります、尤も普通種痘の効力は六年としては

い [illegible]上布

白地に赤の井桁がすり令孃方の御召として愛らしきこと限りなし

價　七圓九拾錢

ろ 越後縮斗縮

白地に紅がすりにて立涌に牡丹これを令孃方召し給はゞいかに美しかるべき

價　拾五圓五拾錢

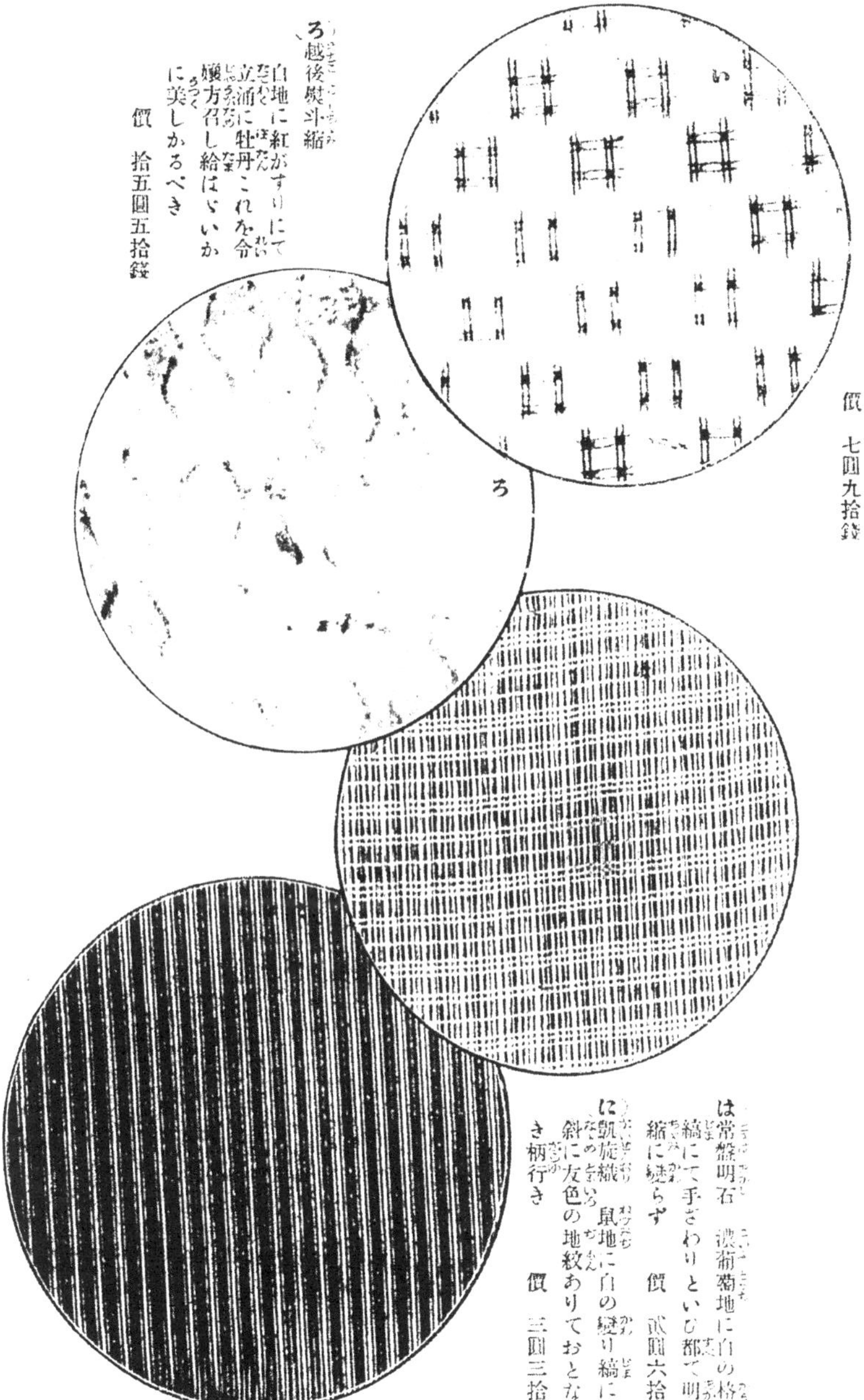

は 常盤明石

褐鼠地に白の格子縞にて手ざわりといひ都て明石縮に縫らず

價　貳圓六拾錢

に 凱旋織

鼠地に白の縒り縞にて斜に友色の地紋ありておとなしき柄行き

價　三圓三拾錢

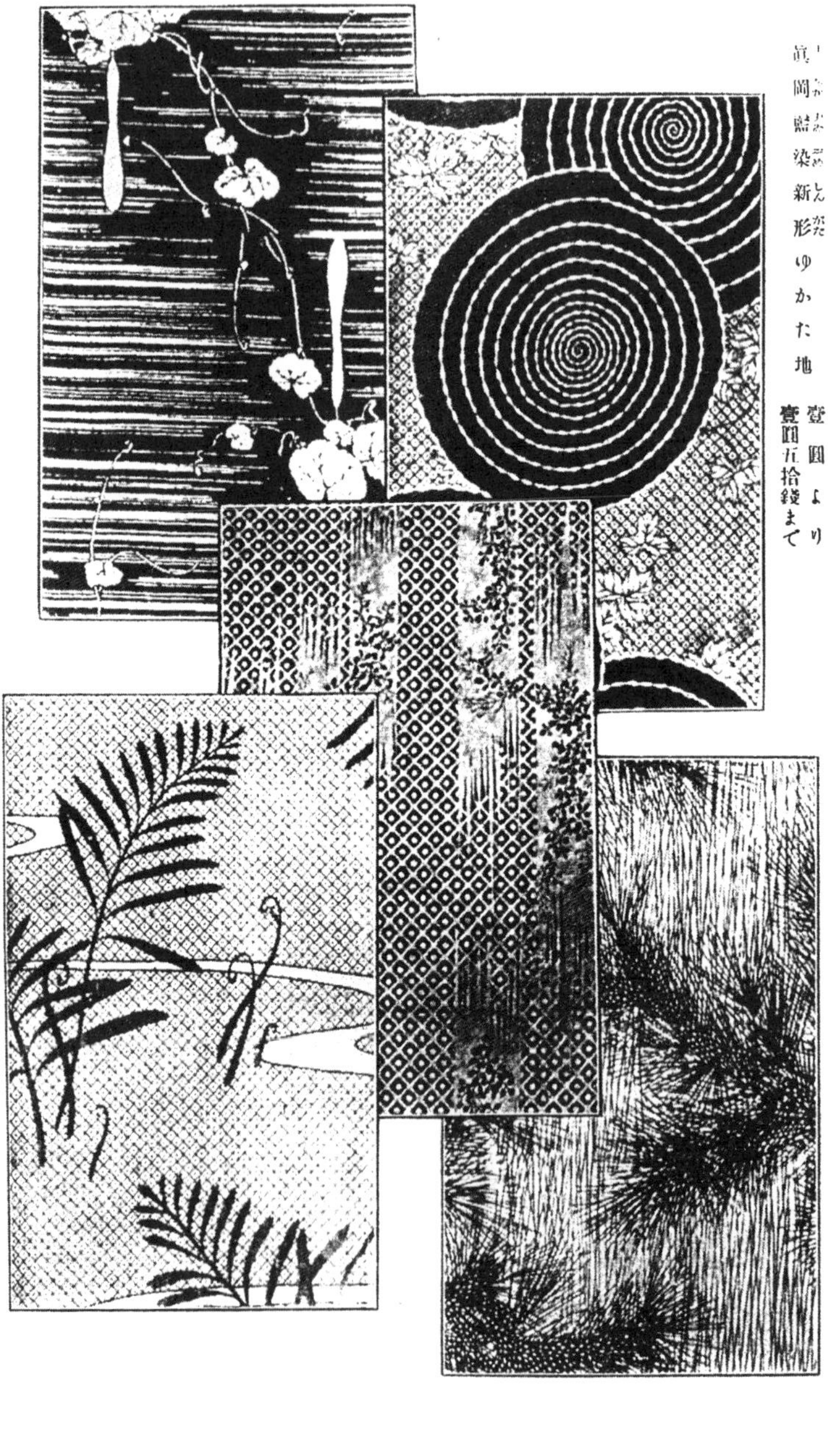

眞岡晒染新形ゆかた地

壹圓より
壹圓五拾錢まで

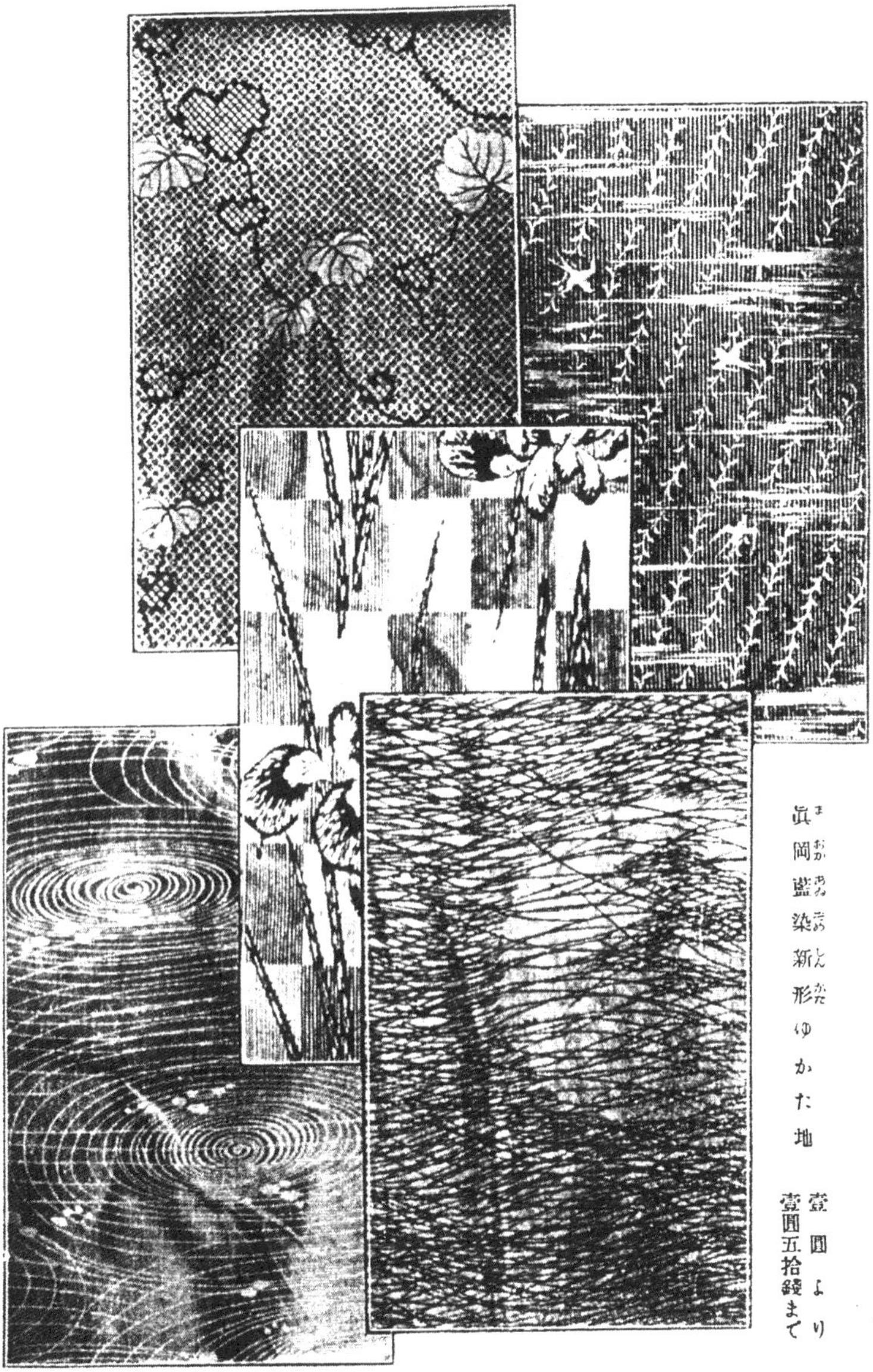

眞岡藍染新形ゆかた地

壹圓より
壹圓五拾錢まで

絽友禪片側帶地

（い）納戸色にて枝垂櫻を瀧に見せ青葉の楓を寫生に散らしたる吉野立田もやう　價　五圓八拾錢

（い）

（ろ）

（ろ）白地に栗皮茶の渦巻き　所々印金の交りたる美くし　價　六圓三拾錢

（は）

（に）

（は）葡萄地に白ぬきの伸わらび蝶を印金に押したるもの　價　五圓六拾五錢

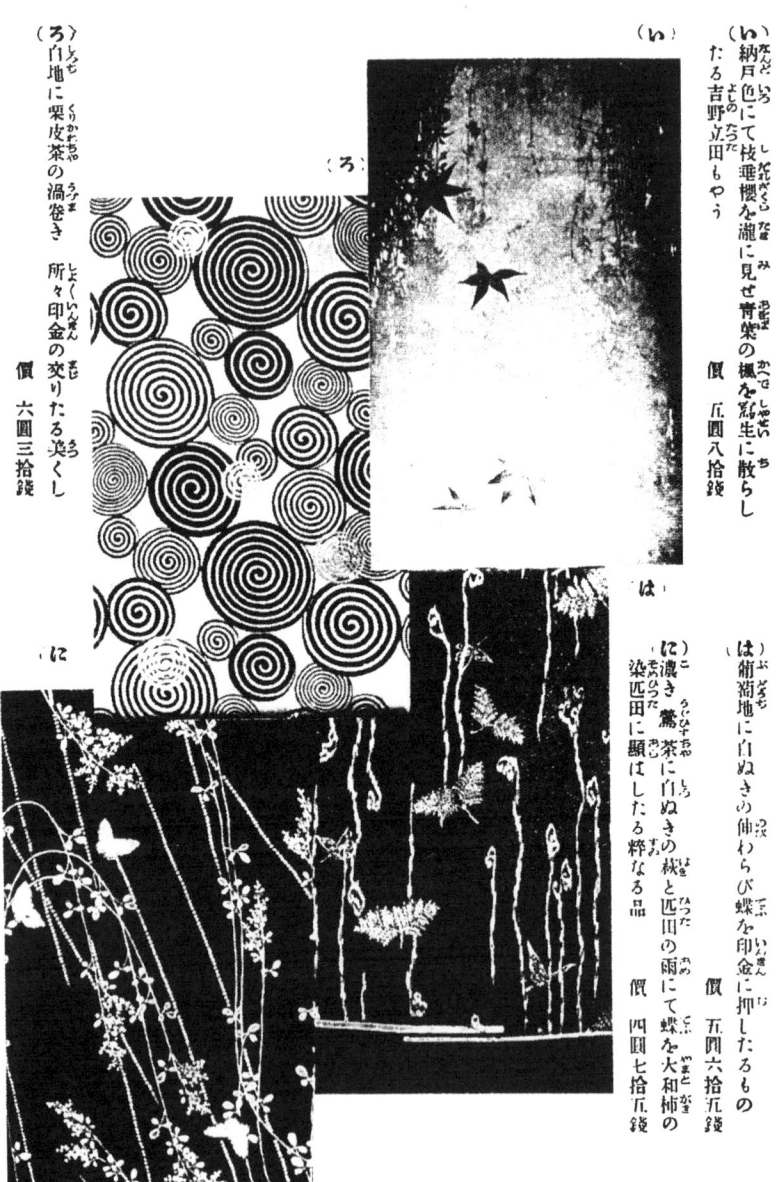

（に）濃き鶯茶に白ぬきの萩と匹田の雨にて蝶を大和柿の染匹田に顯はしたる粹なる品　價　四圓七拾五錢

有りますが、兎角流行中は何時でも種痘して豫防するに限ります、又少くも六年に一回の種痘を怠つては不可ません。

種痘中注意すべき事柄は

○入浴　三日乃至八日間は禁じた方が宜しい尤も腰湯或は他の部を拭ふは差支ありません。

○衣服　清潔な襦袢を用ゐて痘疱を摩り潰さぬやう注意すること。

○飲食　消化し易いものを撰ぶが肝腎で、酒の外毒斷には及びません。

○痘疱　是は大切にして搔き破し又は痂蓋を剝しては不可ません。

○疾病　種痘後は寒冒せぬやう用心が第一で若し發熱が毎日續く時又は異なる腫瘍を生じたり、他の病に罹つた摸樣がありましたら早速醫療を乞はなければ不可ません。

式法　婚禮の部　九號の續

漱石

婚禮の部（舅見參式）

床飾（五號參照）は色直しの式具を前の通り飾り付け、兩親上座に着き嫁はこれに對ふて席に着くなり、若し同胞の盃も兼て行ふときは兩親より少し放れて同胞と年順に着座すべく尤も弟妹等は嫁の上席にならぬやうにし又家族中に未婚の兄姉あるときは母の席に續きて着座するなり、次に双方（舅姑及嫁）の介添役一人づゝ末席に着き、各席定つて酌人來り例の如く熨斗三方を扱ひ尚膳部と下捨土器を順に運ぶべし（若し膳部を畧すときは三種の干肴を紙へ盛り折敷に乗せて用ゆ）後盃三方を運び續いて二人銚子を持來り前の如く神酒を加へ、女蝶役起て酌の用意を為す、先父一献酌みて嫁に献す、嫁一献受ける、母も亦一献酌みて嫁に献す、嫁又これを受る、此時父母方の介添人次へ立ちて小袖一重ねを廣蓋に乗せ來り兩親の前へ置き一覽の上嫁の介添役へ渡す（是を待受け小袖と云ふ）受取りて嫁に示す躰を為して後嫁の上座に備へ置なり。此時嫁は盃を一献改め父母に進む、父母各一献づゝ酌て嫁に酬す、嫁一献改て弟妹に献すおの／＼順に受け、其内の長者代理として一献改めて嫁に進む、嫁受て後父に廻し、父一献して盃納まるなり、而して父より母と席順に座を退く。此のときまで上座に備へ置きたる彼の待受け小袖は、嫁の介添人捧げ持ち嫁に從つて席を辷るなり。

因に云、待受小袖を白木臺に乗せて扱ふ流派もあれど決して禮に非ず、臺に乗せて送るは同輩の扱ひ也、故に貴人には脚を高くし高下によりて低くするを法とす故に親子の間には白木盆（臺の脚なき物）か廣蓋を用ゆるを佳とす、尚盃も三ッ土器の上の盃のみにて扱ふなり。

又云、昔武家の法として専ら行はれたるは、聟養子輿入のとき、第一席に親子の盃を為す、此の際に姫は用意の嫁入支度にて釣物（釣臺簞笥長持等）を後に從へ邸の裏門より出で表門より輿入を為し而して凡て嫁の扱にて式を為すことこれなり、蓋し始めに親子の盃を濟ませ而して家女を嫁の扱にすること、家女をして聟てふ観念を断たしむるの方便にして嗣子を重んずることと味ひある仕方といふべし。

寝所式（俗床盃といふ）

床飾（五號参照）は鶺鴒の島臺・長熨斗、干肴三方赤三ッ土器、銚子飾、赤下捨土器なり、此式は聟に續いて嫁席に着き、後に双方の介添役從ひ着座す、茲に酌人來り前の如く長熨斗を扱ひ續いて盃と三種の干肴、下捨土器を運び、次に銚子を持來り酌の用意をなす、始め聟一献くみて嫁に献す、嫁酌て聟に納め、次は嫁より始めて聟に献す、聟一献くみて嫁に納め式終る、酌人一禮して順に引き次に御湯を運ぶ、兩人飲み了るを待ちて介添双方默禮し、聟を先に一同用意の寝所に入り、介添は能き程を見て下るべし
但寝所式の席と寝所とは成る可く隣室を用ゆるを可とす

因に云、凡て盃の献酬は婚儀其の他式正の場合は勿論、通常の宴席といへども自身以上の者へ末輩より献ずることは禮に缺けたるものとし、先は上席の盃を頂戴するを待ちて酬盃すべきなり、又上座の人貴族なれば猥りに酬盃すべからず、若し返盃を促されたるときは再三辭して後聽かれざれば餘儀なし、意に隨ふて酬盃すべし、
今燕席の間漫りに下輩より上座に向つて献盃を爲すこと禮を得たりといふべからず、是は蛇足に似たりといへども事の序に述べ置くと云爾

（以下次號）

笑門

丈八

合倣酒　笑林廣記

黠造といふ破落戸が、何か甘い儲け口は無からうかと蚤捕り眼で捜して居りますと、恰度遭遇したのは呆助といふ村の金満家の郎君。

『イヤ若旦那、頃日は相變らず得手吉の所へお浮かれですかナ』

『ムヽ、近來は親指が喧しいので兵站部に差閊えて碌々遊ばれねへ、ハ……』

『底だて、茲に錢儲けの相談が有るが君合資ませんか』

『錢儲けー、行りてへなアハヽヽヽ、足下も知つてる通り得手吉の運動費が却々掛るからなア、儲けてへやアハヽヽヽ、併し資金の出所が無へ……』

『皆まで曰ふな、乃公の胸に有るワ』

『胸に有るー羽織の紐か？』

『困るなア乃公に任せ給へ、斯うだ、君と乃公と組合で酒を造つて賣るのだ、宜か、乃で君が親指に秘密で米廩から米を持出す可しサ、乃公が水を出して酒を造て出來たら二人で相當に分るさ』
『フーン、面白へなア、だが足下が水ばかり出して乃公が米を出しちやア跡で分る方法に困るじやアねへか』
『所が譯の無いことよ、乃公は欲が無へから出來たらへで最初出した上水を貰へば可いのだ足下は最初出した米が糟になつて殘るから悉皆持つて行きねへ』

原文

甲乙謀ニ合レ本做ニ酒、甲謂レ乙曰、汝出レ米、我出レ水、乙曰、米都是我的、如何算帳、甲曰、我决不レ欺心、到ニ酒熟時一只逼ニ還我這些水一便了、其餘都是儞的、

勤直

譯準笑話

某華族樣の三太夫さんは實に方正な愿慤者で却て人に魯直と笑はれるやうなことで有りました。今日も相變らず御殿へ出て居りますと、御乳の人重の井さんが若樣をお抱き申して參られまして
『三太夫樣御覽遊ばせ、御可愛では有りませんか、若樣も近來は能く御笑ひ遊ばします、ソレ爺が若樣と申ます、アレお笑

ひ遊ばして、貴方お試しに御アヤし遊ばせ。

『何様致して拙者の口づから御アヤし申すなどゝ恐れ入ります。』

『其様お堅いことを仰有らずに、アレ又莞爾と、一寸御アヤし遊ばせ』

三太夫さんも重の井さんに強られて據なく逡巡と、袴の襞を正して整然と座り直しましてから、若様の正面に對つて蝦蟇のやうにシャに構へて
『若様……恐れながらバアー―』

若様愕りしてワッと泣き出した。

原文
某邸大夫方正愿愨人笑其迂濶、乳媼抱小公子、迎謂曰、公子頗能嬉咲、請試嗚之、大夫頓首固辭、彊而後可、乃徐仰之、曰主臣嘔啁、公子懼而大啼、

化粧法
藻水

(一)化學的化粧法

▲婦人と化粧　先天的美感に富んで居らるる御婦人方が、化粧に浮き身を窶さるゝのは無理もない、又所有手段を盡して美容を飾られることを御勸め申したいので有ります。所が從來の化粧法が如何にも非衛生的でありますから是が爲に美容を飾らうといふ當初の目的に違ふのみならず、反對に自然の美を害ね、且精神に不快の感を起させ

ることゝなりますから、此の點に就ては餘程注意が肝要であります、俳優の鉛毒に中つて身體の自由を衰ふほどの痼疾に罹ることなどは諸孃の熟知せらるゝ所、縱し夫程で無くとも永く非衛生的白粉を連用された結果、額や頰の邊に俗に白粉燒けといふ黑い斑點の出來て居る顏は屢々御覽になるで有りませう。由て諸孃の爲に化學上から見た化粧法を述べて見ませうからこれに依て御注意あるやう致したいと思ひます。

▲皮膚の刺戟　皮膚の凡ての刺戟が其の色を黑くするばかりでなく、いろ／＼皮膚病の原因となるので有ります、例へば顏面や手足の日に燒けて黑くなりますのは、日光の化學的刺戟のために色素が增すのであります、又無暗に皮膚を摩るのは可しくありません、殊に石鹸を顏の皮の軟い所へ塗つてゴシ／＼洗ふ抔とは飛んだ心得違ひと言はなければなりません、一躰石鹸の成分中には角質を溶かす働きがありますから顏の表皮を粗します、其の上に石鹸の刺戟のために面皰や發疹を促す恐れが有ります。皮膚の發疹ものを素人は身体に毒でもあつて出來るやうに思つて居るやうですが、大きな間違ひであります

▲雨水と牛乳　皮膚は常に清潔に保つのが肝要でありますが、顏などを洗ふには自然の蒸餾水ともいふべき、雨水を貯へて置いて用ゐるのは宜しいのです、溫湯は使はぬが善い若し溫湯で洗ふと顏の血色が惡くなつて早く皺がよります、其れから牛乳で顏を洗へば色が白くなるばかりでなく、皺を防ぐ効があるさうでありますから試して御覽なさい。

▲糠と麸　これは御承知の通り、顔の皮膚を洗ふには尤も宜しい、殊に夏向きなどは至極結構であります、糠と麸（俗にフスマといふ）はどちらも効能がありますが、糠二分に麸一分位混合たものは、最も善いのであります。

▲リスリン及び硼砂　皮膚を軟にし色素を溶かす作用がありますから、日に焼けた顔面などに用ゐて色を白くする動能があります、左の皮膚液は尤も宜しいのであります

苛性加里	一、〇
グリスリン	四〇、〇
アルコール	四〇、〇
蒸餾水	一二〇、〇
ベルガモット油	二三滴

次に硼砂は五十倍の水に溶いて皮膚を洗へば、雀斑や面皰を治す効があります、硼砂水に薔薇などの香水を加へれば、一層爽快を感じます。

▲其他の白色剤

炭酸加里　一〇、〇
グリスリン　二〇、〇を溶しこれに
沈降硫黄　二〇、〇を擦混ぜ更に
稀酒精　一〇、〇
依的兒　二〇、〇

を加へたるものを造り、夕刻に顔などに塗り翌朝洗ひ去るのであります。

▲無鉛白粉　の原料は酸化亜鉛、イリス根末、小麦粉、滑石等を用ゐ香油（ベルガモット油、薔薇油）を加えたものであります御承知の通り鉛製の白粉は鉛の中毒を起す恐れがありますから、可成無毒のものが宜しいので有ります、今坊間に販売して居りますうちで、無害なるものは

○衛生白粉白ゆり○バンジ○白妙○水晶

おしろい○メリー△名譽白粉○御園の雪○やまと櫻○字壽紅葉すぐれはだ○キメハブタイ○土屋白粉○雪の雫○夕顏○菊の露○横井○はつね白粉○國の花○新式無鉛やまと錦○菊の露(井上)

○

記者申す、水藻君の寄書は記者が本誌に化粧法を掲載すべき腹案ありし塲合に投稿せられたるを以て幸に本號より掲ぐることゝはなしたり。

尚顏面美容法に付ては多少調査し置きたる所もあれば號を逐ふて掲ぐることと爲すべし

文苑

白木屋注文書の事

川柳　巴之助

年齡
眞實は廿一、好み十八九

用途
其人か、婚禮の文字小さく書き

品柄
チリメンと片假名で書く海老茶式

好みの色
紫が褪めやすいわとマセた姉

好みの柄
良人と相談をする仲のよさ

紋章
縫紋で一つは例のおつなもん

好みの模様
母の主張、娘は壁にまかせて居

腰模様
疝氣筋などは苦しい洒落の内

裾模様
富士額、三保の松原などゝ凝り

江戸褄
行燈袴の暗いのが、こりやアーに

奴褄
利た風、手綱染さと得意なり

袘模様

立ッちさせて、母の見て居る裏表

仕立寸法
縫あげをさせて置せる注意

丈
姉娘、お成人などゝ冷評かされ

袖
振袖が通ると、アリヤア未だ無垢

ゆき
手が長く見えるは、ゆきの寸違ひ

口明
口明きの事で姑は目を見張り

袖幅
カッと鯨往つたり來たり大笑ひ

袖付
辨慶が片ッ方ないと尋ねて居

前後幅
オヤ〳〵〳〵と思つたら角力取

衽幅
　衽幅、指て尺つて叱られる
衿幅
　衿幅へ、白木屋などゝ出入者
褄下
　ツマ下を女房の古と早合點
衽の厚さ
　褞袍の如く、女房のボロをみせ
人形
　男物になると、人形つかはれず
紐付
　寸法をきくと胸にある〳〵
前下り
　お袴の後下りに羽織泣き
紐下
　附てから紐下などを尺つて見

○徳島の盆踊

阿波　笠井茂吉

予が徳島の盆踊りは全國中有名なものである、國自慢と言はれるかも知れないが予も諸國の盆踊を見たが一番予の郷里のが佳いやうに思はれる。第一銘々思ひ〳〵の扮装を凝して踊りつゝ市中を練り歩く所は實に美觀である、其の謳は

『笹山通れば笹ばかり、大谷通れば石ばかり、寺町通れば章魚ばかり、猪豆食うて
　ホーイホイ、踊る阿呆に見る阿呆、同じ阿呆なら踊らにや損じや、』
　　ハツイケソリヤヨイ、ソリヤ〳〵〳〵、
　　エライヤツチヤ〳〵。
何と諄朴なもので有らう。

育兒法

（前號の續）

叢軒

人爲養育法

既に號を逐ひ篇を重ねて詳論する如くなるを以て讀者は充分に了解せられしならん、實に小兒の教育に必要なる滋養物は其性質分量共に定則ありて、悉く小兒に適するやう自然の調合完全なり、之に反する食物は斷じて小兒を發育せしむる能はず縦し假に發育せしとするも开は完全の發育に非ずして終身病苦のうちに呻吟するか、或は孱弱爲す無きの廢人となるか、何れにしても滿足なる人物は得られざるなり、

偖其の完全なる滋養物とは何なるかと問ふ者あらば、母親の乳に優るものなしと答ふるの外なきなり、而してこれに亞ぐものは乳母の乳とす、蓋し乳母を傭ふて其の乳を供給するは第二の母乳を得るが如きものなればなり、

自然養育人乳と人爲養育牛乳又は乳粉の類に於ける結果の良否は現に事實がこれを證明するなり、今これを比較して其の梗概を知らしむべし抑小兒死亡の原因を探究するに其の多くは消化器病にして然も死者の半數則ち百人中五十人は消化器病に因て死亡す、而して此の死亡者中人乳育兒は甚少くして人爲育兒が最も多きを占むるを見る、

瑞典及び諾威等の國にては小兒を育つるは人乳に限るものとせり、而して此の國々の小兒死亡數は百人中十乃至十三人なり、之に反して獨逸の「バイルン」及び「ウエルテンヘルク」などにては牛乳、麪餅、粥にて育つるの習慣あり、此の死亡數は實に百人中八十五人にして、滿足に生育するものは十五人位ありと云ふ、

又獨逸「ミユヘン」府衛生局の報告に三年間の小兒死亡數は八千三百二十九人にして、其の內人乳育兒の分千二百三十一人、牛乳、乳の粉等にて爲る人爲育兒は七千〇七十八人なりと云へり、故に之を算するときは甲は百人中十五人、乙は百人中八十五人の割合に當るを以て、人乳の牛乳及び乳の粉等に勝ること六倍の偉効有るなり。

斯く死亡の數に大差異ある所以は、要するに人乳育兒は疾病に罹ること少く、設し病に罹るも直に衰弱に陷ることなし、又人爲育兒は疾病に罹り易く且衰弱すること速にして往々これが爲に死を免かれざるに起因するなり。

若し止を得ざる事情ありて人爲養育法を採らざる能はざる場合は如何して可ならんかといふに、當時赤子の消化器中齒牙未だ發生せず、唾液の分泌も充分ならず、胃は筒形を爲し胃液も亦母乳を消化するだけの作用を爲すに止まり、到底人乳に近き性質の飲料を給するの外消化に耐ゆるものなし、故に遺憾ながら牛乳、馬乳、野羊乳、驢乳其他煉乳「コンデンスミルク」を仰ぐべく此際得易くして且研究の十分成効したるものは牛乳なり、依て次回には牛乳のことを詳說すべし。

雜錄

出るは／＼雨後の筍などゝいふ陳腐な大時代の形容詞では迚も盡せたものでは無い。夫は此頃の繪端書のことである、此の繪はがきに就ては出版元は專ら賣れ高の多からんことを欲し、畫かき先生も腕に撚りを掛けて新奇な圖を案出するので有るが、俗その多くが間一髮、僅に風俗壞亂を免かれて居るといふだけで、眞に高尚な美術的繪はがきは算へるほども無い。爾して最も卑猥に近いものが社會の歡迎を受けて、出版元の金庫を充たさうといふ忠義ものは此の種のものに限るとは御座の冷めた話し。

古來傳はつて居る淨瑠璃の文句には往々如何はしい所がある、是非改訂したいとは疾から言ひ囃して居つた所だが、此頃常盤津の先輩數名が相談の上、今後每月一回研究會を開いて大に斯道改良の實を擧げやうと力んで居るとは大出來／＼。常盤津さんに申す、一躰諸君の前身で有つた宮古路が京から江戸へ來て淫猥極まつた音曲を流行らし、大に江戸の風俗を亂したといふことは諸書に論じて有る。二百年前から此の社會の風紀を壞した罪亡ぼしとしても、常盤津さんが奮發するのは當然の義務であらう。親の顏の泥を落すのは孝子の本領。

元神奈川縣の巡査を勤めて居た川口淸一と

いふ人は激務の餘暇狂歌や俚謠を作つて樂しんで居た所から風流巡査の渾名を付けられた位。此の人工兵曹長と成つて目下出征中、戰地から壽町署の友人へ送つた書信のうちに波艦隊の殆んど全滅を聞いて作つた狂歌が

中立の違反國へは禮をいへ、敵の艦隊ロハで貰ふた。

懲りなくはイザ又ごんせバルチック、旗の代りに熨斗をつけかへ。

はる〳〵と來し其甲斐も南無阿彌陀、どざいもんとはなりにける哉。

又これで我海軍も手透なれ、早くよこせや次の艦隊

風流は何處までも風流なる哉。猥に眼尻を下げる捕魯の風流とは豈唯霄壤ならん哉』

此頃出征の途に向つた某兵士から府下の知人へ送つた書信のうちに、船中徒然のあまり藝盡しを催したことが書いて有つたそうな。其の事實が面白いから摘載しやう。

船中幾百の人數の中には藝人も少なくない、毎夜誰れ催すとなく演藝會が開かれる、芝居では忠臣藏の三段目の喧嘩場から道行、慶安太平記の濠端抔が呼物である、例の赤合羽の代用に赤毛布を纏ひ、竹の子笠の代りに藁で作つた編笠樣のものを冠り、伊豆守の傘は扇を纏めて間に合せるなど奇想天外の趣向が面白い、大切淨瑠璃は滑稽安宅新關と据り一人づゝの藝づくし、落語、常盤津、浪花節、義太夫、茶番、劍舞等、隱し藝の共進會。此の元氣、此の綽々として餘裕ある所即是

神州の花

女子體育の必要を說くものます〳〵多きを

加へて來たのは國家の爲め歡ぶべきことである、彼の東京府敎育會の體操部で品川臺場に體操場を設けて其の廣告を錦繪的の電車廣告とは大に開けたりといふべし。

日本體育倶樂部では去六月廿四日から舞踏講習會を開き、ミスガーデイナー出講することゝなり夫人、令嬢の加入多しと。

數年前までは三國一の花嫁とか三國一富士の白酒とかいふ誇りの詞が有つた。これは唐天竺日本と三國の外に國は無いと思つて居た時代の遺物で有る。今は世界の畏敬する日本となつて殊に米國人が非常に日本を愛慕する傾向が有る。現に同國人が日本婦人に婚を求むるものが多いとは愉快愉快。

去月中帝國ホテルに滯在して居られた米國の富豪スコフヒールド夫人及び令嬢は非常の日本好きで、滯京中屢々白木屋吳服店へ往かれて種々の日本服裝を新調された。

其の重なるものは

紋付袷一重ね

黑羽二重江戸裙文樣吉野立田、白羽二重下着無垢。

單重ね

平紋絽に朱鷺色絽の重ね付

其他數々のうちに綴錦の大帛紗、鹽瀬の中帛紗等もありしと、聞說京都丸山也阿彌ホテルに滯在中千家の宗匠に就きて熱心に茶道を習ひ、しば／＼會席に連なり、今は二時間位着席するも窮屈を感ぜずと、又某師に就きて盆石の奥儀を極めたりとは賞すべし、歸國の後眞正日本式の懷石に日本通を誇らるゝは嬉しき限りである。

尙令嬢點茶の寫眞を得たれば次號に掲載すべし

イ

ロ

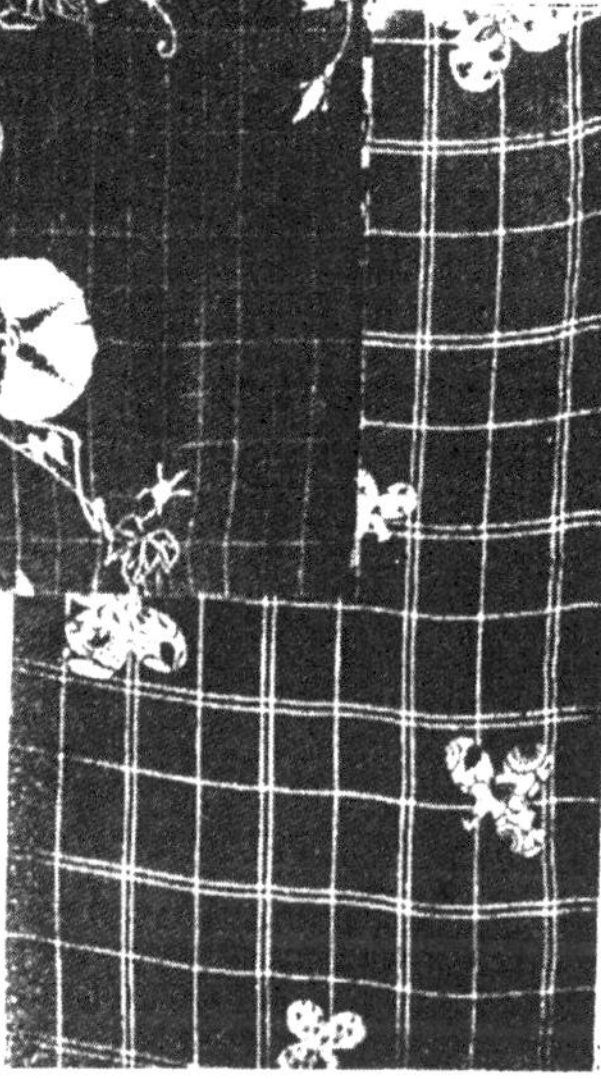

ハ

ニ

（イ）

山繭縮緬片側帯地

濃御納戸地に山繭の横竪縞ありて白ぬきの朝貌に所々本絞りの葉をあしらひたる優雅の出來

價六圓廿五錢

（ロ）

縮緬片側帯地

路考茶地に白の横竪縞を顯はしの上へかるたのクラバー形の中へ古代更紗は面白き取り合せ

價五圓三拾錢

（ハ）

山繭入絹縮片側帯

裏葉色に山繭の横竪縞へ白ぬきの紅葉に古代更紗をあしらひ匹田の浪尽くし

價四圓六十錢

（ニ）

山繭入紺縮片側帯

オリーブ茶に山繭共盤縞の顯はれたるに白ぬきにて雲の圖と古代蝶

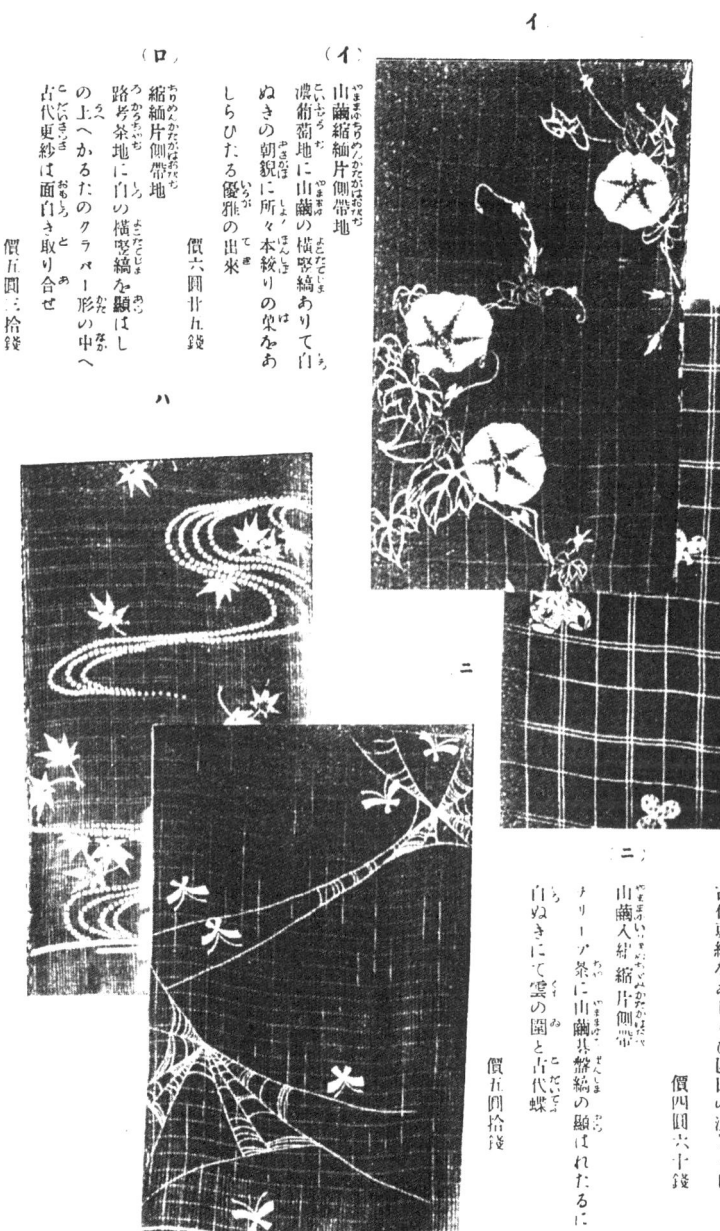

價五圓拾錢

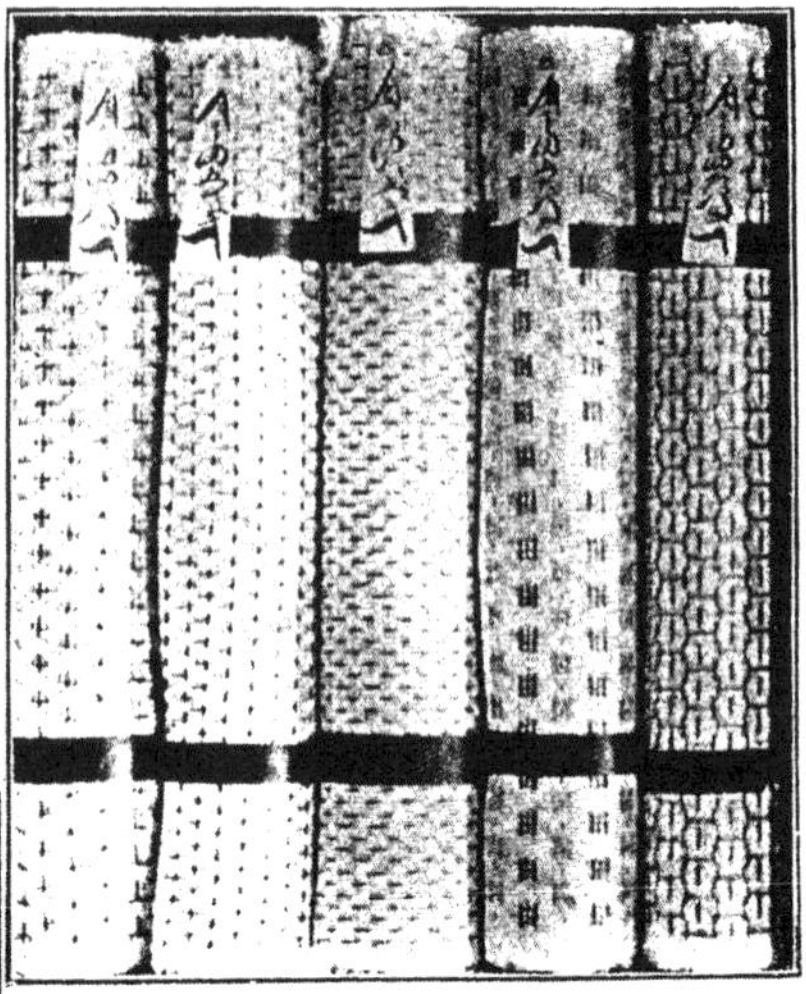

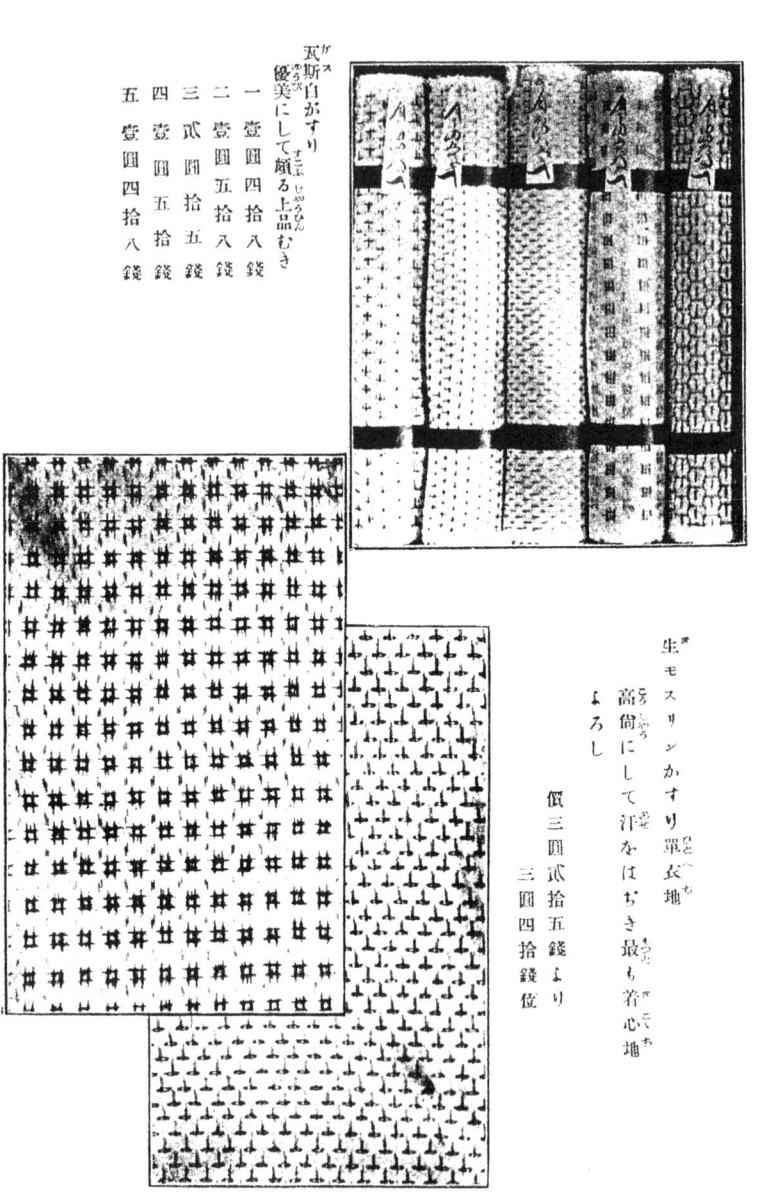

瓦斯白かすり
優美にして頗る上品むき
一　壹圓四拾八錢
二　壹圓五拾八錢
三　貳圓拾五錢
四　壹圓五拾錢
五　壹圓四拾八錢

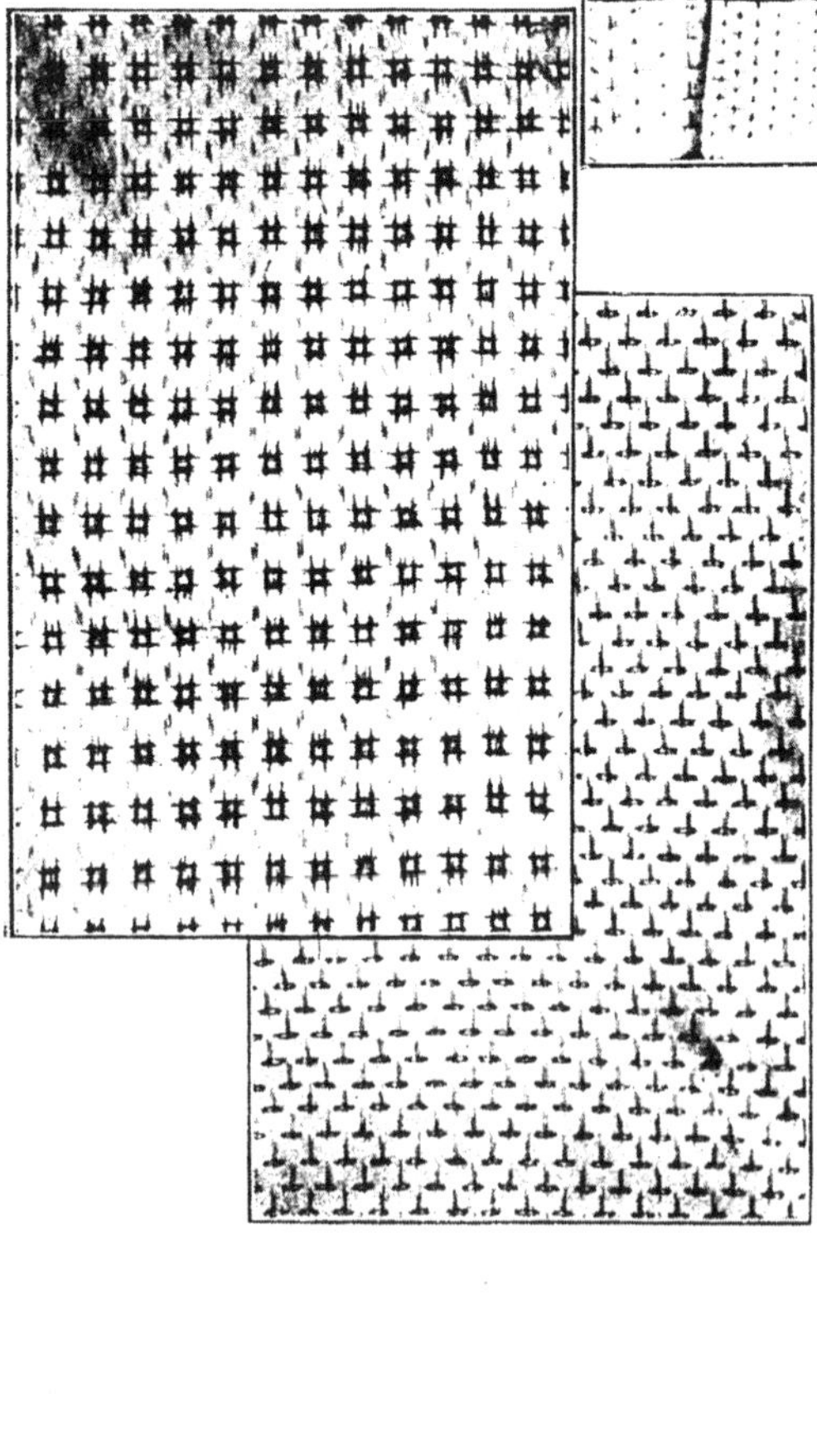

生モスリンかすり單衣地
高尚にして汗をはぢき最も着心地よろし
價三圓貳拾五錢より
三圓四拾錢位

木綿縮藍染

新形ゆかた地

價壹圓四拾錢より

貳圓まで

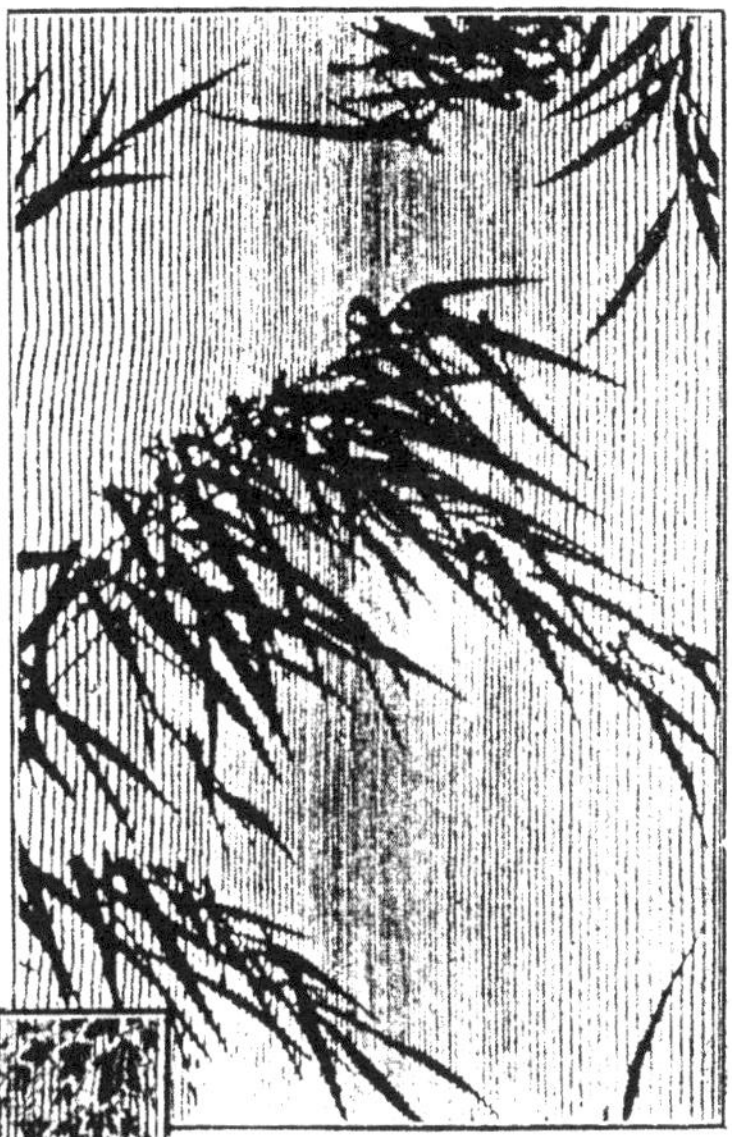

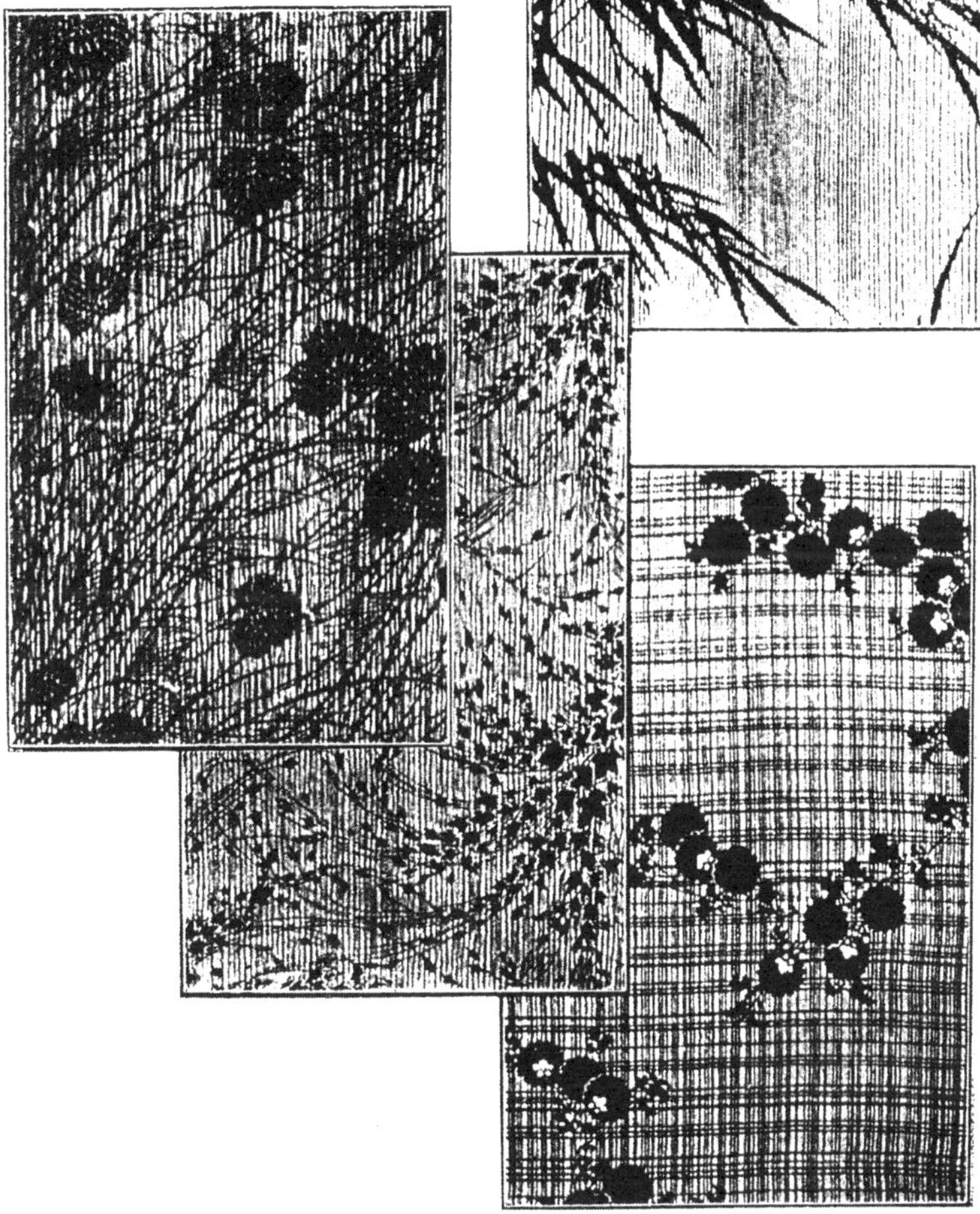

仙臺第二高等學校々旗

鹽瀬地紫色、徽章金糸縫

白木屋呉服店調製

ロ)

(イ

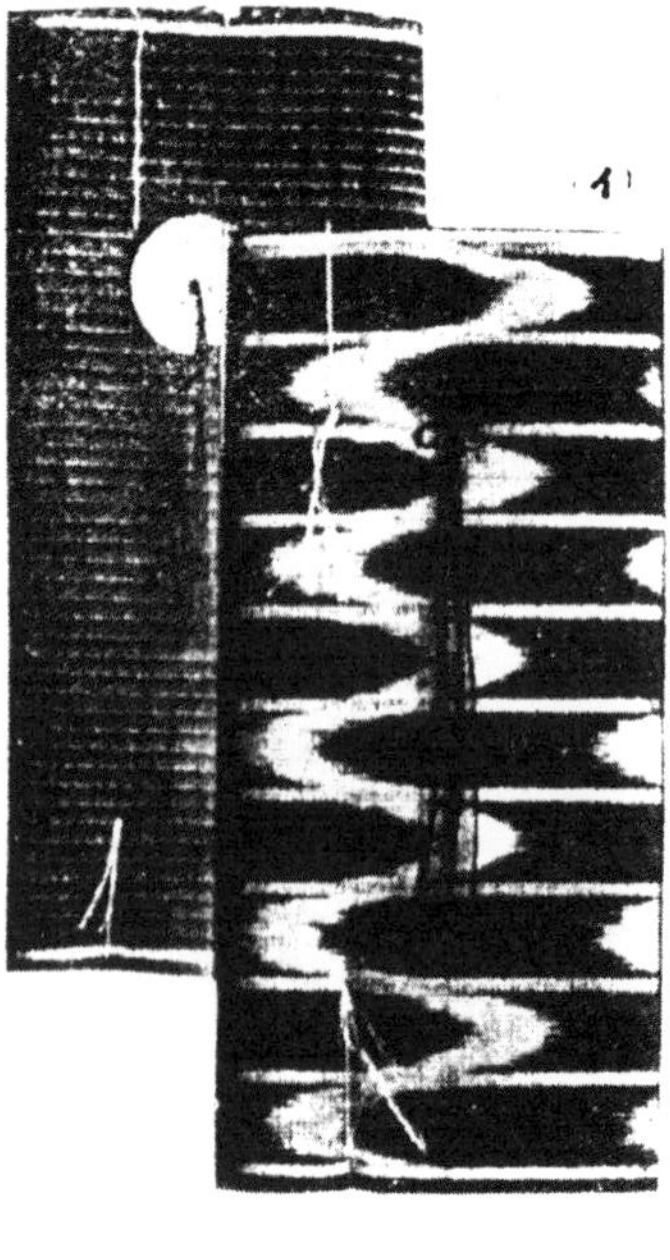

(イ)

紅梅織

葡萄地に白がすりにて千代田の大奥に全盛を極めたる高尚の柄

價四圓五拾錢

(ロ)

楊柳御召

鐵色地へ白の子持縞、織地に友色の段織ありて得も言はれぬ趣あり

價三圓貳拾錢

隣座敷

くれがし

（一）

『阿母さま、お隣で彼樣事いつてますよ。』

『叱、々。』

母親は目で制して耳を澄した。隣座敷の無遠慮な大聲。

『オイ亭主、何うかして呉れんかな。昨夜も言つたとぢやが、この一室丈ケでは、何分にも手挾で困る。それは此通りの混雑ぢやから、決して吾儕を申すのぢやない、實際斯ういふ中にも東京から、勅任、奏任、貴族院議員、先づその邊の者共が尋ねて來やうも知れんし、それから省の大臣も遊びに行くと言つて居られたし、それから屬官の有象無象は勿論續々見舞にやつて參る筈ぢや。處で、此一室では挾くもある、第一躰裁が惡うてならん、それも此家の一等室といふなら、未だ我慢のしやうもあるぢやが、隣が一番の座敷で、此方が二番と知つては、何分にも快うないのぢや、何んとかお前の働きで、是非明けさせて呉れ。若しならんとならば已むを得ん、他の旅館に移るまでの事ぢや。』

『そりやもう、貴方樣方の入らつしやいまして下さいますのは、手前方の此上もない名譽と存じて居ります位で、へエ、何んとか一つ、お隣へお願ひ申して見るやうなことに。』

『お願ひ?! お願ひとあれば、聞屆ける聞屆けんは先方の權限内に在ることぢやからね、其樣手弛いことで埒が明くものぢやないわ。管はんから、私の肩書を貸してやる、それを笠に着なさい、笠に。』

『へエ。』

（二）

『お父さま、亭主が隣へ入り込んだ樣子です。』

『靜かにせんか。』

父子もろとも襖へ犇と身を寄せた。隣座敷の密々聲、

『御亭主さん、未だお隣の方はお立ちにならないの? 眞の一晩泊る丈けだといふから、折角控座敷に借切つて居たのを不勝して貸して上げたんぢやないか。今更据り込まれると私、大變困りますからね。』

『へエ恐れ入りましてございまする。』

『それから今聞きやア、元々店子の分際の癖に、何んですと、此大家の屋敷まで横領しやうといつてるんですね、御大層もない。』

『…………』

『それから大臣が來て、勅任が來て、奏任が來て、屬官の右象無象が何んとやら、ホヽホヽ眞個に豪いお客樣々ですとね。お前さんも、マア精出して、その肩書とやらを笠にお着が可うございます。』

『何ういたしまして、決して。』と亭主額の汗を拭く。

『ね、御亭主さん、そりやア私は素町人さ。けれどね、東京は日本橋の目拔きな場所で、少しは人に知られた老店の主婦です。先方が肩書の笠をお前さんに上げると仰有るなら、私は又この沓を上げますからね、之を穿いてお隣へ行つて、何んとか巧く。好いかね、賴みましたよ。』と紙包をつき付けると、それに同化されて、亭主の顏も夷樣になるのであつた。

『へエ、これは、何うも、それでは却つて、へエ〳〵、左樣でございますか、では折角の思召でございまするから。』

『屹度賴みましたよ。』

『へエ。もう畏まつて居ります。』

（三）

『阿父さま、僕等は避暑の海水浴に來たんでせう。然るに斯う室内にばかし居ちやァ、根つから詰らんぢやありませんか、御覽なさい海の景色のャァ、泳いでる〳〵、愉快だらうな。僕脾肉の歎に堪えんですな。』と悴の慨歎。

『ウム、道理ぢやが、最う少と我慢せい。今に隣のを退去させて間の襖を押開きの、廣々として、安心して、それから何程でも出掛けるとにする。今の處では、先づ談判進行中の躰ぢやからの、此處一寸でも動くと損ぢや。亭主の奴、何分にも瓢箪鯰で、何時敵へ味方せまいとも限らんから、此に頑張つて、何んでも見張りせんければならんのぢや。』

『ぢや、その哨兵の役は僕が引受けませう。から、阿父さま、マァ行つて潮でも浴びて入らつしつたら何うです?』

『マァ、お前浴びて來るさ。』

『阿母さま、昨日からの騷ぎで、昨夕の月も見ずに了ふし、今日だつて、未だ一度も海岸へ出ないぢやありませんか。何んの爲めに此へ來たんだか、私解らなくなつて了ひましたわ。』

『そりやァ言はないでも、納凉の遊山に來て居るのさ。だから此宿中で一番好い座敷を取つて、一番好く扱はれて、何一つ人に退けを取らないやうにして、肩身も廣く、悠然と安堵て居たんだのに、思ひも寄らぬホラ肩書が飛込んで來たんだらう、彼奴を何うかして了はない中は、氣が詰つて、もう遊山どころの話ぢやないのだからね、お前もその心算で、一日や二日の辛棒をしなくつちや可けません。それに敵手は男でもあるし、大きな笠を振り廻すのだから、鳥渡でも油斷して御覽、直ぐに亭主が露探になつて、新參ものに此城を乗取られる※

※やうな大事件が持上がるわね。だから、私は何處迄も此に座り込んで居ますお前、若しか一人で可いなら、行つて一浴び浴びてお出でな。』

（四）

油斷の足を潮に奪られて東坡笠が一個ふうわりと波間に浮いた。アレ／＼と見る程に、又た崩れかゝつた波頭に乗つて、笠を括つたリボンの色が、白泡の中に紅々と。

『ソレ人流れだ！』と人々の叫ぶ間に、猛者あり、年の頃二十二三、色淺黒く、眉秀でたるが、磯邊の浪を蹴り進んで、やがて見事に拔手を切ると、恰も逆に流れ寄つた東坡笠、得たりと小脇に引抱へて濱邊へと引返へし、淺瀨を踏んで水から躰が離れると、矗と立つた運動襯衣の淺緑に、女の水浴着の白リンネルが斜めに懸つて、思案の外の「外」といふ字の扁を離した姿であつた。

『イヨ御苦勞さま！』

『才子、佳人の急を救ひ得たりかね。』

『浪が取持つ緣かいな。』

彌次馬の騷いで居る中に、東坡笠は運動襯衣に一禮して、そこ／＼に支度小屋に逃げ込んだが、やがて出て來たのを改めて見ると、年は十六か七の色白の可愛らしい、目元口元の愛嬌づいた、如何さま非情の浪が、攫つて行つたのも無理のない、それは／＼濱邊切つての美人であつた。嬌羞さに顏を赧めて、

『あ、有り難うございます、お蔭さまで…………』

『イヽエ、何んでもないとです。』

男も既に着換へて居た。

『何れ阿母さまからお禮を……あの、何方樣の何んと……』

『そんな昔し風な事は、もう決して……おかし、大分お疲れのやうですから、序にお宿迄送つて上げませう。』

『イエ。もう…………』

『マア左う仰有らずに。』

所謂才子と佳人相伴うて歸途に就いたが、やがて、

『貴孃のお宿は此處？』

『ハイ。』

『アヽ左うですか。』

娘が入口の閾を跨ぐと、男も跨いだ。

『お歸り遊ばせ。』と亭主は變に笑つて迎へる。娘はいよ〳〵極り惡く。

『もう此て、貴方は何方に居らつしやいますか、それを伺うぞ。』

『……………』

娘が廊下に上ると、男も上つた、突當つて、左へ曲つて、階子段を上りかける男も突當つて、左へ曲つて、階子段を上りかける。

『もう此て、貴方の御宿をどうぞ。』

『………』

娘が二階に上つて、右へ廻つて、表の廊下に出ると、男も二階に上つて、右へ廻つて、表の廊下に出た。

『もう此て、貴方のお宿をどうぞ。』

「…………」

娘が自分の室に入りかけると、唐突けに後ろから、

『左様なら。』

振返へると、男は隣座敷へ突と消えた。驚いて、ハッとして、左様ならとも言はず逃込むやうに娘も入つた。

(五)

『お前、誰れかと一緒に歸つて來たの？』と母に訊かれて、

『私、あのね。』と娘はいひかけたが、母は早呑込みの獨合點。

『アヽ女中が送つて來たのだね。又たその位の取扱ひはしても好い筈にしてあるんだから決してお前も遠慮しないが可いよ。……何故その位なら早く隣のを追拂つて呉れないのだらう。』

『阿母さん、實は、ね、そのお隣の方に……。』

『何が、お隣の方だえ。敵ぢやないかね。斯ういつて居る中にも、始終私達の寐首を狙つてる奴ぢやないかね。』

『でもね。』

『でもねも何にもありやアしないよ。』

『私、阿母さまにお願ひがあるの、後世ですから一寸、お隣へやつて下さいな。』

『エツ、隣へ⁉ お前、氣でも狂つたの？。』


『ウ、ウ、ウム。これは何時の間にトロ〳〵となつたか、吾れながら不覺の至りぢやつたエ、暑い。イヤ額から、これ此通り、膏汗が流れ居るわい。』

手を伸ばして大欠伸を嚙交ぜたが、氣が付いて、

『俊丸、お前何の眞似ぢや。』

喫驚して飛退くと、間の襖に二三分の隙が出來て居た。

『卑怯ぢや、覗き見丈けは止してやれ。成程敵の動靜を探る爲めなら、何んな事でも可いやうなもんぢやがの、覗き見迄には及ばん事ぢや。殊にその襖一枚、薄しといへども敵味方の國境ぢや、金城鐵壁の要害とせねばならんのに、此方から開くなぞは、手ぬかり千萬ぢや、愼しみ居れ。』

自から起つてピツシヤリと締める。

『お隣の令嬢が此方へ來ると言つてゞす。』

『それ見い、油斷を見せるから、附込まれるわ。總て女人は、眉斧といつての、あの細い眉が斧程に切れるとしてあるぞ。』

『折角の事ですからお通し申しませうか。』

『飛んでもない事、猾狽者め。』

『實は阿父さま。』

『實はも何にもあつたものかえ。』

（六）

『お光や、お隣が眠つた樣子だから、お前、琴をお彈きよ、管ふ事はないから、コロリンシヤリンで夢を覺させて、散々腹懲らしてお遣りよ。』

『でも既う十二時近いのでせう。』

『だから騷いでやらうといふのさ。御覽よ、月の好いこと。』

娘の藝を自分が聽くより、他人に聽かせたいばかりの携帶品、二階の欄干近うに押据ゑて
『サア、お彈き、何でも賑やかな手物に限るよ。』

六段、八段、十二段、彈く手が冴えて、月もいよ〳〵澄みわたる。隣の室では風琴の音、箏と仲よく伴れ立つて、一揚一抑少しも離れず、淺瀨の波の面白さをば、藻の文吏に彩るとも景容しやうか。

『ハヽハヽヽ、面白い〳〵、』企謀の裏をかゝれて、隣も寢るに寢られんぢやらう。何處までもやれ、月の落ちるまで、夜の明ける迄。』と蚊張の中で父の空威張。

（七）

『昨晩は眞箇に面白うございましたわ。貴方、風琴がお達者ね。』

『僕も彼様愉快を感じたとはないですよ。貴孃こそ實に箏の名人だ。』

『あんな事、可ございます。澤山仰有い。』

『事實を事實といふのだから、仕方がないです。澤山腹をお立てなさい。』

『何時私が腹を立てゝ？』

『何時僕が冷評しました？』

『私、貴方の風琴となら、一日でも一晩でも彈き通しますわ。』

『僕もです。今夜から毎晩やらうぢやありませんか。お互に隣座敷の安眠を妨害するといふ名義の下に。』

『ホヽホヽヽ、左うしませうか知ら……けれど私、貴方に申譯がありませんわ、未だ生命を救つて下すつたそのお禮も申さないで。』

『申して下さらん方が可いですよ。もし貴孃がその事を言出すと、貴孃の阿母さまだつて少しは折れなくちやアならんでせう。左うすると親父も折れます、そこで兩座敷の平和克復となつて戒嚴令が解かれる、するとわれ〳〵も斯うして一人歩きの外出が出來なくなるといふものですからな。』

『それも左うですのね。』

『サア、今日は僕が手を引いて上げますから、怖いとも何にもありません。一緒に水浴を致しませう。』

宿の親達の敵愾心は、熱度方さに百度以上に昇騰して、ポッポと憤怒の湯氣を立てゝ居る間に、子供等は海水浴着涼しく、浪打際の砂の上に、睦まじい四個の足跡を印けつゝ進んだ。


『へゝゝ、御退屈さまで、毎日お暑いとでございます。』

『控座敷を明けてお呉れでないから……。』

『奥様、マア一寸これで濱の方を御覽遊ばせ。』

『何んだね、泡を喰つて。』

『何んでも宜しうございますから、お早う。』

差出した双眼鏡を把つて、やをら欄干に立寄つた母親は、

『アラッ。』と眼鏡を取落した。

『貴方樣も一寸。』と亭主は更に隣の父親を促したので、是れも餘儀なく眼鏡で一目。

『ヤッ。』

『お解りでございますか。』と亭主。

『ウム。』と父親は唸る。

『奥様、如何なものでございませう。』

『呆れますね。』と母親も吐息。

白リンネルと淺碧の襯衣とは、今や彼間に浮きつ沈みつ、唯だ是れ一双の鵞とも見られたので、欄干の敵と味方は、眼を瞬つて、睨み合つて、さて始めて目禮に及んだ。（終）

白木屋呉服店御注文の栞り

△白木屋呉服店は　寛文二年江戸日本橋通一丁目ゑ開店以來連綿たる老舖にして呉服太物一切を營業とし傍ら洋服部を設け歐米各國にまで手廣く御得意樣の御愛顧を蒙り居り候

△白木屋呉服店は　呉服太物各產地に仕入店又は出張所を設け精良の品新意匠の柄等澤山仕入有之又價格の低廉なるは他に比類なき事と常に御賞讃を蒙る所に御座候故に益々勉强販賣仕居候且洋服部は海外各織物產地へ注文し新柄織立させ輸入致候間嶄新なる物品不斷仕入有之是等は本店の特色に御座候

△白木屋呉服店は　數百年間正札附にて營業致居候間遠隔地方より御書面にて御注文被下候とも値段に高下は無之候

△白木屋呉服店は　店內に意匠部を設け圖案家畫工等執務致居候に付御模樣物等は御好に從ひ嶄新の圖案調進の御需めに應じ可申候

△白木屋呉服店は　御紋付用御着尺物御羽織地御裾模樣物等急場の御用に差支無之樣石持にて染上置候に付何時にても御紋章書入れ迅速御間に合せ調進可仕候

△白木屋呉服店へ　染物仕立物等御注文の節は御注文書に見積代金の凡半金を添へ御申越可被下候

△白木屋呉服店は　前金御送り被下候御注文品の外は御注文品を代金引換小包郵便にて御

送附可仕候

但し郵便規則外の重量品は通常運送便にて御届け可申候

△白木屋呉服店は當分の内絹物の運賃は負擔仕候 但 清國韓國臺灣は半額申受候

△白木屋呉服店へ爲換にて御送金の節は日本橋區萬町第百銀行又は東京中央郵便局へ御振込み可被下候

△白木屋呉服店へ電信爲換にて御送金の節は同時に電信にて御通知被下候樣奉願上候

△白木屋呉服店へ御通信の節は御宿所御姓名等可成明瞭に御認め被下度 奉願上候

白木屋呉服店販賣
呉服物代價表

●白地御單羽織并薄羽織類

白絽	八圓より	十五圓位
白壁絽	八圓より	十五圓位
白絽縮緬	十圓より	十五圓位
白明石	六圓五十錢ゟ	八圓五十錢位
白透綾	四圓より	六圓位
白壁上布	五圓より	七圓位
白官紗	五圓より	七圓位
白綾紗	六圓より	七圓位
白壁紗	六圓より	八圓位
白斜子	七圓より	拾壹圓位
白羽二重	八圓より	拾五圓位

●白地御着尺類

白絽縮緬（四丈物）	十二圓より	廿圓位
白縮緬小巾（四丈物）	十圓より	廿圓位
白絽絹縮	十三圓より	十八圓位
白絹縮	十圓より	十五圓位
白絽	九圓より	十五圓位
白明石	八圓より	拾圓位
白絽明石	九圓より	十圓位
白壁絽	十三圓より	十五圓位
白紋絽縮緬	十六圓より	廿圓位
白壁上布	六圓より	八圓位
白越後縮	七圓より	十一圓位
近江晒	一圓五十錢ゟ	二圓五十錢位
白透綾		六圓位
白紋羽二重	八圓より	十三圓位
白壁羽二重	十圓より	十三圓位
白羽二重	八圓より	十五圓位
白鹽瀬羽二重	十五圓より	廿圓迄
白絽（四丈物）	十圓より	廿圓位
白紋絽（四丈物）	十三圓より	十五圓迄
白霞絽（四丈物）	十四圓より	十八圓位
白壁絽（四丈物）	十六圓より	廿圓位
白絽絹縮（四丈物）	十六圓より	廿一圓位
奈良晒	三圓より	六圓位
白近江晒		二圓位
白斜子	七圓より	十五圓位
白米澤糸織	八圓より	十圓位
白奉書紬	四圓五十錢ゟ	五圓五十錢位
白銘仙	四圓より	六圓位
白四ッ入青梅	三圓五十錢ゟ	四圓五十錢位
白米澤透織	五圓五十錢ゟ	七圓位

●御單羽織地類

薄御召	九圓より	十二圓位
好貫織	八圓より	十一圓位
縞市樂	十圓より	十三圓位
壁市樂	十圓より	十三圓位
桑都織	十圓より	十四圓位
東華織	十一圓より	十四圓位
清綾織	十一圓より	十四圓五十錢位
平御召	十圓より	十四圓位
壁糸織	十圓より	十二圓五十錢位
京羽諸糸	八圓より	十圓位
本糸織	八圓より	十二圓五十錢位
米澤糸織	七圓より	八圓五十錢位
縞銘仙	四圓五十錢ゟ	六圓位
節糸織	五圓より	六圓五十錢位

●御薄羽織地類

縞絽	七圓より	十二圓五十錢位
市樂上布	四圓より	六圓五十錢位
燃上布	四圓五十錢ゟ	六圓五十錢位
壁上布	三圓五十錢ゟ	六圓位

絹上布	四圓五七錢ゟ六圓五十錢位
透綾上布	三圓ゟ四圓位
縞絽縮緬	十圓ゟ十二圓位
縞明石	六圓ゟ十圓位
縞染絽	八圓ゟ十圓位

●御單衣地幷に帷子類男女共

縞御召	十一圓ゟ十四圓五十錢位
紋御召	十三圓ゟ十八圓位
楊柳縞御召	十二圓ゟ十四圓位
楊柳縮紋御召	十五圓ゟ十八圓位
靜波御召	十一圓ゟ十三圓五十錢位
縞養老御召	十二圓ゟ十三圓五十錢位
花佐織御召	十二三圓位
清綾御召	十二圓ゟ十三圓五十錢位
玉だれ御召	十四五圓位
絣御召	十二圓五十錢ゟ十四五圓位
壁御召	十一圓ゟ十三圓位
山科御召	十一圓ゟ十四圓位
扶桑御召	十二圓ゟ十五圓位
壁市樂	十二圓ゟ十五圓位
壁糸織	十一圓ゟ十四圓位
京華織	十一圓ゟ十三圓位
清綾織	十二圓ゟ十六圓位
東華織	十二圓ゟ十五圓位
富國セル	十一圓ゟ十二圓位
絹セル織	十一圓ゟ十二圓位
新好喜	八九圓位
好貫織	八圓五十錢ゟ十一圓位
紅梅絲織	七圓ゟ八圓五十錢位
縞結城紬	九圓ゟ十二圓位
絣結城紬	十一圓ゟ廿五圓位
壁銘仙	六圓ゟ八圓位
縞銘仙	五圓ゟ八圓位
紅梅織銘仙	六圓ゟ七圓位
絣銘仙	四圓五十錢ゟ九圓位
節糸織	五圓ゟ八圓五十錢位
秩父縞	三圓五十錢ゟ五圓位
本上布紺絣	十四圓ゟ五十圓位
同白絣	九圓ゟ十二圓位
越後上布紺絣	十一圓ゟ廿五圓位
同白絣	十圓ゟ廿圓位
縞絽縮緬	十一圓ゟ十三圓五十錢位
縞絽	八圓ゟ十二圓位
縞染絽	十圓ゟ十三圓位
小紋染絽	十圓ゟ十三圓位
縞幷絣明石	八圓ゟ十三圓位
縞幷絣絽明石	九圓ゟ十三圓位
縞染羽二重	十圓ゟ十三圓位
紋上布	八圓ゟ十五圓位
絹上布	五圓五十錢ゟ十圓位
市樂上布	五圓ゟ七圓五十錢
透綾上布	五圓ゟ七圓位
壁上布	六圓ゟ十圓位
燃上布	六圓五十錢ゟ十二圓位
大和上布	六七圓位
靜波上布	五六圓位
花波上布	七圓ゟ八圓五十錢位
志々良上布	七圓ゟ八圓位
吉野上布	五圓五十錢ゟ七圓位
絣越路上布	十二圓ゟ廿五圓位
縞越路上布	十圓ゟ十三圓位
常盤上布	七圓ゟ八圓五十錢位
紺縞越後縮	七圓ゟ十圓位
紺絣越後	八圓ゟ十二圓位
白縮越後縮	七圓ゟ九圓位
白絣越後	七圓ゟ十二圓位
紺縞越後	七圓ゟ十圓位
白縞越後	七圓ゟ十圓位
阿部谷（紺絣又ハ縞）	二圓五十錢ゟ五圓五十錢位
生越後	四圓五十錢ゟ六圓五十錢位
錆縞越後	五圓五十錢ゟ七圓位
近江（紺縞又ハ絣）	一圓廿錢ゟ三圓位
近江（白縞又ハ白絣）	一圓廿錢ゟ三圓位
縞染青梅	四圓ゟ五圓位

●御袴地類

仙臺平	十圓より十七圓位
博多平	十二圓より十七圓位
八千代平	十三圓より十八圓位
茶竿平	十五圓より廿圓位
極暑平	八圓五十錢方十圓位
紗織平	十二三圓位
絽織平	十二圓より十四圓位
村上平	十圓より十七圓位
五泉平	八圓より十圓位
武藏平	五圓より七圓位
節糸平	四圓より七圓位
嘉平次平	二圓七十錢方三圓五十錢位

●男御帯地類

博多織	四圓五十錢方九圓位
紋博多織	七圓より十圓位
繻珍織	八圓より十三圓位
綴錦織	十七圓より廿五圓位
明珍織	七圓八十錢方九圓位
和蘭陀織	七圓五十錢方八圓五十錢位
絽博多	六圓五十錢方八圓五十錢位
節糸織	三圓より四圓位
博多袋帯	七圓より十圓位
綴錦單帯	十圓より十五圓位
紋博多單帯	三圓より五圓五十錢位
博多單帯	二圓八十錢方四圓五十錢位
清涼織單帯	七八圓位

●御婦人御丸帯地類

絽繻珍	十三圓より三十圓位
絽錦織	二十三圓方三十圓位
綵羅織	十五圓より三十圓位
透紗織	十七圓より廿圓位

●御婦人單帯地類

繻珍織	十圓より二百五十圓位
厚板織	十五圓より五十圓位
綴錦織	八十圓より二百五十圓位
錦上織	七十圓より二百五十圓位
幽谷織	二十五圓方百圓位
紬錦織	二十五圓方八十圓位
厚板地縫摸樣	三十圓より五十圓位
絽博多	十三圓より十八圓位
絽博多織	十七圓より三十圓位
博多袋織	十八圓より三十圓位
博多織	十二圓より二十圓位
友禪染絽	十三圓より二十五圓位
色繻子	七圓より十八圓位
黒繻子	五圓より十七圓位
黒本唐繻子	十三圓より十五圓位
唐緞子	十圓前後
唐織	三十圓より百圓位

●御婦人片側帯地類

綴錦織	三十圓より五十圓位
繻珍兩面織	十五圓より廿五圓位
紋博多	十圓より十五圓位
明紗織	十一圓より十五圓位
繻珍織	五圓五十錢方十二圓位
厚板織	六圓より十一圓位
綴綿織	二十五圓方四十圓位
絽博多	五圓五十錢方八圓位
錦上織	二十圓より三十圓位
風通畝織	六圓五十錢方十圓位
幸博織	十五圓より廿二圓位
絽博多	五圓五十錢方八圓位
綵羅織	六圓五十錢方八圓位
紬錦	八圓より十二圓位

博多織	四圓五十錢ゟ八圓位
紋博多	六圓より十圓位
友禪紋絽	四圓五十錢ゟ七圓五十錢位
友禪染絽	五圓より七圓五十錢位
友禪染絽絹縮	五圓より七圓五十錢
友禪縮緬	四圓五十錢ゟ六圓五十錢迄
友禪染絹縮	四圓二十錢ゟ六圓二十錢位
友禪紋羽二重	四圓五十錢ゟ七圓五十錢位
友禪染紋羽二重	四圓五十錢ゟ八圓五十錢位
友禪染羽二重	四圓五十錢ゟ八圓五十錢位
風通織	二圓五十錢ゟ四圓位
絽繻珍	六圓より八圓五十錢位
黒本唐繻子	六圓より七圓位
黒繻子	一圓五十錢ゟ六圓位
色繻子	二圓五十錢ゟ六圓位
都織	四圓五十錢ゟ七圓位
山吹織	三圓より三圓五十錢位
吾妻繻珍	二圓より四圓位

●御后室御丸帯

繻珍織巾一尺五寸	十二三圓位
繻子類巾仝上	八九圓位

●染合品之類（但物裾模様紋付ノ部）

絽詰袖摸様	十四圓より廿五圓位
同静付	十八圓より廿五圓位
絽透し摸様	十八圓より廿七圓位
絽振袖摸様	廿四圓より三十五圓位
明石透シ摸様	十七圓より廿五圓位
絽一ツ身	七圓より十五圓位
絽縮緬一ツ身	八圓より十六圓位

●詰袖裾模様八掛付

濱縮緬地	十八圓より三十四圓位
紋羽二重	十八圓より三十圓位
羽二重	十七圓より三十圓位
斜子地	十六圓より二十圓位

●振袖袖下模様八掛付

濱縮緬地	三十五圓ゟ五十五圓位
紋羽二重	三十五圓ゟ四十三圓位
羽二重地	三十圓より五十圓位
斜子地	十八圓より四十圓位

●振袖總摸様 留袖總摸様

濱縮緬地	三十四圓ゟ四十圓位
綸子地	二十八圓ゟ三十五圓位

●男子向一ツ身腰熨斗目模様羽織付但し共紐付

斜子地	二十圓より三十圓位
八ツ橋地	十七圓より廿二圓位
羽二重地	二十五圓ゟ三十五圓位
奉書地	十二圓より十七圓位

●男子向一ツ身腰熨斗目模様付但し共紐付

羽二重地	十四圓より二十圓位
斜子地	十一圓より二十圓位
八ツ橋織地	十圓より十三圓位
奉書	六圓より十圓位

●女子向一ツ身袖下模様八掛付但し共紐付

濱縮緬地	十五圓より廿四圓位
紋羽二重地	十二圓より廿五圓位
斜子地	十二圓より廿五圓位
奉書地	八圓より十三圓位

●紺下本檳榔子染石持八掛付

- 濵縮緬地　十五圓より廿三圓位
- 羽二重地　十五圓より二十圓位
- 黒羽二重地　十五圓より十八圓位
- 斜子地　十四圓より十九圓位
- 奉書地　八圓五十錢より十一圓位

●紺下本檳榔子染石持羽織又は着尺

- 濵縮緬地　十二圓より十八圓位
- 紋羽二重地　十圓より十三圓位
- 羽二重地　十圓より十八圓位
- 斜子地　八圓より十六圓迄
- 奉書地　六圓より七圓五十錢位

●九重染石持羽織又は着尺

- 縮緬地　十五圓より廿三圓位
- 羽二重地　十三圓より廿三圓位
- 斜子地　十圓より二十圓位

●最新發明本黒堅牢九重染單羽織の類

- 斜子　十二圓より十五圓位
- 羽二重　十二圓より十八圓位
- 絽　十圓より十八圓位

●紺下本檳榔子石持單又は薄羽織の類

- 羽二重　十圓より十八圓位
- 絽　八圓より十五圓位
- 斜子　八圓より十二圓位
- 奉書　八圓五十錢より十一圓位
- 官紗　六圓より七圓位

●小紋染石持

- 濵縮緬　八掛付　十四圓より廿三圓位
- 縮緬地羽織又は着尺　十圓より十六圓位
- 羽二重地羽織又は着尺　十二圓より十七圓位

●男女向繪羽并長襦袢類

- 絽縮緬　十五圓より三十圓位
- 縮緬　十五圓より三十圓位
- 絽絹縮　二十圓より三十五圓位
- 絽　十五圓より廿五圓位

●同　浴衣地

- 絽　十五圓より廿五圓位
- 絽紺紋　十二圓より十八圓位
- 明石縮　十七圓より廿五圓位
- 濵縮緬　十七圓より廿五圓位

●友禪并に絹類

- 友禪絽　十三圓より十七圓位
- 友禪八つ橋　八圓より十二圓位
- 友禪縮緬　十二圓五十錢より十七圓位
- 友禪紋羽二重　十二圓より十五圓位
- 友禪絽縮緬　十四圓より十七圓位
- 友禪青梅　五圓より六圓位
- 友禪絹縮　十二圓より十七圓位
- 絞り紋羽二重　十二圓より十五圓位

●夏坐布團地類

色絞り絽	十二圓より十五圓位
絞り絹縮	十一圓より十五圓位
更紗縮緬	八圓五十錢方十二圓位
色絹縮	八圓より十二圓位

●夏夜具地幷に座布團類

御納戸大形絽	十圓より十五圓位
御納戸大形縮緬	十五圓より十六圓位
御納戸大形絹	四圓より五圓位
御納戸大形麻	三圓より四圓位
大形麻座布團（一枚分）	六十錢より八十錢位
縞錦越後座布團（一枚分）	七八十錢位
近江平座布團（一枚分）	六七十錢位
白獻純座布團（二枚分）	八十錢より一圓十錢位

●御兵兒帶地類

大巾絽兵兒帶	十圓より十五圓位
中巾絽兵兒帶	三圓五十錢方七圓五十位
大巾絹縮兵兒帶	五圓より八圓位
中巾絹縮兵兒帶	三圓より五圓位
大巾縮緬兵兒帶	七圓五十錢方十六圓位
中巾縮緬兵兒帶	四圓五十錢方十圓位
絽紺絞兵兒帶	四圓五十錢內外
羽二重紺絞兵兒帶	五圓內外
獻純兵兒帶	一圓廿錢方一圓五十錢位

●半襟帶上裾除類

友禪縮緬半衿	五十錢より三圓五十錢位
友禪絹縮半衿	五十錢より三圓位
友禪絽半衿	五十錢より二圓位
友禪絽絹縮半衿	五十錢より二圓位
友禪絽縮緬半衿	五十錢より二圓位
縫入絽縮緬半衿	五十錢より二圓位
絽縮緬兒半衿	四十錢より六十錢位
縮緬裏衿	五十錢より一圓位
友禪絹縮帶揚	一圓七十錢方三圓五十錢位
友禪縮緬帶揚	一圓八十錢方四圓位
友禪紋羽二重帶揚	一圓五十錢方三圓位
絞り絽帶揚	一圓十錢方二圓位
友禪縮緬裾除	三圓より五圓位
友禪絽裾除	三圓五十錢方五圓位
友禪絽縮緬裾除	三圓より五圓位
絞り縮緬しごき地	四圓より六圓位
絽裏衿	六十錢より一圓位
練裏衿	三十五錢方四十錢位
傘絞りしごき地	一圓五十錢方二圓位

●夏用木綿物幷に絹綿交織類

大和紺縮	一圓五十錢方二圓位
大和白縮	九十錢より一圓三十錢位
久留米縮	一圓八十錢方三圓五十錢位
久留米絣	一圓五十錢方二圓位
伊豫絣	一圓五十錢方二圓位
橋立白絣	二圓より二圓五十錢位
鳴戶絣	一圓八十錢方三圓五十錢位
薩摩紺絣	三圓より六圓五十錢位
薩摩白絣	二圓より三圓位
千代田縮	二圓內外
玉川縮	七八十錢方一圓十錢位
瓦斯明石縮	二圓より三圓位
阿波縮	七十錢より一圓卅錢位
瀧川縮	一圓五十錢方二圓位
木銚子絣	一圓五十錢方二圓位
好華御召	四五圓位
月須御召	五圓位
浮島上布	二圓廿錢方三圓位
日進御召	六圓五十錢位
春日御召	四圓五十錢位

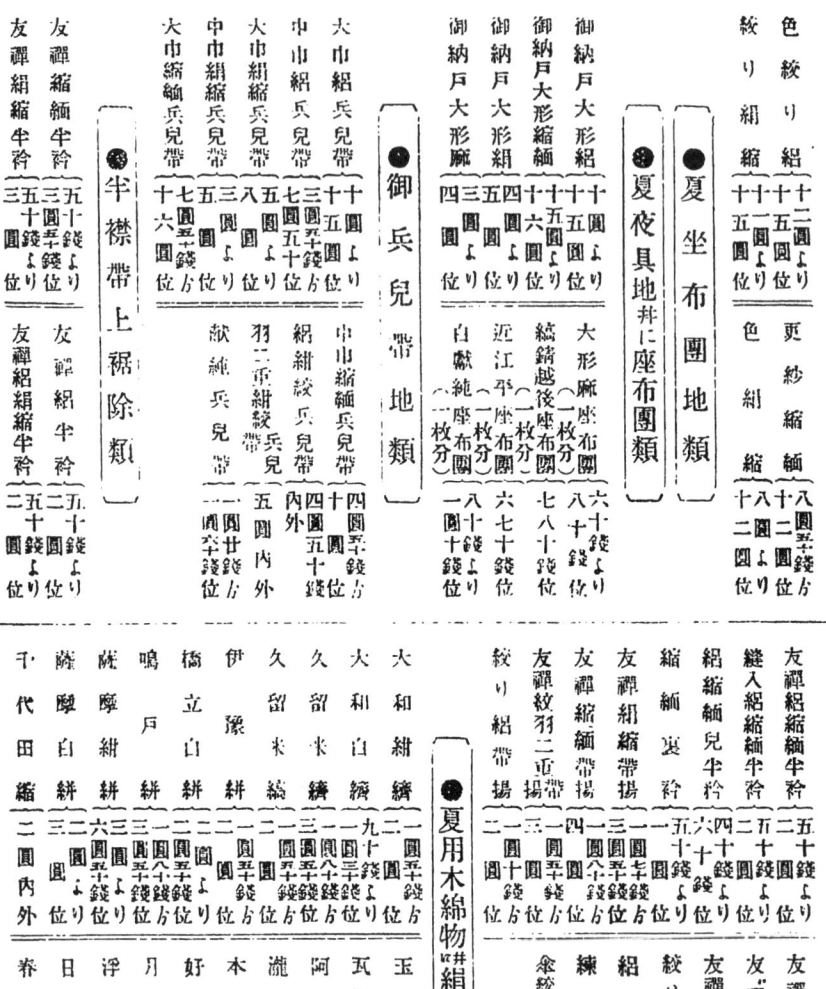

養老御召	五圓五十錢位
意匠御召	一圓三四十錢位
養老御召	五圓五十錢位
風光御召	五圓廿錢位
岩國縞	八十錢位
紅梅織	一圓四十錢方三圓四五十錢位
日の出御召	一圓七八十錢方二圓三十錢位
利久縞	九十錢より一圓廿錢位
縞瓦斯縮	一圓五十錢方二圓位
吉野上布	一圓四十錢位
瓦斯阿波縮	一圓八十錢方二圓廿錢位
すきや絣	一圓八九十錢位
さゞれ上布	一圓五十錢方一圓八十錢位
つゞみ織	一圓六七十錢位
中形紅梅織	一圓五十錢方二圓位
吾妻せろ	一圓五十錢方二圓位
白阪絞	六十錢より七八十錢位
同盟セル	四圓より四圓五十錢位
唐草眞岡	七十錢より一圓位

更紗眞岡	八十錢より一圓位
縞絽	一圓廿錢方二圓位
柳上布	壹圓より一圓五十錢位
千鳥縞	一圓五十錢方一圓七十錢位
駿斗目織浴衣	一圓五十錢方三圓位
小倉男帶	七八十錢方一圓位
白毛斯倫兵兒帶	九十錢位
紛風通男帶	一圓より二圓位
シルケット男帶	一圓廿錢方二圓位
綿風通片側	一圓より一圓四十錢位
晒縞	五六十錢位
中形絽縮	一圓七八十錢方二圓卅錢位
中形明石縮	一圓八九十錢方二圓廿錢位
中形眞岡	一圓より一圓五六十錢位
中形木綿縮	一圓四十錢方二圓位
白四つ紅梅	三圓五十錢方四圓位
先島絣	五圓より八圓位
本場結城	一圓七十錢方三圓位
博多結城	一圓五十錢方二圓八十錢位

愛知結城	一圓より三圓位
結城木綿	八十錢より一圓三十錢位
双子縞	八十錢より一圓位
松阪縞	七八十錢方一圓位
八重山上布	一圓より一圓七八十錢位
郡縮	一圓より二圓五十錢位
糸入木綿縮	一圓六七十錢方二圓位
瓦斯風通白地	一圓五十錢方二圓位
同絣地	一圓五十錢方二圓位
新節糸織	三圓三四十錢位
瓦斯更紗縮帶側	五十錢より一圓位
橋立白絣	二圓より二圓五十錢位
薩摩縞	二圓より三圓位
大和絣	一圓より二圓位
佐々絣	二圓より三圓位
白うずら絣	一圓より一圓五十錢位
常盤縞	一圓廿錢方一圓八十錢
糸入木綿縮	一圓五十錢方三圓位
大和上布	一圓廿錢方一圓五六十錢位

瓦斯上布	一圓廿錢方一圓五十錢位
鼠木綿縮石持	八九十錢方一圓卅錢位
博多絞り	一圓五十錢方二圓五十錢位
有松絞り	六七十錢方一圓五十錢位
有松白絞り	八十錢より一圓位
三浦絞	一圓より二圓位
養老絞	一圓より一圓五十錢位
鳴海絞	八十錢より一圓五十錢位
白瓦斯縮	一圓五六十錢前後
白木綿縮	七十錢より一圓位
白阿波縮	一圓より一圓五十錢位
白銚子縮	一圓より一圓廿錢位
白綿絽縮	一圓より二圓位
白晒織	六十錢より七十錢位
白綿絽	七十錢より一圓廿錢位
木摺眞岡合羽地	一圓前後
色眞岡合羽地	八十錢前後
小倉袴地	七八十錢方一圓位

●毛織物、モスリンの類

縞セル	六圓七十錢方七圓三四十錢位
縞ネル	五圓より五圓五十錢位
絽セル	七圓前後
伊太利ネル	一圓六十錢方二圓位
友禪モスリン（一尺ニ付）	十八錢より三十錢位
色モスリン（大巾一尺）	十六錢位
生白モスリン（大巾一尺）	十七錢位
友禪絹モスリン（仝）	三十錢位
絹毛モスリン（仝）	廿四錢位
カシミヤ袴地（一ヤール）	一圓四十錢位

御衣裝仕立上り見積表

●襠

		上等ノ部	中等ノ部	並等ノ部
繻珍織御振袖紅羽二重總裏付	一	百五十圓	百圓	六十圓
地白綸子振袖總模様	一	五十圓	三十八圓	三十二圓
同　地赤	一	五十五圓	四十圓	三十三圓
同　地黑	一	五十五圓	四十圓	三十五圓
地白綸子留袖總模様	一	四十五圓	三十五圓	三十圓
同　地赤	一	五十圓	三十七圓	三十三圓
同　地黑	一	五十圓	三十七圓	三十三圓
色縮緬振袖總模様	一	六十圓	四十圓	三十二圓
同　留袖	一	五十五圓	三十五圓	三十圓
色縮緬振袖總模様	一	五十五圓	三十六圓	三十二圓
同　留袖	一	五十三圓	三十五圓	三十圓
色縮緬御紋付振袖腰模様	一	五十三圓	三十五圓	三十二圓
同　留袖	一	四十七圓	三十三圓	三十圓
色縮緬御紋付振袖裾模様	一	四十六圓	三十三圓	三十圓
同　留袖	一	四十圓	三十二圓	二十八圓

●間着

		上等ノ部	中等ノ部	並等ノ部
本紅疋田絞り上紋入綸子振袖	一	百圓		
紅縮緬振袖無垢	一	二十五圓	二十一圓	十九圓
同　留袖	一	二十二圓	十九圓	十七圓
紅紋縮緬振袖無垢	一	二十七圓	二十一圓	十九圓
同　留袖	一	二十四圓	十九圓	十七圓
白綸子振袖無垢	二	四十八圓	三十三圓	三十圓
白綸子留袖	二	四十三圓	三十圓	二十八圓
白紋羽二重振袖無垢	二	四十七圓	四十圓	
同　留袖無垢	二	四十三圓	三十七圓	
白羽二重振袖無垢	二	四十五圓	三十二圓	二十四圓
同　比翼	一		二十六圓	二十二圓
白羽二重留袖無垢	二	四十七圓	二十七圓	二十一圓
同　比翼	一	三十五圓	二十二圓	十八圓

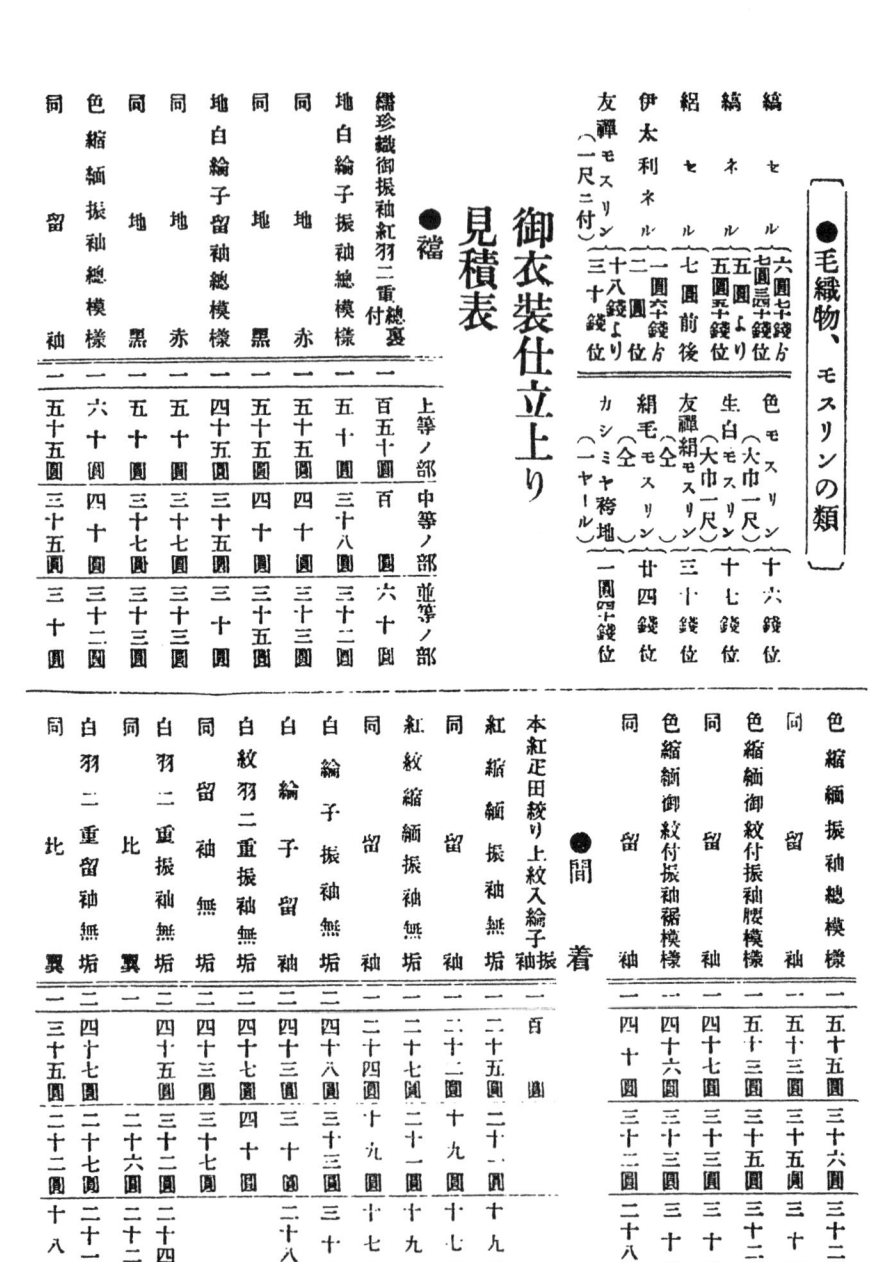

●小袖

色縮緬留袖引返付三枚重裾模様	一組	八十五圓	七十五圓	六十圓
小紋縮緬引返付三枚重	一	六十五圓	六十圓	五十五圓
板〆絹胴拔更紗縮緬下廻無垢着	一枚		三十五圓	三十二圓
風通御召縞入小袖	一	二十七圓	二十四圓	二十二圓
御召縮緬小袖	一	二十圓	十八圓	十六圓
糸織小袖	一	十六圓	十三圓	十二圓
八丈小袖	一		十二圓	九圓

●羽織

黒縮緬御羽織	一枚	三十圓	二十三圓	十七圓
鼠縮緬御羽織	一	二十八圓	二十圓	十五圓
小紋縮緬御羽織	一	二十三圓	十八圓	十五圓
絞御召御羽織	一	二十八圓	二十三圓	二十圓
琉球紬御羽織	一	三十圓	十五圓	十圓

●長襦袢

紅縮緬振袖長襦袢	一枚	二十三圓	十八圓半	
同留袖	一	二十一圓	十七圓	十一圓
紅紋縮緬振袖長襦袢	一	二十三圓	十八圓半	
同留袖	一	二十一圓	十七圓	十一圓
白羽二重振袖長襦袢	一枚	十八圓	十二圓	十圓
同留袖	一	十六圓	十一圓	七圓
白紋縮緬振袖長襦袢	一	二十三圓	十八圓	
同留袖	一	二十一圓	十七圓	
白紋羽二重振袖長襦袢	一	十八圓	十三圓	十一圓
白紋羽二重留袖長襦袢	一	十六圓	十二圓半	十一圓
友禪縮緬長襦袢	一	廿三圓	十八圓	

●帯

襟下帯	一	七十圓	三十五圓	二十五圓
綴織丸帯	一	三百五十圓位	百廿圓方二百圓位	
繻珍丸帯	一	五十圓以上百三十圓位	廿五圓以上五十圓位	十圓以上廿五圓位
吾妻綴丸帯	一	八十五圓	六十圓	
黒繻子丸帯	一	十八圓	十二圓	七圓
博多織丸帯	一	二十五圓	二十圓	十五圓
厚板丸帯	一	六十圓	二十五圓	十五圓
腹合帯	一	二十圓	十五圓	七圓
腰帯	一	四圓	三圓	一圓五十錢

●男物

黒羽二重御紋付男物小袖	一			

白羽二重御下着無垢	二	一組 九十圓	六十八圓	
白羽二重胴着	一			
同　繻袢	一			
黒羽二重御紋付替襦	一			
鼠羽二重御下着無垢	二	一組 九十圓	六十八圓	
鼠羽二重胴着	一			
同　繻袢	一			
黒斜子御紋付小袖	一	二十圓	十七圓	十四圓
黒奉書御紋付小袖	一		十二圓	十圓
風通織御下着	二	四十三圓	三十八圓	
小紋縮緬御下着	二	三十四圓	二十八圓	
糸織 市楽織 小袖	一	二十三圓	十七圓	十四圓
大島紬小袖	一	三十圓	二十五圓	二十圓
八丈小袖	一	十四圓	十三圓	十一圓

●男物羽織

黒鹽瀬羽二重無双羽織	一枚	四十五圓	三十五圓	
黒羽二重袷羽織	一	二十五圓	十九圓	十六圓
黒斜子袷羽織	一	二十五圓	十七圓	十三圓
黒奉書袷羽織	一		十二圓	九圓
諸糸織羽織	一	三十一圓	二十三圓	十七圓
市楽織御羽織	一	二十七圓	二十圓	十七圓
糸織御羽織	一	二十一圓	十五圓	十二圓
風通織書生羽織	一	二十五圓	二十圓	十四圓
大島紬書生羽織	一	三十一圓	二十三圓	十八圓

●袴

八千代平	一具	三十圓	二十五圓	廿二圓
仝　單	一	廿四圓	二十圓	十六圓
仙臺平　袷	一	二十五圓	廿二圓	十六圓
仝　單	一	二十圓	十五圓	十圓
博多平　袷	一	二十八圓	二十三圓	二十圓
仝　單	一	二十圓	十六圓	十三圓
五泉平　單	一	十圓	八圓	七圓
嘉平治平　單	一	四圓五十錢	四圓	三圓五十錢

●帯

博多織	一筋	十圓	七圓	四圓
繻珍織並ニ厚板	一	十五圓	十圓	七圓

●夜具蒲團

緞子 夜具一、搔巻一、蒲團二、一組		百五十圓	百三十圓	百圓

縮緬（夜具一、搔巻一、蒲團二、）一組		百圓	九十圓	八十圓
八丈、郡内、銘仙、同、同上	一組	七十圓方八十圓位	五十五圓方六十五圓位	
木綿類	一	二十二圓	十七圓	十三圓
飾枕	一對	十八圓	十三圓	八圓
座布團	一枚			五十錢方壹圓位

●雜類

綴帛紗	一枚	二十五圓	十八圓	十五圓
鹽瀬壁帛紗	一	二十圓	十二圓	五圓
縮緬蹴出シ	一	五圓	四圓	三圓
眞田帶留	一	二圓	一圓	五十錢
羽織紐	一	二圓	一圓	廿五錢
頭巾	一	五圓	四圓	三圓
練帽子（俗にツノカクシ）	一			三十七錢
綿帽子	一			十五錢

●油簞

	長持用	簞笥用	釣臺用
萠黄惣唐草紋付御定紋付	三圓三十錢	二圓五十錢	二圓廿錢
仝大紋付	二圓七十五錢	二圓十錢	一圓九十錢
萠黄惣唐草無紋	一圓六十錢	一圓六十錢	一圓十錢
挾箱油簞	十三圓	八圓	三圓

●小裁物

縮緬一ッ身（裾摸樣）	一	十八圓	十五圓	十二圓
友禪縮緬一ッ身	一	十五圓	十二圓	十圓
黑紋羽二重斜子（熨斗目）	一	十五圓	十二圓	十圓
淺黄白茶羽二重（下着）	一	十圓	八圓	六圓
御召糸織一ッ身		十三圓	十圓	八圓
ッ身襦袢（袖縮緬）		五圓	四圓	三圓
袍衣		二圓	一圓五十錢	一圓

●中裁物

鼠縮緬裾摸樣（八掛付）	一	二十八圓	二十五圓	二十圓
友禪縮緬小袖（四ッ身）	一	二十五圓	二十二圓	十八圓
糸織、八丈小袖（仝上）	一	十五圓	十三圓	十圓
黑斜子紋付小袖男物（仝上）	一	十五圓	十三圓	十一圓
更紗斜子下着	一	十三圓	十二圓	十圓
斜子羽織	一	十三圓	十一圓	九圓

●帶

糸錦、繻珍、中帶（女子）	一筋	三十圓	十五圓	五圓
博多、紋博多兒帶（男子）	一	七圓五十錢	四圓	一圓五十錢
縮緬紋羽二重シゴキ（女子）	一	六圓	五圓	四圓

●染代（各一反）

一紺下本檳榔子染	八掛付着尺	四圓五十錢		
	着尺袷羽織地	優等二圓五十錢	一等三圓	二等二圓五十錢
	單羽織地	優等三圓	一等二圓五十錢	二等二圓
一アリザリン應用本黒八丹代染	着尺及袷羽織地	三圓五十錢		
	單羽織地	三圓		
	八掛付着尺地	四圓五十錢		
一薄色	着尺及袷羽織地	八十五錢		
	單羽織地	七十五錢		
	八掛付着尺地	一圓廿錢		

●夏御紋付

色縮緬振袖摸様白羽二重重付	一	四十圓	三十五圓	二十八圓
色縮緬振袖摸様白羽二重重付留袖	一	三十七圓	三十二圓	二十五圓
色絽振袖摸様練重付	一	三十八圓	二十四圓	二十二圓
同　留袖	一	二十六圓	二十三圓	二十圓
鼠絽紋付白絽重付	一	三十圓	二十二圓	十七圓
鼠明石御紋付白練白麻紋付	一	十八圓	十六圓	

●夏男物

黒絽御紋付御羽織	一枚	十七圓	十二圓	九圓
水浅黄越後帷子	一	十四圓	十一圓	
鼠麻御紋付帷子	一		六圓	三圓

西洋人向服地幷室内装飾品　二

一美術製作品
刺繍、天鵞絨友禪其他ノ扁額
窓掛、卓被及敷物類等

一婦人洋服地
緞子、紋琥珀、紅梅絹、色甲斐絹、縞甲斐絹、色羽二重等

一西洋人向特別仕立和服（女物）

一雜品
肩掛（縮緬縫入 白紋壁繍入）煙草入、財布、櫛、簪、笄、香油、白粉、絹ハンカチーフ、襟飾、靴下等品々

右は大畧を記載したるものにして御模様其他は御注文之際詳細申べし

●蚊帳直段表

	極宮村		稀宮村	
四	五	四圓	四	六　四圓二十錢
五	六	四圓八十錢	五	六　五圓

六	六	六	七	七	七	八	八	十
七	八	九	八	九	十	九	十	十
五圓九十錢	六圓五十錢	六圓九十錢	七圓	七圓五十錢	七圓九十錢	八圓三十錢	八圓九十錢	十圓二十錢

極沖風

五	六	六	六	七	七	七	八	八	十
六	七	八	九	八	九	十	九	十	十
六圓	七圓九十五錢	八圓六十錢	九圓廿錢	九圓四十錢	十圓廿錢	十圓八十錢	十一圓	十一圓八十錢	十二圓五十錢

六	六	六	七	七	七	八	八	十
七	八	九	八	九	十	九	十	十
六圓廿錢	六圓八十錢	七圓廿錢	七圓三十錢	七圓八十錢	八圓三十錢	八圓六十錢	九圓廿錢	十圓五十錢

稀沖風

五	六	六	六	七	七	七	八	八	十
六	七	八	九	八	九	十	九	十	十
六圓廿錢	八圓二十錢	八圓九十錢	九圓五十錢	七圓九十錢	十圓五十錢	十一圓廿錢	十一圓五十錢	十二圓三十錢	十二圓九十錢

極卯之花

五	六	六	六	七	七	七	八	八	十
六	七	八	九	八	九	十	九	十	十
八圓七十義	十圓五十錢	十一圓五十錢	十二圓三十錢	十二圓五十錢	十三圓三十錢	十四圓三十錢	十四圓八十錢	十五圓七十錢	十七圓八十錢

極曙

五	六	六	六	七	七	七
六	七	八	九	八	九	十
十二圓三十錢	十六圓	十七圓廿錢	十八圓五十錢	十八圓五十錢	十九圓八十錢	二十一圓

稀卯之花

五	六	六	六	七	七	七	八	八	十
六	七	八	九	八	九	十	九	十	十
九圓廿錢	十一圓廿錢	十二圓	十二圓九十錢	十三圓廿錢	十四圓	十五圓	十五圓五十錢	十六圓五十錢	十八圓八十錢

稀曙

五	六	六	六	七	七	七
六	七	八	九	八	九	十
十二圓五十錢	十六圓三十錢	十七圓五十錢	十八圓八十錢	十九圓	二十圓三十錢	廿一圓五十錢

	極曙	稀曙
八九	二十二圓	廿二圓五十錢
八十	廿三圓五十錢	二十四圓
十十	廿六圓五十錢	二十七圓

一番母衣、蚊帳緋モス。金壹圓四十五錢。　紅金巾縁

竹付、金壹圓拾錢。　竹代、金拾六錢。

一縁リ紅麻三ツ割角紐練繰ニテ長鯨上欄宮村及沖風四六、五六、ヨリ五尺五寸、他ハ六尺

一此ノ外紗養老、曙印等ノ特別上等品並ニ寸縁リ紐等の品質は御好により調製可仕候

白木屋洋服店洋服目錄

品名	地質	製式	價格
勅任官御大禮服	表、最上等黒無地絨 裏、白綾絹	銀甕金消モールにて御制規の通、縫、帽子、劍、劍釣、正緒共	金二百七十圓
奏任官御大禮服	表、同上 裏、同上	同	金百八十圓
爵位御大禮服	表、同上 裏、同上	同上外に肩章付	金二百圓
陸軍御正服	表、上等濃紺無地絨 裏、黒毛朱子	御制規の通 將官 佐官 尉官	金八十圓 金五十五圓 金四十圓
同略服	表、同上 裏、同上	同 將官 佐官 尉官	金三十圓 金二十七圓 金二十三圓
同外套	表、同上 裏、同上（但將官ハ紅絨）	同 將官 佐官 尉官	金三十五圓 自金二十三圓 至金二十五圓
海軍御正服	表、濃紺無地絨 裏、黒佛蘭西絹及綾絹	同 將官 佐官 尉官	金八十五圓 金七十五圓 金六十五圓

同軍服	表、同上 裏、黒毛朱子	同	将官 佐官 尉官	金六十圓 金五十圓 金四十五圓
同上通常軍服	表、同上 裏、同上	同	将官 佐官 尉官	自金二十三圓 至金二十八圓
同外套	表、同上 裏、同上	同	将官 佐官 尉官	自金二十三圓 至金三十圓
燕尾服	表、上等黒無地絨 裏、黒佛蘭西絹	三ツ揃琥珀見返付		自金四十五圓 至金六十五圓
タキシード	表、黒朱子絨及無地絨 裏、黒佛蘭西絹	三ツ揃琥珀見返付		自金四十圓 至金四十五圓
フロックコート	表、黒無地絨或は朱子目綾絨 裏、綾絹	同		自金三十五圓 至金六十五圓
モーニングコート	表、黒、紺、斜綾絨或はメルトン、裏付朱子及ビ綾絹 裏、黒毛朱子及綾	上衣、チョキ、黒及紺ヅボン立縞		自金二十八圓 至金四十五圓
片前背廣	表、相鼠、濃鼠、霜降メルトン、スコチ或は綾絨 裏、同色毛朱子或はアルパカ	三ツ揃		自金十八圓 至金三十三圓
兩前背廣	表、黒、紺、綾メルトン或は玉ヘル及霜降太綾絨 裏、縞サージ	三ツ揃		自金二十圓 至金三十五圓
チーバコート	表、鼠、茶、霜降絨、同斜子綾絨 裏、共色綾絹	カクシ釦絹天鵞絨衿付		自金二十八圓 至金三十五圓
同中等	表、同上 裏、共色毛朱子及綾アルパカ	カクシ釦共ゑり		自金十八圓 至金二十五圓
ロングコート	表、ラクダ玉絨、厚地綾メルトン 裏、佛蘭西絹	ゑり及見返し袖先獺毛皮付裏綿入菱形さし縫		自金八十圓 至金百十圓
同中等	表、玉絨、厚地スコッチ 裏、縞サージ	頭巾付兩前		自金三十圓 至金四十五圓

インバチス	表、茶鼠霜降綾絨 裏、共色毛朱子、或は甲斐絹	和洋兼用脇釦掛	自金十八圓 至金三十圓
銃猟服	表、枯葉色スコッチ 裏、共色毛朱子	牛ヅボン脚胖付三ツ揃	自金十八圓 至金三十圓
小裁海軍形	表、紺天鵞絨及紺絨 裏、毛朱子	五才位より八才迄釦縫箔付	自金六圓 至金九圓
和服用外套	表、黒、紺綾絨及霜降 裏、緞子及綾絹	英形(一名ダルマ形 帯ヒダなし)頭巾付	自金三十五圓 至金四十八圓
同中等	表、同上 裏、甲斐絹及毛朱子	同上	自金二十圓 至金三十五圓
同筒袖外套	表、同上 裏、甲斐絹	頭巾付	自金十八圓 至金二十五圓
吾妻コート	表、紺、黒紋織綾絨 裏、緞子及繻珍	被布ゑり及道行ゑり共色糸飾紐付	自金二十圓 至金三十圓
同	表、同上 裏、甲斐絹及綸子	同上	自金十五圓 至金二十圓
同	表、風通紋織、綾絲織 裏、綾綸子、紋羽二重	同上	自金二十三圓 至金三十圓
判、検、辯護士法服	表、黒絹セル、及琥珀 裏、黒甲斐絹スベリ	正帽付制規の縫箔	自金十六圓 至金二十八圓
學校用御袴	表、海老色カシミヤ、セル	單仕立太白糸腰紐	自金三圓五十錢 至金五圓五十錢

夏服

フロックコート	表、黒絹絨薄綾絨メルトン、ヅボン縞絨 裏、佛蘭西絹、綾絹	上衣チョッキ黒(但シ脊抜キ)ヅボン立縞	従金三十五圓 至金四十二圓
仝中等	表、黒薄綾絨仝絹セルメルトン、ヅボン縞セル 裏、アルパカ	仝	従金二十五圓 至金三十圓

モーニングコート	表、黑紺絹絨仝薄綾絨メルトン 裏、佛蘭西絹、綾絹	仝	從 金三十三圓 至 金三十八圓
仝中等	表、黑絹薄綾絨仝絹セル、メルトン 裏、アルパカ	仝	從 金二十五圓 至 金三十圓
脊廣	表、茶鼠霜降薄綾絨縞綾絨、色綾メルトン 裏、共色アルパカ	三ツ揃	從 金二十二圓 至 金二十五圓
仝中等	表、茶鼠霜降セル、仝縞セル 裏、共色アルパカ	仝	從 金十七圓 至 金二十圓
チーバコート	表、茶鼠霜降メルトン仝薄綾絨セル 裏、絹アルパカ	カクシ釦脊拔キ	從 金十四圓 至 金二十圓
仝單	表、茶鼠アルパカ白獻純	カクシ釦	從 金十圓 至 金十三圓
雨具外套	ゴム絨頭巾付		從 金十九圓 至 金二十六圓
白チョッキ	表、紋リンネル	貝釦取ハズシ付	從 金三圓 至 金四圓
單脊廣上衣	表、黑紺鼠絹絨仝アルパカ白獻純	上衣一枚	從 金七圓五十錢 至 金十五圓
インバチス	表、鼠茶霜降綾絨縞セル仝アルパカ スベリ絹かいき	和洋服兼用	從 金十一圓 至 金二十三圓
半チョッキ	表、黑琥珀、白羽二重		從 金二圓五十錢 至 金五圓
和服外套	表、茶鼠霜降及ビ縞薄絨、セルアルパカ、 裏、スベりかいき	無頭巾折エリ立エリ	從 金十二圓 至 金二十圓
仝角袖外套	仝上	無頭巾カクシ釦	從 金十一圓 至 金十七圓
東コート	表、淡色絹絨仝セル及縞アルパカ 裏、スベりかいき		從 金十圓 至 金二十圓

單羽織	表、縞セル霜降セル 裏、スベリかいき		從金七圓五十錢 至金十一圓
和服單衣	表、縞絹セル絽セル共		從金七圓八十錢 至金九圓
仝	表、縞英フラ子ル		從金四圓六十錢 至金六圓五十錢
判、檢、辯護士法服	表、黒紋絽仝紋紗絹セル、アルパカ	正帽付制規の縫箔	從金十四圓 至金二十五圓
學校用御袴	表、海老茶紫其他淡色各種	單仕立太白糸腰紐	從金四圓 至金五圓五十錢
女兒服	表、グレナヂン、キャンブリック、アートマスリン等	二才ゟ五才迄	從金二圓五十錢 至金四圓五十錢
		六才ゟ十才迄	從金四圓 至金八圓

右之外陸海軍各學校御制服等御好ニ應シ入念御調製可仕候

◎白木屋呉服店　大阪支店ハ當分呉服類而已取扱居リ候間洋服御用ノ際ハ東京本店洋服部へ御注文願上候

◎白木屋呉服店　大阪支店へ爲替ニテ御送金ノ際ハ大阪今橋貳丁目鴻池銀行又ハ大阪心齋橋局へ御振込願上候

白木屋洋服店販賣

小間物目錄

●ズボン釣、胴締メ

並物	一本に付	自八十五錢 至一圓廿錢
ゴム引	一本に付	自一圓 至三圓五十錢
絹製	一本に付	自一圓八十錢 至三圓
革製胴メ	一本に付	自一圓五十錢 至貳圓四十錢

●メリヤス類

鼠毛メリヤスシャツ	一枚に付	自一圓三十錢 至貳圓七十錢
仝ズボン下	一足に付	同斷
白毛メリヤスシャツ	一枚に付	自一圓七十錢 至三圓二十錢
仝ズボン下	一足に付	同斷
白綿メリヤスシャツ	一枚に付	自一圓 至一圓三十錢
仝ズボン下	一足に付	同斷
白麻メリヤスシャツ	一枚に付	自一圓七十錢 至二圓
仝ズボン下	一足に付	同斷
縞メリヤスシャツ	一枚に付	自一圓二十五錢 至一圓五十錢
網目メリヤスシャツ	一枚に付	自一圓二十錢 至二圓三十錢
仝ズボン下	一足に付	同斷
クレープシャツ	一枚に付	自二圓 至二圓五十錢
仝ズボン下	一足に付	自二圓五十錢 至二圓九十錢
仝婦人用	一枚に付	自二圓九十錢 至二圓[illegible]十錢
婦人海水浴着	一枚に付	自一圓二十五錢 至一圓六十錢
メリヤスサルマタ	一足に付	自一圓十錢 至一圓二十錢

●手袋類

女物絹製	一組に付	自九十錢 至二圓三十錢
同半手	一組に付	自七十五錢 至一圓五十錢
同綿製	一組に付	自四十三錢 至九十五錢
女物半手	一組に付	自二十八錢 至三十八錢
男物	一組に付	自四十八錢 至一圓五十錢

●ハンカチーフ類

麻製	一ダース	自二圓二十錢 至五圓
キャンブリック製	一ダース	自八十錢 至一圓五十錢
同大判物	一ダース	自三圓三十錢 至四圓八十錢
同婦人物	一ダース	自一圓十錢 至一圓二十五錢
同模様付	一ダース	自一圓三十錢 至一圓五十錢
姓頭文字入	一ダース	二圓九十錢
洋羽二重色物	一ダース	自一圓十錢 至一圓三十錢
同美人寫眞入	一ダース	一圓四十錢
體育模様	一ダース	七十五錢
舞蹈模様	一ダース	七十五錢
絹製	一枚に付	自四十五錢 至八十錢
同大判物	一枚に付	自一圓 至一圓八十五錢
縫模様	一枚に付	自一圓 至一圓五十錢
戰捷紀念	一枚に付	四十五錢

●タヲール（入浴用）

和製	一枚に付	自十四錢 至三十三錢
舶來模様入	一枚に付	八十三錢
舶來物	一枚に付	自三十三錢 至九十錢

●レース類

細物	一ヤード	自十錢 至三十錢
巾廣	一ヤード	自十錢 至一圓十錢
縫テップ	一ヤード	自二錢五厘 至七錢

●毛布類

白毛布	二枚織き	自十三圓五十錢 至十七圓五十錢
鼠毛布	二枚織き	十一圓

●ホワイトシャツ

並物	一枚に付	一圓八十錢
上等物	一枚に付	二圓八十錢

總廠に 一枚ニ付 自六圓 至九圓
綿物に 一枚ニ付 二圓五十錢

●膝掛類

縞格子セル製 自八圓五十錢 至十二圓

●ショール類

綿物に 一枚ニ付 自一圓四十錢 至一圓八十錢
絹製に 一枚ニ付 自二圓三十錢 至三圓五十錢

●櫛、簪、造花類

ゴム製櫛其他 一個ニ付 自八錢 至九十錢
造花簪 一個ニ付 自十二錢 至八十錢
製花帽子飾 一個ニ付 自四十五錢 至二圓

●化粧品類

香水 一個ニ付 自四十七錢 至五圓
香油 一個ニ付 自四十五錢 至二圓三十五錢
ブリランチン(油ニ香水ヲ交ゼシモノ) 一個ニ付 自三十五錢 至一圓十錢
石鹸 一個ニ付 自十一錢 至一圓廿錢
歯磨 一個ニ付 自二十五錢 至五十三錢
コスメチツク 一本ニ付 自二十錢 至八十五錢
パンドリン及リスリン 一個ニ付 自二十錢 至三十二錢
楊枝 一本ニ付 自十三錢 至三十八錢
洗面香水 一個ニ付 自五十八錢 至一圓三十錢
水白粉 一個ニ付 自三十九錢 至四十五錢
練白粉 一個ニ付 十二錢
紙白粉 一個ニ付 三十八錢
粉白粉 一個ニ付 自二十五錢 至八十八錢
洗粉 一個ニ付 三十三錢
ポット 一個ニ付 自三十八錢 至五十錢
櫛 一枚ニ付 自十八錢 至三十五錢

●女兒服、飾帽子

キャンブリック製(二三才より十才迄) 一枚ニ付 自二圓五十錢 至四圓
アートマスリン製(二三才より七才迄) 一枚ニ付 自三圓八十錢 至五圓五十錢
生地モスリン製(二三才より十才迄) 一枚ニ付 自三圓三十錢 至五圓
飾帽子 一個ニ付 自三圓九十錢 至五圓五十錢

●雜品之部

空氣枕 一個ニ付 自二圓三十錢 至三圓廿錢
小兒涎掛 一枚ニ付 自三十五錢 至二圓十錢
國旗モスリン製(巾ハ一布、一布半、二布) 一枚ニ付 自四十八錢 至三圓
木綿縮シャツ上下一組ニ付 自二圓三十錢 至四圓八十錢
半チョッキ 一枚ニ付 自二圓七十錢 至五圓
インバ子ス 一枚ニ付 自十一圓五十錢 至十二圓

●襟飾

舶來結び下げ 一本ニ付 自一圓三十錢 至二圓
同蝶形 一本ニ付 自一圓二十錢 至一圓八十錢
ダビー(フオーアインハンド) 一本ニ付 自一圓五十錢 至三圓五十錢
縮緬ダビー製 一本ニ付 自九十錢 至一圓三十錢
和製結び下げ 一本ニ付 自五十錢 至八十錢
同蝶形 一本ニ付 自三十五錢 至六十錢
同ダビー(フオーアインハンド) 一本ニ付 自六十錢 至九十錢

●釦、飾ピン類

カフス釦(リンク) 一組 自六十錢 至二圓八十錢
同金、及ビ白金製 一組 自十圓 至二十五圓
飾ピン 一本ニ付 自五十錢 至五圓
胸釦 一組 自五十錢 至一圓八十錢
カラ釦 一個ニ付 自十錢 至四十五錢

●靴下類

メリヤス長物 自八十錢 至一圓五十錢
並物 自三十五錢 至七十錢
麻製 自五十錢 至一圓
絹製 自一圓九十錢 至二圓五十錢
小兒物 自三十錢 至九十錢

●リボン類

一吋半巾模樣物 一ヤード 自三十錢 至五十錢
同水波 一ヤード 自三十五錢 至五十五錢
細目各種 一ヤード 自八錢 至二十錢
一吋巾模樣物 一ヤード 自二十錢 至三十五錢
同水波 一ヤード 自二十錢 至三十五錢

明治卅　年　月　日

御注文用箋

白木屋洋服店

御宿所貴名	服名	地質見本番號	見積金額

摘要

御注意

體格特徵欄へは、胸はり、肩はり、肩下り、出腹、ネコ脊等御記入のこと

採寸欄へは、裸體又は「シャツ」の上又は出來上り寸法と御記入のこと

用尺欄へは、御使用の度器（曲尺）（鯨尺）等の別を御記入のこと

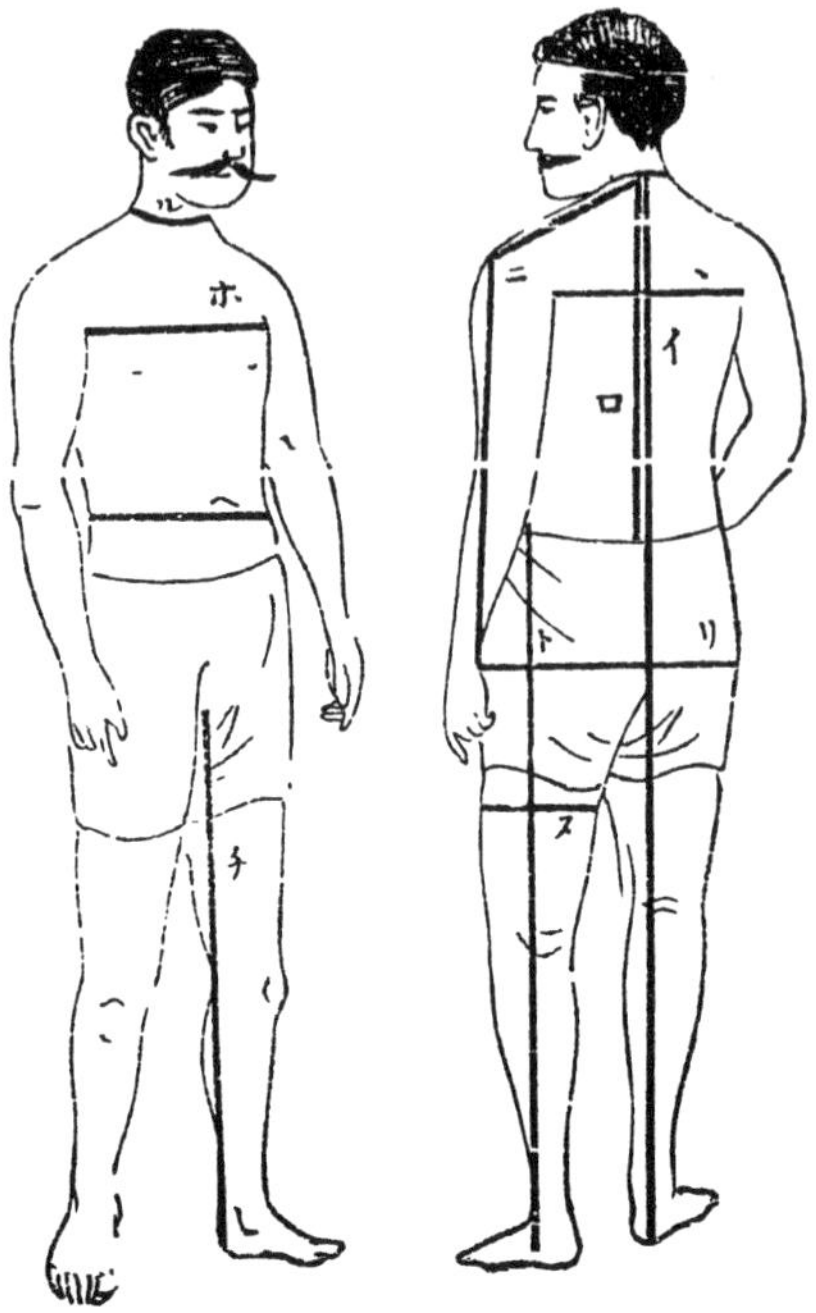

御寸法

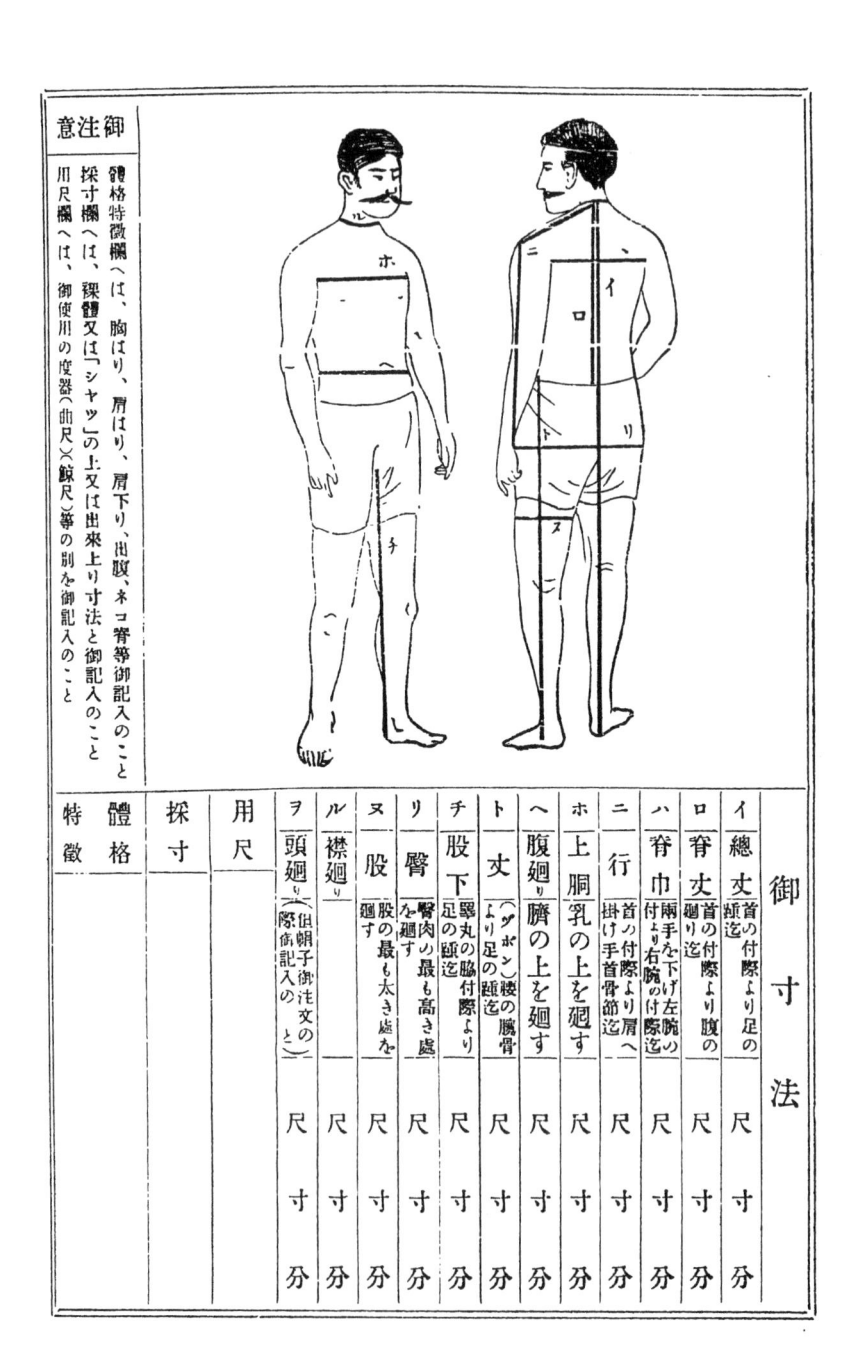

イ	總丈	首の付際より足の踵迄	尺	寸	分
ロ	脊丈	首の付際より腹の廻り迄	尺	寸	分
ハ	脊巾	兩手を下げ左腕の付より右腕の付際迄	尺	寸	分
ニ	行	首の付際より肩へ掛け手首骨節迄	尺	寸	分
ホ	上胴	乳の上を廻す	尺	寸	分
ヘ	腹廻り	臍の上を廻す	尺	寸	分
ト	丈	（ヅボン）腰の臏骨より足の踵迄	尺	寸	分
チ	股下	睪丸の脇付際より足の踵迄	尺	寸	分
リ	臀	臀肉の最も高き處を廻す	尺	寸	分
ヌ	股	股の最も太き處を廻す	尺	寸	分
ル	襟廻り		尺	寸	分
ヲ	頭廻り	（但帽子御注文の際御記入のこと）	尺	寸	分

用尺	採寸	體格特徵

注文書

男子女子用衣裳又は羽織等	袖
年齢	ゆき
用途	口明
品柄	袖幅
好みの色	袖付
好みの柄	前幅
紋章并大さ及び数	後幅
好みの模様	衽幅
惣模様	衽下り
腰模様	衿幅
裾模様	褄下
江戸褄模様	袘の厚さ
奴褄模様	人形
袘模様	紐付
仕立寸法	前下り
丈	紐下

備考

右注文候也

住所

明治　年　月　日

姓名

白木屋呉服店地方係中

高等香油
チエリーオイル
紳士貴婦人令孃用
此香油は無色透明にてさら〳〵として水の如し、故に紳士は勿論、貴婦人令孃間に目下大いに流行せる彼の束髮用としては最も高評を博しつゝあり
定價　大一本八十五錢　中一本四十五錢　小一本三十五錢　○郵税十錢
賣捌所は全國到る處の賣藥店小間物化粧品店にあり
發賣元　東京市日本橋區本町二丁目　芳香藥種問屋　高橋初次郎商店　特電本局四一三番
OIL

●當會社資本金は壹百萬圓なり
●保險業法實施後の設立にして組織最も完全なり
●營業方法は精確嶄新にして取扱は簡易懇切なり

東京日本橋區通二丁目（電話本局二一二〇 一〇三〇）

日宗火災保險株式會社

●當會社資本金は參拾萬圓なり
●契約方法は嶄新簡便にして特別の便法あり
●戰爭の危險を除く外職業又は旅行等に對し何等の條件なし

東京日本橋區通二丁目（電話本局二一二〇 一〇三〇）

日宗生命保險株式會社

登録商標

壽美禮おしろい

第五回内國勧業博覧會 褒状受領

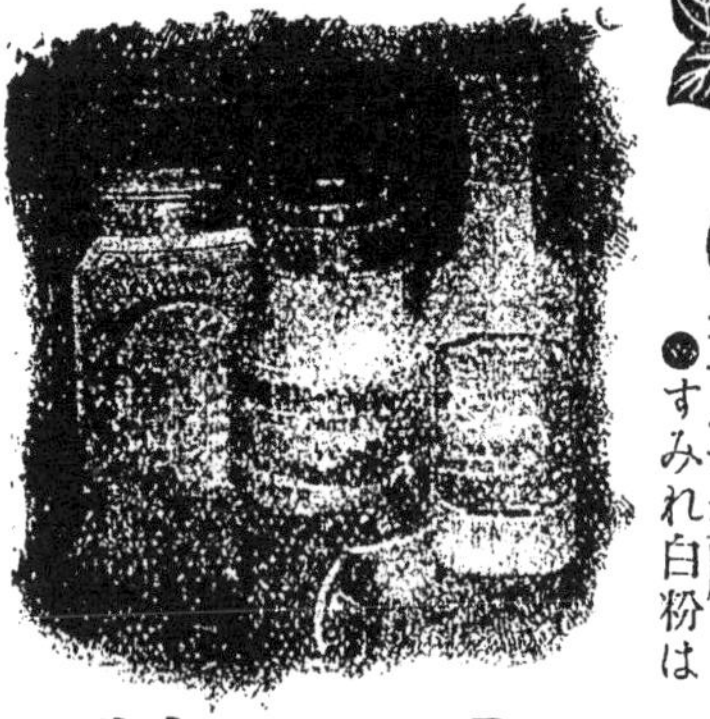

●壽美禮おしろい●

●すみれ白粉は歐米諸國に專ら流行する香料及弊店特製の化學的炭水素の新成蹟躰等を以て調製しあるを以て肌を艶麗ならしめ芳香馥郁として長時間保續するの特性あり

ねりおしろい定價（大壜廿錢 小壜十三錢）水おしろい定價（大壜廿五錢 中壜十五錢 小壜十錢）

●壽美禮あらひ粉●

定價（緑藍紅彩蝶鉸の鑵詰 六錢五厘 ボックス入 三錢 袋入 一錢）

●壽美禮洗粉は朝夕此洗粉を御用ひ給へば能くあかを落し御肌への色を美しくなす又半襟ハンカチーフ絹綿等に用ひて能く汚垢を落す總て物を漂白する性あり

製造本舗 東京兩國橋際元町 伊勢吉壽美禮堂謹製

一販賣所は全國到る處小間物化粧品店賣藥店洋物店其他各勸工場劇場各運動場等に有り

白熱瓦斯燈は光力五十燭光以上を有し瓦斯代は**一時間****九厘餘**に過ぎず石油ランプよりも費用は遙に低廉なり

瓦斯竈は本社の發明品にして專賣特許を得二升の米は瓦斯代僅かに**一錢三厘**時間は**十八分**にして炊くを得べく安全と入手を省き瓦斯と水道は家庭は勿論料理店旅宿其他飲食店の必用缺くべからざるものとなれり

瓦斯七輪、燒物器、西洋料理器も使用輕便瓦斯代は木炭よりも遙に低廉なり

燈火及炊事器工事費は極めて低廉にして御申込次第工事費見積書御送付可申上候

▲▲▲瓦斯器陳列所　縦覽御隨意▲▲

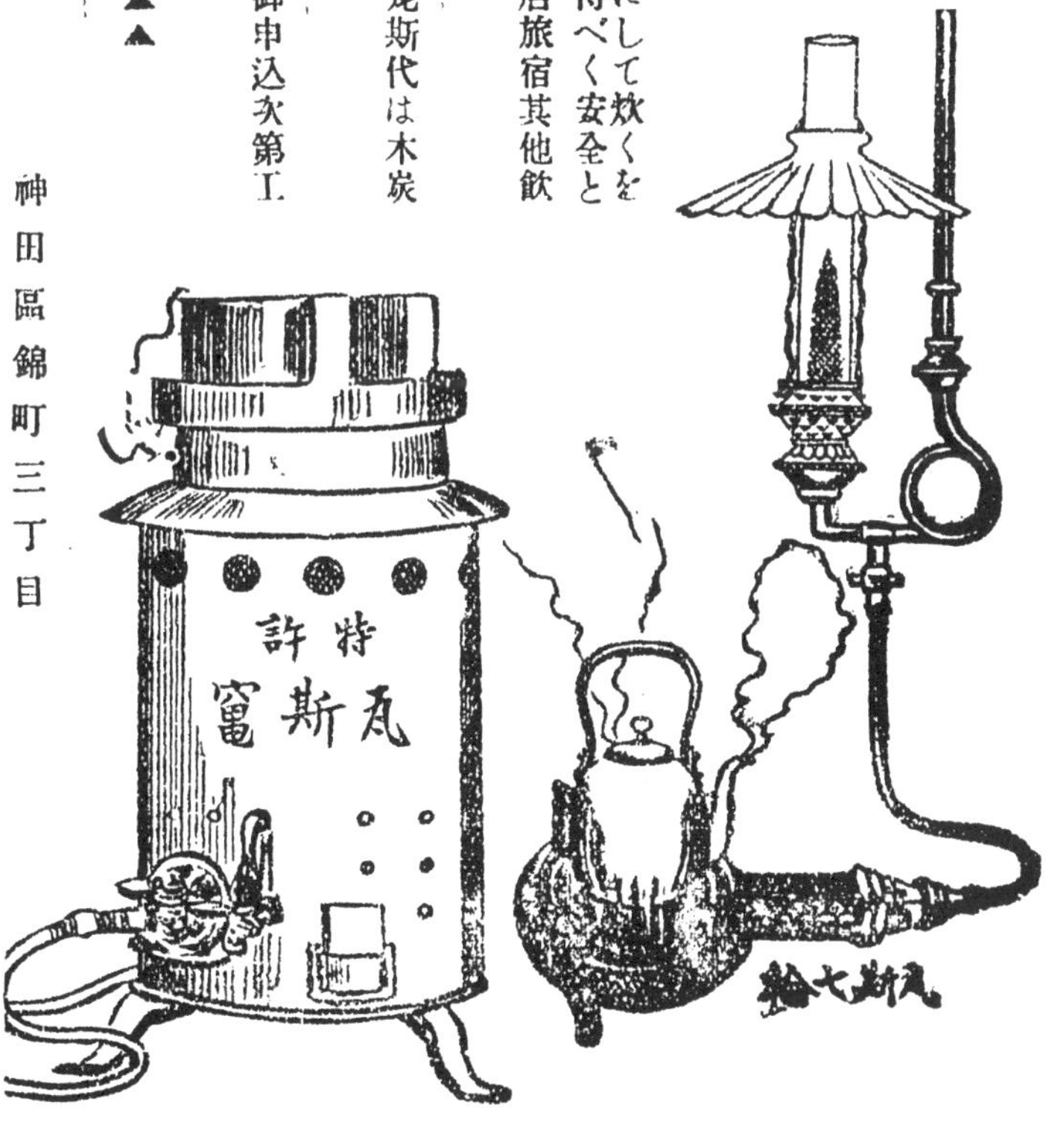

神田區錦町三丁目

東京瓦斯株式會社

電話本局　一三〇。五四八〇。五七〇。

滋養強壯劑之大王

大木五臟圓

大木五藏圓と身體弱き人

からだよわき人

例へば滋養強壯性來虛弱にて痩せ細り或は病後の・衰弱◎老衰・貧血症・神經衰弱・心臟病・動悸・息切れ・盜汗・癇高ぶり怒り易き症・肺病・たんせき・ぶらぶら症・不眠症・婦人血の道・殊に産後の經過不良症・其他氣力減乏症・平素身體薄弱の爲め病に罹り易き人・過度に身體或は精神を費す人等は本劑を用ひて最も適當す其結果としては諸病全治し強壯肥滿となること實に暗中に炬火を觀るよりも猶明かである

藥價

二日分十五錢四日分卅錢七日分五十錢十五日分一圓卅五日分持藥用特別割引金二圓送料定價外

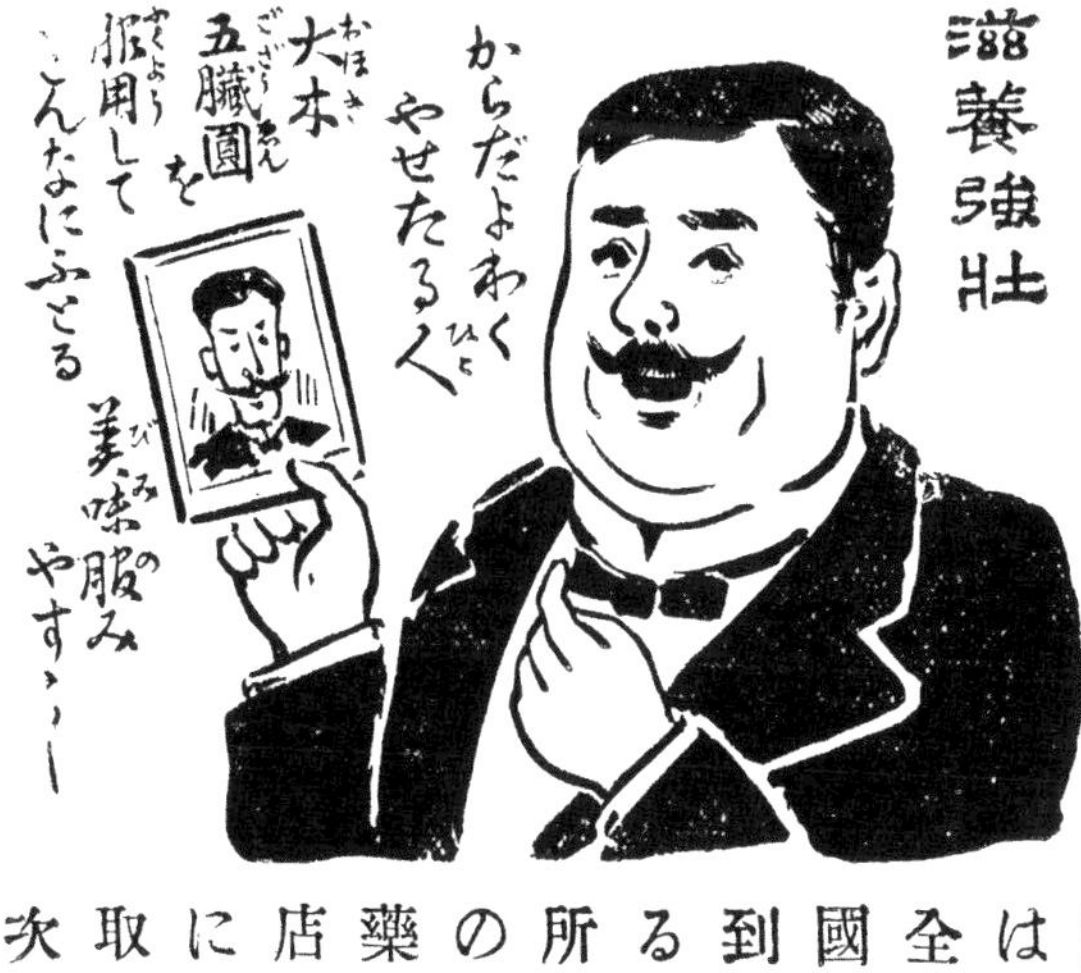

元祖本輔 東京市日本橋區兩國米澤町一丁目 **大木口哲本店**

發賣元 東京市神田大通り鍛冶町 **大木合名會社**

本劑は全國到る所の藥店に取次あり

家庭のしるべ

第十三號

明治三十七年七月四日第三種郵便物認可
明治三十八年七月一日發行毎月一回一日發行

シリーズ **百貨店宣伝資料 3** 白木屋③

2018年11月15日 印刷
2018年11月22日 第1版第1刷発行

［監　修］ 瀬崎圭二（せざきけいじ）
［発行者］ 荒井秀夫
［発行所］ 株式会社ゆまに書房
〒101-0047 東京都千代田区内神田2-7-6
tel. 03-5296-0491 / fax. 03-5296-0493
http://www.yumani.co.jp
［印刷］ 株式会社平河工業社
［製本］ 東和製本株式会社
落丁・乱丁本はお取り替えいたします。 Printed in Japan
定価：本体20,000円＋税 ISBN978-4-8433-5448-3 C3363